Das deutsche und chinesische Arbeits- und Steuerrecht

The German and Chinese Labour and Tax Law

中德两国之劳动法及税法

中独両国の労働法及び税法

Michael Lorenz • Lidong Pan

Das deutsche und chinesische Arbeits- und Steuerrecht

The German and Labour and Tax Law

中德两国之劳动法及税法

中独両国の労働法及び税法

Ein Praxishandbuch auf Deutsch, Englisch, Chinesisch und Japanisch

A Practical Handbook in German, English, Chinese and Japanese

中德英日四语实操手册

一日本語・英語・中国語・ドイツ語４か国語の実用マニュアル

Springer Gabler

Michael Lorenz
Lorenz & Partners
Bangkok, Thailand
Hongkong

Lidong Pan
Reiz Law Firm
Guangzhou, Volksrepublik China

ISBN 978-3-658-26591-5 ISBN 978-3-658-26592-2 (eBook)
https://doi.org/10.1007/978-3-658-26592-2

Die Deutsche Nationalbibliothek verzeichnet diese Publikation in der Deutschen Nationalbibliografie; detaillierte bibliografische Daten sind im Internet über http://dnb.d-nb.de abrufbar.

Springer ist ein Imprint der eingetragenen Gesellschaft Springer Fachmedien Wiesbaden GmbH und ist ein Teil von Springer Nature
Die Anschrift der Gesellschaft ist: Abraham-Lincoln-Str. 46, 65189 Wiesbaden, Germany

Vorwort

Sehr geehrte Leser,

auch in dieser 2. Auflage stellt dieses Buch eine Zusammenfassung der wesentlichen arbeits- und steuerrechtlichen Vorschriften in Deutschland und China dar. Seit seiner Öffnung in den 80-er Jahren hat China eine dramatische Entwicklung genommen, die so in der modernen Zeit ungesehen ist. Das flächenmäßig viertgrößte Land der Erde hat es innerhalb von nur drei Jahrzehnten geschafft, sich zur zweitgrößten Volkswirtschaft der Welt aufzuschwingen. Betrachtet man heute die Küste Chinas mit Städten wie Shanghai, Qingdao, Peking, Shenzhen oder Guangzhou, so trifft man auf hochentwickelte Industriestandorte, die schon lange die Schwelle der „Fabrik der Welt" hinter sich gelassen haben. Auch die Rechtsentwicklung hat sich in den letzten Jahren sogar beschleunigt – gerade auf dem Gebiet des Arbeitsrechts. Die damit verbundenen Rahmenbedingungen kann auch aus Kostengründen kein Unternehmen ignorieren. Mit der sich abkühlenden Konjunktur in den Vereinigten Staaten und Europa und der Eurokrise gibt es für westliche Unternehmen wenig Alternativen zu China. Man muss in China präsent sein, um den Anschluss nicht zu verpassen. Mit einem Wirtschaftswachstum von 6% - 10% (2018: 6,6%) in den letzten Jahren und deiner Bevölkerung von fast 1,4 Milliarden Menschen stellt China einen Absatzmarkt dar, den kein westliches Unternehmen außer Acht lassen kann. Es stellt sich somit für viele Unternehmen nicht die Frage in welches Land in Asien zu investieren ist, sondern in welchem Land gegebenenfalls neben China noch zu investieren ist. Man spricht hier auch von der „China +" Strategie.

Dieses Buch soll dabei helfen, einen ersten Überblick über das deutsche und chinesische Arbeits- und Steuerrecht sowie die Wechselwirkungen bei grenzüberschreitenden Sachverhalten zu geben, insbesondere im Falle einer Entsendung von Arbeitnehmern zwischen den beiden Ländern. Das Buch soll dem Praktiker zudem als Stütze und Nachschlagwerk dienen. Dabei soll die Kommunikation zwischen dem Personalverantwortlichen in Deutschland oder Drittländern und seinem Gegenüber in China durch die identisch gegliederten Teile in Deutsch, Englisch, Chinesisch und Japanisch erleichtert werden.

Wir bedanken uns außerordentlich bei unseren Mitarbeitern für ihre sehr aktive Unterstützung. Besonders hervorzuheben sind hier **Xu Ruoqi**, **Lai Yuhui**, **Hasegawa Keiko** und **Zhang Sheng**, die vor allem bei der Überarbeitung der chinesischen und japanischen Version geholfen haben sowie **Melanie Kühn**, die für das Aktualisieren des deutschen und englischen Teils verantwortlich war.

Für Kritik und Hinweise sind wir Ihnen dankbar.

Michael Lorenz & Lidong Pan

Preface

Dear Reader,

the 2nd edition of this book summarizes the essential labour and tax regulations in Germany and China. Since its opening in the 1980s, China has undergone a dramatic development that is unseen in modern times. The world's fourth-largest country in terms of surface has managed to become the second largest economy in the world within only three decades. When looking at China's coast with cities such as Shanghai, Qingdao, Beijing, Shenzhen or Guangzhou, highly developed industrial locations can be found having left the image of the "factory of the world" far behind.

Legal developments have accelerated in recent years - especially in the field of labour law. The related legal environment cannot be ignored by any enterprise, in particular for cost reasons. Facing weakening economies in the US and Europe as well as in the view of the euro crisis, there are few alternatives for Western enterprises apart from China to further grow. International enterprises have to be present in China in order not to miss the boat. With an economic growth of 6% - 10% (2018: 6.6%) in recent years and a population of almost 1.4 billion people, China represents a sales market that no Western company can ignore. For many companies, the question is not which country to invest in within Asia, but which country to invest in besides China. This is also referred to as the "China +" strategy.

This book is intended to give an overview of German and Chinese labour and tax law as well as the interdependencies in cross-border situations, especially in the case of a secondment of employees between the two countries. The book shall also be a guide and reference book for practitioners. The identical structure of the German, English, Chinese and Japanese parts shall facilitate the communication between the human resources managers in the different countries.

We would like to express our gratitude to our employees for their very active support. Particularly noteworthy are **Xu Ruoqi**, **Lai Yuhui**, **Hasegawa Keiko** and **Zhang Sheng**, who helped with the revision of the Chinese and Japanese versions, and **Melanie Kühn**, who was responsible for updating the German and English parts.

We appreciate any remarks or suggestions you might have.

Michael Lorenz & Lidong Pan

序

亲爱的读者：

此书为实操手册的第二版，概述了中德两国劳动和税收事宜的基本法规。自80年代改革开放以来，中国经历了近代以来从未有过的巨大发展。中国，作为领土面积全球第四的国家，仅用了短短三十年的时间就成为世界第二大经济体。从中国沿海城市的发展来看，如上海、青岛、北京、广州以及深圳等，都已形成高度发达的工业地区，中国已将“世界工厂”的形象远远抛在身后。

近年来，法制发展讯速，特别是在劳动法领域。任何企业都不能忽视相关的法律环境，尤其是出于成本原因。面对美欧经济疲软以及欧元危机的影响，西方企业几乎没有其他选择来进一步增长，来华发展是较好的方法。以免错失良机，国际企业应当进驻中国。近年来，中国经济增长6%-10%（2018年：6.6%），人口近14亿，是任何西方企业都无法忽视的销售市场。对于许多公司来说，需要其思考的问题不是投资亚洲的哪一个国家，而是在投资中国的基础上需进一步投资哪个国家。这也被称为“中国+”战略。

本书旨在概述中国和德国的劳动法和税法，以及其跨境情况下的相互依存关系，特别是在两国之间借调劳动者的情况下。该书也可作为从业人员的指南及参考书。德语、英语、中文和日语部分结构相同，便于不同国家人力资源经理之间的沟通。

在此，感谢我们同事对这本书的大力支持。特别值得注意的是许若琦、章升以及赖宇慧、长谷川慧子帮助翻译和修订了中文版以及日文版，Melanie Kühn帮助更新德语和英语部分。

我们感谢您的任何意见或建议。

Michael Lorenz & 潘立冬

はしがき

はしがき

本書は実務操作マニュアルの第二版であり、中国とドイツの労働及び税収に関連する基本的な法律法規を紹介した。中国は1980年代から改革し開放して以来、近代に今までなかった巨大な発展を遂行してきた。領土面積が世界で四位を占める国家として、中国は僅か30年間で世界第二位の経済大国となった。中国の沿海都市の発展からみると、上海、青島、北京、広州及び深センなどは、大きく発達した工業地域となっている。中国は既に「世界工場」というイメージを捨てた。

近年、中国の法制度は速やかに発展し、特に労働法分野である。どんな企業でも特にコスト面から、無視できない法律環境となっている。欧米の経済発展緩慢状況及びユーロ危機の影響に直面し、欧米の企業は成長のため、中国へ行くのがよりよく、その他の選択肢がほとんどない。良い機会を見逃さないように、国際企業は中国へ進出すべきである。近年、中国の経済成長率が6%-10%（2018年：6.6%）で、人口が14億近く、これは欧米の企業が無視できない営業マーケットである。多くの会社にとって、考えなければならない問題はアジアのどの国を投資するのではなく、中国を投資する上に、どの国を投資する必要があるかという問題である。これは「中国+」戦略と呼ばわれる。

本書は中国とドイツの労働法及び税法、並びに国境を跨いだ状況の下の相互の依存関係、特に両国間の労働者の出向状況について紹介した。本書を業務員の手引き及び参考書とすることもできる。ドイツ語、英語、中国語及び日本語の内容は全く同じで、それぞれの国の人材資源管理者間の交流に便利である。

本書の出版について、同僚たちに大変お世話になった。特に中国語版と日本語版の翻訳と修正について許若琦、章昇と頼宇慧、長谷川慧子、ドイツ語版と英語版の更新についてMelanie Kühnに大変お世話になった。

ここに深く謝意を表したい。

Michael Lorenz & 潘立冬

Table of Contents

Das deutsche und chinesische Arbeits- und Steuerrecht

Inhaltsverzeichnis

Abkürzungsverzeichnis

AGB	Das chinesische Arbeitsgesetzbuch (Labour Code)
AVG	Das chinesische Arbeitsvertragsgesetz (Act on Employment Agreements)
CEO	Chief Executive Officer
DBA	Doppelbesteuerungsabkommen
EStG	Einkommensteuergesetz
EUR	Euro
GmbH	Gesellschaft mit beschränkter Haftung
PMPLIIT	Provisional Measures on the Personal Lodging of Individual Income Tax
QCD	Quick Calculation Deduction
RIACT	Regulations on the Implementation of Administration of Tax Collection
RMB	Ren Min Bi (Chinesische Währung)

A. Das deutsche Arbeitsrecht

I. Einleitung

Das deutsche Arbeitsrecht regelt die Rechtsbeziehungen zwischen Arbeitgebern und Arbeitnehmern und dient der Herstellung sozialer Gerechtigkeit auf privatrechtlicher (arbeitsvertraglicher) Grundlage. Das Arbeitsrecht soll der angenommenen stärkeren Verhandlungsposition des Arbeitgebers weitgehende Schutzrechte der Arbeitnehmer entgegenstellen und so für faire und gerechte Arbeitsbeziehungen sorgen. Es geht also innerhalb des Systems nicht um gleichrangige Zuweisung von Rechten und Pflichten, sondern es werden bewusst Arbeitnehmer gegenüber den ohnehin als „mächtiger" angesehenen Arbeitgebern in eine Position der ungefähren Gleichberechtigung hineinversetzt. Anderenfalls – so der Gesetzgeber – würde die geltende Vertragsfreiheit einseitig zum Vorteil der Arbeitgeberseite wirken können. Arbeitnehmer werden dabei als schutzwürdiger angesehen als z.B. freie Dienstnehmer, die grundsätzlich nicht unter die arbeitsrechtlichen Schutzgesetze fallen.

Die Umsetzung des Zieles des Arbeitnehmerschutzes erfolgt auf vielfältige Weise. Im Bereich des Arbeitsprivatrechts wird der Grundsatz der Vertragsfreiheit durch eine gerichtliche Vertragskontrolle mittlerweile stark eingeschränkt. Eine Vielzahl von Gesetzen, die zum Individualarbeitsrecht zählen, enthalten Detailregelungen zu einzelnen Vertragsgegenständen, wie z.B. Arbeitszeit, Urlaub, Entgeltfortzahlung im Krankheitsfall, Teilzeitarbeit und Befristung von Arbeitsverträgen. Einer der wesentlichen Kernbereiche des deutschen Individualarbeitsrechts ist der ausdifferenzierte Kündigungsschutz. Anders als in Systemen des „Employment at will" bedarf eine Arbeitgeberkündigung im Regelfall einer gerichtlich überprüfbaren Rechtfertigung.

Ein weiteres Kennzeichen des deutschen Arbeitsrechts ist das ausdifferenzierte kollektive Arbeitsrecht. Über Betriebsräte und Gewerkschaften wird eine Mitbestimmung von Arbeitnehmern in vielen betrieblichen Belangen gewährleistet. Abgesehen von wenigen Industriebereichen gibt es jedoch keine echte wirtschaftliche Mitbestimmung, da auch die unternehmerische Handlungsfreiheit des Arbeitgebers den Schutz der Verfassung genießt.

Insgesamt ist das deutsche Arbeitsrecht in Gesetz und Praxis auf Kooperation und vertrauensvolle Zusammenarbeit ausgerichtet. Anders als in vielen anderen europäischen Volkswirtschaften sind arbeitsrechtliche Auseinandersetzungen, insbesondere Streiks, eher selten.

II. Gesetzliche Rahmenbedingungen

Obgleich schon in der Weimarer Reichsverfassung nach dem 1. Weltkrieg und zuletzt anlässlich der Wiedervereinigung ein einheitliches Arbeitsrecht vorgesehen war, ist es hierzu bisher nicht gekommen. Es ist aus heutiger Sicht auch unwahrscheinlich, dass es in absehbarer Zeit ein Arbeitsgesetzbuch geben wird.

Das Arbeitsrecht ist somit durch eine schier unübersichtliche Vielzahl gesetzlicher und sonstiger Regelungen geprägt, darüber hinaus kommt dem Richterrecht, insbesondere bundesgerichtlichen Entscheidungen, herausragende Bedeutung zu. Viele Bereiche, wie das wichtige Arbeitskampfrecht und das Recht der Arbeitnehmerhaftung, sind sogar überhaupt nicht gesetzlich geregelt.

Oberstes Gesetz ist die Verfassung (Grundgesetz), die wichtige Festlegungen für das Arbeitsrecht enthält. Zu nennen sind insoweit insbesondere die Koalitionsfreiheit, die die Bestandsgrundlage für Gewerkschaften und deren Betätigungsfeld darstellt, der Gleichbehandlungsgrundsatz, der für das gesamte Arbeitsrecht ein Grundprinzip darstellt und das Sozialstaatsgebot, dass die Basis des gesamten Arbeitnehmerschutzrechts bildet.

Aufgrund der Zugehörigkeit der Bundesrepublik Deutschland zur europäischen Union hat das Europäische Recht eine zunehmende Bedeutung auch im Arbeits- und Sozialrecht. Europäische Arbeitnehmer genießen Freizügigkeit und Gleichberechtigung innerhalb der Union. Vor allem aber steht im Mittelpunkt der Gesetzgebung der EU das erklärte Ziel einer Angleichung der verschiedenen Arbeitsrecht- und Sozialordnungen herbeizuführen. Mittlerweile mehren sich sogar Regelungen, die unmittelbar in den EU Staaten gelten. In vielen Arbeitsrechtsbereichen steht hinter einem nationalen Gesetz eine Vorgabe der EU, z.B. bei der Arbeitszeit, im Urlaubsrecht, bei der Leiharbeit und bei Entsendungen.

Im Individualarbeitsrecht ist nach wie vor das allgemeine Zivilrecht (BGB) die wichtigste Gesetzesquelle. Hinzu kamen im Laufe der Zeit eine Vielzahl von Einzelgesetzen, von besonderer Bedeutung sind insbesondere das Kündigungsschutzgesetz, das Teilzeit- und Befristungsgesetz, das Arbeitnehmerüberlassungsgesetz, das Arbeitszeitgesetz und diverse Sozial- und Schutzgesetze.

Im kollektiven Arbeitsrecht ragen das Betriebsverfassungsgesetz und das Tarifvertragsgesetz heraus. Hinzu kommen wichtige verfahrensrechtliche Regelungen, wie die ZPO und das Arbeitsgerichtsgesetz.

III. Individualarbeitsrecht

1. Einführung

Das Individualarbeitsrecht regelt die Rechtsbeziehungen zwischen einem einzelnen Arbeitnehmer und dessen Arbeitgeber. Über die sich aus dem Arbeitsvertrag ergebenden Rechte und Pflichten hinaus zählen hierzu auch weitere gesetzliche Regelungen, die dem Schutz des einzelnen Arbeitnehmers dienen.

Wichtig ist zunächst festzustellen, wer überhaupt in den Genuss der Sonderrechte für Arbeitnehmer kommt. Diese sind nämlich abzugrenzen von Selbstständigen (freien Mitarbeitern), arbeitnehmerähnlichen Personen, Organen der Gesellschaft und zu ihrer Berufsausbildung Beschäftigten. Auch innerhalb der Gruppe der Arbeitnehmer ist zu differenzieren. So gelten z.B. für geringfügig Beschäftigte, Hausangestellte, Leiharbeitnehmer und leitende Angestellte Sonderregeln.

Als Arbeitnehmer gilt grundsätzlich, wer für einen anderen (Arbeitgeber) auf der Basis eines privatrechtlichen Vertrages geistige und/oder physische Arbeit nach dessen Weisungen verrichtet. Im Gegensatz dazu kann ein Selbständiger frei von Weisungen über seine Zeit bestimmen und Arbeitsort und Arbeitsweise festlegen. Dabei gibt es – abgesehen von den schon genannten Differenzierungen – zahlreiche Graubereiche, so arbeiten viele freie Mitarbeiter zu festen Zeiten bei einem einzigen Auftraggeber und unterliegen hinsichtlich des Inhalts ihrer Tätigkeit selbstverständlich genauesten Weisungen.

Ohnehin ist nicht nur eine arbeitsrechtliche Betrachtung anzustellen; so verwendet z.B. das Sozialrecht den ganz anders definierten Begriff des „Beschäftigten“ und verpflichtet Selbstständige, die ausschließlich für einen Auftraggeber tätig sind, zur Abführung von Rentenversicherungsbeiträgen.

Etwas einfacher strukturiert ist hingegen der Begriff des Arbeitgebers, hierzu zählt jede Einzel- und juristische Person, die auch nur einen Arbeitnehmer beschäftigt.

2. Arbeitsvertrag (Arbeitsverhältnis)

a) Formvorschriften

Ein Arbeitsverhältnis kommt durch Abschluss eines Arbeitsvertrages zwischen Arbeitgeber und Arbeitnehmer zustande. Dabei gilt in Deutschland, dass es kein Formerfordernis für Arbeitsverträge gibt, das heißt ein solcher kann auch mündlich rechtswirksam abgeschlossen werden. Üblich und empfehlenswert ist allerdings der Abschluss eines schriftlichen Vertrages, der die Absprachen möglichst genau festhält.

Erweist sich ein Arbeitsvertrag als unwirksam und hat der Arbeitnehmer seine Tätigkeit bereits aufgenommen, liegt ein faktisches Arbeitsverhältnis vor. Dieses kann zwar dann nach Kenntnis der Unwirksamkeit unverzüglich beendet werden, wird jedoch nicht rückabgewickelt, d.h. der vermeintliche Arbeitnehmer behält z.B. seinen Vergütungsanspruch.

Der Arbeitsvertrag ist regelmäßig die wichtigste Quelle für die Bestimmung der beiderseitigen Rechte und Pflichten. Daneben muss stets geprüft werden, ob sich in kollektivvertraglichen Regelungen, insbesondere anwendbaren Tarifverträgen und (Konzern-, Gesamt-) Betriebsvereinbarungen, keine für den Arbeitnehmer günstigere oder den Vertrag ergänzende Regelungen finden. Außerdem darf der Vertrag nicht gegen zwingendes Gesetzesrecht verstoßen.

Seit den durch die Schuldrechtsreform 2002 eingeführten umfassenden Vertragsinhaltskontrollen sind der freien Vertragsgestaltung durch die Parteien zunehmend enge Grenzen gesetzt. Dabei sind z.B. überraschende und ungewöhnliche Klauseln genauso unzulässig, wie unangemessene und benachteiligende Bedingungen. Überdies sorgt das Transparenzgebot dafür, dass unklare, unverständliche oder unbestimmte Regelungen immer zu Lasten des Arbeitgebers ausgelegt werden.

Die Rechtsprechung ist in den letzten Jahren immer restriktiver geworden. Selbst viele Jahrzehnte übliche Klauseln werden immer wieder für unwirksam erklärt. Oftmals geschieht dies mit sofortiger Wirkung, d.h. der Arbeitgeber genießt keinen Vertrauensschutz. Eine geltungserhaltende Reduktion, also die Geltung einer unwirksamen Vereinbarung zumindest soweit, dass nur der überschießende (unwirksame) Teil gestrichen wird, ist im Gesetz nicht vorgesehen. Damit fällt eine unwirksame Klausel insgesamt weg und es gilt das Gesetz, oftmals zum erheblichen Nachteil des Arbeitgebers.

Die Unwirksamkeit selbst vieler Vertragsklauseln führt aber nie dazu, dass der gesamte Arbeitsvertrag unwirksam wird. Dieser bleibt stets (notfalls mit einem Minimum an Bestimmungen) erhalten. Der Grundsatz der Vertragsfreiheit gilt also im deutschen Arbeitsrecht nur sehr eingeschränkt. Umso wichtiger ist eine juristisch sorgfältige und stetige Aktualisierung der verwendeten Vertragsmuster. Hiervon werden in der Regel unterschiedliche Entwürfe benötigt, da für unterschiedliche Arbeitnehmergruppen jeweils ganz andere Regeln zu beachten sind. Unterschiedliche Muster werden z.B. benötigt für (Tarif-) Arbeitnehmer, leitende Angestellte, Teilzeitbeschäftigte, befristete Angestellte, geringfügig Beschäftigte, Auszubildende, Praktikanten und Organvertreter (Vorstand, Geschäftsführer). Hinzu kommen Verträge für freie Mitarbeiter, Berater, Leiharbeitnehmer und Handelsvertreter, um nur einige zu nennen.

Sondervereinbarungen werden benötigt für Situationen wie z.B. Auslandsentsendungen und im Falle des Ausscheidens von Mitarbeitern (Aufhebungs- oder Abwicklungsvertrag).

Einen gesetzlich notwendigen vorgeschriebenen Mindestinhalt für Arbeitsverträge gibt es in Deutschland nicht. Lediglich das Nachweisgesetz enthält einen Katalog von Bestimmungen, die schriftlich fixiert werden sollen. Zwingenden Charakter hat dieses Gesetz allerdings nicht. Erfolgt keine schriftliche Festlegung der Arbeitsbedingungen, führt dies lediglich dazu, dass der Arbeitgeber im Streitfall seine Version der Vereinbarung beweisen muss. Ungeachtet dessen ist es in weit über 90% der Fälle üblich und gewohnte Praxis einen schriftlichen Vertrag abzuschließen. Nachfolgend sind einige der wichtigsten Vertragsregelungen sowie die dazu zu beachtenden Gesetzesregelungen dargestellt.

b) Diskriminierungsschutz

Der arbeitsrechtliche Gleichbehandlungsgrundsatz ergibt sich aus dem Grundgesetz. Darüber hinaus regelt das 2006 in Kraft getretene Allgemeine Gleichbehandlungsgesetz (das auf einer europäischen Richtlinie basiert) Details zum Diskriminierungsschutz. Praktisch relevant ist das Gesetz bis heute nur im Bereich der Stellenbesetzung, die geschlechtsneutral erfolgen muss und bei der keine (mittelbare) Diskriminierung von Ausländern oder Schwerbehinderten vorliegen darf. Im laufenden Arbeitsverhältnis und anlässlich der Beendigung ist das Gesetz bislang ohne Wirkung geblieben, so dass – anders als zum Beispiel in den USA – der Diskriminierungsschutz keinen besonderen Stellenwert im deutschen Arbeitsrecht besitzt.

Das Bundesverfassungsgericht hat am 10. Oktober 2017 (Az.: 1 BvR 2019/16) entschieden, dass es ab 2019 für Intersexuelle möglich sein soll, als „inter" oder „divers" im Personenstandsregister geführt zu werden. Art. 3 Grundgesetz schützt das allgemeine Persönlichkeitsrecht, zu dem auch der Schutz vor Diskriminierung gehört, wenn das Geschlecht einer Person nicht biologisch bestimmt, eine Person also weder als männlich oder weiblich eingeordnet werden kann. Dies wird auch zahlreiche Auswirkungen im deutschen Arbeitsrecht haben, z.B. betreffend Kleiderordnung, Minderheitenquoten, Formulierungen in Stellenanzeigen etc.

c) Visumerteilung und Arbeitserlaubnis

Bei der Beschäftigung von Ausländern wird ein Unterschied zwischen EU-Staatsangehörigen, die keinen wesentlichen Beschränkungen unterliegen, und sogenannten Drittstaatsangehörigen, die eine Arbeitserlaubnis und darauf einen beruhenden Aufenthaltstitel benötigen, unterschieden. Die Arbeitserlaubnis ist für Angehörige bestimmter Staaten (z.B. USA, Japan, Australien, Kanada) relativ leicht zu erlangen, Gleiches gilt für Hochqualifizierte aus anderen Ländern. Problematisch ist die Erlangung einer Arbeitserlaubnis für andere Drittstaatsangehörige mit geringerer oder keiner Qualifikation. Diese benötigen einen festen Arbeitsplatz (Zusage/Arbeitsvertrag) und/oder müssen über spezielle Qualifikationen (z.B. Spezialitätenkoch; besondere Sprachkenntnisse, die für die Arbeit unerlässlich sind) verfügen.

3. Vertragsdauer

Der Regelfall im deutschen Arbeitsrecht, der vom Gesetzgeber klar als angestrebter Idealzustand angesehen wird, ist das unbefristete Dauerarbeitsverhältnis. Nur hier entfalten sich die Vorteile des Arbeitnehmerschutzrechtes vollständig und ohne zeitliche Begrenzung.

Aufgrund der Realitäten des Arbeitslebens und häufig auch des Wunsches eines Teils der Arbeitnehmer steht daneben die Möglichkeit der Vereinbarung von Teilzeitarbeit. Da diese überdurchschnittlich von Frauen (insbesondere in der Phase der Betreuung kleiner Kinder) nachgefragt wird, hat der Gesetzgeber unter dem Gesichtspunkt der Vermeidung einer (mittelbaren) Diskriminierung ein kritisches Auge auf diese Arbeitsverhältnisse.

Noch mehr gilt dies für befristete Arbeitsverträge. Diese hebeln nämlich durch ihre zeitliche Begrenzung des Kernstücks des deutschen Arbeitsrechts, das Kündigungsschutzrecht, aus. Daher gelten strenge Anforderungen; es ist nur in vom Gesetz klar definierten Ausnahmefällen zulässig eine Befristung zu vereinbaren.

Im Einzelnen gilt Folgendes:

a) Teilzeit

Nach der Zielsetzung des Teilzeit- und Befristungsgesetzes soll Teilzeitarbeit gefördert und Diskriminierungen sollen verhindert werden. Ein Teilzeitarbeitsverhältnis ist jedes Arbeitsverhältnis, das keine Vollzeitarbeit vorsieht. Für Teilzeitarbeitnehmer gelten, mit Ausnahme der der Arbeitszeit angepassten Vergütung, sämtliche Arbeitsgesetze in vollem Umfang. Neben praktisch weniger relevanten Regelungen zur Abrufarbeit und Arbeitsplatzteilung steht im Mittelpunkt des Gesetzes der Anspruch eines (Vollzeit-) Arbeitnehmers von seinem Arbeitgeber eine Verringerung der Arbeitszeit zu fordern. Voraussetzung ist allerdings ein sechsmonatiger Bestand des Arbeitsverhältnisses und die Beschäftigung von mehr als 15 Arbeitnehmern durch den Arbeitgeber. Macht der Arbeitnehmer spätestens drei Monate vor dem beabsichtigten Beginn der Reduzierung der Arbeitszeit seine Ansprüche geltend, muss hierüber verhandelt werden; der Arbeitgeber kann wegen entgegenstehender betrieblicher Gründe ablehnen (und muss dies auch schriftlich tun, um eine automatische Arbeitszeitverringerung zu vermeiden). Dann muss der Arbeitnehmer zunächst wie bisher weiter arbeiten, kann aber seinen Anspruch gerichtlich weiterverfolgen. Seit 1. Januar 2019 haben Arbeitnehmer ein Rückkehrrecht von Teilzeit in Vollzeit. Dies ermöglicht die sogenannte „Brückenteilzeit“, die jedoch nur in Unternehmen mit mehr als 45 Beschäftigten Anwendung findet. In Betrieben mit 46 bis 200 Angestellten darf außerdem nur jeder 15. Beschäftigte Brückenteilzeit nehmen. Die zeitlich begrenzte Teilzeitarbeit muss mindestens ein Jahr und darf höchstens 5 Jahre betragen. Einen Grund für die Arbeitszeitreduzierung müssen Beschäftigte nicht angeben. Weiterhin hat im Falle des Rückkehrwunsches des Arbeitnehmers der Arbeitgeber die Beweislast dafür, dass kein entsprechender freier Arbeitsplatz in Vollzeit vorliegt oder ein Teilzeitbeshäftigter für den Arbeitsplatz in Vollzeit nicht mindestens gleich geeignet ist. Einige Sondergesetze sehen neue, zum Teil erweiterte Teilzeitmöglichkeiten vor, z.B. während der Elternzeit oder zur Pflege von Angehörigen.

b) Befristungen

Das gleiche Gesetz (Teilzeit- und Befristungsgesetz) regelt auch die ausnahmsweise Zulässigkeit befristeter Arbeitsverträge. Grundsätzlich werden zwei Arten von Befristungen unterschieden, die zeitliche Befristung (mit klaren Zeit- oder Datumsangaben) und die sogenannte Zweckbefristung (z.B. für ein begrenztes Projekt, zur Vertretung eines langzeiterkrankten Arbeitnehmers oder während einer Elternzeit). Erleichterungen gelten für neugegründete Unternehmen sowie bei Befristungen mit älteren Arbeitnehmern.

Die in der Praxis wichtigste Befristungsmöglichkeit ist diejenige während der ersten 18 Monate eines Arbeitsverhältnisses. Hier ist kein Grund für die Befristung erforderlich;

innerhalb der 18 Monate kann diese maximal ein Mal verlängert werden, wenn z.B. die erste Befristung lediglich ein Jahr betrug. Eine solche Befristung ist jedoch grundsätzlich nur bei Neueinstellungen möglich; war der Arbeitnehmer schon einmal beim selben Arbeitgeber beschäftigt, scheidet diese Möglichkeit in der Regel aus. Zu beachten ist weiterhin, dass ab 2019 Arbeitgeber mit über 75 Arbeitnehmern maximal 2,5% der Belegschaft sachgrundlos befristet beschäftigen dürfen. Jedes weitere sachgrundlos befristete Arbetisverhältnis soll als unbefristet gelten. Bei einer Beschäftigtenzahl von 80 Arbeitnehmern dürfen also lediglich zwei Arbeitnehmer befristet eingestellt werden.

Ansonsten bedarf der Abschluss eines befristeten Arbeitsvertrages eines sogenannten sachlichen Grundes; die wichtigsten zählt das Gesetz auf (Erprobung, vorübergehender Bedarf, Wunsch des Arbeitnehmers). Kettenbefristungen, also die Verlängerung von mit Sachgrund befristeten Arbeitsverhältnissen durch einen neuen mit Sachgrund befristeten Arbeitsvertrag, sind seit 2019 bis zu einer Dauer von 5 Jahren zulässig. Unzulässig ist eine Kettenbefristung, wenn zuvor ein befristetes oder unbefristetes Arbeitsverhältnis mit einer Gesamtdauer von mindestens 5 Jahren mit dem Arbeitgeber bestanden hat.

Wichtig ist, dass befristete Arbeitsverträge unbedingt schriftlich abgeschlossen werden müssen (und zwar bevor die Arbeit aufgenommen bzw. bei Verlängerungen fortgesetzt wird), anderenfalls gilt das Arbeitsverhältnis als unbefristet.

Eine wirksame Befristung führt dazu, dass der Arbeitsvertrag automatisch endet, ohne dass es einer Kündigung oder eines Kündigungsgrundes bedarf. Wichtig ist des Weiteren zu wissen, dass befristete Arbeitsverhältnisse nur dann auch während des Laufs der Befristung gekündigt werden können, wenn dies ausdrücklich so vertraglich und schriftlich vereinbart wurde.

4. Bezahlte/Unbezahlte Freistellung

a) Urlaub/Feiertage

Aufgrund des Bundesurlaubsgesetzes hat jeder Arbeitnehmer in Deutschland nach sechsmonatigem Bestand des Arbeitsverhältnisses im Kalenderjahr einen Mindesturlaubsanspruch von vier Wochen. In der Praxis beträgt der Anspruch aufgrund Arbeits- oder Tarifvertrags regelmäßig fünf bis sechs Wochen. Während dieser Zeit ist die normale Vergütung weiter zu zahlen; ein Anspruch auf zusätzliches Urlaubsgeld ist eher selten und ergibt sich allenfalls aus einem anwendbaren Tarifvertrag. Eine Übertragung von Urlaub auf das Folgejahr ist nur ausnahmsweise möglich. Eine finanzielle Urlaubsabgeltung ist nur bei Beendigung des Arbeitsverhältnisses zulässig.

Hinzukommen 9 bis 13 (länderabhängig) gesetzliche Feiertage. Fällt ein Feiertag auf einen (arbeitsfreien) Samstag oder einen Sonntag, besteht kein zusätzlicher Freizeitanspruch.

b) Krankheit

Im Falle einer Arbeitsunfähigkeit wegen unverschuldeter Erkrankung besteht nach vierwöchigem Bestand des Arbeitsverhältnisses aufgrund des Entgeltfortzahlungsgesetzes ein Anspruch auf volle Bezahlung für die Dauer von maximal sechs Wochen je Erkrankung pro Kalenderjahr. Voraussetzung für den Zahlungsanspruch ist die Vorlage einer von einem Arzt ausgestellten Bescheinigung, die dem Arbeitgeber in der Regel am dritten Werktag nach Beginn der Erkrankung vorzulegen ist, und die unverzügliche Krankmeldung (in der Regel am Beginn des ersten Tages der Erkrankung, wobei eine Meldung per Telefon oder per Mail ausreicht).

c) Sonstige Fälle

Im Falle der Erkrankung eines Kindes oder bei einem anderen persönlichen Umstand (z.B. Tod/Beerdigung eines nahen Angehörigen, Geburt eines Kindes) besteht nach § 616 BGB ein Anspruch auf kurzfristige bezahlte Freistellung. Es ist zulässig und nicht unüblich diesen Anspruch arbeitsvertraglich auszuschließen.

Weitergehende Freistellungsansprüche (in der Regel ohne Entgeltanspruch gegen den Arbeitgeber, unter Umständen allerdings mit Zahlung von Sozialleistungen) ergeben sich aus dem Bundeselterngeld- und Elternzeitgesetz für die maximal dreijährige Elternzeit, für die Mutterschutzfristen sowie aus den neuen Pflegezeitgesetzen.

Eine andere Art der bezahlten Freistellung ist die einseitig vom Arbeitgeber ausgesprochene oder vertraglich im Arbeits- oder Aufhebungsvertrag vereinbarte Freistellung des Arbeitnehmers nach Ausspruch einer Kündigung (gleich durch welche Vertragspartei).

5. Vergütung/Mindestlohn

Die Vergütung des Arbeitnehmers ergibt sich in der Regel aus den Vereinbarungen der Parteien, gelegentlich aus einem anwendbaren Tarifvertrag. Regelmäßig ist eine Bruttovergütung vereinbart; hiervon hat der Arbeitgeber Lohnsteuer einzubehalten und an das Finanzamt abzuführen. Des Weiteren behält der Arbeitgeber den Arbeitnehmersozialversicherungsbeitrag ein und führt ihn zugleich mit dem Arbeitgeberbeitrag zur Sozialversicherung ab.

Die Vergütung setzt sich üblicherweise aus Fixum, Sachleistungen (z.B. Fahrtkostenerstattung, Kfz) und Variablen (Bonus, Tantieme, Provision usw.) zusammen. Maßgeblich für den Anspruch und die Details sind die vertraglichen Vereinbarungen. Hinzuweisen ist darauf, dass die Möglichkeit eines Widerrufsvorbehaltes oder eines Freiwilligkeitsvorbehaltes bei variablen Zahlungen mittlerweile stark eingeschränkt worden ist, so dass insbesondere hier höchste Sorgfalt bei der Vertragsgestaltung zu beachten ist.

Seit dem 1. Januar 2019 gilt in den meisten Branchen in Deutschland aufgrund des Mindestlohngesetzes (eingeführt am 1. Januar 2015) ein Mindestlohn in Höhe von 9,19 EUR pro Stunde. Die Mindestlohnhöhe wurde und muss auch in Zukunft alle zwei Jahre vom Bundesarbeitsministerium angepasst werden. Hierbei muss es sich um die regelmäßige Vergütung handeln, einmalige oder gelegentliche Sonderzahlungen sind nicht berücksichtigungsfähig.

Besonders bemerkenswert ist, dass ein Unternehmer auch gegenüber Arbeitnehmern von Subunternehmern und Servicedienstleistern haftet und bei Missachtung erhebliche

Bußgelder (bis zu 500.000 EUR) oder sogar Strafverfahren drohen. Ein gut funktionierendes Vertragsmonitoring und -management ist daher ab sofort unerlässlich.

6. Arbeitszeit

Zur Arbeitszeit sind in Deutschland zwei Themen zu unterscheiden.

Zum einen bestimmen der Arbeitsvertrag bzw. Tarifvertrag wie viele Stunden (meist pro Woche) der Arbeitnehmer zu arbeiten hat, ob er verpflichtet ist darüber hinaus Überstunden zu leisten und ob und gegebenenfalls wieviel zusätzliche Vergütung für Überstunden bezahlt wird.

Darüber hinaus regelt das Arbeitszeitgesetz die aus Gründen des Gesundheitsschutzes die maximal zulässige Arbeitszeit. Diese beträgt in der Regel acht Stunden täglich und allerhöchstens 10 Stunden. Da es sich nach diesem Gesetz bei dem Samstag um einen Werktag handelt, beträgt somit die regelmäßige zulässige Wochenarbeitszeit 48 bzw. maximal 60 Stunden (wobei dann über einen Sechsmonatszeitraum ein Ausgleich auf durchschnittlich 48 Stunden hergestellt werden muss).

Beschränkungen gelten für Schwangere und Jugendliche. Das Gesetz enthält des Weiteren Regelungen zu Ruhepausen und einer Mindestfreizeit von 11 Stunden zwischen zwei täglichen Arbeitsphasen.

Es gelten sehr strenge Regelungen zu Sonn- und Feiertagsarbeit, die nur in bestimmten Branchen oder in seltenen Ausnahmefällen (z.B. Notfall) zulässig sind und oftmals auch einer vorherigen behördlichen Genehmigung bedürfen.

Das Bundesarbeitsgericht (BAG) in Leipzig bestätigte in seinem Urteil vom 17. Oktober 2018 (5 AZR 553/17) erneut, dass Reisezeit grundsätzlich als Arbeitszeit gilt. Entsendet der Arbeitgeber einen Arbeitnehmer vorübergehend ins Ausland, erfolgen die Reisen zur auswärtigen Arbeitsstelle und von dort zurück ausschließlich im Interesse des Arbeitgebers und sind deshalb in der Regel wie Arbeit zu vergüten.

Wenn bspw. ein technischer Mitarbeiter Arbeiter auf einer Baustelle oder Produktionsstätte in Thailand oder China arbeiten soll, können für An- und Abreise leicht 40 Stunden Reisezeit anfallen (Reisezeit zum Flughafen mit Parken; Einchecken und Boarding; Flug; Auschecken; Fahrt zur Baustelle bzw. von der Baustelle zurück zum Flughafen).

Hier könnten nicht unerhebliche Mehrkosten anfallen, da die komplette Reisezeit als Arbeitszeit angerechnet wird und dementsprechend vergütet werden muss, gerade aber auch dann, wenn die Reise außerhalb der normalen Arbeitszeiten z.B. am Wochenende erfolgt. Die zusätzliche Arbeitszeit wird je nach einzelvertraglicher Regelung mit dem Mitarbeiter, sei es mündlich oder schriftlich, und/oder betrieblicher Übung und/oder Tarifvertrag (der ggf. als allgemeingültig erklärt ist) und/oder Betriebsvereinbarung ggf. zusätzlich vergütet. Wenn an einem Feiertag oder Sonntag bspw. im Flugzeug „Überstunden" geleistet werden, sind diese ggf. mit +150% des normalen Lohns zu bezahlen, sodass es sehr sinnvoll ist, hier vorher schriftliche Regelungen mit Mitarbeitern zu treffen.

7. Versicherungen

a) Pflichtversicherungen

Der Arbeitgeber ist für die Abführung des Gesamtsozialversicherungsbeitrages verantwortlich. Dazu gehört die Feststellung, ob ein sozialversicherungspflichtiges Arbeitsverhältnis vorliegt und die richtige Berechnung und Abführung der Kranken-, Arbeitslosen-, Pflege- und Rentenversicherungsbeiträge. Beitragsschuldner gegenüber der Sozialversicherung ist allein der Arbeitgeber und zwar sowohl für die Arbeitgeberbeiträge als auch für die einzubehaltenden und abzuführenden Arbeitnehmerbeiträge. Anderweitige vertragliche Abreden sind nichtig. Die unterbliebene Beitragsabführung jedenfalls der Arbeitnehmerbeiträge ist eine Straftat.

In allen Versicherungszweigen gelten (der Höhe nach unterschiedliche) Beitragsbemessungsgrenzen, die eine Obergrenze der Zahlungsverpflichtungen darstellen, d.h. eine darüberhinausgehende Vergütung unterliegt nicht mehr dem Abzug von Sozialversicherungsbeiträgen. In der gesetzlichen Krankenversicherung kennzeichnet die Beitragsbemessungsgrenze darüber hinaus die für die Möglichkeit eines Wechsels in ein privates Krankenversicherungssystem maßgebliche Kenngröße. Arbeitnehmer, die mehr als den Beitragsbemessungssatz in der Krankenversicherung verdienen, können sich dafür entscheiden, aus dem gesetzlichen Versicherungssystem auszuscheiden und eine private Krankenversicherung (die dann auch die Pflegeversicherung erfasst) abzuschließen. Ein einmal erfolgter Wechsel ist allerdings in der Regel bindend für die gesamte Lebensdauer, sollte also aus Sicht des Arbeitnehmers gut überlegt werden, zumal die gesetzliche Krankenversicherung Vorteile wie die Familienmitversicherung bietet. Andererseits sind private Krankenversicherungen oftmals zumindest in jüngeren Jahren günstiger und bieten ein erweitertes Leistungsspektrum. Bei Auslandsaufenthalten (z.B. Entsendungen) sind zum Teil Zusatzversicherungen auch bei Bestehen einer gesetzlichen Krankenversicherung erforderlich.

Bei Auslandsentsendungen gilt vorbehaltlich einer zwischenstaatlichen Regelung (wie sie zwischen Deutschland und China existiert, dazu sogleich) das Ausstrahlungsprinzip, wonach bei einer zeitlich befristeten Entsendung auf Weisung des deutschen Arbeitgebers im Rahmen eines deutschen Arbeitsverhältnisses und einer Kostentragung des deutschen Unternehmens (im steuerrechtlichen Sinne) eine Entsendung mit der Folge vorliegt, dass der Arbeitnehmer auch während des Auslandsaufenthalts im deutschen Sozialversicherungssystem verbleibt. Nach dem deutsch/chinesischen Sozialversicherungsabkommen ist dieses Grundprinzip für die ersten vier Jahre der Beschäftigung beibehalten, gegebenenfalls können Verlängerungen beantragt werden. Ansonsten gilt das Wohnortprinzip. Dies gilt umgekehrt auch für chinesische Arbeitnehmer, die nach Deutschland entsandt werden.

b) Deutsch-Chinesisches Sozialversicherungsabkommen

Eine Ausnahme hinsichtlich der Anwendbarkeit dieser innerstaatlichen Grundsätze gilt, wenn die Beschäftigung in einem ausländischen Staat ausgeübt wird, mit dem ein Sozialversicherungsabkommen besteht. Dies ist für Deutschland und die Volksrepublik China der Fall. Daher finden die Regelungen des innerstaatlichen Rechts über die Ausstrahlung keine Anwendung, wenn der entsandte Arbeitnehmer von der Regelung des Sozialversicherungsabkommens erfasst wird.

Nach dem deutsch-chinesischen Sozialversicherungsabkommen vom 12. Juli 2001 bleiben die deutschen Rechtsvorschriften bei Entsendung in das Gebiet der Volksrepublik China (ohne Hongkong, Macao und Taiwan) maßgeblich während der ersten 48 Monate, wenn der Arbeitnehmer im Rahmen eines in Deutschland bestehenden Beschäftigungsverhältnisses entsandt wird, um in der Volksrepublik China eine Arbeit für den deutschen Arbeitgeber auszuführen. Die Möglichkeit, die deutschen Rechtsvorschriften über den 48. Kalendermonat hinaus anzuwenden, ist nur im Rahmen einer Ausnahmevereinbarung gegeben. Die Ausnahmevereinbarung ist eine Vereinbarung zwischen der zuständigen Behörde des ausländischen Staates und der deutschen Verbindungsstelle Krankenversicherung-Ausland in Bonn. Eine Ausnahmevereinbarung kann auch in den Fällen beantragt werden, in denen die Beschäftigung in einem ausländischen Vertragsstaat keine Entsendebeschäftigung darstellt. Die Ausnahmevereinbarung wird regelmäßig nur für künftige Zeiten abgeschlossen. Deshalb ist es erforderlich, den Antrag auf Ausnahmevereinbarung rechtzeitig, d.h. möglichst vor Abreise des jeweiligen Arbeitnehmers, bei der deutschen Verbindungsstelle Krankenversicherung-Ausland zu stellen.

Auf Antrag des Arbeitgebers bzw. Arbeitnehmers wird eine Bescheinigung ausgestellt, dass auf die Beschäftigung in einem Vertragsstaat die deutschen Rechtsvorschriften anzuwenden sind. Durch die Vorlage dieser Bescheinigung wird bei der jeweils zuständigen Stelle der ausländischen Sozialversicherung erreicht, dass diese Stelle davon absieht, Sozialversicherungsbeiträge nach ihren Rechtsvorschriften zu fordern. Es empfiehlt sich daher, die Ausstellung dieser Bescheinigung rechtzeitig vor Antritt der Entsendung zu beantragen. Die Bescheinigung wird für China von der Bundesversicherungsanstalt für Angestellte (BfA) ausgestellt, wenn der Arbeitnehmer von der Versicherungspflicht in der Angestelltenversicherung befreit ist, ansonsten von dem Träger der gesetzlichen Krankenversicherung, bei dem der Arbeitnehmer pflicht- oder freiwillig krankenversichert ist.

Das Abkommen gilt ausschließlich für die gesetzliche Renten- und Arbeitslosenversicherung, also nicht für die Krankenversicherung.

c) Freiwillige Versicherungen

Darüber hinaus ist der Abschluss freiwilliger Versicherungen durch den Arbeitgeber zugunsten des Arbeitnehmers möglich. Praktisch relevant ist dies aber nur in wenigen Fällen. So wird für Arbeitnehmer, die häufig Dienstreisen unternehmen eine

Unfallversicherung abgeschlossen, für Mitglieder des Managements kommt der Abschluss einer speziellen Haftpflichtversicherung (D&O Versicherung) in Betracht.

Bei Auslandsentsendungen sind weitergehende Regelungen insbesondere zur umfassenden Absicherung des Krankenversicherungsschutzes des Arbeitnehmers und seiner Familie üblich. In diesem Fall kommen auch Versicherungen wie Reisegepäck, Reiseunterbrechung und Hausrat in Betracht.

Die weitergehende Übernahme von Versicherungsrisiken durch den deutschen Arbeitgeber ist indes unüblich.

8. Kündigung

a) Formalien

Eine Kündigung des Arbeitsvertrages unterliegt zunächst einigen Formvorschriften. So muss eine Kündigung schriftlich erfolgen, von dem rechtlich dazu berufenen Mitarbeiter unterzeichnet sein und im Original der Gegenpartei zugestellt werden.

Auf Seiten des Arbeitgebers muss somit darauf geachtet werden, dass eine zweifelsfrei zur Kündigung berechtigte Person unterzeichnet; dabei kommt es vor allem auf die nach außen sichtbare, bzw. erklärte oder dokumentierte Vertretungsberechtigung an.

Der Zugang der Kündigung muss beweisbar sein; dies ist insbesondere wichtig, wenn es auf die Einhaltung von Fristen ankommt. Die Nutzung von Dienstleistern wie Post- oder Kurierdiensten ist insbesondere bei zeitkritischen Kündigungen extrem risikobelastet und kann letztlich sogar dazu führen, dass eine Kündigung gar nicht mehr wirksam ausgesprochen (wiederholt) werden kann.

b) Arten von Kündigungen

Das Gesetz unterscheidet die ordentliche Kündigung unter Einhaltung einer Kündigungsfrist von einer außerordentlichen Kündigung mit sofortiger Wirkung.

Die Länge der Kündigungsfrist bei einer ordentlichen Kündigung ergibt sich aus § 622 BGB bzw. (soweit längere Fristen vereinbart werden) dem Arbeitsvertrag oder Tarifvertrag. Die gesetzlichen Fristen reichen je nach Dauer der Beschäftigung von 2 Wochen (während einer vereinbarten Probezeit) bis hin zu sieben Monaten zum Monatsende nach mehr als 20 Jahren Beschäftigungszeit:

Beschäftigungsdauer	**Kündigungsfrist**
Probezeit	Zwei Wochen
2 Jahre	Ein Monat zum Ende des Kalendarmonats
5 Jahre	2 Monate zum Ende des Kalendarmonats
8 Jahre	3 Monate zum Ende des Kalendarmonats
10 Jahre	4 Monate zum Ende des Kalendarmonats
12 Jahre	5 Monate zum Ende des Kalendarmonats
15 Jahre	6 Monate zum Ende des Kalendarmonats
20 Jahre	7 Monate zum Ende des Kalendarmonats

Soweit ein Betriebsrat besteht muss dieser vor Ausspruch der Kündigung angehört werden. Dabei sind Fristen zu beachten, die vom Arbeitgeber einzukalkulieren sind, wenn eine Kündigung zu einem bestimmten Moment ausgesprochen werden soll, bzw. muss. Soweit kein Kündigungsschutz besteht (dazu weiter unten) bedarf eine Kündigung keiner Begründung. Sie darf nur nicht diskriminierend oder willkürlich sein. Eine Kündigung durch den Arbeitnehmer kann immer unbegründet erfolgen.

Eine außerordentliche Kündigung bedarf nach § 626 BGB eines wichtigen Grundes. Die Definition dieses Begriffs erfolgt durch die Rechtsprechung, zudem ist in jedem Einzelfall eine Abwägung der Interessen der beiden Parteien vorzunehmen. Dabei spielen viele Faktoren, wie die Länge der Betriebszugehörigkeit, die Historie des Arbeitsverhältnisses (gab es zuvor Vorfälle/Abmahnungen) und die Schwere der Vertragsverletzung eine Rolle. Weiter ist zu beachten, dass eine außerordentliche Kündigung spätestens zwei Wochen nach dem Ereignis, das zur Begründung der Kündigung herangezogen wird, ausgesprochen werden muss. Diese Frist ist ausgesprochen kurz, insbesondere wenn ein Betriebsrat anzuhören ist und der Zugang der Kündigung schwierig zu bewerkstelligen ist.

c) Kündigungsschutz

Das Kündigungsschutzgesetz stellt einen der wesentlichen Grundpfeiler des deutschen Arbeitsrechts dar.

Arbeitnehmer genießen Kündigungsschutz, wenn sie seit mehr als sechs Monaten bei dem Arbeitnehmer beschäftigt sind und der Betrieb (nicht das Unternehmen) mehr als zehn Arbeitnehmer beschäftigt.

Soweit danach das Kündigungsschutzgesetz anwendbar ist, bedarf eine Kündigung eines rechtlich anerkannten Grundes (soziale Rechtfertigung), wobei der Arbeitgeber die volle Darlegungs- und Beweislast trägt. Dabei werden drei Kategorien unterschieden.

(i) Personenbedingte Kündigung

Der Hauptgrund für eine personenbedingte Kündigung ist die krankheitsbedingte Unfähigkeit des Arbeitnehmers die vereinbarte Arbeitsleistung zu erbringen. In der Praxis unterscheidet man eine lang andauernde Erkrankung (wobei ein Zeitpunkt der Genesung nicht absehbar ist) von häufigen Kurzerkrankungen. In beiden Fällen ist eine Kündigung schwierig, da der Arbeitnehmer die erforderliche Gesundheitsprognose jederzeit durch eine ärztliche Bescheinigung widerlegen kann.

Weitere personenbedingte Kündigungsgründe sind z.B. das Fehlen einer Arbeitserlaubnis eines ausländischen Arbeitnehmers, der Verlust einer notwendigen behördlichen Erlaubnis (z.B. Führerschein bei Kraftfahrern, Approbation bei Ärzten, Zulassung bei Rechtsanwälten) sowie die – in der Praxis extrem schwierig durchsetzbare – Kündigung wegen unterdurchschnittlicher Leistung.

(ii) Verhaltensbedingte Kündigung

Eine verhaltensbedingte Kündigung kann ausgesprochen werden, wenn der Arbeitnehmer willentlich eine erhebliche oder wiederholte Vertragsverletzung begeht und die Fortsetzung des Arbeitsverhältnisses für den Arbeitgeber aus diesem Grund unzumutbar ist. Zu den akzeptablen Gründen für eine verhaltensbedingte Kündigung existiert eine umfangreiche Einzelfallrechtsprechung. In aller Regel ist vor einer solchen Kündigung die Erteilung einer oder mehrerer Abmahnungen erforderlich. Oft kann also nicht etwa bereits die erste Vertragsverletzung zur Kündigung genutzt werden, vielmehr bedarf es nach einer oder mehrerer Abmahnungen einer erneuten, gleichgelagerten Vertragsverletzung. Die Abgrenzung zur personenbedingten Kündigung kann schwierig sein, diejenige zur außerordentlichen Kündigung ist graduell (je nach Schwere der Vertragsverletzung).

(iii) Betriebsbedingte Kündigung

Führen dringende betriebliche Gründe zu einem Wegfall des Arbeitsplatzes, kann eine betriebsbedingte Kündigung ausgesprochen werden. Dabei ist zunächst eine funktionelle und keine individuelle Betrachtung anzustellen. Inner- oder außerbetriebliche Gründe wie eine Umstrukturierung des Unternehmens, eine schlechte wirtschaftliche Lage, der Wegfall eines wichtigen Kunden oder Projekts und ähnliches können dazu führen, dass in bestimmten Abteilungen oder dem ganzen Unternehmen ein Arbeitsplatzüberhang besteht, das heißt, dass mehr Arbeitsplätze vorhanden sind als künftig benötigt werden. Steht fest, wie viele Arbeitsplätze in welchen Bereichen weggefallen sind, ist eine Individualisierung vorzunehmen.

Unter den funktional für die Kündigung in Betracht kommenden Arbeitnehmern ist zunächst (auf der gleichen horizontalen Hierarchieebene; es besteht also kein Anspruch auf Beförderung und es findet kein Verdrängungswettbewerb nach unten statt) eine Vergleichbarkeitsbetrachtung (auf der Basis des Arbeitsvertrages, aber auch unter Berücksichtigung von Ausbildung und beruflichen Erfahrungen) anzustellen. Anschließend ist eine soziale Auswahl unter den solchermaßen vergleichbaren Arbeitnehmern anhand der Kriterien Alter, Betriebszugehörigkeit, Unterhaltspflichten und Schwerbehinderung vorzunehmen. Nur in Ausnahmefällen können einzelne Arbeitnehmer wegen besonderer Kenntnisse und Fähigkeiten aus der Sozialauswahl herausgenommen werden.

Die Wertung der einzelnen Kriterien ist gesetzlich nicht bestimmt, so dass in der Praxis oftmals Punkteschemata herangezogen werden, die von der Rechtsprechung in anderen Fällen schon einmal gebilligt wurden. Ist ein Betriebsrat vorhanden, wird – insbesondere wenn es um eine Mehrzahl von Fällen geht – in der Regel eine Bewertungsskala vereinbart.

(iv) Änderungskündigung

Bei einer Kündigung ist stets zu berücksichtigen, dass es sich um die ultima ratio handeln muss. Der Arbeitgeber muss also immer prüfen, ob es nicht eine Möglichkeit gibt, eine Kündigung zu vermeiden. Gibt es einen freien, vergleichbaren Arbeitsplatz scheidet eine Kündigung aus; es muss aber auch geprüft werden, ob nicht eine Beschäftigung zu schlechteren Bedingungen möglich ist. In solchen Fällen muss dem Arbeitnehmer in der Regel angeboten werden, auf einem anderen, freien Arbeitsplatz unter schlechteren Bedingungen weiterzuarbeiten. Nur wenn er dieses Angebot (das Teil des Kündigungsschreibens sein kann) nicht annimmt, kann die Beendigungskündigung Wirksamkeit entfalten.

Arbeitnehmer können gegen eine Kündigung gerichtlich vorgehen; sie müssen das Verfahren in der Regel innerhalb von drei Wochen nach Zugang der Kündigung einleiten. Gewinnt der Arbeitnehmer, muss er (weiter-) beschäftigt werden und hat Anspruch auf die Vergütung, die er in der Zeit zwischen Ablauf der Kündigungsfrist und gerichtlicher Entscheidung bekommen hätte. Dieses Szenario führt dazu, dass in Kündigungsrechtsstreiten in aller Regel über eine Abfindung verhandelt wird, obwohl es grundsätzlich keinen Abfindungsanspruch gibt (Ausnahme: Sozialplan und Auflösungsantrag). Die in Deutschland übliche Abfindung berechnet sich nach der Formel 0,5 - 1 Bruttomonatsgehälter pro Beschäftigungsjahr, kann aber auch deutlich darüber hinausgehen.

(v) Besonderer Kündigungsschutz

Besonderen Kündigungsschutz genießen schwangere Arbeitnehmerinnen während der Mutterschutzfristen und während einer beantragten Elternzeit, Auszubildende nach Ablauf der Probezeit, Schwerbehinderte und Betriebsräte. In diesen Fällen ist oftmals nur eine außerordentliche Kündigung und/oder eine Kündigung unter vorheriger Beteiligung /Zustimmung einer Behörde oder eines Gerichts möglich.

d) Betriebsübergang

Aufgrund einer europäischen Richtlinie gilt im Falle eines Betriebsübergangs, also einer Übertragung wesentlicher materieller und/oder immaterieller Wirtschaftsgüter (nicht Gesellschaftsanteile), dass den Betriebsmitteln die Arbeitsverhältnisse automatisch folgen. Es findet also ein Arbeitgeberwechsel statt; dabei werden keine neuen Arbeitsverhältnisse begründet und keine neuen Arbeitsverträge abgeschlossen. Auch etwaig bestehende Betriebsräte bleiben im Amt, kollektive Regelungen bleiben dann als solche bestehen. Allerdings haben die Arbeitnehmer ein Recht darauf, vorab umfassend über die Details informiert zu werden. Sie können nach Erhalt der Information dem Übergang ihres Arbeitsverhältnisses widersprechen, da niemandem ein neuer Vertragspartner einseitig aufgezwungen werden kann. Wird der Betrieb allerdings vollständig veräußert und ist er auch nicht Teil eines Konzerns, können widersprechende Arbeitnehmer relativ leicht gekündigt werden.

e) Nachvertragliches Wettbewerbsverbot

Die Vereinbarung eines nachvertraglichen Wettbewerbsverbotes ist für die Dauer von maximal zwei Jahren möglich. Es gelten allerdings strenge Anforderungen für den zulässigen Inhalt, ansonsten droht die Unwirksamkeit. Wichtigstes Wirksamkeitserfordernis ist die Zahlung einer Karenzentschädigung in Höhe von mindestens 50% der vorherigen Monatsvergütung (einschließlich aller Sachleistungen und Variablen) während der gesamten Dauer des nachvertraglichen Wettbewerbsverbots.

Ein späterer Verzicht auf das nachvertragliche Wettbewerbsverbot ist oft nicht mehr möglich bzw. muss sehr früh vor Beendigung des Arbeitsverhältnisses erklärt werden, ansonsten wirkt sich der Verzicht sofort zugunsten des Arbeitnehmers aus, während der Arbeitgeber noch für die Dauer von einem Jahr die Karenzentschädigung zu zahlen hat. Daher werden nachvertragliche Wettbewerbsverbote meist nur mit höher qualifizierten Knowhow-Trägern (oder Vertriebsmitarbeitern mit engem Kundenbezug) vereinbart und solche Wettbewerbsverbote treten auch erst nach einer bestimmten Mindestdauer des Arbeitsverhältnisses (z.B. erfolgreicher Abschluss der Probezeit) in Kraft.

f) Arbeitszeugnis

Jeder Arbeitnehmer hat bei Beendigung des Arbeitsverhältnisses Anspruch auf ein schriftliches Arbeitszeugnis. Dieses soll dem beruflichen Fortkommen des Arbeitnehmers dienen und Dritte über die Fähigkeiten des Arbeitnehmers informieren.

Gesetzlich wird zwischen dem einfachen und dem qualifizierten Zeugnis unterschieden. Ein einfaches Zeugnis gibt Art und Dauer der Beschäftigung wieder, das qualifizierte Zeugnis enthält darüber hinaus Angaben zu Leistung und Verhalten des Arbeitnehmers. Zudem wird nach dem Zeitpunkt differenziert, zu dem das Zeugnis erstellt wird. Gesetzlich allein geregelt ist das Endzeugnis, das wegen der Beendigung des Arbeitsverhältnisses erteilt wird. Daneben gibt es das Zwischenzeugnis, das während des ungekündigten Arbeitsverhältnisses – regelmäßig aus besonderem Anlass – erteilt wird. Dieser besondere Anlass kann in einer bevorstehenden Beendigung des Arbeitsverhältnisses liegen, aber auch in einem Vorgesetzten- oder Arbeitsplatzwechsel. Hierzu zählt auch die Ausstellung eines Arbeitszeugnisses auf Wunsch des Arbeitnehmers zur Vorbereitung einer Stellensuche.

Das Arbeitszeugnis muss äußerlich einwandfrei auf dem Briefpapier des Arbeitgebers ausgestellt werden und die Identität des Arbeitnehmers sowie das Ausstellungsdatum und die Unterschrift des Arbeitgebers enthalten.

Hinsichtlich des Inhalts eines qualifizierten Zeugnisses, das sich auf Leistung und Verhalten erstreckt, gelten die Gebote der Zeugniswahrheit und Zeugnisklarheit; andererseits muss das Zeugnis wohlwollend formuliert sein, d.h. es dürfen in der Regel keine negativen Äußerungen über den Arbeitnehmer erfolgen. Aufgrund der Rechtsprechung der Arbeitsgerichte hat sich eine Art Zeugnissprache herauskristallisiert; auch die formellen Inhalte sind mittlerweile weitestgehend durch die Rechtsprechung festgelegt.

Da der Arbeitgeber nur in seltensten Fällen Dritten gegenüber hinsichtlich der inhaltlichen Richtigkeit eines Zeugnisses haftet und Zeugnissen im Bewerbungsprozess nur ein eingeschränkter praktischer Wert zukommt, lohnt aus Sicht des Arbeitgebers in der Regel ein Streit um den Zeugniswortlaut nicht, sondern es wird den Wünschen des Arbeitnehmers oftmals Folge geleistet.

9. Entsendungen

a) Entsendungsvereinbarung/Synchronisation mit lokalen Verträgen

Deutschland ist eine extrem exportorientierte Wirtschaftsnation. Die bedeutet, dass viele im Ausland tätige deutsche Unternehmen Mitarbeiter zeitweise in das Ausland, in eine Filiale oder in ein Tochterunternehmen entsenden. Arbeitsrechtlich sind hierbei verschiedene Konstellationen zu unterscheiden.

In Betracht kommt zunächst die Einstellung eines deutschen Arbeitnehmers direkt vor Ort, mit einem lokalen, ausländischen Arbeitsvertrag. Hier gilt in der Regel ausländisches Arbeitsrecht und aus deutscher Sicht besteht kein Arbeitsverhältnis.

Wird ein Arbeitnehmer zwar ausschließlich für eine bestimmte Auslandstätigkeit neu eingestellt, jedoch auf Basis eines deutschen Arbeitsvertrages, muss dieser den Besonderheiten der Tätigkeit im Gastland Rechnung tragen. Oftmals – und dies gilt auch für den Fall der „echten" Entsendung – muss aus ausländerrechtlichen Gründen (Erlangung eines Aufenthaltstitels) ein lokaler Arbeitsvertrag abgeschlossen werden. In diesem Zusammenhang stellt sich dann die wichtige Frage, ob es nach lokalem Recht zulässig ist, fremdes (deutsches) Recht zu wählen. Selbst wo dies der Fall ist, muss geprüft werden, ob eine solche Rechtswahl überhaupt zweckdienlich ist. Insbesondere wenn – wie im Arbeitsrecht üblich – ein lokaler Gerichtsstand nicht ausgeschlossen oder sogar zwingend ist, dürfte dies eher selten der Fall sein. Die Anwendung deutschen Rechts durch ein ausländisches Arbeitsgericht wirft in der Regel erhebliche Probleme auf, die den Aufwand der Erstellung eines lokalen Arbeitsvertrages auf Basis deutschen Rechts nicht lohnen.

Vorstehende Fragen ergeben sich aber auch im Hauptfall des Auslandseinsatzes, der Entsendung eines bereits seit längerem in Deutschland beschäftigten Arbeitnehmers. In diesen Fällen tritt neben den fortbestehenden (meist ruhenden) deutschen Arbeitsvertrag und den, gegebenenfalls nach lokalem Recht erforderlichen Auslandsarbeitsvertrag, eine gesonderte Entsendungsvereinbarung, die regelmäßig komplexe Fragestellungen aufwirft. Neben den schon erwähnten (jedoch in der Praxis oft vergessenen) Themen Rechtswahl und Gerichtsstand ist vor allem die Synchronisation aller Verträge erforderlich. Es wäre z.B. äußerst misslich, wenn Kündigungsfristen oder Befristungen erheblich voneinander abweichen oder nachvertragliche Wettbewerbsverbote in nur einer Region durchsetzbar wären.

Daneben existiert ein Katalog sinnvoller bzw. unerlässlicher Regelungsgegenstände. Ein wichtiger Vertragsinhalt ist zunächst die genaue Umschreibung des Tätigkeitsbereichs einschließlich der Über- und Unterordnungsverhältnisse im Gastland, sowie etwaige (Berichts-) Pflichten gegenüber dem deutschen Stammhaus.

Auch die Dauer der Entsendung sollte – schon im Hinblick auf das Sozialversicherungsrecht – klar bestimmt sein. Darüber hinaus muss stets bedacht werden, dass aus verschiedensten Gründen auch eine vorzeitige Beendigung der Auslandsentsendung vorkommen kann. Dabei geht es nicht nur um Arbeitgeberinteressen, sondern auch solche aus der Sphäre des Arbeitnehmers sowie objektive Umstände wie politische Unruhen oder Naturkatastrophen. Dies erfordert Weitblick bei der Vertragsgestaltung. Auch die

Verhältnisse nach der Rückkehr – egal ob vorzeitig oder plangemäß – sollten im Interesse beider Parteien klar geregelt sein.

Selbst Regelungen zu Arbeitszeiten und Feiertagen werfen zahlreiche Fragen auf, erst recht gilt dies für die Themen Vergütung, Aufwendungsersatz, Sozialversicherung und Steuern.

Zu denken ist auch an die Beendigung des Arbeitsverhältnisses ohne Rückkehr nach Deutschland – gleich auf wessen Initiative – während des Auslandsaufenthaltes.

Auch dreiseitige Verträge zwischen Arbeitnehmer, deutschem Arbeitgeber und lokaler Gesellschaft kommen in Betracht. Ohnehin müssen im Dreiecksverhältnis Themen wie die Kostenverteilung geklärt werden, die auch erhebliche Auswirkungen auf das Sozialversicherungsrecht haben können.

Die Gestaltung von Entsendungsvereinbarungen ist eine der komplexesten arbeitsrechtlichen Aufstellungen und erfordert große Sorgfalt.

b) Zusatzleistungen

Neben einer Regelung der Vergütungsleistungen an den Arbeitnehmer enthalten Entsendevereinbarungen häufig umfangreiche Ausführungen zu Zusatzleistungen, die nur im Hinblick auf die Entsendung erbracht werden. Zu nennen sind insbesondere die Übernahme von Umzugskosten sowohl bei der Aus- als auch bei der Heimreise, Heimaturlaub (Reisekosten) sowie der Abschluss zusätzlicher Versicherungen für den Arbeitnehmer und gegebenenfalls dessen Familie. Besonders wichtig sind insoweit Krankenversicherungsleistungen. Sonstige Versicherungen erhalten insbesondere dann Bedeutung, wenn es nicht zu einem Verbleib des Arbeitnehmers in der deutschen Sozialversicherung kommt.

Vielfach werden auch Kosten für die Unterbringung im Ausland übernommen (gegebenenfalls zusätzlich zu Kosten für doppelte Haushaltsführung, die Einlagerung für Umzugsgut u.ä.). Soweit Kinder mitreisen, sind auch Kinderbetreuungskosten einschließlich Schulkosten für internationale Schulen von Bedeutung.

c) Rückkehrvereinbarungen

Aus Sicht des Arbeitnehmers sind die Vereinbarungen zur Rückkehr nach Deutschland einer der wichtigsten Verhandlungspunkte. Hier kommen verschiedenste Varianten in Betracht; in der Regel wird sich der Arbeitgeber allerdings nicht festlegen wollen, auf welcher Position er einen (möglicherweise nach jahrelangem Auslandsaufenthalt) zurückkehrenden Arbeitnehmer genau einsetzt. Andererseits ist aus Sicht des Arbeitgebers zu beachten, dass ein Einsatz auf dem Hierarchielevel der Auslandsstelle (oft im Management der Auslandsgesellschaft) in der Regel nicht in Betracht kommt, sondern vielmehr eine Wiedereingliederung in der Firmenhierarchie entsprechend einer fiktiven Fortführung der deutschen Karriere angemessen ist. Zur Vermeidung von Streitigkeiten anlässlich der Rückkehr ist hier bei der Vertragsformulierung besondere Vorsicht geboten. Eine Alternative stellt eine antizipierte Trennungsregelung dar, wobei bereits in der Entsendungsvereinbarung für den Fall, dass eine adäquate Beschäftigung in Deutschland nicht gefunden werden kann, eine Beendigung des Arbeitsverhältnisses gegen eine festgeschriebene Abfindung vorgesehen wird.

In diesem Zusammenhang ist darauf zu achten, dass die Rückkehrvereinbarung dann unwirksam werden sollte, wenn es zu einer vorzeitigen Beendigung des Anstellungsverhältnisses z.B. aufgrund von Vertragsverletzungen im Auslandsarbeitsverhältnis kommt.

IV. Kollektivarbeitsrecht

1. Einleitung

Der Begriff Kollektivarbeitsrecht bezeichnet alle Rechtsbereiche, die die gemeinschaftliche Interessenvertretung von Arbeitnehmern betreffen.

In Deutschland sind als solche Arbeitnehmerinteressenvertreter insbesondere Betriebsräte und Gewerkschaften von Bedeutung. Dabei kann es personelle Überschneidungen geben, zwingend ist dies aber nicht.

Gewerkschaften sind Mitgliederorganisationen. Sie vertreten also nur Arbeitnehmer, die sich entscheiden Mitglied einer Gewerkschaft zu werden.

Betriebsräte sind die Interessenvertreter der Arbeitnehmer eines Betriebes. Ab einer Betriebsgröße von fünf Arbeitnehmern kann (nicht muss) ein Betriebsrat gewählt werden. Mitglieder sind ausschließlich Betriebsangehörige, die nicht Mitglied einer Gewerkschaft sein müssen.

Die maßgeblichen Gesetze, das Betriebsverfassungsgesetz und das Tarifvertragsgesetz, grenzen die Zuständigkeitsbereiche für Betriebsräte und Gewerkschaften strikt voneinander ab. Dies bedeutet z.B., dass in einer Industrie, in der Gewerkschaften schwach sind und kein Tarifvertrag anwendbar ist, dieser Rechtsbereich ohne Relevanz ist und nicht etwa ersatzweise vom Betriebsrat wahrgenommen wird. Gleiches gilt umgekehrt in betriebsratslosen Unternehmen. So spielt das kollektive Arbeitsrecht in einigen Unternehmen/Branchen gar keine Rolle, in anderen (z.B. Automobilindustrie) sind Verhandlungen sowohl mit Betriebsrat als auch mit Gewerkschaft zu führen.

2. Tarifvertragsrecht

Tarifverträge werden zwischen Arbeitgeberverbänden oder einzelnen Arbeitgebern einerseits und Gewerkschaften andererseits abgeschlossen. Der gesetzliche Rahmen ist im Tarifvertragsgesetz geregelt. Ein Tarifvertrag gilt für ein Arbeitsverhältnis unmittelbar und zwingend (im Sinne von Mindestbedingungen), wenn beide Parteien (Arbeitgeber und Arbeitnehmer) tarifgebunden sind. Dies ist der Fall, wenn der Arbeitgeber entweder den Tarifvertrag selbst mit der Gewerkschaft abgeschlossen hat oder Mitglied eines tarifschließenden Arbeitgeberverbandes ist und der Arbeitnehmer Mitglied in der tarifschließenden Gewerkschaft. Eine weitere Voraussetzung ist, dass der Arbeitgeber in den fachlichen und örtlichen Geltungsbereich eines Tarifvertrages fällt und der Arbeitnehmer in den persönlichen Geltungsbereich. Gelegentlich enthalten

Arbeitsverträge auch (dynamische oder statische) Bezugnahmen auf einen Tarifvertrag oder der Arbeitgeber erklärt, alle Arbeitnehmer unabhängig von Mitgliedschaften in der Gewerkschaft gleich zu behandeln. In diesen Fällen kommt es nicht auf die Mitgliedschaft in einer Gewerkschaft an.

Einige Tarifverträge werden von Landesregierungen für allgemeinverbindlich erklärt; auch in diesem Fall kommt es auf Mitgliedschaften nicht an.

Auch wenn ein Arbeitgeber oder Arbeitnehmer aus seinem Verband austritt, gilt der aktuelle Tarifvertrag weiter, bis er gekündigt wird oder anderweitig endet (Nachbindung). Nach Ablauf eines Tarifvertrages gilt dieser für alle zu diesem Zeitpunkt Beschäftigten ebenfalls weiter, bis er durch eine neue Vereinbarung ersetzt wird (Nachwirkung). Typische Inhalte von Tarifverträgen sind Entgeltregelungen, Arbeitszeit, Urlaub und Kündigungsregelungen. Man unterscheidet Flächentarifverträge, die für eine bestimmte Branche in einer bestimmten Region abgeschlossen werden von Haustarifverträgen, die mit einem einzelnen Arbeitgeber vereinbart werden.

Eine weitere Unterscheidung erfolgt durch die Inhalte der jeweiligen Tarifverträge. Bedeutung haben vor allem Manteltarifverträge, die allgemeine Rahmenbedingungen des Arbeitsverhältnisses regeln, sowie Lohn- und Gehaltstarifverträge, die die Vergütung bestimmen.

Das wichtigste Mittel zur Durchsetzung eigener Forderungen in Tarifvertragsverhandlungen ist der Arbeitskampf. Arbeitnehmern steht dabei die gemeinschaftliche Arbeitsniederlegung (Streik) zur Verfügung; Arbeitgeber können mit Aussperrungen reagieren. Arbeitskämpfe sind verfassungsrechtlich garantiert, gesetzlich jedoch nicht geregelt. Streiks sind nach den Entscheidungen des Bundesarbeitsgerichts nur zulässig, wenn die sogenannte Friedenspflicht nach Beendigung eines Tarifvertrages vorüber ist, oder wenn noch gar kein Tarifvertrag vorhanden ist. Viele Tarifverträge sehen auch ein zwingendes Schlichtungsverfahren vor.

Streiks haben nur dann Erfolg, wenn viele Arbeitnehmer in der Gewerkschaft organisiert sind und der Arbeitgeber wirtschaftlich leistungsfähig ist. Während eines Streiks muss der Arbeitgeber Streikenden keinen Lohn zahlen (regelmäßig erhalten diese aus der Gewerkschaftskasse ein sogenanntes Streikgeld). Im Gegenzug darf der Arbeitgeber auch nicht streikende Arbeitnehmer aussperren, also nicht arbeiten lassen. Da der Staat neutral sein muss, dürfen an die betroffenen Arbeitnehmer auch keine Entgeltersatzleistungen gezahlt werden; hierdurch können Arbeitgeber theoretisch erheblichen Druck auf die Arbeitnehmerseite ausüben. Streiks sind mittlerweile in Deutschland selten; dies liegt in erster Linie an dem geringer werdenden Organisationsgrad der Arbeitnehmer. Dort wo Arbeitnehmer stark gewerkschaftlich organisiert sind, kommt es hingegen häufiger zu Arbeitsniederlegungen. Aufgrund der Rechtsprechung des Bundesarbeitsgerichts zur Zulässigkeit von mehreren Gewerkschaften in einem Betrieb ist dies neuerdings vor allem im Verkehrswesen zu beobachten, wo wenige organisierte Arbeitnehmer relativ leicht den ganzen Betrieb lahmlegen können.

3. Betriebsverfassungsrecht

Das Betriebsverfassungsrecht regelt die Mitbestimmung der Arbeitnehmer in sozialen, personellen und wirtschaftlichen Angelegenheiten des Betriebs. Ein Betrieb ist eine organisatorische Einheit, in der der Arbeitgeber alleine oder mit seinen Mitarbeitern bestimmte arbeitstechnische Zwecke verfolgt. Sofern dort fünf oder mehr Arbeitnehmer beschäftigt sind, können diese eine Vertretung, den Betriebsrat, wählen. Verfügt ein Unternehmen über mehrere solcher Betriebe mit Betriebsrat wird ein Gesamtbetriebsrat gebildet. Daneben kann es auf Konzern- oder europäischer Ebene einen Konzern- und/ oder europäischen Betriebsrat geben. Weitere Arbeitnehmervertretungen sind die Schwerbehindertenvertretung und die Jugendvertretung.

Die Amtsperiode eines Betriebsrats beträgt vier Jahre, er wird von den Arbeitnehmern nach einem zum Teil komplizierten Verfahren gewählt. Die Anzahl der gewählten Betriebsräte hängt von der Betriebsgröße ab.

Der Betriebsrat muss in vielen die Arbeitnehmer betreffenden Fragen beteiligt werden. Die Beteiligungsrechte reichen von bloßer Information bis hin zu echter Mitbestimmung, die einseitige Arbeitgeberentscheidungen ausschließt.

Der Bereich der erzwingbaren Mitbestimmung, in dem es der Zustimmung des Betriebsrats bedarf und wo der Betriebsrat auch selbst die Initiative ergreifen kann, betrifft die sogenannte soziale Mitbestimmung. Diese ist insbesondere in einem Katalog des Gesetzes geregelt; die in der Praxis wichtigsten Bereiche sind die Mehrarbeit (der Betriebsrat muss im Prinzip jeder einzelnen Überstunde vorher zustimmen), die Verteilung der Arbeitszeit auf die Wochentage, die Einführung neuer Technologien und die Einführung oder Änderung einer Arbeitsordnung.

Ziel der Verhandlung mit dem Betriebsrat über soziale Themen ist der Abschluss einer Vereinbarung, in der Regel einer Betriebsvereinbarung. Kommt keine Einigung zustande, entscheidet letztlich eine sogenannte Einigungsstelle, die aus einer gleichen Anzahl von Arbeitgeber- und Arbeitnehmervertretern und einem unabhängigen Vorsitzendem besteht.

Bei personellen Angelegenheiten wie Versetzung, Kündigung und Einstellungen, ist der Betriebsrat vorab zu informieren und es ist mit ihm zu beraten. In bestimmten Fällen kann der Betriebsrat einer Maßnahme widersprechen. Überwiegend kann der Arbeitgeber allerdings nach formeller Beteiligung des Betriebsrats wie geplant vorgehen. Die Beteiligung stellt lediglich eine Formalie dar, deren Nichtbeachtung zwar zur Unwirksamkeit der Maßnahme führen kann, die letztlich jedoch keine echte Mitbestimmung darstellt.

In wirtschaftlichen Angelegenheiten kommt das Grundrecht des Unternehmers in sozialen Grenzen mit seinem Eigentum nach eigener Entscheidung verfahren zu dürfen, besonders zum Tragen. In aller Regel muss der Betriebsrat zwar informiert werden und darf in Beratungen eigene Vorstellungen äußern, hat jedoch keinen Einfluss auf die freie Unternehmerentscheidung. Eine kleine Einschränkung gilt bei Betriebsänderungen, die grundsätzlich erst nach Verhandlungen über einen Interessenausgleich durchgeführt werden dürfen. In diesem Zusammenhang ist auch die bei vielen Betriebsänderungen bestehende Sozialplanpflicht zu nennen, die aufgrund der in der Regel notwendigen

Zahlung von Abfindungen an ausscheidende Arbeitnehmer finanziell und zeitlich stets zu berücksichtigen ist.

Eine echte wirtschaftliche Mitbestimmung durch Vertreter von Arbeitnehmern in den Organen der Gesellschaft gibt es eingeschränkt bei größeren Kapitalgesellschaften (Drittelbeteiligungsgesetz) sowie in wenigen Industriebereichen (Mitbestimmungsgesetz). Auch dort ist allerdings gewährleistet, dass die Kapitaleignerseite letztlich die Entscheidung fällen kann.

V. Arbeitsgerichtsverfahren

1. Einleitung

Deutschland hat eine eigene Arbeitsgerichtsbarkeit, die ausschließlich für Arbeitsrechtsstreitigkeiten zuständig ist. Die Vereinbarung eines Schiedsgerichts ist nicht möglich. Eingangsgericht ist stets das örtlich zuständige Arbeitsgericht, Berufungsinstanz das Landesarbeitsgericht. In einigen Fällen steht das Bundesarbeitsgericht als Revisionsinstanz zur Klärung grundlegender Rechtsfragen zur Verfügung. In allen Stadien des Verfahrens soll das Gericht auf eine gütliche Einigung der Parteien hinwirken. In Individualsachen findet daher als erstes eine sogenannte Güteverhandlung statt, die nur den Zweck hat herauszufinden, ob eine Einigung möglich ist. Dies ist oft der Fall; nach offiziellen Statistiken werden früher oder später über 90% der Fälle verglichen. Neben regulären Verfahren steht auch der einstweilige Rechtsschutz in einem Schnellverfahren zur Verfügung; dies gilt allerdings nur dort, wo es unbedingt einer schnellen, vorläufigen Entscheidung bedarf und die Hauptsache nicht vorweggenommen wird.

Auf allen Gerichtsebenen wirken ehrenamtliche Richter an der Entscheidung mit; den Vorsitz hat stets ein Berufsrichter.

Der Individualarbeitsrechtsstreit ist ein Zivilprozess; bei betriebsverfassungsrechtlichen und Tarifvertragsstreitigkeiten gelten die Grundsätze öffentlich-rechtlicher Verfahren (z.B. Amtsermittlungsgrundsatz).

2. Kosten

Die Verfahren sind kostengünstig, um Arbeitnehmer nicht von der Rechtsverfolgung abzuhalten. In erster Instanz gibt es keinen Anwaltszwang; Arbeitnehmer können sich selbst vertreten oder einen Dritten bevollmächtigen. Auch die Anwaltsgebühren sind aus sozialen Gründen begrenzt; darüber hinaus trägt in 1. Instanz jede Partei ihre Kosten selbst, muss also selbst bei Unterliegen die Kosten der Gegenpartei nicht übernehmen.

3. Dauer

In allen Verfahrensarten findet ca. 4-6 Wochen nach Klageeinreichung ein Güteverfahren statt, das eine einvernehmliche Regelung und Verfahrensbeendigung erreichen soll. Kommt es nicht zu einer Einigung, vergehen in der Regel mehrere Wochen, zum Teil sogar

Monate bis zu einer Hauptverhandlung. In wenigen Fällen notwendiger Eilentscheidungen steht einstweiliger Rechtsschutz zur Verfügung.

Insbesondere in Kündigungsschutzsachen gilt der Grundsatz der beschleunigten Bearbeitung. Die Verfahrenslänge differiert örtlich sehr, ist jedoch in der Regel kürzer als in vielen anderen Gerichtszweigen.

B. Steuern in Deutschland

I. Persönliche Einkommensteuer vs. Körperschaftsteuer

„Geschäftsfähigkeit, Staatsangehörigkeit, Wohnsitz und gewöhnlicher Aufenthalt sind für das Bestehen des Einkommensteuerschuldverhältnisses irrelevant. Wohnsitz bzw. gewöhnlicher Aufenthalt und Staatsangehörigkeit sind lediglich Kriterien für die Art der Einkommensteuerpflicht, nämlich: unbeschränkt, beschränkt oder erweitert unbeschränkt bzw. erweitert beschränkt." Allein schon dieses Zitat zeigt nicht nur dem Laien, wie schwierig Steuerrecht gerade bei Auslandsberührung sein kann. Der folgende Beitrag versucht ein wenig Licht ins Dunkel zu bringen, indem vor allem grundlegende Definitionen verständlich erläutert und sodann mit einfachen Beispielen veranschaulicht werden. Die Grundsätze des deutschen und chinesischen Steuerrechts sind sehr ähnlich. Auf Besonderheiten und Unterschiede wird jeweils hingewiesen.

Hinsichtlich der Steuerpflicht ist zwischen den folgenden Personen zu unterscheiden:

1. natürliche Personen
2. juristische Personen des öffentlichen Rechts
3. juristische Personen des Privatrechts

Natürliche Personen sind alle lebenden Menschen (§ 1 BGB). Juristische Personen des öffentlichen Rechts sind vor allem der Bund, die Länder und die Gemeinden, die Kirchen und die Stiftungen des öffentlichen Rechts. Juristische Personen des Privatrechts sind der eingetragene Verein, die GmbH und die AG.

Des Weiteren ist zwischen

- Personen(-handels)gesellschaften (GbR, oHG, KG, GmbH & Co. KG, Partnerschaftsgesellschaft) und
- Kapitalgesellschaften (GmbH, AG, KGaA, SE) zu unterscheiden.

Die Einkommensteuerpflicht natürlicher Personen (§§ 1 ff. BGB) richtet sich nach § 1 Abs. 1 S. 1 EStG.

Bezüglich der Besteuerung von Unternehmen gilt etwas anderes: Hier ist das deutsche Steuerrecht geprägt vom Dualismus von

- einkommensteuerpflichtigen Personenunternehmen und
- körperschaftsteuerpflichtigen Kapitalgesellschaften.

Die differenzierte Besteuerung von Personen- und Kapitalgesellschaften resultiert aus dem Umstand, dass Personensteuern (Subjektsteuern) nur Steuersubjekte mit eigener Rechtspersönlichkeit erfassen. Ob ein Unternehmen der Einkommens- oder Körperschaftssteuer unterliegt, richtet sich strikt nach den zivilrechtlichen Vorgaben.

Steuer- und zivilrechtlich wird bei Kapitalgesellschaften aufgrund ihrer eigenen Rechtspersönlichkeit strikt zwischen der Gesellschafts- und Gesellschafterebene unterschieden (Trennungsprinzip). Dies hat zur Folge, dass Kapitalgesellschaften als juristische Personen nach § 1 Abs. 1 Nr. 1 KStG der Körperschaftssteuer unterliegen und die Gesellschafter darüber hinaus selbst steuerpflichtig sind (Grundsatz der Doppelbesteuerung). Werden Gewinnanteile (Dividenden) an die Gesellschafter ausgeschüttet, unterliegen diese nach § 1 Abs. 1 Nr. 1 und § 20 Abs. 1 Nr. 1 i.V.m. § 43 Abs. 5 Satz 1 EStG der Abgeltungssteuer, soweit diese natürlichen Personen sind. Bei der Abgeltungssteuer handelt es sich um eine Kapitalertragssteuer mit abgeltender Wirkung.

Der Steuertarif beträgt gem. § 32d EStG 25% zzgl. 5,5% Solidaritätszuschlag und ggf. Kirchensteuer.

Demgegenüber verfügen Personengesellschaften im Steuerrecht -anders als im Zivilrecht- über keine eigene Rechtspersönlichkeit. Dies hat u. a. zur Folge, dass eine vertragliche Beziehung zwischen dem Einzelunternehmer und seinem Einzelunternehmen nicht möglich ist. Das Steuersubjekt bei Einkommenssteuer ist nicht die Personengesellschaft als solche, sondern die dahinterstehenden Gesellschafter als natürliche Person (Transparenzprinzip). Die Gesellschafter werden nach § 15 Abs. 1 Satz 1 Nr. 2 EStG als sog. Unternehmer/Mitunternehmer betrachtet.

II. Beschränkte vs. unbeschränkte Steuerpflicht

Einkünfte können grundsätzlich nur besteuert werden, wenn eine Steuerpflicht in Deutschland besteht. Es wird zwischen vier Arten der Steuerpflicht unterschieden:

- Unbeschränkte Steuerpflicht nach § 1 Abs. 1 EStG (Lebensmittelpunkt in Deutschland) (2.1.1.)
- Erweitert unbeschränkte Steuerpflicht nach § 1 Abs. 2 EStG (2.1.2.)
- Beschränkte Steuerpflicht nach § 1 Abs. 4 i.V.m. § 49 Abs. EStG (2.1.3.)
- Erweitert beschränkte Steuerpflicht nach §§ 2, 5 AStG (2.1.4.)

Außerdem werden Einkünfte nur dann besteuert, wenn sie unter eine der folgenden in § 2 Abs. 1 EStG genannten Einkunftsarten fallen:

- Einkünfte aus Land- und Forstwirtschaft (§§ 13 ff. EStG)
- Einkünfte aus Gewerbebetrieb (§§ 15 ff. EStG)
- Einkünfte aus selbständiger Tätigkeit (§ 18 EStG)
- Einkünfte aus nichtselbständiger Arbeit (§§ 19 ff. EStG)
- Einkünfte aus Kapitalvermögen (§ 20 EStG)
- Einkünfte aus Vermietung und Verpachtung (§ 21 EStG)
- Einkünfte im Sinne des § 22 EStG (§§ 22, 23 EStG)

1. Unbeschränkte Steuerpflicht (Lebensmittelpunkt in Deutschland)

Gemäß § 1 Abs. 1 S. 1 EStG unterliegen alle Einkünfte (z. B. auch Zinserträge in der Schweiz bzw. in China) natürlicher Personen, die einen Wohnsitz oder ihren gewöhnlichen Aufenthalt in der Bundesrepublik Deutschland haben, der deutschen Einkommensteuer. Besteuert wird das Welteinkommen.

Soweit dasselbe Einkommen sowohl in Deutschland als auch im Ausland besteuert wurde, erfolgt in Deutschland entweder die Freistellung der entsprechenden Einkünfte oder die ausländische Steuer kann angerechnet werden oder es kommt ein Abzug der ausländischen Steuer zur Anwendung. Im Verhältnis Deutschland-China können im Ausland bezahlte Steuern bei der Besteuerung in Deutschland nach dem Doppelbesteuerungsabkommen Deutschland/China (Abkommen zur Vermeidung der Doppelbesteuerung) angerechnet werden.

Unbeschränkte Steuerpflicht kann selbst dann bestehen, wenn der Steuerpflichtige nicht mehr polizeilich in Deutschland gemeldet ist und seiner Arbeit nur im Ausland nachgeht. Dies hängt mit dem steuerrechtlichen Wohnsitzbegriff zusammen, der von dem ordnungsbehördlichen i.S.d. MRG abweicht. Behält der Steuerpflichtige eine Wohnung in Deutschland bei, zu der er in regelmäßigen Abständen zurückkehrt, so geht die Finanzverwaltung davon aus, dass diese Wohnung für Zwecke des Wohnens beibehalten wird. Damit besteht ein Wohnsitz in Deutschland im steuerrechtlichen Sinne und damit die deutsche unbeschränkte Steuerpflicht. Zu beachten ist jedoch immer, dass Doppelbesteuerungsabkommen unter Umständen eine vom deutschen Steuerrecht abweichende Definition enthalten. Der Begriff der Ansässigkeit im DBA (bspw. mit China) ist jedoch allein für dessen Anwendungsbereich maßgebend und hat keine Auswirkungen für die persönliche Steuerpflicht. Die deutsche unbeschränkte Steuerpflicht besteht daher auch dann, wenn der Steuerpflichtige je eine Wohnung bzw. einen gewöhnlichen Aufenthalt im Inland und im Ausland hat und nach dem anzuwendenden DBA im ausländischen Vertragsstaat ansässig ist.

2. Erweitert unbeschränkte Steuerpflicht

Nach § 1 Abs. 2 Satz 2 EStG werden Auslandsbedienstete (Personen, die zu einer inländischen juristischen Person des öffentlichen Rechts in einem Dienstverhältnis stehen, oder Lohn aus einer inländischen öffentlichen Kasse erhalten, z.B. Botschaftsangehörige, Auslandsmitarbeiter der GIZ, AHK´s und des Goethe-Instituts) ausschließlich in der Bundesrepublik Deutschland besteuert, obwohl sie weder einen Wohnsitz noch ihren gewöhnlichen Aufenthalt in der Bundesrepublik Deutschland haben. Die Besteuerung soll nach völkerrechtlichen Gegebenheiten und bilateralen Abkommen nicht im Ausland, sondern ausschließlich in der Bundesrepublik Deutschland erfolgen, weil diese Einkünfte letztlich Steuergelder sind.

3. Beschränkte Steuerpflicht

Natürliche Personen, die im Inland (Bundesrepublik Deutschland) weder einen Wohnsitz noch ihren gewöhnlichen Aufenthalt haben, sind gemäß § 1 Abs. 4 EStG beschränkt einkommensteuerpflichtig, d.h., sie müssen bestimmte inländische Einkünfte auf Grund eines in § 49 Abs. 1 EStG verwirklichten Sachverhaltes in der Bundesrepublik Deutschland versteuern. Dabei verlangen die Sachverhalte grundsätzlich zusätzliche Anknüpfungspunkte in Deutschland die es rechtfertigen, die beschränkte Steuerpflicht anzunehmen.

Dazu zählen z.B. Einkünfte aus:

- Gewerbebetrieb, sofern für diesen im Inland eine Betriebstätte unterhalten wird oder ein ständiger Vertreter bestellt ist,
- Vermietung und Verpachtung, sofern das unbewegliche Vermögen im Inland belegen ist und
- Kapitalvermögen, soweit diese inländischen Einkünfte i.S.d. § 49 Abs. 1 Nr. 5 EStG darstellen, bspw. sofern der Schuldner des Kapitalvermögens Wohnsitz, Geschäftsleitung oder Sitz im Inland hat.

Erträge aus sonstigen Kapitalforderungen i.S.v. § 20 Abs. 1 Nr. 7 EStG unterliegen nur dann der beschränkten Steuerpflicht und damit dem Kapitalertragsteuerabzug, wenn die Kapitalforderung im Inland unmittelbar oder mittelbar dinglich oder schuldrechtlich gesichert ist. Der Begriff der mittelbaren Sicherung ist dabei entsprechend der Rechtsprechung des BFH weit auszulegen. Eine mittelbare Sicherung liegt dann vor, wenn der Gläubiger dessen Forderung zwar nicht bereits unmittelbar z. B. durch ein Grundpfandrecht gesichert ist, jedoch eine Rechtsposition inne hat, welche ihn in die Lage versetzt, ohne Mitwirkung des Schuldners eine Grundstückshaftung herbeizuführen. Für Privatpersonen gilt seit dem 1. Januar 2009 die sogenannte „Abgeltungssteuer", d.h. private Kapitaleinkünfte werden gem. § 32 d Abs. 1 Satz 1 EStG bereits an der Quelle (durch die Bank) mit einem pauschalen Steuersatz von 25% der Besteuerung unterworfen.

4. Erweitert beschränkte Steuerpflicht

Wird eine natürliche Person, die mindestens fünf Jahre in der Bundesrepublik Deutschland unbeschränkt steuerpflichtig war, in einem Gebiet ansässig, in dem das Einkommen nur einer niedrigeren Besteuerung (= mehr als 1/3 geringere Steuer) unterliegt und behält diese Person gleichwohl wesentliche wirtschaftliche Interessen in der Bundesrepublik Deutschland bei, so wird sie über die Besteuerung als beschränkt Steuerpflichtiger hinaus trotzdem weitere 10 Jahre mit sämtlichen Einkünften, die im Falle der unbeschränkten Steuerpflicht keine Auslandseinkünfte wären, in der Bundesrepublik Deutschland zur Einkommensteuer herangezogen (§ 2 des Gesetzes über die Besteuerung bei Auslandsbeziehungen (Außensteuergesetz, AStG). Für die Berechnung des Steuersatzes ist das Welteinkommen maßgebend, da jedoch nur die Steuergewinne aus der Steuerflucht abgeschöpft werden sollen, stellt die Steuer bei unbeschränkter Steuerpflicht die Obergrenze dar.

Diese Regelung der Wegzugsbesteuerung soll verhindern, dass Personen unter Beibehaltung fortdauernder wesentlicher inländischer Finanzquellen ins Ausland ziehen, um so der relativ hohen deutschen Steuer zu entgehen.

III. Welteinkommensprinzip

Gemäß § 1 Abs. 1 S. 1 EStG unterliegen alle Einkünfte (z. B. auch Zinserträge in der Schweiz bzw. in China) natürlicher Personen, die einen Wohnsitz oder ihren gewöhnlichen Aufenthalt in der Bundesrepublik Deutschland haben, der deutschen Einkommensteuer. Besteuert wird das Welteinkommen.

Nach § 1 Abs. 1 S. 1 Einkommensteuergesetz (EStG) sind natürliche Personen, die im Inland (Bundesrepublik Deutschland) einen Wohnsitz oder ihren gewöhnlichen Aufenthalt haben, unbeschränkt einkommensteuerpflichtig.

Der deutsche Gesetzgeber unterscheidet grundsätzlich zwischen:

- Wohnung
- Wohnsitz (steuerrechtlich)
- Wohnsitz gemäß ordnungsbehördlicher Meldepflicht
- und gewöhnlichem Aufenthalt

Eine Wohnung bezeichnet nur eine Örtlichkeit, die zum Wohnen geeignet ist. Hat ein Einwohner mehrere Wohnungen im Inland, so ist eine dieser Wohnungen seine Hauptwohnung, zumeist die vorwiegend genutzte Wohnung, im Zweifel diejenige, an der eine Person ihren Lebensmittelpunkt hat (§ 12 Abs. 1 MRRG).

Der bürgerlich-rechtliche Wohnsitz ist der räumliche Mittelpunkt der Lebensverhältnisse eines Menschen. Es ist der Ort, an dem man sich ständig niederlässt (§ 7 BGB).

Die Meldepflicht bestimmt sich nach § 11 Abs. 1 und 2 Melderechtsrahmengesetz (MRRG):

- *„Wer eine Wohnung bezieht, hat sich bei der Meldebehörde anzumelden."*
- *„Wer aus einer Wohnung auszieht, hat sich bei der Meldebehörde abzumelden."*

Der Wohnsitz gemäß polizeilicher Meldepflicht ist wesentlich für den allgemeinen Gerichtsstand. Dieses Gericht ist grundsätzlich für alle gegen die Person zu erhebenden Klagen zuständig (§§ 12, 13 Zivilprozessordnung, ZPO). Der Wohnsitz ist weiterhin entscheidend für das Kommunalwahlrecht, die Anmeldung von Kraftfahrzeugen und für die Möglichkeit der polizeilichen Aufenthaltsermittlung.

Steuerrechtlich gilt etwas anderes:

Der Begriff der Wohnung ist dort weit auszulegen und zwar im Sinne einer abgeschlossenen Räumlichkeit, die objektiv zum Wohnen geeignet ist.

Nach § 8 Abgabenordnung (AO) hat jemand einen Wohnsitz dort,

„wo er eine Wohnung unter Umständen innehat, die darauf schließen lassen, dass er die Wohnung beibehalten und benutzen wird“.

Nach der BFH Rechtsprechung kommt es dabei auf das Moment der Dauerhaftigkeit an, unabhängig vom Willen des Steuerpflichtigen und einer evtl. vorgenommenen oder unterlassenen behördlichen Anmeldung. Darüber hinaus fordert die Rechtsprechung eine freie Verfügungsmöglichkeit des wohnberechtigten, die etwa bei einem typischen Hotelgast regelmäßig ausscheidet. Den gewöhnlichen Aufenthalt hat jemand gemäß § 9 AO dort,

„wo wer sich unter Umständen aufhält, die erkennen lassen, dass er an diesem Ort oder in diesem Gebiet nicht nur vorübergehend verweilt. Als gewöhnlicher Aufenthalt ist stets und von Beginn an ein zeitlich zusammenhängender Aufenthalt von mehr als sechs Monaten Dauer anzusehen [...]“

Den Sitz hat eine juristische Person gemäß § 11 AO an dem Ort, der durch Gesetz, Gesellschaftsvertrag, Satzung oder dergleichen bestimmt wird. Da hier alleine an die rechtlichen Gegebenheiten angeknüpft wird, bereitet die Bestimmung des Sitzes in der Regel keine größeren Schwierigkeiten.

IV. Steuern auf

1. Gehalt

Steuern auf Gehalt werden in Deutschland als „Einkünfte aus nichtselbständiger Arbeit“ qualifiziert und gehören nach § 2 Abs. 1 Nr. 4, 19 EStG zu den sieben Einkunftsarten; sie zählen zu den Überschusseinkünften. In der Regel wird die Einkommenssteuer als Lohnsteuer direkt vom Arbeitgeber einbehalten und an das Finanzamt abgeführt. Erst im Rahmen der jährlichen Einkommensteuerklärung kann der Arbeitnehmer die bereits gezahlte Lohnsteuer zum Teil zurückerhalten, wenn er zum Beispiel Werbungskosten, Sonderausgaben sowie außergewöhnliche Belastungen nachweist oder er im Rahmen anderer Einkunftsarten Verluste erzielt hat.

Zu den Einkünften aus unselbständiger Arbeit zählen alle Einkünfte, die in abhängiger Beschäftigung erzielt werden wie Gehälter, Löhne, Gratifikationen etc.; auch Zulagen und das Urlaubsgeld gehören dazu. Dem gegenüber sind Auslandszuschläge und der gezahlte Kaufkraftausgleich nach § 3 Nr. 64 EStG steuerfrei, wenn letzterer den zulässigen Betrag, der für vergleichbare Auslandsdienstbezüge nach § 55 Bundesbesoldungsgesetz gezahlt wird, nicht übersteigt. Die in den einzelnen Ländern zu gewährenden Kaufkraftzuschläge werden im Bundessteuerblatt Teil I bekannt gegeben. Das Bundesministerium der Finanzen veröffentlicht in regelmäßigen Abständen eine Gesamtübersicht über die Kaufkraftzuschläge. Für die Steuerfreiheit des Kaufkraftausgleiches wird vorausgesetzt, dass der Arbeitnehmer im Ausland für eine begrenzte Zeit seinen Wohnsitz oder seinen gewöhnlichen Aufenthalt hat und die Rückkehr des Arbeitnehmers vorgesehen ist. Falls der Arbeitnehmer aber tatsächlich nicht zurückkehrt, ist dies unerheblich.

Weitere Voraussetzung für den Erhalt von Einkünften aus unselbständiger Arbeit ist, dass der Steuerpflichtige unter den Begriff des Arbeitnehmers fällt. Der Begriff des Arbeitnehmers lässt sich steuerlich in drei Gruppen einteilen. Arbeitnehmer sind nach § 1 Abs. 1 EStDV Personen, die in öffentlichem oder privatem Dienst angestellt oder beschäftigt sind (gegenwärtiges Dienstverhältnis) oder waren (früheres Dienstverhältnis) und aus diesem Dienstverhältnis oder einem früheren Dienstverhältnis Arbeitslohn beziehen.

Ein Dienstverhältnis liegt nach § 1 Abs. 2 EStDV vor, wenn der Angestellte (Beschäftigte) dem Arbeitgeber (öffentliche Körperschaft, Unternehmer, Haushaltsvorstand) seine Arbeitskraft schuldet. Dabei ist Voraussetzung, dass die tätige Person unter der Leitung des Arbeitgebers tätig wird oder im geschäftlichen Organismus des Arbeitgebers dessen Weisungen zu folgen verpflichtet ist (z.B. auch der Gesellschafter-Geschäftsführer einer GmbH).

Vom Einkommen des Steuerpflichtigen kann dieser in seiner jährlichen Steuererklärung seine Ausgaben abziehen, welche im Rahmen der Einkünfte aus unselbständiger Tätigkeit als „Werbungskosten" bezeichnet werden § 9 EStG. Hierunter fallen zum Beispiel: Fachbücher, Ausgaben für den Beruf oder Fahrtkosten zur Arbeit. Generell ist eine Voraussetzung für den möglichen Abzug der Kosten, dass die Aufwendungen aus beruflichen Gründen entstanden sind. Im Zweifelsfall muss in jedem einzelnen Fall beurteilt werden, ob eine berufliche Notwendigkeit zur jeweiligen Ausgabe auch gegeben ist. Da es allerdings zu umständlich wäre, für sämtliche Kosten während des gesamten Jahres die Belege zu sammeln und diese dann in der jährlichen Steuererklärung zusammenzurechnen, legt der Gesetzgeber in § 9a EStG einen Pauschalbetrag von 1.000 EUR fest, den das Finanzamt bei jedem Arbeitnehmer automatisch von den Einkünften abzieht, ohne dass der Arbeitnehmer dies in der Steuererklärung gesondert beantragen muss. Nur wenn die jährlichen Werbungskosten über 1.000 EUR liegen, hat der Steuerpflichtige die tatsächliche Summe in der Steuererklärung anzugeben und dem Finanzamt Nachweise (Belege) über die Kosten zu erbringen.

2. Zinsen/ Dividenden

Einkünfte aus Kapitalvermögen sind unter anderem Einkünfte aus Dividenden und Zinserträgen. Von § 20 EStG wird dabei ausschließlich privates Kapitalvermögen erfasst. Dabei ist streng zwischen dem Kapital als Vermögensstamm und den zugeflossenen laufenden Erträgen als Früchte der Kapitalnutzung zu unterscheiden. Nur die Erträge gehören zu den Einkünften aus Kapitalvermögen. Wertgewinne der Kapitalanlage gehören daher nicht zu den Einkünften aus Kapitalvermögen. Auf der anderen Seite können Verluste und Wertminderungen der Kapitalanlage keine Werbungskosten darstellen.

Seit 2009 gehören auch Gewinne aus der Veräußerung privater Kapitalanlagen, z.B. Wertpapiere, Investmentanteile oder Anteile an Kapitalgesellschaften, zu den Einkünften aus Kapitalvermögen. Die in der Vergangenheit erforderliche Spekulationsfrist ist nicht mehr anwendbar. Es kommt auch nicht auf die Höhe der Beteiligung an. Auf Anteile, die vor dem 1. Januar 2009 erworben wurden findet allerdings gem. § 52 a Abs. 11 Satz 4 EStG weiter die Altregelung (insbesondere Spekulationsfrist) Anwendung.

Zu den Einkünften aus Beteiligungen an Kapitalgesellschaften zählen Gewinnausschüttungen wie:

- Dividenden aus Aktien
- Gewinnanteile aus Beteiligungen an GmbH

Seit 2009 hat das Abgeltungsverfahren das bisherige Halbeinkünfteverfahren abgelöst. Inhalt der Regelung ist, dass private Kapitaleinkünfte bereits an der Quelle, nämlich bei der Bank, einer pauschalen Besteuerung unterworfen werden. Der Schuldner der Zahlung behält mit einem festen Prozentsatz der vom Steuerpflichtigen erzielten Einnahmen einen Steuerbetrag ein und führt diesen an das Finanzamt ab. Mit dieser Zahlung gilt die Einkommensteuerzahllast des Steuerpflichtigen als abgegolten (daher der Begriff der „Abgeltungssteuer"). Der Steuersatz beträgt nach § 32 d Abs. 1 Satz 1 EStG 25%, zuzüglich Solidaritätszuschlag und ggf. Kirchensteuer.

Unter die Regelungen der Abgeltungsteuer fallen grundsätzlich alle Einkünfte aus dem Kapitalvermögen, insbesondere Zinserträge aus Geldeinlagen bei Kreditinstituten, Kapitalerträge aus Forderungswertpapieren, Dividenden, Erträge aus Investmentfonds oder Termingeschäfte und auch Zertifikatserträge. Weiterhin erfasst die Abgeltungsteuer Gewinne aus privaten Veräußerungsgeschäften, insbesondere bei Wertpapieren, Investmentanteilen und Beteiligungen an Kapitalgesellschaften, nicht jedoch Immobilien.

Ausnahmen:

Von der Abgeltungssteuer ausgenommen sind Gewinne aus der Veräußerung von Anteilen an Kapitalgesellschaften im Sinne des § 17 EStG (Beteiligung von mind. 1 % am Gesellschaftskapital innerhalb der letzten fünf Jahre). Gleiches gilt für betriebliche Kapitalerträge.

Im Ausland einbehaltene Quellensteuern mindern die deutsche Abgeltungssteuer, weil die Bank eine Steueranrechnung auf der Basis von 34c Abs. 1 EStG durchführt.

Mit der Pauschalbesteuerung von 25% dürfte sich im Regelfall die Besteuerung von Kapitaleinkünften erhöht haben.

Ab dem 1. Januar 2009 ergeben sich Änderungen hinsichtlich des Sparer-Freibetrages. § 20 Abs. 9 EStG besagt Folgendes:

„1 Bei der Ermittlung der Einkünfte aus Kapitalvermögen ist als Werbungskosten ein Betrag von 801 EUR abzuziehen (Sparer-Pauschbetrag); der Abzug der tatsächlichen Werbungskosten ist ausgeschlossen. 2 Ehegatten, die zusammen veranlagt werden, wird ein gemeinsamer Sparer-Pauschbetrag von 1.602 EUR gewährt. 3 Der gemeinsame Sparer-Pauschbetrag ist bei der Einkunftsermittlung bei jedem Ehegatten je zur Hälfte abzuziehen; sind die Kapitalerträge eines Ehegatten niedriger als 801 EUR, so ist der anteilige Sparer-Pauschbetrag insoweit, als er

die Kapitalerträge dieses Ehegatten übersteigt, bei dem anderen Ehegatten abzuziehen. 4 Der Sparer-Pauschbetrag und der gemeinsame Sparer-Pauschbetrag dürfen nicht höher sein als die um eine abzuziehende ausländische Steuer geminderten und nach Maßgabe des Absatzes 6 verrechneten Kapitalerträge."

Die Konsequenz hieraus ist, dass folgendes Freistellungsvolumen zur Verfügung steht:

- Ledige: € 801
- Verheiratete: € 1.602

Eine weitergehende Berücksichtigung der tatsächlich angefallenen Werbungskosten (z.B. Depotgebühren) ist nicht mehr möglich. Es ist fraglich, ob die Nichtberücksichtigung tatsächlicher Werbungskosten als Verstoß gegen das Leistungsfähigkeitsprinzips anzusehen ist und damit verfassungswidrig wäre. Eine Verfassungswidrigkeit hat das FG Baden-Württemberg angenommen. Derzeit ist die Revision beim BFH als Musterklage anhängig.
Der Steuerpflichtige hat nach § 32d Abs. 6 Satz 1 EStG die Wahl, die Kapitaleinkünfte in seiner jährlichen Einkommenssteuererklärung zu erfassen und eine Günstigerprüfung (auf Antrag) vornehmen zu lassen. Wenn der persönliche Steuersatz unter 25% liegt, ist dieser niedrigere Satz maßgebend für die Besteuerung auch der Kapitalerträge.
Erst wenn die Summe aller steuerpflichtigen Kapitalerträge aus allen Geldanlagen diesen Freibetrag übersteigt, müssen die Erträge, die den Freibetrag übersteigen, versteuert werden.
Ausländische Kapitaleinkünfte, die nicht der Abgeltungsteuer unterliegen, sind in der Einkommenssteuererklärung anzugeben. Werden diese Kapitaleinkünfte vorsätzlich nicht angegeben, so handelt es sich um strafbare Steuerhinterziehung (§ 370 AO). Hierfür ist es nach der BGH Rechtsprechung ausreichend, wenn es dem Steuerschuldner, Steuerberater etc. zwar nicht primär darauf ankommt den Tatbestand der Steuerhinterziehung zu verwirklichen, er jedoch den Erfolgseintritt (Steuerverkürzung) für möglich hält und ihn billigt oder er sich damit zumindest abfindet. Überdies wird eine leichtfertige Steuerverkürzung grundsätzlich als Ordnungswidrigkeit nach § 378 geahndet. Der Begriff der Leichtfertigkeit ist insbesondere in der Literatur stark umstritten. Die obergerichtliche Rechtsprechung hat entscheiden, dass Leichtfertigkeit u. a. dann gegeben ist, wenn der Steuerschuldner, Steuerberater, Unternehmer etc. mit besonderem Leichtsinn oder mit besonderer Gleichgültigkeit gegenüber seinen steuerlichen Verpflichtungen handelt. Darüber hinaus, wenn der Steuerschuldner, Steuerberater, Unternehmer etc. nach den Gegebenheiten des konkreten Falles und seinen individuellen Fähigkeiten in der Lage ist, den sich aus den einschlägigen gesetzlichen Regelungen ergebenden Sorgfaltspflichten zu genügen. Da die Strafverfolgungsbehörden (Straf- und Bußgeldsachenstellen und Staatsanwaltschaften) gerade in jüngster Zeit Steuerordnungswidrigkeiten und Steuerstraftaten restriktiv verfolgen, ist eine gewisse Sensibilität gefragt.

V. Steuertarif

Die tatsächliche Höhe der zu zahlenden Einkommenssteuer ergibt sich gemäß § 32a EStG aus dem Steuertarif. Nach dem Steuertarif wird festgesetzt, welchen Prozentsatz der Steuerpflichtige aus seinem zu versteuernden Einkommen an Steuer zu zahlen hat. Das zu versteuernde Einkommen, welches später zur Ermittlung des Steuertarifs dient, wird wie folgt ermittelt: Die Einkünfte aus den verschiedenen sieben Einkommensarten § 2 (Abs. 1 EStG (bei welchen die Werbungskosten und Betriebsausgaben bereits abgezogen sind) werden zusammen addiert und bilden die „Summe der Einkünfte".

Von dieser Summe der Einkünfte können verschiedene Pauschalbeträge, wie:

- Altersentlastungsbetrag
- Entlastungsbetrag für Alleinerziehende und
- Freibetrag für Land- und Forstwirte

abgezogen werden und das Ergebnis bildet den „Gesamtbetrag der Einkünfte". Von diesem Gesamtbetrag können weitere Beträge abgezogen werden, von welchen die wichtigsten sind:

- Verlustabzug
- Sonderausgaben
- Vorsorgeaufwendungen
- Außergewöhnliche Belastungen

Auf dieser Stufe erfolgt auch die Hinzurechnung der Einkünfte nach dem Außensteuergesetz. Das Ergebnis bildet das „Einkommen". Eventuell kann anschließend noch der Freibetrag für Kinder abgezogen werden, wenn dies günstiger als die Auszahlung von Kindergeld wäre und das Ergebnis bildet dann das „zu versteuernde Einkommen", aus welchem sich der Steuertarif ergibt.

Gemäß § 32a (1) EStG kann der Steuertarif im Veranlagungszeitraum 2019 und damit die zu zahlende Einkommensteuer in fünf Zonen aufgeteilt werden:

1. bis 9.168 Euro (Grundfreibetrag):
   0;
2. von 9.169 Euro bis 14.254 Euro:
   $(980{,}14 \cdot y + 1.400) \cdot y$;
3. von 14.255 Euro bis 55.960 Euro:
   $(216{,}16 \cdot z + 2.397) \cdot z + 965{,}58$;
4. von 55.961 Euro bis 265.326 Euro:
   $0{,}42 \cdot x - 8.780{,}9$;
5. von 265.327 Euro an:
   $0{,}45 \cdot x - 16.740{,}68$.

Die Größe „y“ ist ein Zehntausendstel des den Grundfreibetrag übersteigenden Teils des auf einen vollen Euro-Betrag abgerundeten zu versteuernden Einkommens. Die Größe „z“ ist ein Zehntausendstel des 14.254 Euro übersteigenden Teils des auf einen vollen Euro-Betrag abgerundeten zu versteuernden Einkommens. Die Größe „x“ ist das auf einen vollen Euro-Betrag abgerundete zu versteuernde Einkommen. Der sich ergebende Steuerbetrag ist auf den nächsten vollen Euro-Betrag abzurunden.

VI. Ehegatten Splitting

Bei verheirateten gilt nach § 32a Abs. 5 EStG der Grundsatz des Ehegatten- Splittings. Hierzu wird das zusammen errechnete zu versteuernde Einkommen der Eheleute errechnet und halbiert. Für das halbierte zu versteuernde Einkommen wird dann die Einkommenssteuer berechnet und diese dann verdoppelt. Die Zusammenveranlagung ist durch die Ausnutzung von Freibeträgen und Progressionseffekten in der Regel günstiger als eine getrennte Veranlagung.

C. Chinesisches Arbeitsrecht

I. Einleitung

Zum Verständnis des chinesischen Arbeitsrechts ist ein Rückblick auf die historische Rechtsentwicklung sinnvoll. Die fehlende Trennung von Recht und Politik ist im Konfuzianismus begründet und wurde in der kaiserlichen Herrschaft fortgeführt. Das chinesische Recht (welches in erster Linie Strafrecht war) war nicht dazu bestimmt, Individuen Rechte gegeneinander bzw. gegen die Staatsmacht (kaiserliche Bürokratie) zu verschaffen.

Die ersten Tendenzen zu einer Individualrechtsordnung zu Beginn des 20. Jahrhunderts wurden rasch überlagert durch den Bürgerkrieg und die japanische Invasion im Zuge des 2. Weltkriegs. Zwar entstand bereits im Jahre 1922 ein sogenannter „Grundriss des Arbeitsrechts", dennoch kann von einer chinesischen Arbeitsgesetzgebung bis zur Gründung der Volksrepublik China nicht gesprochen werden. Danach war bis zur Gründung der Volksrepublik China der primäre Fokus auf die vollständige Verstaatlichung der Wirtschaft gerichtet, bei der schon aus ideologischen Gründen (Produktionsmittel im Eigentum von Arbeitern und Bauern) die Schaffung eines modernen Arbeitsrechts entbehrlich erschien. Menschen arbeiteten nur noch freiwillig und für die Gesellschaft, die die Arbeiter im Gegenzug mit allem Notwendigen versorgte („eiserne Reisschüssel"). Das System der staatlichen Zuweisung von Arbeitern zu Produktionsunternehmen machte sowohl Arbeitsrecht als auch Arbeitsmarkt- und Sozialpolitik entbehrlich.

Nach dem Ende der Kulturrevolution und dem Beginn der Wirtschaftsreformen begann 1979 der Prozess der Entwicklung eines modernen Arbeitsrechts. Triebfeder war hierbei die mit den Wirtschaftsreformen einhergehende Förderung ausländischer Investitionen. Da ausländische Unternehmen weder in der Lage noch bereit waren, mit zugewiesenen Arbeitnehmern zu arbeiten und diesen eine umfassende Versorgung im Sinne der „eisernen Reisschüssel" zu garantieren, wurde die Schaffung eines freien Arbeitsmarktes und damit auch eines Arbeitsvertragsrechts erforderlich. Anders als in Europa gab es also keine sich über Jahrzehnte kontinuierlich entwickelnde Rechtskultur, auf der hätte aufgebaut werden können.

II. Gesetzliche Rahmenbedingungen

Obgleich bereits 1956 ein Bedürfnis für ein nationales Arbeitsrecht erkannt worden war, kam es erst am 5. Juli 1994 zur Verabschiedung des Arbeitsgesetzbuches (nachfolgend: AGB), das dann am 1. Januar 1995 in Kraft trat, jedoch nur wenige allgemeine Vorschriften enthielt.

Die Verfassung der Volksrepublik China enthält einige arbeitsrechtlich relevante Grundsätze. Wie z.B. das Recht und die Verpflichtung, eine Arbeit auszuüben. Weitere Bestimmungen in der Verfassung betreffen z.B. das Recht auf eine Vergütung unter Teilhabe am wirtschaftlichen Fortschritt, den Gleichbehandlungsgrundsatz sowie das

Recht auf Freizeit und Arbeitsschutz. Darüber hinaus enthält die Verfassung den Auftrag an den Gesetzgeber für ein funktionierendes Sozialversicherungssystem zu sorgen. Im Gegenzug zu den eingeräumten Rechten haben die Bürger die Verpflichtung, jederzeit die Arbeitsdisziplin zu wahren.

Obgleich es sich bei China um einen Zentralstaat handelt und die Ausübung der Macht durch die kommunistische Partei auch zentralistische Strukturen erfordert, kommt in der arbeitsrechtlichen Praxis den Provinzen, autonomen Gebieten und Städten sowie den sogenannten Sonderwirtschaftszonen eine eigene Regelungskompetenz hinsichtlich ihrer Bezirke zu. Eine klare Kompetenzabgrenzung gibt es kaum, ebensowenig eine Abgrenzung hinsichtlich der Rechtswirkung von nationalen und regionalen Regelungen; dementsprechend unübersichtlich ist die Rechtslage insbesondere im Arbeitsrecht.

Am 1. Januar 2008 trat das Arbeitsvertragsgesetz (nachfolgend: AVG) in Kraft, das nicht nur detaillierte Regelungen enthält, sondern darüber hinaus in einem transparenten Gesetzgebungsprozess verabschiedet wurde. Dadurch ist allerdings das AGB nicht obsolet geworden; dieses sowie die vielen hierzu ergangenen Ergänzungs- und Ausführungsbestimmungen bleiben anwendbar, soweit sie nicht dem neuen Gesetz widersprechen. Inzwischen verfügt China über viele arbeits- und sozialversicherungsrechtliche Normen modernen Standards.

III. Individualarbeitsrecht

1. Arbeitsvertrag (Arbeitsverhältnis)

a) Formvorschriften

Der Abschluss von Arbeitsverträgen muss im Einklang mit dem AGB und AVG stehen.

Aus dem Gewerkschaftsgesetz folgt die Definition und Abgrenzung des Arbeitnehmerbegriffs. Danach ist Arbeitnehmer, wer physische oder geistige Arbeit in Unternehmen, öffentlichen Institutionen und Regierungsbehörden in der Volksrepublik China erbringt und zum Erhalt seines Lebensunterhalts vorrangig auf die Vergütung aus dieser Beschäftigung angewiesen ist. Maßgebendes Kriterium für das Vorliegen eines Arbeitsverhältnisses ist somit die Erbringung einer Arbeitsleistung (nach Weisung des Arbeitgebers) bei gleichzeitiger wirtschaftlicher Abhängigkeit. Diese Definition erfasst auch Manager, für die kein Sonderrecht gilt.

Die Abgrenzung zwischen freiem Dienstvertrag und Arbeitsvertrag entspricht dem deutschen Recht, wo es auf die Kriterien der Weisungsabhängigkeit, wirtschaftlichen Abhängigkeit und Eingliederung in die betriebliche Organisation sowie das typische Tätigkeitsbild ankommt (und nicht auf die Vertragsbezeichnung).

Zur Begründung eines Beschäftigungsverhältnisses ist ein schriftlicher Arbeitsvertrag zu schließen; dies gilt auch für Änderungen, Verlängerungen und Veränderungen von Arbeitsverträgen. Bei einer Verletzung der Verpflichtung binnen eines Monats nach Begründung des Beschäftigungsverhältnisses einen schriftlichen Arbeitsvertrag abzuschließen, besteht eine Vergütungspflicht in Höhe des doppelten monatlichen

Arbeitslohns. Diese Verpflichtung gilt zunächst für die Dauer von 11 Monaten (nach Ablauf des ersten Beschäftigungsmonats); anschließend gilt ein unbefristeter Arbeitsvertrag als geschlossen, wenn immer noch kein schriftlicher Arbeitsvertrag vorliegt.

Nach wie vor unklar und in der regionalen Praxis unterschiedlich gehandhabt, ist die Registrierung der Arbeitsverträge bei der zuständigen lokalen Arbeitsbehörde. Ohnehin ist aber geklärt, dass von der Registrierung die Wirksamkeit des Vertrages nicht abhängt. Zweisprachige Verträge sind möglich; im Streitfall ist jedoch allein die chinesische Version maßgeblich.

Ein Arbeitsvertrag muss nach dem AGB und dem AVG folgende Angaben enthalten:

- Name, Sitz und gesetzliche Vertreter oder Hauptbeauftragter („managing director") des Arbeitgebers
- Name, Adresse und Nummer eines gültigen Identifikationsdokuments des Arbeitnehmers
- Dauer des Arbeitsvertrages
- Tätigkeitsbeschreibung und Arbeitsort
- Arbeitszeit (einschließlich Pausen und Urlaub)
- Arbeitsvergütung
- Sozialversicherung
- Arbeitsschutz, Arbeitsbedingungen und sonstige beschäftigungsrelevante Schutzmaßnahmen einschl. Disziplinarvorschriften und Bestimmungen zur Beendigung des Vertrages
- sonstige Angaben, die aufgrund gesetzlicher Bestimmungen in Arbeitsverträgen enthalten sein müssen, z.B. Haftung für Vertragsverletzungen

Bei Unwirksamkeit von Regelungen eines Arbeitsvertrages wird die Wirksamkeit der übrigen Bestimmungen hierdurch nicht beeinträchtigt. Im Falle fehlender Bestimmungen gelten entweder im Unternehmen anwendbare Kollektivregelungen oder die gesetzlichen Mindeststandards.

Die Verabschiedung, Modifizierung oder Veröffentlichung sämtlicher Regelungen wichtiger Angelegenheiten, die Interessen der Arbeitnehmer berühren (z.B. die oft verwendeten „Employee Handbooks"), muss zuvor mit der Belegschaft erörtert werden. Wenn eine Betriebsgewerkschaft nicht vorhanden ist, muss die gesamte Belegschaft beteiligt werden. Die finale Entscheidungsbefugnis bleibt jedoch dem Unternehmen vorbehalten.

b) Diskriminierungsschutz

Das „Employment Promotion Law" enthält neben allgemeinen politischen Grundsätzen zur Förderung der Beschäftigung und aktiven Arbeitsmarktpolitik eine Konkretisierung der Diskriminierungsvorschriften. Danach darf ein Bewerber/Arbeitnehmer nicht auf der Grundlage seiner ethnischen Zugehörigkeit, Rasse, Geschlecht, Religion oder physischer Defizite benachteiligt werden. Wanderarbeitnehmer sind ausdrücklich erwähnt und dürfen nicht mehr gegenüber städtischen Arbeitnehmern benachteiligt werden. Das Alter hingegen zählt nicht zu den genannten Diskriminierungstatbeständen.

Die Beschäftigung chinesischer Arbeitnehmer bei ausländischen-finanzierten Unternehmen ist nicht anders als in rein chinesischen Unternemen, allerdings unterliegt die Beschäftigung chinesischer Arbeitnehmer in Repräsentanzbüros erheblichen Beschränkungen,. Repräsentanzbüros sind keine eigenständigen juristischen Personen, sondern unselbständige Vertretungen des ausländischen Unternehmens in China. Die direkte Beschäftigung von chinesischen Arbeitnehmern bei solchen Repräsentanzbüros (also letztlich dem ausländischen Unternehmen selbst) ist untersagt; die Beschäftigung muss durch Zwischenschaltung eines chinesischen Dienstleistungsunternehmens erfolgen. Dies geschieht dergestalt, dass mit einer Dienstleistungsgesellschaft ein Vertrag abgeschlossen wird, wonach Arbeitnehmer zur Tätigkeit im Repräsentanzbüro zur Verfügung gestellt werden. Der Sache nach handelt es sich somit nach deutscher Terminologie um einen Fall der Arbeitnehmerüberlassung.

Die maßgeblichen Vorschriften für die Beschäftigung ausländischer Arbeitnehmer unterscheiden hinsichtlich der Hauptbeschäftigungsformen danach, ob ein Ausländer direkt bei einem chinesischen Unternehmen, einem Wholly Foreign Owned Enterprise oder einer Joint Venture Company beschäftigt ist oder ob eine Entsendung mit oder ohne zusätzlichen chinesischen Arbeitsvertrag vorliegt.

In den ersteren Fallkonstellationen unterliegt das Arbeitsverhältnis nach den zwingenden Regelungen des chinesischen Arbeitsrechts nur und ausschließlich den chinesischen Bestimmungen, d.h. auch eine Rechtswahl eines anderen Rechts ist nicht zulässig.

Eine Entsendung ohne chinesischen Arbeitsvertrag, die rechtlich zulässig ist, unterliegt hingegen nicht den chinesischen arbeitsrechtlichen Bestimmungen, so dass auch eine Wahl ausländischen Rechts getroffen werden kann.

Unabhängig von der Konstruktion der Entsendung gilt ein Arbeitnehmer allerdings nach dreimonatiger Tätigkeit in China als dort angestellt und benötigt somit für seine Beschäftigung eine Arbeitserlaubnis, ein Arbeitsvisum, einen Nachweis über seine Wohnanschrift sowie einen Beschäftigungsnachweis, mithin auch einen chinesischen Arbeitsvertrag, der ausschließlich chinesischem Recht unterliegt. Nach der neuen Regelung zum "Verfahren für die Einreise von Ausländern bei Kurzarbeit", die am 1. Januar 2015 in Kraft trat, können auch kurzfristige Aufenthalte in China bereits eine Arbeitserlaubnis erfordern.

c) Visumerteilung und Arbeitserlaubnis für Ausländer

(i) Einführung

Im September 2013 wurden die Visumsregelungen für China vollständig überarbeitet und neu gruppiert. Weiterhin fanden im Dezember 2014 nochmals kleinere Änderungen statt. Jeder deutsche oder österreichische Reisende, der nach China reisen möchte und kein dauerhaftes Aufenthaltsrecht für China besitzt, hat grundsätzlich vor Reiseantritt ein Visum in seinem Heimatland zu beantragen. Ausnahmen gibt es seit Kurzem für sogenannte Transitaufenthalte in Peking und Shanghai, wobei für Aufenthalte von bis zu 144) Stunden kein Visum benötigt wird, wenn (durch das Flugticket) nachgewiesen werden kann, dass der Reisende innerhalb der nächsten drei (oder 6) Tage weiterreist. Der Antrag auf ein Transitaufenthalt muss immer bei der Einreise an der Grenzkontrolle gestellt werden. Weitere Städte sollen folgen. Allerdings ist es sinnvoll, sich vor Reiseantritt ohne Visum zu erkundigen, ob die Regelungen noch so bestehen, oder ob inzwischen Änderungen in Kraft getreten sind, da Änderungen mitunter recht häufig sind.

Seit September 2013 sind die wichtigsten Visa Kategorien:

- L-Visum für Touristen
- M-Visum für Geschäftsreisende
- Z-Visum für dauerhafte Arbeit in China
- F-Visum für Kulturschaffende und Wissenschaftler

Bis September 2013 war das F-Visum das beliebteste Visum für Geschäftsreisende, welche sich damit bis zu 30 Tage in China für kommerzielle Zwecke aufhalten konnten. Diese Kategorie wurde nun in das M-Visum geändert, so dass das ursprüngliche F-Visum nun kaum noch relevant ist. Lediglich für dauerhafte Arbeit in China ist weiterhin das Z-Visum notwendig, dessen Beantragung recht komplex ist (siehe unten).

Im Dezember 2014 legte China fest, dass bestimmte Arbeiten nun nicht mehr unter das (recht einfach zu erhaltende) M- oder F-Visum fallen, sondern als kurzfristige Beschäftigung anzusehen sind, so dass hierfür ein Z-Visum zu beantragen ist. Zu den Arbeiten, für welche nun ein Z-Visum notwendig ist, zählen unter anderem:

- Wissenschaftliche Recherche, Management oder Beratung im Zusammenhang mit einem chinesischen Partner
- Probetraining in einem lokalen Sportverband
- Dreharbeiten (auch Werbefilme)
- Modeschau, Autoschau, Fotoshooting für Werbezwecke
- Gewerbliche Leistungen hinsichtlich außenpolitischer Angelegenheiten
- Andere Tätigkeiten, die vom nationalen Arbeits- und Sozialministerium festgelegt werden

Weitere Kategorien können allerdings jederzeit hinzugefügt werden, so dass eine Beratung vor Beantragung des Visums zu empfehlen ist. In den letzten Jahren (2013/2014) wurden von den Provinzregierungen in Peking, Shanghai und Guangzhou immer wieder groß angelegte Stichproben durchgeführt, um Ausländer zu überprüfen, die mit einem Touristen- oder Businessvisum nach China einreisen, um dann einer dauerhaften Arbeit nachzugehen. Dies stellt einen erheblichen Verstoß gegen die chinesischen Gesetze dar, da der Visumsinhaber nicht nur das falsche Visum besitzt, sondern regelmäßig auch keine Steuern und Sozialabgaben in China zahlt. Es ist von daher mit erheblichen rechtlichen Konsequenzen zu rechnen, die Untersuchungshaft, empfindliche Geldbußen und ein mehrjähriges Einreiseverbot umfassen können.

(ii) Visum für dauerhafte Arbeit

Der chinesische Arbeitgeber muss zunächst einen Antrag auf die Beschäftigung von Ausländern stellen. Dies gilt allerdings nicht für Foreign Invested Enterprises; diese müssen lediglich eine Arbeitserlaubnis („employment permit") bei der Arbeitsbehörde unter Vorlage der Gesellschaftsverträge und weiterer Dokumente beantragen (dies ist für die anderen Unternehmen die zweite Verfahrensstufe). Vorzulegen sind der Lebenslauf des in Aussicht genommenen Arbeitnehmers, ein Letter of Intent hinsichtlich der Beschäftigung, eine Begründung der Notwendigkeit für die Beschäftigung eines ausländischen Arbeitnehmers (hier sollten Aussagen dazu getroffen werden, dass ein vergleichbarer chinesischer Arbeitnehmer nicht zur Verfügung steht); weiter sind Nachweise der Qualifikation des Arbeitnehmers ebenso vorzulegen wie ein Gesundheitszertifikat und sonstige Unterlagen, die von den Behörden zusätzlich verlangt werden können. Ausnahmen werden für „ausländische Experten", „ausländische Arbeitskräfte mit der Erlaubnis auf Ölplattformen in China zu arbeiten" sowie „kurzzeitig tätige Künstler" gemacht. Nach Genehmigung der Behörde wird eine Benachrichtigung über die Erteilung der Arbeitserlaubnis erstellt.

Im Anschluss daran muss der ausländische Arbeitnehmer ein Arbeitsvisum in der zuständigen Botschaft oder dem zuständigen Konsulat in seinem Heimatland oder Aufenthaltsort beantragen. Die grundsätzlichen Voraussetzungen hierfür sind das Erreichen des 18. Lebensjahrs, ein guter Gesundheitszustand, der Position entsprechende Ausbildung und Erfahrung, die Vorlage eines Arbeitsvertrages, die Vorlage eines Führungszeugnisses, eines gültigen Ausweisdokumentes sowie anderer gegebenenfalls angeforderter Unterlagen. Ausnahmen gelten für bestimmte „foreign experts" und „temporary performers".

Der Arbeitgeber muss dann bei derjenigen Behörde, die die Benachrichtigung über die Arbeitserlaubnis ausgestellt hat, innerhalb von 15 Tagen nach Einreise des Mitarbeiters die finale Arbeitserlaubnis unter Vorlage der Benachrichtigung, des Arbeitsvertrages, des Passes und dem Formular über die Arbeitsregistrierung von Ausländern beantragen.

Schließlich hat der Arbeitnehmer selbst innerhalb von 30 Tagen nach Einreise nach China unter Vorlage der Arbeitserlaubnis eine Aufenthaltserlaubnis („residence permit") bei der öffentlichen Sicherheitsbehörde zu beantragen.

Bei namhaften Investitionen in China sowie länger andauernder Geschäftsansässigkeit (mindestens 3 Jahre) und entsprechender Position im Unternehmen (z.B. General Manager) oder im Falle einer mindestens 5 Jahre bestehende Ehe mit einem chinesischem Staatsangehörigen besteht die Möglichkeit der Erteilung einer dauerhaften Aufenthaltserlaubnis („permanent residence card") (entgegen dem Wortlaut für die Dauer von zunächst 5 Jahren bei Personen unter 18 Jahren bzw. 10 Jahren für alle über 18 Jahre, allerdings relativ leicht wieder verlängerbar).

2. Vertragsdauer

Das chinesische Recht unterscheidet zwischen unbefristeten Verträgen, befristeten Verträgen sowie Verträgen, die aufgrund der Vollendung spezifischer Aufgaben oder Projekte enden. Es kann grundsätzlich auch Teilzeitarbeit vereinbart werden.

a) Teilzeit

Das Bestehen mehrerer Arbeitsverhältnisse (z.B. in Form von Nebenbeschäftigung und Teilzeittätigkeit nebeneinander) ist in bestimmten Industrien möglich. Allerdings müssen solche Arbeitsverträge dann den rechtlichen Anforderungen dieser Industrien entsprechen.

Teilzeitarbeit liegt vor, wenn die Arbeitszeit des Arbeitnehmers durchschnittlich nicht mehr als vier Stunden täglich und 24 Stunden wöchentlich beträgt und entsprechend stundenweise abgerechnet wird. Vereinbarungen über Teilzeitarbeit können auch mündlich abgeschlossen werden; naturgemäß darf ein Arbeitnehmer auch mehrere Teilzeitverträge abschließen. Die Vereinbarung einer Probezeit ist nicht zulässig (Artikel 70 AVG); der Vertrag kann jederzeit ohne Einhaltung einer Kündigungsfrist und ohne Verpflichtung zur Zahlung einer Abfindung gekündigt werden. Die Vergütung darf die stündlichen Mindestlöhne, die am Ort des Arbeitsplatzes gelten, nicht unterschreiten; die Vergütung muss spätestens nach 15 Arbeitstagen abgerechnet und ausbezahlt werden.

b) Befristungen

Laufzeit des Arbeitsvertrages	Maximale Dauer der Probezeit
Weniger als 3 Monate	0
3 Monate bis 1 Jahr	1 Monat
1 Jahr bis 3 Jahre	2 Monate
mindestens 3 Jahre oder unbefristet	6 Monate

Eine Art Befristung stellt die Vereinbarung einer anfänglichen Probezeit dar. Das AVG erlaubt die folgenden Vereinbarungen:

Nach Art. 13 AVG ist ein zeitlich befristeter Arbeitsvertrag ein Arbeitsverhältnis, bei dem das Enddatum vertraglich festgelegt wurde. Eine gesetzliche Beschränkung der zeitlichen Befristungsmöglichkeiten besteht nicht. In der Praxis wird allerdings ein befristetes Arbeitsverhältnis 10 Jahre nicht überschreiten, da meist ein unbefristerer Arbeitsvertrag nach 10 Jahren ununterbrochen bestandenem Arbeitsverhätnis abgeschlossen werden muss. Gem. Art. 15 AVG ist ein zweckbefristeter Arbeitsvertrag ein Arbeitsverhältnis, das zur Erfüllung einer bestimmten Aufgabe abgeschlossen wird; sobald z.B. das Projekt beendet ist, endet das Arbeitsverhältnis automatisch.

Eine Befristungskontrolle kennt das chinesische Arbeitsrecht im Übrigen nicht. Daher sind die Arbeitsvertragsparteien grundsätzlich frei, befristete oder unbefristete Arbeitsverträge abzuschließen. Da nach der früheren Rechtslage Abfindung nur im Falle der Kündigung eines unbefristeten Arbeitsvertrages zu zahlen war, wurden in der Praxis bis 2008 beinahe ausschließlich befristete Arbeitsverträge abgeschlossen.

Das AVG hat nunmehr allerdings die Ansprüche für Arbeitnehmer auf Abschluss eines unbefristeten Arbeitsvertrages erheblich erweitert. Danach ist in den folgenden Fällen ein unbefristeter Arbeitsvertrag abzuschließen, es sei denn, der Arbeitnehmer fordert den Abschluss eines zeitlich befristeten Arbeitsvertrages:

- Der Arbeitnehmer hat seit mindestens zehn aufeinanderfolgenden Jahren für den Arbeitgeber gearbeitet; oder
- ein Arbeitgeber führt das Arbeitsvertragssystem ein oder ein staatseigenes Unternehmen schließt infolge einer Restrukturierung neue Arbeitsverträge, der Arbeitnehmer hat seit mindestens zehn aufeinanderfolgenden Jahren für den Arbeitgeber gearbeitet und ist weniger als zehn Jahre von seinem gesetzlichen Rentenalter entfernt; oder
- vor der Erneuerung des Arbeitsvertrages ist zweimal hintereinander ein befristeter Arbeitsvertrag geschlossen worden und es liegt kein Kündigungsgrund nach Art. 39 AVG oder Art. 40 Abs. 1 und 2 AVG vor.

Im Ergebnis stieg durch diese Regelung die Zahl der unbefristeten Arbeitsverträge deutlich.

3. Bezahlte/Unbezahlte Freistellung

a) Gesetzliche Feiertage

Die geltende Feiertagsregelung bestimmt folgende Feiertage:

- Neujahrstag (1. Januar) - ein Tag
- Frühlingsfest (Vorabend des ersten Tages bis zum zweiten Tag des ersten Monats des Mondkalenders) - drei Tage
- Tag der Arbeit (1. Mai) - ein Tag
- Tomb-sweeping Tag (April) - ein Tag
- Drachenbootfestival (5. Monat des Mondkalendars) - ein Tag
- Mid-autumn-festival (9. Monat des Mondkalendars) - ein Tag
- Nationalfeiertag (1. - 3. Oktober) - drei Tage

Fällt einer der vorbenannten generellen, für alle geltenden Feiertage auf ein Wochenende, findet eine Übertragung auf den/die nächsten oder vorherigen Arbeitstage (gem. behördlicher Festlegung) statt.

Darüber hinaus gibt es Feiertage für bestimmte Bevölkerungsgruppen, z.B. den Frauentag (8. März) für alle weiblichen Arbeitnehmer und traditionelle Feiertage der ethnischen Minoritäten, soweit derartige Feiertage durch gesetzliche Regelungen anerkannt sind.

b) Jahresurlaub

Am 1. Januar 2008 trat erstmals eine gesetzliche Urlaubsregelung in Kraft. Diese sieht nunmehr vor, dass Arbeitnehmer, die kontinuierlich zwischen einem und 10 Jahren gearbeitet haben (egal bei welchem Arbeitgeber), Anspruch auf fünf bezahlte Urlaubstage pro Jahr haben (vorausgesetzt, dass das Arbeitsverhältnis mit dem gegenwärtigen Arbeitgeber mindestens ein Jahr besteht). Der Urlaubsanspruch erhöht sich nach zehn Arbeitsjahren auf 10 Tage und auf 15 Tage nach 20 Jahren ununterbrochener Beschäftigung.

Des Weiteren ist klargestellt, dass gesetzliche Feiertage und Wochenenden nicht bei der Bemessung der Urlaubstage berücksichtigt werden. Die Bestimmungen regeln des Weiteren, dass der Urlaubsanspruch bei mehr als zweimonatiger Erkrankung um fünf Tage gekürzt wird; private Abwesenheiten werden nicht bei der Bemessung des Urlaubsanspruchs berücksichtigt.

Mit Zustimmung des Arbeitnehmers ist es aus betrieblichen Gründen möglich einen Urlaubsanspruch finanziell abzugelten, jedoch hat der Arbeitgeber in diesem Fall für jeden nicht genommenen Urlaubstag 300% der täglichen Vergütung zu zahlen.

c) Mutterschaftsurlaub

Weibliche Arbeitnehmer haben Anspruch auf 98 Tage Mutterschaftsurlaub, davon 15 Tage vor der prognostizierten Geburt und 75 Tage nach der Geburt. Eine Übertragung der 15 Tage vor Geburt erfolgt (im Falle einer natürlichen früheren Geburt) nicht, es sei denn es handelt sich um eine medizinisch riskante Frühgeburt. Verzögert sich der Geburtstermin, wird die zusätzliche Zeite zu den 75 Tagen nach der Geburt hinzugerechnet. Im Falle schwieriger Geburten besteht ein Anspruch auf zusätzliche 15 Urlaubstage, bei Mehrlingsgeburten beträgt der Anspruch 15 Tage für jedes zusätzliche Kind. Im Fall einer Fehlgeburt in den ersten vier Monaten der Schwangerschaft besteht ein Freistellungsanspruch für 15 Tage, bei Fehlgeburten nach den ersten vier Schwangerschaftsmonaten für 42 Tage. Allerdings können die unterschiedlichen Provinzen eigene zusätzliche Regelungen zum Mutterschaftsurlaub haben, z.B. haben weibliche Arbeitnehmer in der Provinz Guangdong einen Anspruch auf zusätzliche 80 Tage Mutterschaftsurlaub als Auszeichnung für die Geburtenkontrolle in der Region.

Neben den Freistellungszeiten besteht ein Anspruch der Arbeitnehmerinnen, ab dem 7. Monat der Schwangerschaft oder während der Stillzeit von Nachtarbeit und Überstunden verschont zu bleiben. Zudem sind während der Arbeitszeit bestimmte Pausenzeiten einzuhalten, solange das Kind gestillt wird.

Außerdem wurde die einstige Einkindpolitik abgeschafft. Seit 1. Januar 2016 wurde die Zweikindpolitik eingeführt, sodass Paare nun offiziell zwei Kinder bekommen dürfen.

d) Freistellung bei Krankheit

Das chinesische Arbeitsrecht unterscheidet zwischen arbeitsplatzbezogenen Krankheiten (Berufskrankheiten) und Arbeitsunfällen, sowie solchen Krankheiten und Verletzungen, die nichts mit dem Arbeitsverhältnis zu tun haben. Im ersteren Fall gelten seit Januar 2004 (geändert zum 1. Januar 2011) die Regelungen der gesetzlichen Unfallversicherung.

Bei nicht arbeitsplatzbezogenen Krankheiten und Verletzungen besteht Anspruch eines Arbeitnehmers auf Freistellung zur medizinischen Behandlung in Abhängigkeit von der Gesamtlebensarbeitszeit und der Beschäftigungszeit bei demselben Arbeitgeber nach folgender Maßgabe:

Gesamtlebensarbeitszeit	**Beschäftigungszeit im selben Unternehmen**	**Behandlungszeit**
weniger als 10 Jahre	weniger als 5 Jahre	3 Monate
	mehr als 5 Jahre	6 Monate
mehr als 10 Jahre	weniger als 5 Jahre	6 Monate
	5 bis 10 Jahre	9 Monate
	10 bis 15 Jahre	12 Monate
	15 bis 20 Jahre	18 Monate
	mehr als 20 Jahre	24 Monate

Im Falle besonders schwerwiegender Erkrankungen (z.B. Krebs, psychische Erkrankung oder Querschnittslähmung) besteht ein darüber hinausgehender medizinischer Behandlungsanspruch oder der Anspruch auf Ruhestand in Abstimmung mit dem Unternehmen und der Arbeitsbehörde.

Die in der obigen Tabelle genannten Behandlungszeiten können innerhalb folgenden Zeitrahmens in Anspruch genommen werden:

Behandlungszeit in Monaten	**Gesamtzeitrahmen in Monaten**
3	6
6	12
9	15
12	18
18	24
24	30

e) Sonstige Fälle

Im Falle der eigenen Eheschließung oder des Todes eines nahen Angehörigen besteht Anspruch auf Sonderurlaub wie folgt:

Wenn ein Arbeitnehmer heiratet, besteht ein Anspruch auf Freistellung für 3 Tage. Wenn direkte Angehörigen (Eltern, Ehegatten oder Kinder) versterben, besteht je nach lokalen Regulierungen und Unternehmensrichtlinien ein Anspruch auf Arbeitsbefreiung für einen Zeitraum von ein bis drei Tagen (so z.B. in Shanghai); sofern Reisezeiten anfallen, besteht ein entsprechender zusätzlicher Freistellungsanspruch. Während der Zeiten dieser Freistellung wird die Vergütung fortgezahlt; Reisekosten sind vom Arbeitnehmer zu tragen.

4. Vergütung/Mindestlohn

Bei der Vereinbarung der Vergütung gilt zunächst der Grundsatz der Vertragsfreiheit, d.h. des freien Aushandelns der angemessenen Vergütung; allerdings werden regelmäßig Mindestlöhne auf regionaler Basis festgelegt.[1] Die Definition der Vergütung im Sinne der Mindestlohngesetzgebung erfasst lediglich die Grundvergütung, nicht jedoch die Vergütung für Mehrarbeit, Sachbezüge (z.B. Essen, Unterkunft, Transport) sowie Zuschläge und Sozialversicherungsbeiträge oder sonstige sozialrechtlichen Leistungen des Arbeitgebers. Die Mindestlohngesetzgebung gilt auch für Arbeitnehmer in der Probezeit, Auszubildende und Praktikanten. Während der Lohnfortzahlungsphasen bei Erkrankung besteht lediglich eine Verpflichtung nicht weniger als 80% des Mindestlohns zu zahlen.

Ein Verstoß gegen die Verpflichtung des Arbeitgebers den Arbeitslohn vollständig und rechtzeitig zu zahlen, Mindestlohngrenzen zu beachten oder Überstunden entsprechend der gesetzlichen Regelungen zu bezahlen kann dazu führen, dass der Arbeitgeber zusätzlich Schadensersatz in Höhe von mindestens 50% und höchstens 100% des geschuldeten Betrages an den Arbeitnehmer zu bezahlen hat.

Arbeitnehmer haben in der Insolvenz eines Arbeitgebers Vorrang vor allen anderen Gläubigern.

Die Berechnung des Tageslohnes innerhalb eines Monats basiert auf dem Monatsgehalt geteilt durch 21,75 Arbeitstage im Monat.

In Abhängigkeit von der wirtschaftlichen Entwicklung des Unternehmens und der allgemeinen Preisentwicklung sowie der betrieblichen Vergütungsregelungen soll eine jährliche Gehaltsprüfung bzw. Anpassung vorgenommen werden. Die Umsetzung soll in erster Linie kollektiv auf betrieblicher Ebene erfolgen.

5. Arbeitszeit

Das chinesische Arbeitsrecht unterscheidet drei Arbeitszeitsysteme, des Weiteren gibt es Regelungen zu der besonders praxisrelevanten Mehrarbeit.

a) Arbeitszeitsysteme

(i) Standardarbeitszeit

Seit dem Mai 1995 gilt auch in China das Prinzip der 5-Tage-Woche mit regelmäßigen Höchstarbeitszeiten von acht Stunden täglich und 40 Stunden wöchentlich. Unternehmen konnten allerdings die Anwendung dieser Regelung bis 1. Mai 1997 aufschieben, wenn es Probleme bei der Umsetzung gab. Das chinesische Arbeitszeitrecht unterscheidet nicht zwischen den einzelnen Wochentagen, d.h. Samstage und insbesondere Sonntage genießen keinen besonders geschützten Status und können normale Arbeitstage sein, obgleich in der Praxis mittlerweile ein Wochenende (Samstag/Sonntag) üblich ist.

---

1 Eine beispielhafte Übersicht ist als Anlage 8 beigefügt.

(ii) Flexible Arbeitszeit

Neben dem Standardarbeitszeitsystem besteht auch die Möglichkeit, ein flexibles Arbeitszeitsystem einzuführen. Voraussetzung hierfür ist der Erhalt einer Genehmigung durch die örtlichen Arbeitsbehörden. Danach kann ein System der sogenannten unbestimmten Arbeitszeit für folgende Arbeitnehmergruppen eingeführt werden:

- Senior Management Personal, Außendienst und Verkaufsmitarbeiter, (bestimmte) Schichtarbeitnehmer, sowie andere Arbeitnehmer deren Standardarbeitszeiten aufgrund der Art ihrer Tätigkeit nicht erfasst werden können,
- Mitarbeiter des Transportgewerbes für den Transport auf längeren Strecken, Taxifahrer, Mitarbeiter der Eisenbahnen, Häfen und Warenhäuser, die mit der Ladung und Entladung von Waren befasst sind und andere Arbeitnehmer, die nach der Art ihrer Tätigkeit auf ad-hoc-Basis beschäftigt werden, oder
- andere Arbeitnehmer, für die das System der nicht festgelegten Arbeitszeit aufgrund besonderer Umstände der Produktion, der Anforderungen an die Tätigkeit oder den Umfang der Tätigkeitsanforderungen geeignet erscheint.

Dieses System bewirkt unter anderem, dass Arbeitnehmer keinen Anspruch auf Bezahlung von Überstunden haben.

(iii) Kumulative Arbeitszeit

Im kumulativen Arbeitszeitsystem wird die Arbeitszeit der Arbeitnehmer auf einer wöchentlichen, monatlichen, quartalsweisen, jährlichen oder anderen Zeitbasis bestimmt. Das System soll bestimmten Arbeitsbedingungen, in denen kontinuierliche Arbeit über längere oder kürzere Zeiträume erforderlich ist, Rechnung tragen, wobei die Standardarbeitszeiten im Durchschnitt wieder erreicht werden sollen.

Mitarbeitergruppen, für die dieses ebenfalls einer behördlichen Genehmigung unterliegende System grundsätzlich in Betracht kommt, sind z.B. Arbeitnehmer im Transport, in Eisenbahn-, Post- und Schifffahrts-, Luftfahrt-, fischverarbeitender oder anderen Industrien, in denen aufgrund der besonderen Art der Tätigkeit eine kontinuierliche Arbeitsleistung erforderlich ist, sowie für bestimmte Arbeitnehmer in der geologischen und Rohstoff fördernden Industrie, Bauwirtschaft, Salz- und Zuckerproduktion, Tourismus oder andere Branchen, in denen natürliche oder saisonale Beschränkungen der Tätigkeitsausübung bestehen.

Im kumulativen Arbeitszeitsystem sind aufgrund der grundsätzlichen Anforderung der Einhaltung der Standardarbeitszeiten bei Überschreitung dieser Zeiten Überstunden und Zuschläge zu zahlen, insbesondere bei Arbeit an gesetzlichen Feiertagen.

b) Mehrarbeit

Die Anordnung von Mehrarbeit über die vereinbarten Standardarbeitszeiten hinaus ist grundsätzlich möglich. Die einseitige Anordnung von Mehrarbeit durch den Arbeitgeber ist jedoch unzulässig. Voraussetzung ist die vorherige Beratung mit der Betriebsgewerkschaft (soweit vorhanden) und den Arbeitnehmern. Grundsätzlich soll die Verlängerung nicht mehr als eine Stunde täglich betragen, in besonderen Fällen kann, soweit die Gesundheit der Arbeitnehmer nicht beeinträchtigt wird, auch eine Ausweitung um maximal drei Stunden täglich und bis zu maximal 36 Stunden monatlich erfolgen. Diese Begrenzungen gelten nicht, sofern die Mehrarbeit aufgrund einer Naturkatastrophe, eines Unfalls oder anderer lebensbedrohlicher, gesundheitsgefährdender oder vermögensgefährdender Ereignisse, sofern eine unverzügliche Abhilfe unerlässlich ist, erforderlich ist. Sofern dringende Reparaturarbeiten aufgrund von Fehlfunktionen in Produktion oder Transport oder öffentlicher Versorgungsleistungen die Produktion oder das öffentliche Interesse beeinträchtigen oder in sonstigen von Einzelgesetzen bestimmten Fällen gilt die Beschränkung ebenfalls nicht.

Eine Ausweitung der Arbeitszeiten über die genannten Grenzen hinaus ist in keinem Fall zulässig. Bei rechtmäßig angeordneter Mehrarbeit sind Gehaltszuschläge zu zahlen; danach beträgt die Vergütung bei Mehrarbeit an normalen Arbeitstagen 150% (also 50% Zuschlag zu den normalen Stundenlöhnen), für Arbeit an normalerweise arbeitsfreien Tagen (gleich welcher Wochentag) 200% und bei Arbeit an gesetzlichen Feiertagen 300%. Soweit Mehrarbeit an normalerweise freien Arbeitstagen geleistet wird, enthält das Gesetz allerdings die Möglichkeit, dass auch ein Freizeitausgleich gewährt werden kann. Solchermaßen kann ein Unternehmen die finanzielle Mehrbelastung durch Zuschläge vermeiden.

Eine Verkürzung der zulässigen Arbeitszeit gilt für bestimmte besonders belastete Arbeitnehmergruppen, z.B. bei Arbeitnehmern mit Nachtschichtarbeit (dies ist Arbeit zwischen 22:00 und 06:00 Uhr). Die Verkürzung erfolgt gemäß den anwendbaren Regelungen vor Ort.

Die Verletzung der Vorschriften des Arbeitszeitrechts unterliegt verwaltungsrechtlichen Sanktionen. Danach beträgt z.B. die Strafe für einseitig und ohne Konsultation angeordnete Mehrarbeit bis zu 100 RMB für jede Überstunde; die gleiche Strafe gilt für die Überschreitung der zeitlichen Obergrenze für Mehrarbeit. Allerdings könnten schwerwiegende Verletzungen auch mit strafrechtlichen Sanktionen geahndet werden.

Höhere Strafen gelten für die Verletzung der Rechte besonders geschützter Personengruppen (z.B. stillende Mütter). Diese geringen Strafen und die geringe Wahrscheinlichkeit einer Aufdeckung gelten als Hauptgrund für die oftmalige Missachtung der gesetzlichen Arbeitszeitvorschriften in der Praxis. Gerade bei ausländischen Investments konnte in jüngster Vergangenheit allerdings eine schärfere Kontrolle durch die Arbeitsbehörden beobachtet werden.

6. Sozialversicherung

Das verpflichtende Sozialversicherungsrecht gliedert sich in die Rentenversicherung, Krankenversicherung, Arbeitslosenversicherung (gesetzliche) Unfallversicherung sowie Mutterschaftsversicherung.

a) Rentenversicherung

Neben einem staatlichen Rentenfonds werden individuelle private Rentenkonten der Arbeitnehmer geführt. Sowohl der Arbeitgeber als auch der Arbeitnehmer tragen zu bestimmten, von der lokalen Regierung festgelegten Sätzen zum individuellen Rentenkonto des Arbeitnehmers bei. Die Beitragssätze sind regional unterschiedlich gestaffelt und unterliegen einer Beitragsbemessungsgrenze, wobei unterschiedliche Beitragssätze für Arbeitgeber und Arbeitnehmer gelten. Der Rentenfonds wird vom Staat und vom Arbeitgeber finanziert. Anzumerken ist, dass der vom Arbeitgeber auf dem Privatkonto gezahlte Teil und der Teil des vom Arbeitgeber finanzierten Rentenfonds im Grunde aus derselben Summe stammen, was bedeutet, dass der Arbeitgeber nur einmal auf das private Rentenkonto des Arbeitnehmers einzahlt, der Staat jedoch die Pauschale von dieser Zahlung abzieht und in den Sozialfonds einsetzt. In der Regel finanziert der Arbeitgeber den Rentenfonds in Höhe von höchstens 20% des Monatsgehalts der Arbeitnehmer in diesem Unternehmen. Das gesamte System stellt ein Umlageverfahren dar, bei dem die von den derzeitigen pensionierten Mitarbeitern erhaltene Rente tatsächlich vom Staat und vom Arbeitgeber finanziert wird.

Zwar ist das private Rentenkonto grundsätzlich dem Vermögen der Arbeitnehmer zugeordnet, jedoch wird es staatlich verwaltet, so dass dem individuellen privaten Rentenkonto Zinserträge zuwachsen sollen. Tatsächlich geht man in China davon aus, dass die privaten Rentenkonten faktisch aufgrund des Umlageverfahrens und diverster Investments der chinesischen Regierung nicht existieren.

Auf der Leistungsseite steht nach den derzeitigen Vorschriften der Anspruch auf Grundrente in Höhe von 20% der regionalen Durchschnittslöhne des Vorjahres. Voraussetzung für eine derartige Rentenzahlung ist allerdings die Erfüllung einer Anwartschaftszeit von mindestens 15 Jahren; anderenfalls kommt nur die Auszahlung der Beträge auf dem Privatkonto in Betracht.

Das Pensionsalter für Frauen liegt derzeit bei 55 Jahren, während Männer mit Vollendung des 60. Lebensjahres in Rente gehen können. Eine Steigerung ist dringend erforderlich und wird derzeit politisch vorbereitet. Nach den derzeitigen Regelungen besteht die Gesamtrente aus der Grundrente, dem gemeinsamen Fond und aus Zahlungen von den individuellen privaten Rentenkonten. Letztere sollen dergestalt ausgezahlt werden, dass die akkumulierte Summe durch 120 geteilt und monatlich über zehn Jahre ausbezahlt wird. Nachdem die derzeitige durchschnittliche Lebenserwartung bei chinesischen Männern bei ca. 72 Jahren und bei Frauen bei 77 Jahren (mit steigender Tendenz) liegt, ist ersichtlich, dass diese Summe in keiner Weise den gesamten Zeitraum des Ruhestandes abdeckt (zumal das private Rentenkonto ohnehin nur theoretisch besteht). Faktisch können chinesische Arbeitnehmer künftig mit Erreichen der genannten Altersgrenze somit nicht in Rente gehen, sofern sie nicht über anderweitige finanzielle Mittel verfügen.

b) Krankenversicherung

Das System der Krankenversicherung ist analog dem der Rentenversicherung konzipiert und wird als „Finanzierungsmechanismus für die medizinische Grundversorgung" genannt; es gibt das Grundmodell eines Zusammenspiels staatlicher, betrieblicher und privater Beteiligung an der Krankenversicherung. Die Finanzierung erfolgt durch Beiträge des Arbeitgebers sowie einem Arbeitnehmeranteil. Die Beiträge des Arbeitnehmers und ein Teil der Beiträge des Arbeitgebers (ca. 1/3) sollen auf ein individuelles Konto des Arbeitnehmers gezahlt werden, während der verbleibende Arbeitgeberbetrag in einem Solidarfond zusammengefasst ist.

Vom Grundsatz her sollen Behandlungskosten zunächst aus dem privaten Krankenversicherungskonto bestritten werden (dies soll einen Anreiz zur Kostenminimierung und zur eigenen Gesundheitsförderung auf Seiten der Arbeitnehmer darstellen). Lediglich Behandlungskosten, die 10% des durchschnittlichen lokalen Lohnes übersteigen, werden vom Solidarfond übernommen, allerdings auch wiederum nur bis zu einer Obergrenze des vierfachen durchschnittlichen Vorjahreslohnes. Für verbleibende Fälle wurden regionale Härtefonds eingerichtet. Mitarbeiter, die Anspruch auf eine Härtefallkasse haben, leisten mit staatlichen Zuschüssen einen Beitrag zur Krankenversicherung.

Problematisch im System der Krankenversicherung sind einige Ausgestaltungen im Detail, z.B. der ausschließliche Einbezug von Arbeitnehmern; danach sind also nicht mitarbeitende Ehegatten, Kinder und Eltern von Arbeitnehmern nicht mitversichert.

Zahlungen für medizinische Leistungen, die 10% des durchschnittlichen regionalen Lohns übersteigen, könnten aus dem Sozialfonds erstattet werden. Generell erhält der Versicherte bei Krankheit Leistungen üblicherweise nur gegen Vorkasse; die Kosten werden dann anschließend erstattet, was zu Liquiditätsengpässen bei den Betroffenen führen kann, zumal in keinem Zeitpunkt sicher vorhergesagt werden kann, welche Beträge tatsächlich erstattet werden. Dies liegt nicht zuletzt auch daran, dass Dienstleistungen nur in bestimmten Krankenhäusern und bei vorgegeben Ärzten erfolgen dürfen und auch der Leistungskatalog eingeschränkt ist.

c) Arbeitslosenversicherung

Nachdem über viele Jahrzehnte hin während der Zeit der Planwirtschaft das Phänomen der Arbeitslosigkeit (jedenfalls offiziell) unbekannt war, ist die steigende Arbeitslosigkeit mittlerweile aufgrund der veränderten wirtschaftlichen Verhältnisse zu einem der sozialen Hauptprobleme geworden. Dies betrifft insbesondere (frühere) Mitarbeiter von Staatsunternehmen. Mit der 1999 eingeführten Arbeitslosenversicherung wurde ein beitragsorientiertes System geschaffen. Die Finanzierung erfolgt durch Beiträge des Arbeitgebers (2% des monatlichen Durchschnittslohnes aller Arbeitnehmer) und der Arbeitnehmer (1% des individuellen Monatsdurchschnittsgehalts), hinzu kommen staatliche Zuschüsse und andere rechtlich anerkannte Finanzierungen.

Nach einjähriger Beitragsleistung besteht ein Anspruch auf Arbeitslosengeld, nebst Zuschüssen für die Krankenversicherung, Zuschüssen zur beruflichen Umschulung und Arbeitsvermittlungen, Beihilfe zu Begräbniskosten für Arbeitslose/Trostgeld für Familienangehörige sowie gegebenenfalls andere vom Staatsrat bestimmte Kosten. Nach ein- bis fünfjähriger Beitragszeit besteht ein Anspruch auf 12 Monate Arbeitslosengeldzahlung, nach fünf- bis zehnjähriger Beitragszeit 18 Monate, bei längerer Beitragszeit verlängert sich der Anspruch auf Arbeitslosengeldzahlung bis auf maximal 24 Monate.

Die Höhe des Arbeitslosengeldes wird von den lokalen Regierungen festgelegt, soll jedoch zwischen der Mindestexistenzsicherung für die städtische Bevölkerung und dem lokalen Mindestlohn liegen. Bereits hieraus ergibt sich, dass die Leistungen aus der Arbeitslosenversicherung kaum hinreichend die Risiken der Arbeitslosigkeit abzudecken.

d) Unfallversicherung

Am 1. Januar 2004 ist die Verordnung über die Versicherung von Arbeitsunfällen in Kraft getreten. Erstmals wurde damit eine Versicherungspflicht für Arbeitsunfälle und Berufskrankheiten eingeführt.

Die Versicherungsbeiträge, deren Höhe je nach Industriezweig unterschiedlich sind (0,5 – 2,0% der Lohnsumme) werden ausschließlich von den Arbeitgebern in einem speziellen für diesen Versicherungszweig eingerichteten Fond eingezahlt.

Als Arbeitsunfälle im Sinne der Verordnung gelten, ähnlich wie nach dem deutschen Sozialgesetzbuch, nicht nur Unfälle am Arbeitsplatz im unmittelbaren zeitlichen und räumlichen Zusammenhang mit der Verrichtung der Arbeit, sondern auch Verkehrsunfälle auf und von dem Weg zur Arbeit.

Aus dem Versicherungsverhältnis hat der Arbeitnehmer Ansprüche auf medizinische Versorgung, einen einmaligen Erwerbsunfähigkeitszuschuss, Zuschüsse für Beerdigung, eine Rente zur Untersützung der Verwandten, eine Rente zur Deckung von Pflegekosten etc.

Die Höhe der Zahlungen im Falle der Erwerbsunfähigkeit bestimmt sich nach dem Grad der Minderung der Erwerbsfähigkeit (zehnstufiges System), der von einer „Kommission zur Bewertung der Arbeitsfähigkeit“ festgestellt wird. Daneben hat der Arbeitnehmer, sofern er zum Pflegefall wird, einen Anspruch auf eine Rente in Höhe von 30%, 40% oder 50% des durchschnittlichen lokalen Einkommens, um die monatlichen Pflegekosten zu decken. Dieser Anspruch kann bis zu 20 Jahre betragen.

Zudem besteht ein Anspruch auf Lohnfortzahlung gegen den Arbeitgeber im Falle einer Erkrankung, der zunächst auf die Dauer von 12 Monaten beschränkt ist und um weitere 12 Monate verlängert werden kann, wenn der Arbeitnehmer ernsthaft erkrankt ist. Kann das Arbeitsverhältnis später fortgesetzt werden, so hat der Arbeitnehmer einen Anspruch auf einen Arbeitsplatz, der seiner gegebenenfalls geminderten Erwerbsfähigkeit gerecht wird.

e) Mutterschaftsversicherung

Hintergrund der gesonderten Mutterschutzversicherung ist die Zweikindpolitik der Regierung der Volksrepublik China. Danach bestehen nämlich keinerlei Leistungsansprüche aus der Mutterschaftsversicherung, wenn gegen die staatlichen Lenkungsvorschriften verstoßen wird.

Die Mutterschaftsversicherung wird ausschließlich von den Unternehmen finanziert, die hierfür weniger als 1% der Bruttogesamtlohnsumme des Arbeitnehmers zu zahlen haben. Die Leistungen beziehen sich auf Schwangerschaft und Geburt, einschließlich schwangerschaftsbedingte Krankheiten. Insbesondere erfasst sind auch Zuschüsse während der Mutterschutzfristen; diese sollen dem normalen durchschnittlichen Grundlohn des Vorjahres entsprechen.

f) Sonstige Beitragspflichten

Zu den Sozialversicherungskosten werden noch weitere Beitragspflichten, wie z.B. zum Gewerkschaftsbund (falls vorhanden) und zum sogenannten „housing fund" gezählt. Letzterer spielt finanziell durchaus eine Rolle, nachdem die Beitragspflichten von Arbeitnehmer und Arbeitgeber jeweils rund 5% bis 12% der jeweiligen Berechnungsbasis (individueller Durchschnittslohn des Arbeitnehmers) betragen. Der Unternehmer wählt unter Umständen eine höhere Berechnungsbasis innerhalb dieser 5% bis 12%. Allerdings können die verschiedenen Städte auch eine unterschiedliche Berechnungsbasis haben, die von der lokalen Regierung festgesetzt wird. Die Zahlungen dienen der Schaffung und Bereitstellung eines finanzierbaren Wohnraumangebots durch sozialen Wohnungsbau und Vergabe von günstigen Darlehen zum Wohnungskauf. Der housing fund stellt eine Ergänzungsmaßnahme des chinesischen Gesetzgebers dar, die dem Umstand Rechnung trägt, dass zu Zeiten der Planwirtschaft die Zuweisung von Wohnraum Sache des Arbeitgebers war. Die Umstellung zur freien Wohnungswirtschaft hat zu Mangelsituationen und sozialen Härten geführt, die durch den „housing fund" ausgeglichen werden sollen.

g) Freiwillige Versicherungen

Die gewerbliche Altersvorsorge ist eine weitere Art der Versicherung, die dem gleichen Zweck dient wie die Rentenversicherung. Diese Versicherung wird von den Mitarbeitern freiwillig abgeschlossen und nur von diesen getragen. Die Höhe des Beitrags bestimmt die Höhe der Rückzahlung nach der Pensionierung. In der Praxis haben bisher nur wenige Unternehmen und Arbeitnehmer von der betrieblichen bzw. privaten Absicherung Gebrauch gemacht. Dies liegt zum Teil an den gesetzlichen Rahmenbedingungen, die z.B. eine betriebliche Altersversorgung nicht besonders fördern, so dass diese derzeit lediglich als Rekrutierungsinstrument in einigen, insbesondere ausländischen Unternehmen existiert und zum Teil an dem Fehlen eines privaten Versicherungsmarktes (der erst in der Entwicklung begriffen ist), aber auch an den fehlenden finanziellen Mitteln und einem fehlenden Risikobewusstsein der Arbeitnehmer.

7. Kündigung

a) Allgemeines

Ein Arbeitsvertrag endet automatisch mit dem Ablauf einer vereinbarten Befristung, mit Bezug der Grundaltersrente, mit dem Tod des Arbeitnehmers, mit Insolvenz des Arbeitgebers, mit Entzug der Geschäftslizenz des Arbeitgebers oder anderweitiger Schließung bzw. Auflösung, und bei Vorliegen eines anderen im Gesetz bzw. in Verwaltungsvorschriften bestimmten Umstandes.

b) Arten von Kündigungen

Die Kündigungsvorschriften gelten bereits für die Zeit zwischen Abschluss des Arbeitsvertrages und Aufnahme der Arbeitstätigkeit sowie auch während des Laufs eines befristeten Arbeitsvertrages, ohne dass es einer dahingehenden Vereinbarung bedarf.

(i) Ordentliche Arbeitnehmerkündigung (Art. 37 AVG)

Ein Arbeitnehmer kann seinen Arbeitsvertrag jederzeit durch schriftliche Erklärung (ohne Angabe von Gründen) gegenüber dem Arbeitgeber mit einer Kündigungsfrist von 30 Tagen (während der Probezeit drei Tage) kündigen.

(ii) Außerordentliche Arbeitnehmerkündigung (Art. 38 AVG)

Ein Arbeitnehmer kann den Arbeitsvertrag fristlos kündigen, wenn

- der Arbeitgeber die Arbeitsschutzbestimmungen nicht einhält,
- der Arbeitslohn nicht vollständig und pünktlich bezahlt wird,
- die Sozialversicherungsbeiträge nicht ordnungsgemäß bezahlt und abgeführt werden,
- die seitens des Arbeitgebers gesetzten Regelungen Gesetze oder Vorschriften verletzen und dadurch der Arbeitnehmer geschädigt wird,
- der Arbeitsvertrag durch Täuschung oder Zwang oder durch Ausnutzung der schlechteren Rechtsposition des Arbeitnehmers begründet wurde und daher unwirksam ist/wird, oder
- andere gesetzlich vorgesehene Tatbestände vorliegen.

Das Kündigungsrecht des Arbeitnehmers besteht zudem, wenn der Arbeitgeber Gewalt, Drohung oder eine rechtswidrige Beschränkung der persönlichen Freiheit zum Zwang zur Arbeit ausnutzt. Sofern anderenfalls keine Abhilfe geschaffen werden kann, besteht bei Anweisung zur Verrichtung gefährlicher Tätigkeiten und Gefährdung der persönlichen Sicherheit auch ein außerordentliches Kündigungsrecht. Ein Mitarbeiter hat außerdem Anspruch auf eine Abfindung im Falle einer Kündigung nach Art. 38 AVG.

(iii) Ordentliche Arbeitgeberkündigung (Art. 40 – 42 AVG)

Die Kündigungsfrist beträgt grundsätzlich 30 Tage. Stattdessen kann jedoch auch ein finanzieller Ausgleich in Höhe eines Monatsgehalts erfolgen, so dass das Arbeitsverhältnis dann mit sofortiger Wirkung endet.

Eine ordentliche Kündigung ist möglich, wenn der Arbeitnehmer nach Ablauf des Entgeltfortzahlungszeitraums nicht in der Lage ist, seine ursprüngliche Tätigkeit oder eine ihm anderweitig vom Arbeitgeber zugewiesene Tätigkeit auszuüben (sofern es sich nicht um einen Arbeitsunfall oder eine Berufskrankheit handelte).

Des Weiteren kann gekündigt werden, wenn der Arbeitnehmer nicht (mehr) für die Tätigkeit geeignet ist. Hierunter zu verstehen sind Fallkonstellationen, bei denen der Arbeitnehmer nicht (mehr) in der Lage ist die vollständigen Produktionsbedingungen bzw. Tätigkeitsbeschreibung, wie sie im Arbeitsvertrag vereinbart wurden, zu erfüllen, in denen ein Arbeitnehmer deutlich unterdurchschnittliche Leistungen gemessen an der Produktivität erbringt oder im Übrigen persönliche Defizite (Wissens- und/oder Fähigkeitsmängel oder physische Eigenschaften, die für die Tätigkeit erforderlich sind) aufweist.

Weiter gilt die wesentliche Veränderung der objektiven Umstände seit dem Zeitpunkt des Abschlusses des Arbeitsvertrages, die eine Vertragserfüllung unmöglich macht, sofern die Vertragsparteien trotz entsprechender Verhandlung kein Einvernehmen über eine Veränderung des Arbeitsvertragsinhalts erreichen können, als anerkannter Kündigungsgrund. Generell ist eine Situation gemeint, in der einige oder alle Vertragsbestimmungen objektiv nicht mehr erfüllbar sind, hierzu zählen unter anderem die Verlegung des Betriebssitzes oder ein Erwerb der Betriebsmittel des Arbeitgebers durch ein anderes Unternehmen (nicht jedoch bloße wirtschaftliche Schwierigkeiten oder Insolvenz).

Eine Sonderregelung gilt für Massenentlassungen: Sofern danach eine Restrukturierung nach dem Insolvenzgesetz durchgeführt wird, ernsthafte Produktions- oder sonstige Schwierigkeiten vorliegen, ein Wechsel in der Produktion, eine größere technische Innovation oder eine Veränderung der Geschäftsmethode durchgeführt wird oder eine andere Änderung der objektiven wirtschaftlichen Umstände (gemessen am Zeitpunkt des Arbeitsvertragsschlusses) eintritt, die die Erfüllung des Arbeitsvertrages in unveränderter Form unmöglich macht, besteht die Möglichkeit zur ordentlichen Kündigung des Arbeitsvertrages auch gegenüber einer größeren Anzahl von Arbeitnehmern. Der Begriff Massenentlassung bedeutet in diesem Zusammenhang, dass hiervon entweder 20 oder mehr Personen oder mindestens 10% der Gesamtbelegschaft betroffen sein müssen.

Der Arbeitgeber muss dabei vorrangig solche Arbeitnehmer von der Reduzierung der Belegschaft ausnehmen, die

- befristete Arbeitsverträge mit langer Vertragsdauer abgeschlossen haben,
- unbefristete Arbeitsverträge abgeschlossen haben oder
- die Alleinversorger einer Familie sind und eine alte oder minderjährige Person zu versorgen haben.

Des Weiteren ist geregelt, dass bei Neueinstellungen innerhalb von sechs Monaten nach Durchführung der Massenentlassung die entlassenen Arbeitnehmer vorrangig zu berücksichtigen sind, wobei diese zu denselben Bedingungen wie zum Zeitpunkt ihrer Entlassung eingestellt werden sollen.

Eine ordentliche Arbeitgeberkündigung (einschließlich Massenkündigung) ist in folgenden Fällen nicht zulässig:

- Der Arbeitnehmer ist mit einer Arbeitsaufgabe beschäftigt, die Risiken berufsbedingter Krankheiten begründet und es wurde nicht zuvor eine berufsbezogene ärztliche Gesundheitsüberprüfung durchgeführt oder aber der betreffende Arbeitnehmer hat sich möglicherweise eine Berufskrankheit zugezogen und befindet sich in Untersuchung oder unter ärztlicher Beobachtung;

- Der Arbeitnehmer ist vollständig oder teilweise arbeitsunfähig aufgrund einer beim Vertragsarbeitgeber erlittenen Berufskrankheit oder eines Arbeitsunfalls;
- Der Arbeitnehmer hat sich eine Krankheit oder Verletzung zugezogen (nicht arbeitsplatzbezogen) und der gesetzlich festgelegte Zeitraum der Entgeltfortzahlung ist noch nicht verstrichen;
- Eine Arbeitnehmerin befindet sich in den Schutzfristen während Schwangerschaft, Entbindung oder Stillzeit;
- Der Arbeitnehmer ist seit mindestens 15 Jahren ununterbrochen für den derzeitigen Arbeitgeber tätig und weniger als 5 Jahre vom Erreichen des gesetzlichen Rentenalters entfernt;
- Alle anderen vom Gesetz anerkannten Umstände.

(iv) Außerordentliche Arbeitgeberkündigung (Art. 39 AVG)

Nach Art. 39 AVG kann der Arbeitgeber den Arbeitnehmer in bestimmten Situationen fristlos entlassen.

Ein Arbeitgeber kann den Arbeitsvertrag ohne Einhaltung einer Kündigungsfrist kündigen, wenn er während der Probezeit feststellt, dass der Arbeitnehmer nachweislich die Einstellungsvoraussetzungen nicht erfüllt. Bei einer Probezeitkündigung muss dem Arbeitnehmer eine schriftliche Begründung für die Kündigung gegeben werden. Die mangelnde Übereinstimmung mit den vorgesehenen Arbeitsvertragsbedingungen muss also dokumentierbar sein. Zugleich ergibt sich aus der gesetzlichen Regelung, dass die mangelnde Eignung zu einem späteren Zeitpunkt grundsätzlich nicht mehr zur Begründung einer ordentlichen Kündigung herangezogen werden kann.

Des Weiteren besteht eine außerordentliche Kündigungsmöglichkeit für den Arbeitgeber, wenn der Arbeitnehmer die Regeln und Anordnungen des Unternehmens in nicht unerheblicher Weise missachtet. Dies zeigt die Bedeutung (auch) des Employee Handbooks und vergleichbarer Regelungen, in denen die Arbeitspflichten detailliert festgelegt sind.

Weiter besteht ein außerordentlicher Kündigungsgrund auch bei schwerwiegender Vertragsverletzung, Fehlverhalten des Arbeitnehmers, oder sonstiger Verursachung eines erheblichen Schadens für den Arbeitgeber durch den Arbeitnehmer. Die schweren Verluste des Arbeitgebers sind kumulatives Tatbestandsmerkmal und können vom Arbeitgeber näher bestimmt werde. Es ist also beispielsweise möglich im Employee Handbook oder vergleichbaren Regelungen eine nähere Konkretisierung des Begriffs „schwere Verluste" vorzunehmen.

Der Arbeitgeber kann auch dann fristlos kündigen, wenn der Arbeitnehmer zur gleichen Zeit mit einem anderen Arbeitgeber ein Beschäftigungsverhältnis eingeht, das die Erfüllung seiner Aufgaben in erheblicher Weise beeinträchtigt, soweit der Arbeitnehmer nicht zur Abhilfe bereit ist. Dies kann auch eine gesamtschuldnerische Haftung für den Nachfolgearbeitgeber begründen.

Sofern das Arbeitsverhältnis durch Täuschung, Zwang oder Drohung seitens des Arbeitnehmers zustande gekommen ist, besteht ebenfalls eine außerordentliche Kündigungsmöglichkeit.

Auch die strafrechtliche Verfolgung des Arbeitnehmers kann einen Kündigungsgrund darstellen. Die gesetzliche Formulierung nimmt Bezug auf Fallgestaltungen, in denen eine Gesetzesverletzung strafrechtlicher Art festgestellt wurde, ohne dass es zu einer Strafmaßnahme kommt; weiter werden Fälle erfasst, in denen das Volksgericht eine Strafe festgesetzt hat, sowie Fälle, in denen eine Strafe nach dem Strafgesetzbuch ausgesetzt wurde. Der bloße Verdacht einer kriminellen Aktivität und die Untersuchungshaft reichen noch nicht zur Kündigung aus; in diesem Falle werden gegebenenfalls lediglich die beiderseitigen Hauptleistungspflichten (insbesondere auch die Vergütungszahlungspflicht) suspendiert. Sofern der Arbeitnehmer freigesprochen und aus der Untersuchungshaft entlassen wird besteht ein Anspruch auf Fortsetzung des Arbeitsverhältnisses.

c) Befristung und Abfindung

Befristete Arbeitsverträge verlängern sich solange, bis bestimmte Umstände (z.B. die Erkrankung, die Schwangerschaft) nicht mehr vorliegen. Der Vertrag endet später automatisch, wenn entweder der Grund für die Verlängerung ganz entfällt oder die im Gesetz genannten Maximalfristen (z.B. bei der Entgeltfortzahlung) enden.

Im Regelfall einer Beendigung des Arbeitsverhältnisses ist dem Arbeitnehmer eine Abfindung zu zahlen. Dies gilt auch bei Auslaufen eines befristeten Arbeitsvertrages, allerdings nicht, wenn der Arbeitnehmer selbst den Vertrag nicht verlängern will, obgleich dies seitens des Arbeitgebers zu denselben oder besseren Bedingungen angeboten wird.

Für jedes volle Beschäftigungsjahr ist mindestens ein Monatsgehalt zu zahlen. Zeiträume von mindestens sechs Monaten werden aufgerundet; für Zeiträume von weniger als sechs Monaten besteht Anspruch auf ein halbes Monatsgehalt. Berechnungsgrundlage für die Abfindungszahlung ist der Durchschnittslohn des Arbeitnehmers während der letzten 12 Monate. Ist das Monatsgehalt des Mitarbeiters mindestens dreimal so hoch wie das Dreifache des durchschnittlichen Monatsgehalts des Vorjahres aller Mitarbeiter in der gleichen Region, ist die Abfindung dennoch auf das Dreifache des lokalen Durchschnittsgehalts begrenzt. Die Abfindung berechnet sich wie folgt: das Dreifache des regionalen Durchschnittsmonatsgehalts x der Dienstjahre für das Unternehmen. Die Abfindung ist ebenfalls auf 12 Monate begrenzt, auch wenn der Mitarbeiter mehr als 12 Jahre im Unternehmen gearbeitet hat.

Kündigt oder beendet ein Arbeitgeber den Arbeitsvertrag unter Verletzung des Gesetzes und verlangt der Arbeitnehmer die Vertragserfüllung, besteht ein Anspruch auf Fortsetzung des Arbeitsvertrages. Verlangt der Arbeitnehmer indes eine solche Fortsetzung des Vertragsverhältnisses nicht oder ist die Erfüllung des Arbeitsvertrages „unmöglich geworden“, ist Schadensersatz (doppelte Abfindung) zu zahlen.

d) Nachvertragliches Wettbewerbsverbot

Ein nachvertragliches Wettbewerbsverbot darf nur mit der Geschäftsleitung, leitenden Technikern und sonstigen Angestellten abgeschlossen werden, die einer Geheimhaltungsvereinbarung unterliegen. Hinsichtlich Umfang, geographischer Ausdehnung und Laufzeit gilt der Grundsatz der Vertragsfreiheit, eingeschränkt durch Gesetze und Regelungen, darunter diejenige des AVG selbst, wonach das Wettbewerbsverbot nunmehr zwei Jahre nicht mehr überschreiten darf. Zudem ergibt sich aus dem Gesetz eine gegenständliche Einschränkung dahingehend, dass nur Konkurrenzverhältnisse erfasst sind, die auf dieselben Produktarten oder dieselbe Art von Gewerbe bezogen sind. Darüber hinaus soll der Wettbewerbsverbot angemessen sein.

Während dem Wettbewerbsverbot ist eine monatliche Ausgleichszahlung zu leisten, deren Höhe im AVG nicht näher bestimmt wurde, sondern den Regionen überlassen wurde (diese beträgt zwischen 1/3 oder 50% des ehemaligen Monatsgehaltes des Arbeitnehmers).

Ergänzt wird die Regelung durch den Schadensersatzanspruch des Arbeitgebers nicht nur gegen den Arbeitnehmer, sondern auch gegen den Arbeitgeber, der einen Arbeitnehmer einstellt, obwohl ihm ein Wettbewerbsverbot des Arbeitnehmers bekannt ist.

Die Verletzung des Geheimhaltungsgebots, des nachvertraglichen Wettbewerbsverbots und die Kündigung eines speziellen Arbeitsvertrages, welcher im Nachgang einer vom Arbeitgeber bezahlten Ausbildung des Arbeitnehmers abgeschlossen wurde, von der der Arbeitgeber profitieren wollte, sind die einzigen Fälle im Arbeitsrecht, in denen ein solcher pauschalierter Schadensersatz überhaupt vereinbart werden darf.

e) Arbeitszeugnis

Zu den dem Arbeitnehmer bei einer Beendigung des Arbeitsvertrages auszuhändigenden Unterlagen gehört eine schriftliche Information zur Dauer des Arbeitsvertrages, dem Enddatum und Stellungen, die der Arbeitnehmer während seiner Arbeitstätigkeit für das Unternehmen ausgeübt hat.

IV. Kollektivarbeitsrecht

1. Einleitung

Das Kollektivarbeitsrecht in China ist mit dem deutschen Kollektivarbeitsrecht mit Tarifverträgen, Betriebsräten und Betriebsvereinbarungen nebst seinen zahlreichen Mitwirkungs- und Mitbestimmungstatbeständen nicht zu vergleichen.

Es sind nur solche Gewerkschaften zulässig, die unter dem Dachverband der All China Federation of Trade Unions (ACFTU) arbeiten. Nach der Verfassung der ACFTU ist eine Unterordnung unter die Kommunistische Partei vorgegeben. Bislang gibt es kaum industrie- oder branchenweite Tarifverträge oder ähnliche Kollektivvereinbarungen; dies soll sich allerdings möglicherweise in Zukunft ändern, da die Möglichkeit von branchenweit geltenden Kollektivverträgen im Gesetz ausdrücklich erwähnt ist. Der erste branchenweite

Tarifvertrag (für die Maschinenindustrie) wurde 2006 abgeschlossen. Der Präsident des Branchenverbandes vertritt den Arbeitgeber in den branchenweiten Tarifverhandlungen.

Weitere kollektivrechtliche Vertretungen sind die in Betrieben gewählten Arbeitnehmervertretungen, die sog. Betriebsgewerkschaften, die am ehesten mit den deutschen Betriebsräten verglichen werden können. Diese Betriebsgewerkschaften müssen in allen Betrieben gebildet werden, wenn dort zumindest 25 Arbeitnehmer beschäftigt werden. Unternehmen mit weniger als 25 Beschäftigten steht es frei, Betriebsgewerkschaften zu gründen. Die Betriebsgewerkschaft vertritt dabei sämtliche Mitarbeiter einschließlich des Führungspersonals, woraus sich nicht unerhebliche Interessenkonflikte ergeben, die noch dadurch verschärft werden, dass in der Vergangenheit in vielen Unternehmen Betriebsgewerkschaften durch den Unternehmer selbst geführt wurden. Nach dem Gesetz muss es für Unternehmen mit mehr als 200 Beschäftigten Vollzeitbeschäftigte geben, die allein für die Leitung der Betriebsgewerkschaft verantwortlich sind. Die Zahl der Vollzeitkräfte wird von der Betriebsgewerkschaft und dem Arbeitgeber ausgehandelt. Anders als die derzeitige Situation sah das ehemalige Gewerkschaftsgesetz vor, dass das Vollzeitpersonal im Verhältnis zur Anzahl der Beschäftigten in diesem Unternehmen steht (z.B. ein Mitarbeiter pro 200 - 500 Mitarbeiter). Die Vollzeitbeschäftigten der Betriebsgewerkschaft sind ganz) oder teilweise von der Arbeit befreit und genießen den Schutz der Betriebsgewerkschaft.

Daneben gibt es seit Kurzem in Unternehmen ab 100 Arbeitnehmern einen sog. „Employee Representative Congress“ mit Elementen der wirtschaftlichen Mitbestimmung.

2. Betriebsgewerkschaften/Kollektivverträge

Betriebsgewerkschaften haben das Recht und die Pflicht, Arbeitnehmer bei der Behandlung von individuellen Arbeitsverträgen zu beraten und mit dem Unternehmen Kollektivverträge abzuschließen. Derartige Kollektivverträge können Angelegenheiten wie Arbeitslohn, Arbeitsstunden, Pausen, Urlaub, Arbeitssicherheit, Sozialversicherung und zusätzliche Sozialleistungen beinhalten, wobei die gesetzlichen Vorgaben nicht unterschritten werden dürfen. Der Entwurf eines Kollektivvertrages ist vor dessen Unterzeichnung allen Arbeitnehmern oder deren Vertretern zur Diskussion und Billigung vorzulegen, er tritt fünfzehn Tage nach Eingang bei der Arbeitsverwaltungsbehörde in Kraft, soweit diese keine Einwände erhebt. An derartige Kollektivverträge sind sämtliche Arbeitnehmer gebunden. Hinsichtlich der einzelnen Arbeitsverträge gilt das Günstigkeitsprinzip, d.h. günstigere einzelvertragliche Regelungen gehen vor (Art. 55 AVG).

Arbeitgeber und Arbeitnehmer sind bei den Verhandlungen mit jeweils drei Vertretern beteiligt, wobei auf Arbeitnehmerseite - soweit vorhanden - die Betriebsgewerkschaft, anderenfalls die gewählte Arbeitnehmervertretung, unter Aufsicht der staatlichen Gewerkschaftsorganisation tätig wird. Es kann auf beiden Seiten jeweils ein Außenstehender (z. B. Anwalt) tätig werden, der jeweils von dem Leiter der Vertretung beauftragt wird; die staatliche Gewerkschaftsorganisation hat das Recht einen Beobachter zu entsenden.

Zu den Aufgaben der (Betriebs-) Gewerkschaften gehört die Teilnahme am Mediations- und Schiedsgerichtsprozess, wobei sich die Doppelrolle der Gewerkschaftsorganisation darin widerspiegelt, dass sowohl die Arbeitnehmerinteressen vertreten werden sollen, als auch auf eine Beilegung von Streitigkeiten zur Erhaltung der Arbeitsdisziplin hingewirkt werden soll.

Nach den nach wie vor bestehenden Regelungen für Equity-Joint-Ventures (Art. 87 Equity-Joint-Venture Regulation) dürfen Vertreter der Gewerkschaften an Vorstandssitzungen teilnehmen und als nicht stimmberechtigte Sitzungsteilnehmer auch zur Diskussion beitragen. Dies gilt insbesondere, wenn es um arbeitnehmerrelevante Themen wie das Vergütungssystem und den Arbeitsschutz geht. In der Praxis machen bislang wohl nur wenige Gewerkschaften von diesem theoretisch bestehenden Recht Gebrauch.

Die Finanzierung der Betriebsgewerkschaften erfolgt durch Beiträge, den Erträgen des Unternehmens, Subventionen der Regierung und Geldmittel des Unternehmens bestehend aus 2% der monatlichen Gesamtvergütungssumme..

Die Organe der Betriebsgewerkschaftsorganisation sind der „Trade Union Members Congress" (Versammlung der betriebsangehörigen Mitglieder der Gewerkschaften), das „Trade Union Members Committee" (die Betriebsgewerkschaft) und dessen Vorsitzende (Chairman and Vice Chairman).

Das Gewerkschaftsgesetz regelt, dass in Unternehmungen mit mindestens 200 Arbeitnehmern ein sog. „full-time Trade Union chairman" bestellt werden muss, was man wohl am ehesten mit einem freigestellten Betriebsratsmitglied nach deutschem Verständnis vergleichen kann. Ein gewisser Arbeitnehmerschutz zu Gunsten von Betriebsgewerkschaftsfunktionären ergibt sich daraus, dass eine willkürliche Versetzung ohne Zustimmung der Versammlung der Gewerkschaftsmitglieder nicht möglich ist.

Ungeachtet dieses Individualschutzes sieht das Gewerkschaftsgesetz in Art. 40 ausdrücklich vor, dass Gewerkschaftstätigkeit grundsätzlich außerhalb der regulären Arbeitszeit zu erbringen ist (es sei denn, das Unternehmen erteilt die Genehmigung zur Erledigung der Arbeit während der Arbeitszeit), wobei bei nicht vollständig freigestellten Mitgliedern der Betriebsgewerkschaft bis zu drei Tage monatlicher Gewerkschaftstätigkeit als erlaubte bezahlte Freistellung vorgesehen sind. Ungeachtet dessen haben die Unternehmen die Betriebsgewerkschaften zu unterstützen und mit diesen vertrauensvoll zusammenzuarbeiten; zu den Unterstützungsleistungen zählt auch die Bereitstellung angemessener Büroräumlichkeiten und sonstiger Betriebsmittel.

3. Streikrecht

Nachdem die Verfassungen von 1975 und 1978 noch ein ausdrückliches Streikrecht für Arbeitnehmer vorsahen, fehlt eine derartige Bestimmung in der seit 1982 geltenden Verfassung. Dieses Schweigen der Verfassung und des AGB/AVG zum Streikrecht bedeutet nach allgemeiner Auffassung (und angesichts der Praxis) jedoch nicht, dass Arbeitnehmerrechte nicht durchgesetzt werden können. Artikel 27 des Betriebsgewerkschaftsgesetzes bestimmt, dass die Betriebsgewerkschaft im Falle von

Arbeitsniederlegungen und Streiks in einem Unternehmen im Namen der Arbeitnehmer und Mitarbeiter Verhandlungen mit dem Unternehmen durchführt, die Meinungen und Forderungen der Arbeitnehmer und Mitarbeiter darlegt und Lösungsvorschläge unterbreitet. Im Hinblick auf die (angemessenen) Forderungen der Arbeitnehmer bemüht sich das Unternehmen, diese zu erfüllen. Die Gewerkschaft unterstützt das Unternehmen bei der ordnungsgemäßen Behandlung der Angelegenheit, um dazu beizutragen, den ordnungsgemäßen zustand innerhalb des Unternehmens so bald wie möglich wiederherzustellen.

4. Rolle der Kommunistischen Partei

Alle Unternehmen mit mindestens drei kommunistischen Parteimitgliedern sollen eine Parteiorganisation innerhalb des Unternehmens errichten, Art. 30 der Verfassung der Kommunistischen Partei Chinas (VKPC). Wenn eine solche Organisation innerhalb des Unternehmens eingerichtet ist, wird auch ein Sekretär ernannt. Artikel 33 VKPC bestimmt die Befugnisse dieser Organisation:

„Parteiorganisationen in nicht-öffentlichen Einrichtungen setzen die Grundsätze und Richtlinien der Partei um, leiten und überwachen die Einhaltung staatlicher Gesetze und Vorschriften durch ihre Unternehmen, üben die Führung über Gewerkschaften, Organisationen der Kommunistischen Jugendliga und Gruppenorganisationen anderer Menschen aus, fördern die Einheit und den Zusammenhalt zwischen Arbeitnehmern und Büropersonal, schützen die legitimen Rechte und Interessen aller Parteien und fördern die gesunde Entwicklung ihrer Unternehmen."

V. Arbeitsgerichtsverfahren

1. Einleitung

Folgende Streitigkeiten sind der Arbeitsschiedsgerichtsbarkeit zugewiesen:

- Streitigkeiten im Zusammenhang mit dem Bestehen eines Arbeitsverhältnisses
- Streitigkeiten im Zusammenhang mit dem Abschluss, der Durchführung, der Änderung, Anfechtung oder Kündigung eines Arbeitsvertrages
- Streitigkeiten über die Entfernung oder Kündigung eines Arbeitnehmers, gleich ob durch Arbeitgeber oder Arbeitnehmer, sowie im Zusammenhang mit dem Eintritt in den Ruhestand
- Streitigkeiten betreffend die Arbeitszeit, Pausen, Urlaub, Sozialversicherung, Sonderleistungen, Aus- und Fortbildung und sonstiger Arbeitnehmerrechte
- Streitigkeiten im Zusammenhang mit Arbeitsvergütung, Entgeltfortzahlung und medizinischen Kosten bei Arbeitsunfällen, Abfindungen, sonstigen Entschädigungen usw.
- Sämtliche anderen arbeitsrechtlichen Streitigkeiten, die in Gesetzen oder sonstigen Verwaltungsregelungen benannt sind

In erster Linie soll zwischen Arbeitgeber und Arbeitnehmer mit dem Ziel einer einvernehmlichen Regelung des Streits verhandelt werden. Findet eine solche Verhandlung nicht statt oder scheitert sie, kann jede der betroffenen Parteien eine Mediation beantragen. Lässt sich eine der beiden Parteien hierauf nicht ein oder führt die Mediation nicht zu einem Ergebnis, kann die staatliche Schiedsgerichtsbarkeit in Anspruch genommen werden. Unter bestimmten im Gesetz geregelten Voraussetzungen kann eine Partei, die mit einer Entscheidung des Schiedsgerichts nicht einverstanden ist, darüber hinaus die Zivilgerichte anrufen.

In Fällen, in denen mehr als zehn Arbeitnehmer einen gleichgerichteten Anspruch geltend machen, können diese einen Repräsentanten benennen, der dann in einem Mustergruppenverfahren die Ansprüche geltend macht.

Im Falle eines schwerwiegenden Arbeitskonflikts sind die Arbeitsbehörden verpflichtet, einen so genannten Dreiparteienmechanismus einzurichten, an dem die Arbeitsbehörden, die Betriebsgewerkschaften und der Vertreter des Arbeitgebers beteiligt sind, um solche Streitigkeiten zu lösen.

Das Mediationskomitee eines Unternehmens soll aus Repräsentanten beider Parteien bestehen, wobei der Arbeitnehmervertreter Mitglied der Betriebsgewerkschaft oder ein von allen Arbeitnehmern bestellter Vertreter ist, während der Unternehmensvertreter vom Management des Unternehmens bestellt wird. Der Vorsitzende des Mediationskomitees soll ein Mitglied der Betriebsgewerkschaft oder eine von beiden Parteien bestellte Person sein. An die Person eines Mediators stellt Art. 11 des Gesetzes zu Mediation und Arbeitsschiedsgerichtsbarkeit gewisse Grundvoraussetzungen, die ein faires Verfahren gewährleisten sollen. Der Antrag auf Mediation kann von einer Partei mündlich oder schriftlich gestellt werden; bei mündlicher Antragstellung soll eine entsprechende schriftliche Notiz durch das Mediationskommitee aufgenommen werden. Der Antrag soll die Informationen des Antragstellers, den Streitgegenstand, den Antragsgrund sowie den Zeitpunkt der Antragstellung festhalten. Das Mediationskomitee soll beide Parteien anhören und ihnen hinreichend Gelegenheit zur Stellungnahme und Argumentation geben. Ziel der Mediation ist der Abschluss einer schriftlichen Vereinbarung (mediation agreement), welche dann durch beide Parteien und die Mediatoren unterschrieben werden soll. Führt die Mediation allerdings innerhalb von 15 Tagen nach Antragsstellung nicht zu einem Ergebnis, kann jede Partei die Schiedsgerichtsbarkeit anrufen. Letzteres gilt auch dann, wenn zwar ein Ergebnis erzielt wurde, die schriftliche Mediationsvereinbarung von einer Partei allerdings nicht eingehalten wird. Im Falle von Vergütungsstreitigkeiten, Streitigkeiten über medizinische Kosten von Arbetisunfällen, Abfindungen oder Schadenersatz kann der betroffene Arbeitnehmer über die Antragsstellung zum Volksgericht (also unter Außerachtlassung der Schiedsgerichtsbarkeit) eine schnell erreichbare Zahlungsanweisung (payment order) beantragen, falls der Arbeitgeber der Mediationsvereinbarung nicht nachkommt.

2. Kosten

Ein Schiedsgerichtsverfahren ist gebührenfrei. Bisher waren hierfür zum Teil recht hohe Gebühren vorgesehen, die einen nicht unerheblichen Abschreckungseffekt vor allem für Arbeitnehmer hatten. Die gesetzliche Änderung hat bereits zu einem starken Anstieg der Arbeitsstreitigkeiten beigetragen.

3. Schiedsgerichtsverfahren

Aufgabe der Schiedsgerichtskommission ist die Bestellung/Entlassung von Voll- oder Teilzeitschiedsrichtern, die formale Annahme und Bearbeitung von Schieds-gerichtsfällen, die Diskussion wichtiger oder schwieriger Schiedsgerichtsfälle und die Überwachung sämtlicher Schiedsgerichtsaktivitäten.

Schiedsrichter sollen alternativ als Richter, Legal Researcher oder Lehrender mit einer entsprechenden Berufsbezeichnung, im Personalwesen der Gewerkschaft oder in einer anderen professionellen Tätigkeit für mindestens fünf Jahre oder als Anwalt für mindestens drei Jahre tätig gewesen sein und über ausreichende Kenntnisse der einschlägigen Gesetze verfügen.

Verweigert die Schiedsgerichtskommission die Zulassung des Antrags oder entscheidet sie nicht innerhalb der vorgeschriebenen Fünf-Tages-Frist, kann der Antragsteller ein Gerichtsverfahren initiieren.

Innerhalb fünf weiterer Tage nach zugelassener Antragstellung muss die Zustellung des Antrags an die Gegenpartei erfolgen. Diese soll dann innerhalb von 10 Tagen nach Erhalt der Antragsschrift ihre Erwiderung einreichen; innerhalb von fünf Tagen nach Erhalt der Erwiderung soll die Schiedsgerichtskommission eine Abschrift dem Antragsteller zustellen.

Das Schiedsgericht, das den konkreten Fall entscheidet, soll aus drei Schiedsrichtern einschließlich eines Vorsitzenden bestehen; einfache Fälle können auch durch einen Schiedsrichter entschieden werden.

Die Schiedsgerichtskommission soll die Parteien innerhalb von fünf Tagen nach Annahme eines Antrags schriftlich über die Zusammensetzung des Schiedsgerichts informieren.

Hinsichtlich der Person eines Schiedsrichters, der zur konkreten Streitentscheidung berufen ist, sind bestimmte Ausschlusstatbestände festgehalten (die sowohl vom Schiedsrichter selbst als auch von einer der Parteien geltend gemacht werden können); hierzu zählen:

- Die eigene Beteiligung an dem Fall oder Verwandtschaft mit einer der Parteien oder deren Vertretern oder
- ein anderweitiges Interesse am Ausgang des Falles,
- eine anderweitige Beziehung zu einer der Parteien oder einer deren Vertreter, die eine unparteiische Entscheidung beeinträchtigen können,
- ein privates Treffen mit einer Partei oder einem Parteivertreter oder

- die Annahme eines Geschenks oder einer Vorteilsleistung einer Partei oder eines Parteivertreters.

Das im konkreten Fall berufene Schiedsgericht soll beide Parteien innerhalb von fünf Tagen vor einer Anhörung über das Datum und den Ort der Anhörung informieren. Erscheint der Antragsteller selbst bzw. sein Vertreter zu einer Verhandlung nicht oder zieht er sich inmitten einer Verhandlung ohne Grund zurück, gilt der Antrag als zurückgezogen. Die Abwesenheit ohne Grund oder der Rückzug eines Beklagten mit Zustimmung des Gerichts führt jedoch nicht zu einer Beendigung des Schiedsgerichtsverfahrens, vielmehr kann auch ohne ihn entschieden werden.

Unter bestimmten Voraussetzungen kann das entscheidende Schiedsgericht Experten als Sachverständige heranziehen; diese sollen an einer Anhörung teilnehmen und dürfen nach Zustimmung des Schiedsgerichts von den Parteien befragt werden. Die Parteien selbst haben im Verfahren das Recht zum mündlichen Vortrag und zur Befragung der Gegenpartei sowie etwaiger Zeugen. Nach Abschluss des mündlichen Verfahrens soll der Vorsitzende des Schiedsgerichts beiden Parteien nochmals Gelegenheit zu einem abschließenden Schlussvortrag geben.

Zuvor muss das Gericht umfassend Beweis erheben und diese Beweise bei seiner Urteilsfindung berücksichtigen; insoweit ist auf die gegebenenfalls bestehende Verpflichtung des Arbeitgebers zur Beschaffung auch ihm ungünstiger Beweismittel hinzuweisen; es gelten also Beweiserleichterungen für Arbeitnehmer.

Kommt eine Einigung nicht zustande, ist ein Schiedsgerichtsspruch zu fällen. Dieser soll nach Art. 43 innerhalb von 45 Tagen nach Antragsstellung erfolgen; in komplizierten Fällen kann nach Zustimmung der Schiedsgerichtskommission und entsprechender schriftlicher Information der Parteien eine Verlängerung um maximal 15 Tage erfolgen. Erfolgt innerhalb der vorgeschriebenen Fristen keine Entscheidung des Schiedsgerichts, kann eine jede Partei den Vorgang dem Volksgericht vorlegen.

Vergütungsstreitigkeiten, soweit diese den Jahresbetrag des lokalen Mindestlohns nicht überschreiten, sowie Streitigkeiten über Arbeitszeit, Pausen, Urlaub und Sozialversicherung werden vom Schiedsgericht endgültig entschieden und sind nicht vor dem Volksgericht angreifbar. Dies gilt allerdings nicht für einen unterliegenden Arbeitnehmer; dieser kann jederzeit innerhalb von 15 Tagen nach Erhalt der Entscheidung des Schiedsgerichts eine Berufung zum Volksgericht einreichen.

Der Arbeitgeber kann nur in folgenden Fällen innerhalb von 30 Tagen nach Erhalt der Entscheidung des Schiedsgerichts Berufung (dann zum Intermediate People's Court) einlegen:

- Die Entscheidung des Schiedsgerichts wendet das Gesetz oder andere administrative Regelungen falsch an.
- Die Zuständigkeit des Schiedsgerichts war nicht gegeben.
- Das Verfahren ist nicht ordnungsgemäß verlaufen.
- Die der Entscheidung zugrundeliegenden Beweise wurden gefälscht.

- Die andere Partei hat Beweismittel unterschlagen, was auf die Entscheidungsfindung entscheidenden Einfluss hatte.
- Bestechung oder Amtsmissbrauch einer der Schiedsrichter während des Verfahrens.

Soweit der Berufung stattgegeben wird, können beide Parteien innerhalb von 15 Tagen nach Erhalt der Entscheidung des Intermediate People's Courts diese durch Anrufung des Volksgerichts zur Überprüfung stellen.

D. Steuern in China

I. Persönliche Einkommensteuer vs. Körperschaftsteuer

1. Einkommensteuer

In China regeln verschiedene Gesetze die Einkommensteuer. Die wichtigsten sind:

- *Individiual Income Tax Law* (**IIT Law**, 个人所得税法), in Kraft seit 1. März 2008, zuletzt geändert zum 1. Oktober 2018 sowie zum 1. Januar 2019, und die
- *Regulations for the Implementation of the Individual Income Tax Law of the People's Republic of China* (**Regulations**, 个人所得税法实施条例), in Kraft seit März 2008, mit Berichtigung vom 18. Dezember 2018, welche am 1. Januar 2019 in Kraft getreten ist.

Darüber hinaus gibt es verschiedene *Provisional Measures* (暂行办法) genannte Anwendungsvorschriften, die bestimmte Bereiche genauer regeln.

Zusätzlich werden von der obersten chinesischen Steuerbehörde (State Administration of Taxation, SAT, 国家税务总局) und dem Finanzministerium (Ministry of Finance, MOF, 财政部) Verwaltungsvorschriften, sog. „Circulars", herausgegeben. Hier sind insbesondere die folgenden zu nennen:

- Guo Shui Fa (国税发), die vom SAT veröffentlicht werden und der Klarstellung relevanter Fragen dienen, sowie die
- Cai Shui Zi (财税字), die gemeinsam von MOF und SAT herausgegeben werden;
- Cai Shui (财税), die der Nachfolger von Cai Shui Zi ist.
- Guo Shui Han (国税函), die vom SAT veröffentlicht werden und der Klarstellung genereller Fragen dienen.

Daneben gibt es noch eine ganze Reihe von weiteren Mitteilungen. Hierbei ist auch zu beachten, dass sich die chinesischen Vorschriften sehr schnell ändern können und von den verschiedenen Steuerbehörden auch ggf. unterschiedlich ausgelegt und implementiert werden.

2. Körperschaftsteuer

Bis Ende 2007 gab es unterschiedliche Regelungen bezüglich der Corporate Income Tax (CIT) für ausländische und chinesische Unternehmen, wonach ausländisch investierte Unternehmen einen geringeren Steuersatz zu zahlen hatten. Dies änderte sich mit der Einführung des neuen „Enterprise Income Tax Law") zum Januar 2008, welches die Steuersätze angleicht. Seitdem gilt ein einheitlicher CIT Satz von 25%.

Steuerpflichtig sind Unternehmen, welche in China ansässig sind, das heißt es muss entweder in China gegründet worden sein oder seine tatsächliche Geschäftsführung in

China haben (= Tax Resident Enterprise). Ist dies der Fall, ist das Unternehmen mit seinem gesamten Welteinkommen in China steuerpflichtig.

Steuerpflichtig ist das Nettoeinkommen, welches sich aus dem Bruttoeinkommen, minus abzugsfähige Kosten und minus Verluste (auch aus den Vorjahren) ergibt. Abzugsfähige Aufwendungen können zum Beispiel sein:

- Lizenzgebühren,
- Kreditzinsen,
- Aufwendungen für Forschung und Entwicklung,
- Spenden in begrenztem Umfang,
- bestimmte Leistungen an Mitarbeiter,
- Spesen bis zu einer gewissen Höhe,
- Abschreibungen auf Anlagevermögen,
- etc.

Die frühere Regelung, dass in den ersten Jahren eine allgemeine Steuervergünstigung oder Steuerbefreiung gewährt wird, wurde abgeschafft. Allerdings ist es immer noch an der Regel, dass Provinzregierungen, vor allem in strukturschwachen Gebieten, Vergünstigungen auf lokaler Ebene anbieten, um eine Ansiedlung zu bewerben.

Darüber hinaus wird auch für bestimmte Industriesektoren eine Steuervergünstigung eingeräumt, unter anderem für High Tech Unternehmen, Unternehmen in der Softwarebranche, etc.

Die Körperschaftsteuer ist eine Jahressteuer, allerdings sind Vorauszahlungen zu leisten. Gemäß Art. 54 des chinesischen Körperschaftsteuergesetzes müssen diese Vorauszahlungen monatlich oder vierteljährlich erfolgen. In der Praxis erfolgt dies in den meisten Unternehmen vierteljährlich. Die jährliche Steuererklärung muss dann zum 31. Mai des Folgejahres abgegeben werden.

II. Beschränkte vs. unbeschränkte Steuerpflicht

1. Einführung

In China knüpft die Einkommensteuerpflicht, ähnlich wie in Deutschland, an den Wohnsitz an[2]. Eine Person hat ihren steuerlichen Wohnsitz in China, wenn sie aufgrund ihrer Haushaltsanmeldung, ihrer Familien- oder Wirtschaftsbeziehungen ihren gewöhnlichen Aufenthalt in China hat. Ansonsten gilt jede Person, die sich für (kumulativ) 183 oder mehr Tage pro Steuerjahr (in China das Kalenderjahr) in China aufhält, als Steuerinländer mit unbeschränkter Steuerpflicht. Für einen Aufenthaltszeitraum zwischen 183 Tagen und 6 Jahren in China kann ein Antrag gestellt werden, um die Besteuerung auf der Basis von „China sourced income“ (aus China stammenden Einkünften) durchzuführen und

---

2 Art. 1 IIT Law.

sämtliche nicht aus China stammende Einkünfte bei der Besteuerung in China außen vor zu lassen. Dieser Antrag wird in der Regel gewährt. Hierbei wird in China nur das anteilig auf China entfallende Einkommen versteuert. Hier ist zu beachten, dass auch die nicht unübliche Auszahlung von Gehaltsbestandteilen in Deutschland unter die Steuerpflicht in China fällt, soweit dieses Gehalt für Tätigkeiten in China gezahlt wird. Dies gilt unabhängig davon, ob dieses an die chinesische Gesellschaft weiterbelastet wird.[3]

Sobald ein Entsandter über 6 Jahre in China seinen Wohnsitz hat (d.h. er/sie hält sich jedes dieser 6 Jahre für mehr als insgesamt 183 Tage in China auf), wird er mit seinem Welteinkommen steuerpflichtig, d.h. sämtliche Einkünfte sind in China der Einkommensteuer zu unterwerfen. Dies kann vermieden werden, indem man sich 30 aufeinander folgende Tage im Kalenderjahr außerhalb Chinas aufhält, siehe unten unter 2.c.

Es wird derzeit ein progressiver Steuersatz von 5% bis 45% Prozent angewendet. Ab dem 1. Oktober 2018 wurden die Steuersätze für Geringverdiener gesenkt.

Die Einkommensteuer wird auf Jahresbasis berechnet, muss aber monatlich deklariert und bezahlt werden. Bei Einkünften aus nicht-selbständiger Arbeit wird die Steuer üblicherweise von der das Gehalt bezahlenden Stelle, also meistens dem Arbeitgeber (der in dieser Funktion als „Withholding Agent“, 扣缴义务人, bezeichnet wird) einbehalten und abgeführt, siehe Art. 11 IIT Law.

2. Steuerpflicht

Ob eine Person in China steuerpflichtig ist, hängt davon ab:

- Wo der örtliche Ursprung des Gehalts ist, d.h. ob das Einkommen innerhalb oder außerhalb Chinas erwirtschaftet wurde, wobei Einkommen, das innerhalb Chinas erwirtschaftet wurde, grundsätzlich in China steuerpflichtig ist;
- Wer das Gehalt der Person final wirtschaftlich trägt, d.h. ob das Gehalt von einem chinesischen oder ausländischen Arbeitgeber getragen wird, wobei darauf abgestellt wird, ob der Sitz des Arbeitgebers geographisch innerhalb oder außerhalb Chinas liegt;
- Ob und wie lange die Person in China lebt, wobei die folgenden drei Zeiträume zu unterscheiden sind:

a) Weniger als 183 Tage

In Fällen von DBA Staaten (z.B. Deutschland) greift die 183 Tage Regel.[4] Danach hat der Ansässigkeitsstaat (z.B. Deutschland) des Arbeitnehmers grundsätzlich das Besteuerungsrecht, wenn sich der Steuerpflichtige unter 183 Tage im Tätigkeitsstaat, hier China,

---

[3] Bei Nicht-Weiterbelastung des Gehalts an die chinesische Gesellschaft kann – auf der Basis von Guo Shui Fa [2010] Nr. 75 – der Entsendete als steuerliche Betriebstaette des Entsendenden Unternehmens angesehen werden. Hierdurch wuerde eine Steuerpflicht fuer das Entsendende Unternehmen in China entstehen. Daher ist auf die angemessene Weiterbelastung zwischen den Unternehmen zu achten.

[4] Bei Nicht-DBA Staaten wuerde die lokale chinesische Regelung gelten, die hier einen Zeitraum von 90 Tagen vorgibt.

aufgehalten hat und wenn diese Einkünfte nicht von einem chinesischen Arbeitgeber oder von einer in China bestehenden Betriebstätte getragen werden. Für den Zeitraum bis 183 Tagen besteht damit kein Besteuerungsrecht für China, wenn der Entsandte sein Gehalt komplett von einer ausländischen (also nicht-chinesischen) Gesellschaft oder für eine Tätigkeit außerhalb Chinas erhält (Bsp.: Artikel 15 Abs. 2 DBA China/Deutschland). Zu beachten ist die Ausnahme für Führungspositionen wie unter 3 b) beschrieben.

Das Gehalt, das dem Arbeitnehmer von der chinesischen Gesellschaft oder Betriebstätte oder Repräsentanz für die Tätigkeit in China gezahlt wird, ist jedoch vom ersten Tag in China an steuerpflichtig.

b) Über 183 Tage im Kalendarjahr

Seit dem 1. Januar 2019 gilt jede Person, die sich kumulativ 183 Tage oder länger in China aufhält, als in China ansässiger und damit unbeschränkt Steuerpflichtiger im Sinne des Art. 2 IIT Law. Demnach ist dann das Welteinkommen, unabhängig von der Quelle, in China steuerpflichtig.

c) Ausnahme: Aufenthaltszeitraum von 183 Tagen bis zu 6 Jahren (6-Jahres-Regel)

Eine Person, die keinen Wohnsitz in China hat und sich 183 Tage oder länger in einem Steuerjahr, aber weniger als 6 aufeinander folgende Jahre in China aufgehalten hat, wird nach Einreichung bei der zuständigen Steuerbehörde teilweise von der individuellen Einkommensteuer in China befreit (sog. „6-Jahres-Regel"). Wenn sich eine Person für mehr als 30 aufeinander folgende Tage in einem Steuerjahr außerhalb Chinas aufhält, werden die 6 aufeinander folgenden Jahre, in denen die Person für 183 Tage oder mehr in China wohnt, zurückgesetzt und ein neuer Sechsjahreszeitraum beginnt.[5]

3. Planungsempfehlung

a) Übersicht über die Steuerpflicht

Zur Steuerpflicht, je nach Aufenthaltsdauer und Ursprung des Gehalts sowie Ort der Tätigkeit folgende Übersicht:

[5] Art. 4 Regulations [2018] Nr. 707.

Einkommen für Tätigkeit	in China		außerhalb Chinas	
Zahlung durch AG aus: Aufenthalt in China:	China	Overseas	China	Overseas
- unter 90 Tagen	ja	nein	nein	nein
- unter 183 Tagen (im Falle des Vorhandenseins eines DBA)	ja	nein	nein	nein
- 183 Tage aber unter 6 Jahren (6-Jahres-Regel)	ja	ja	Ja/nein je nach DBA	nein
- ab 6 Jahren	ja	ja	ja	ja

b) Ausnahmen im Fall von Senior Management (Board of Directors) in China

Im Falle von Arbeitnehmern, die eine Führungsposition in einem Unternehmen in China bekleiden, bestehen Ausnahmen von den gerade beschriebenen Regeln.

Folgende Positionen werden als High Level Management betrachtet:[6]

- Company Chief, CEO
- Deputy General Manager
- Personen, die andere funktionale Führungspositionen innehaben
- Chief Supervisors
- Andere Personen, die ähnliche Positionen in der Führungsebene eines Unternehmens einnehmen

Diese Personen müssen das Gehalt, das sie von einem chinesischen Unternehmen erhalten, unabhängig davon, ob es für eine Tätigkeit innerhalb oder außerhalb Chinas bezahlt wird, vom ersten Tag an in China versteuern. Die im lokalen chinesischen Steuerrecht enthaltene Regelung, dass dieses Gehalt im Zeitraum unter 183 Tagen, wenn die Tätigkeit außerhalb Chinas ausgeübt wird, greift nicht.

Dies bedeutet, dass das gesamte Einkommen bzw. Gehalt, das eine Person im High Management aus China bekommt, voll und ab dem ersten Tag in China steuerpflichting ist, selbst dann, wenn es für Tätigkeiten außerhalb Chinas bezahlt wird.

Für Aufsichtsrats- und Verwaltungsratsvergütungen erlaubt auch das DBA zwischen Deutschland und China dem jeweils anderen Staat die Besteuerung. Im Ansässigkeitsstaat kommt aber jeweils eine Anrechnung der ausländischen Steuer zur Anwendung.

c) Tagesberechnung

Weiterhin ist zu klären, wie die Anzahl der Tage in China berechnet werden.

---

6 Cai Shui [2019] Nr. 35.

Eine Person hat einen ganzen Tag in China verbracht, wenn sie sich 24 volle Stunden im Gebiet Chinas aufgehalten hat. Wenn der Aufenthalt weniger als 24 Stunden dauert, wird der Tag nicht als ein Tag in China gezählt.

III. Steuerberechnung

Das zu versteuernde Einkommen erfasst grundsätzlich die folgenden Bestandteile:[7]

- Alle Arten von Löhnen und Gehältern
- Einnahmen aus unabhängigen persönlichen Dienstleistungen
- Einnahmen aus Manuskripten
- Erträge aus Lizenzgebühren
- Einnahmen aus Einzelhandelsgewerbe und wirtschaftlichen Unternehmungen
- Erträge aus Zinsen, Dividenden und Kapitalvermögen
- Erträge aus der Vermietung von Immobilien
- Erträge aus der Übertragung von Vermögenswerten
- Zufälliges Einkommen

1. Gesamteinkommen

Je nach Art des Einkommens sind verschiedene Steuersätze anzuwenden. Aufgrund der Änderung des Einkommensteuergesetzes im Jahr 2019 werden die Steuersätze teilweise gesenkt. Expats werden aufgrund ihres meist höheren Gehaltes stärker besteuert.

Darüber hinaus wurden Einkünfte aus

- Löhnen und Gehältern (工资薪金所得),
- Vergütungen für unabhängige persönliche Dienstleistungen (劳务报酬所得),
- Vergütung für Manuskripte (稿酬所得) und
- Lizenzgebühren (特许权使用费所得)

unter die Kategorie „Gesamteinkommen" (综合所得)[8] zusammengefasst, was bedeutet, dass alle diese Einkommensarten nun gemeinsam mit einem einheitlichen progressiven Steuersatz von 3% bis 45% besteuert werden.

20% der Einnahmen können als Kosten abgezogen werden, die sich aus

- der Vergütung für unabhängige persönliche Dienstleistungen,
- der Vergütung für Manuskripte und
- Lizenzgebühren

[7] Art. 2 IIT Law.

[8] Art. 2 IIT Law.

ergeben. Für die Vergütung von Manuskripten ist ein zusätzlicher Abzug von 30% auf das zu versteuernde Einkommen zulässig.

Die Steuersätze für das „Gesamteinkommen" stellen sich wie folgt dar:

Monatseinkommen (in RMB)	**Steuersatz (in%)**	**Abzugsbetrag (QCD) (in RMB)**[15]
0 - 3.000	3	0
3.001 - 12.000	10	210
12.001 - 25.000	20	1.410
25.001 - 35.000	25	2.660
35.001 - 55.000	30	4.410
55.001 - 80.000	35	7.160
80.001 und mehr	45	15.160

Diese Steuersätze gelten kumulativ, so dass die ersten 3.000 RMB mit 3%, die nächsten 9.000 RMB mit 10% besteuert werden, etc.

Ein Ehegatten-Splitting besteht in China nicht, es wird von daher jeder Ehegatte getrennt veranlagt.

Beispiel:

Der in China lebende, chinesische Staatsangehörige Herr S verdient im Monat 4.500 RMB (nach Abzügen und dem Freibetrag[10]*).*

Das bedeutet, dass er nach folgender Berechnung,

4.500 RMB (zu versteuerndes Einkommen) x 10% (Steuersatz) = 450 RMB

450 RMB – 105 RMB (Abzugsbetrag) = 345 RMB

345 RMB *im Monat an Einkommensteuer zahlen muss.*

2. Andere Einkünfte

Für Einkünfte aus Einzelhandelsgewerbe und wirtschaftliche Unternehmungen im Industriebereich[11] gelten andere Steuersätze, die von 5% bis 35% reichen, Art. 3 (2) IIT Law.

---

[9] Der Schnellkalkulationsabzug (QCD oder „Quick Calculation Deduction") dient der einfacheren Berechnung der fälligen Steuer.

[10] Der monatliche Freibetrag beträgt für alle Steuerpflichtige 5.000 RMB.

[11] Art. 6 (5) Regulations [2018] Nr. 707 enthält eine umfassende Definition dieses Einkommensbegriffs.

Einkünfte aus

- Zinsen, Dividenden und Kapitalvermögen (利息、股息、红利所得),
- Vermietung von Immobilien (财产租赁所得) sowie
- abhängige Erträge (偶然所得)

wird mit einem Pauschalsatz von 20% besteuert.

Zu beachten ist, dass der englische Wortlaut des Gesetzes zwar von „Bonus" spricht, es sind jedoch Einkünfte aus „Kapitalvermögen" und nicht etwa Bonuszahlungen an einen Arbeitnehmer gemeint. Dies ergibt sich auch aus dem Wortlaut des Article 2 (7) IIT Law, worin Boni zusammen mit Dividenden und Zinsen erwähnt werden.

3. Steuerliche Vorzugsbehandlungen[12]

Arbeitgeber und Arbeitnehmer sollten sich der steuerlichen Vorzugsbehandlung bestimmter Einkunftspositionen wie Jahresboni, Kapital- und Abfindungseinkommen sowie anderer Einkunftsformen bewusst sein.

a) Jahresboni

Jahresboni sind einmalige Zahlungen eines Arbeitgebers, die von der finanziellen Leistung des Unternehmens und/oder der persönlichen Leistung des Arbeitnehmers abhängen.[13]

Derzeit werden Jahresboni unter Anwendung einer bevorzugten Steuerberechnung besteuert. Dies bedeutet, dass der Steuersatz für den Jahresbonus und das Gehalt separat auf der Grundlage des anwendbaren Steuersatzes für die jeweilige Summe ermittelt wird. Die auf den Jahresbonus und das Jahresgehalt entfallende Steuer wird anschließend zusammengerechnet, was der Gesamtsumme der in diesem Jahr fälligen Steuer entspricht. Dies führt oft zu einer geringeren Steuerschuld, da der anzuwendende Steuersatz niedriger ist als beim kombinierten Gesamtergebnis.

Ab dem 1. Januar 2022 entfällt diese steuerliche Vorzugsbehandlung von Boni allerdings. Der Jahresbonus muss zum Gesamteinkommen des laufenden Jahres addiert werden, um die persönliche Einkommensteuer auf Grundlage dieses „kombinierten" Einkommens in diesem Jahr zu berechnen. Die Arbeitnehmer können sich entscheiden, diese Methode bereits ab dem 1. Januar 2019 anzuwenden.

b) Kapitalbeteiligungserträge

Gleiches gilt für Kapitalbeteilungserträge. Steuerpflichtige, die qualifizierte Eigenkapitalanreize wie Aktien, Wertsteigerungsrechte, „Restricted Stock Units" etc. erhalten, profitieren bis zum 31. Dezember 2021 weiterhin von einer steuerlichen

---

[12] Cai Shui [2018] Nr. 164.

[13] Art. 1 Guo Shui Fa [2005] Nr. 9.

Vorzugsbehandlung. Danach wird das zu versteuernde Eigenkapital in das Gesamteinkommen einbezogen und so die Gesamtsteuer ermittelt.

c) Abfindungen

Seit dem 1. Januar 2019 gibt es eine steuerliche Vorzugsbehandlung für Abfindungen. Wird der Person aufgrund der Beendigung eines Arbeitsvertrages eine einmalige Abfindung gezahlt, so unterliegt die Zahlung nicht der individuellen Einkommensteuer. Dies gilt nur, wenn die Zahlung weniger als das Dreifache des durchschnittlichen Jahresgehalts der jeweiligen chinesischen Stadt im Vorjahr beträgt. Der darüberhinausgehende Betrag ist steuerpflichtig, aber nicht im Gesamteinkommen zur Bestimmung des anzuwendenden Steuersatzes enthalten. Der Steuersatz für die übersteigende Abfindung wird unter der Anwendung der steuerlichen Vorzugsbehandlung gesondert ermittelt.

d) Hausverkauf an Arbeitnehmer

Wenn der Arbeitnehmer ein Haus von seinem Arbeitgeber zu einem Preis kauft, der niedriger ist als der Marktwert oder die Baukosten, wird die Differenz zum tatsächlich gezahlten Preis mit dem bevorzugten jährlichen Steuersatz besteuert, so dass der zu versteuernde Betrag nicht im Gesamteinkommen enthalten ist.

4. Anrechung von im Ausland gezahlten Steuern

Für den Fall, dass ein in China steuerpflichtiger Ausländer auch ein Gehalt von außerhalb Chinas erhält und hierauf bereits im Ausland Steuern bezahlt hat, kann sich der Ausländer die bereits im Ausland gezahlten Steuern auf seine in China bestehenden Steuerverpflichtungen anrechnen lassen, Art. 7 IIT Law.

Voraussetzung ist, dass das aus dem Ausland erhaltene Gehalt auch in China der Steuerpflicht unterliegt. Jedoch ist der anrechnungsfähige Betrag durch die Summe der Steuern, welche an chinesischer Einkommensteuer für das aus dem Ausland bezahlte Gehalt anfallen würde, begrenzt.

Höchstbetragsbegrenzung

Nach Art. 21 der Regulations ist der gesamte zu versteuernde Betrag in einem Land die Grenze für den Anrechnungsbetrag im Bezug auf dieses Land („per country limitation").

Zahlt ein Steuerpflichtiger weniger als diesen Grenzbetrag an Einkommensteuer in einem Land, ist die Differenz in China zu zahlen.

Zahlt er im Ausland jedoch Einkommensteuer über dem Grenzbetrag, kann der überschießende Betrag nicht auf die chinesische Einkommensteuer des aktuellen Steuerjahres angerechnet werden. Allerdings lässt sich der Betrag für bis zu fünf Jahre auf das nächste Jahr übertragen. Er kann in diesem Jahr, falls der Grenzwert nicht überschritten wird, angerechnet werden.

5. Spezielle Abzugsposten

Steuerpflichtige können grundsätzlich Ausgaben wie Sozialversicherungs- und Wohnungsfondsbeiträge sowie Ausgaben für eine qualifizierte private Krankenversicherung, Kapitalversicherung, Firmenrente etc. abziehen.

Ab Januar 2019 kann darüber hinaus jeder in China unbeschränkt Steuerpflichtige bestimmte zusätzliche Ausgaben in sechs Bereichen[14] abziehen, um die Gesamtsteuerbelastung zu senken:

Abzugsgegenstand	Abzugsbetrag und -methode
Ausbildung von Kindern (Schul- und Hochschulkosten)	12.000 RMB pro Jahr (1.000 RMB pro Monat) für jedes Kind; dies kann von einem der Elternteile (100%) oder von beiden (jeweils zu 50%) beansprucht werden
Fort- und Weiterbildung oder berufliche Weiterbildung	19.200 RMB für 48 Monate oder 400 RMB pro Monat für den Erwerb eines Abschlusses oder bis zu 3.600 RM für die Berufsausbildung pro Jahr
Medizinische Behandlung schwerer Krankheiten	15.000 bis 80.000 RMB; abhängig von den tatsächlichen Kosten
Hypothekenzinsen	Bis zu 1.000 RMB pro Monat für 240 Monate bei Nutzung einer Geschäftsbank
Mietaufwendungen (nicht mit Hypothekenzinsenabzug zu kombinieren)	Von 9.600 bis 18.000 RMB pro Jahr (je nach Stadt) für Steuerzahler, die kein Hauseigentum in der Stadt haben, in der sie arbeiten
Altenpflege	Mit Eltern ab 60 Jahren bis zu 2.000 RMB pro Monat (1.000 RMB für Geschwister)

Vom 1. Januar 2019 bis 31. Dezember 2021 können ausländische Steuerpflichtige entscheiden, entweder diese besonderen zusätzlichen Abzüge in Anspruch zu nehmen oder alternativ die alten Freibeträge für Ausländer, weiter zu verwenden:

- Ausbildungskosten für Kinder (Schulgeld etc.)
- Wohngeld
- Gebühren für Sprachkurse
- Heimaturlaubsgeld
- Umzugsgebühr
- Mahlzeiten und Wäschespesen[15]

Ab dem 1. Januar 2022 können nur noch die neuen zusätzlichen Abzüge für ausländische und inländische Steuerpflichtige gleichermaßen geltend gemacht werden.

---

[14] Art. 5ff. Guo Shui Fa [2018] Nr. 41.

[15] Cai Shui [1994] Nr.20; Guo Shui Fa [1997] Nr. 54; Cai Shui [2004] Nr. 29.

IV. Abgabe der Steuererklärung

1. Steuerregistrierung

Ausländer, die in China steuerpflichtig sind, müssen sich bei der zuständigen Provinz bzw. städtischen Steuerbehörde anmelden. Für Ausländer, die bei einem chinesischen Unternehmen, oder auch einem chinesisch/ausländischen Joint Venture beschäftigt sind, sowie solchen, die eine Aufenthaltserlaubnis im Rahmen eines Arbeitsvisums haben, ist die Anmeldung nach Einreise in China bei der Steuerbehörde vorzunehmen.

Bei der Anmeldung muss vom Steuerpflichtigen ein Arbeitgeber genannt werden, dieser wird dann als Withholding Agent betrachtet.[16];

Dieser behält dann vom bezahlten Gehalt, nach Art. 34 Regulations, den zu versteuernden Betrag ein.

Für Steuerpflichtige, die in Produktion oder Wirtschaft tätig werden, ist die Steuerregistrierung in den *Regulations on the Implementation of Administration of Tax Collection (RIACT,)* geregelt.

Die Anmeldung ist nach Art. 12 RIACT, der jedoch nicht für Einzelpersonen gilt, 30 Tage nach Beginn der Steuerpflicht vorzunehmen. Im Falle von Einzelpersonen hängt die Registrierungsfrist von der jeweils zuständigen Behörde ab. Die Fristen können von Behörde zu Behörde abweichen.

Nach der Registrierung erhält der Steuerpflichtige ein Anmeldungszertifikat (Registration Certificate), das der Steuerbehörde bei verschiedenen Vorgängen vorgelegt werden muss. Dies ist auch für manche wirtschaftlichen Vorgänge, wie etwa eine Kontoeröffnung, notwendig.

Der Arbeitgeber muss sich, als Abzugsverpflichteter, innerhalb von 30 Tagen nach Begin der Abzugspflicht bei der Steuerbehörde anmelden.

2. Monatliche Steuererklärung

Normalerweise wird die Steuererklärung vom Withholding Agent, also dem Arbeitgeber, übernommen. Falls kein Withholding Agent vorhanden ist, ist eine monatliche Steuererklärung anzufertigen und an die zuständige lokale Steuerbehörde zu senden.

Weitere Umstände, unter denen eine Steuererklärung vom Steuerpflichtigen angefertigt werden muss, sind in Art. 2 der *Provisional Measures on the Personal Lodging of Individual Income Tax* (PMPLIIT) geregelt.

„All those persons who are the obligatory payers of tax within the provisions of Article 1 of the Tax Law, and who meet any of the conditions listed below, must personally lodge *a declaration of income and must pay tax to taxation authorities:*

1. *receive wages or salaries* from two or more places;
2. *receive taxable income and do not have a tax withholding agent;*

---

[16] Art. 2 Vorläufige Regelungen zum Abzugsteuereinbehalt bei der Einkommensteuer

3. *receive separate amounts by way of remuneration for one-off labor services, remuneration for manuscripts, income derived from royalties or income derived from leasing of property;*
4. *receive taxable income and the tax withholding agent withholds tax other than in accordance with regulations;*
5. *where competent taxation department stipulates that there must be personal lodgment of tax return.*

Die Steuererklärung ist innerhalb von 15 Tagen nach Monatsende an die zuständige Behörde (normalerweise die Behörde, in deren Zuständigkeitsbereich die Quelle des Einkommens liegt, Art. 3 PMPLIIT), zu senden (Art. 5 PMPLIIT).

Für den Fall, dass auch Gehalt aus dem Ausland oder von mehreren Quellen in China bezogen wird, ist die Erklärung an die Behörde des registrierten oder des gewöhnlichen Aufenthaltsortes zu senden. Es kann hier auch ein Wechsel der Behörden beantragt werden.

Die Steuererklärung muss

- alle persönlichen Daten,
- Einreisedatum,
- die Zusammensetzung des Einkommens,
- dessen Quellen,
- die Höhe der zu zahlende sowie der im Voraus bezahlten oder zurückbehaltenen Steuern, und
- ausländische Steuergutschriften bzw. Schulden enthalten.

Die Erklärung sollte in chinesischer Sprache gefasst sein. Als Währung ist der chinesische Renminbi (人民币) zu verwenden.

3. Ausländisches Einkommen

Einkünfte, die aus dem Ausland bezogen werden, sind ebenfalls in jedem Falle anzugeben, da in China (wie auch in Deutschland) derartige Einkünfte, auch wenn sie grundsätzlich steuerfrei sein sollten, bei der Bestimmung des Steuersatzes mit einfließen (Progressionsvorbehalt).

Falls Einkommen im Ausland nicht besteuert wurde, muss es spätestens 30 Tage nach Ende des Steuerjahrs angegeben und versteuert werden. Wenn das Einkommen schon im Ausland versteuert wurde, muss dieses spätestens 30 Tage nach Ende des Steuerjahres des jeweiligen Landes und dem Zeitpunkt, an dem die Steuer beglichen wurde, angegeben werden.

Für den Fall, dass die Steuer im Ausland jeweils mit Erhalt des Gehalts beglichen wurde, oder das Einkommen im Ausland von der Steuer ausgenommen ist, muss es innerhalb von 30 Tagen nach dem 1. Januar des Jahres, in dem die Zahlung erfolgt ist, angegeben werden.

E. Internationales Steuerrecht

Das internationale Steuerrecht ist ein Spezialgebiet des Steuerrechts und befasst sich mit der Problematik grenzüberschreitender Sachverhalte, die für die Besteuerung von natürlichen Personen, Personengesellschaften und Kapitalgesellschaften von Bedeutung sind. Für Deutschland finden sich die wichtigsten Regelungen vor allem im Außensteuergesetz (AStG), den verschiedenen Verordnungen und Anweisungen des Bundesfinanzministeriums, einzelnen Regegelungen in den Spezialgesetzen (EStG, etc.) und den Doppelbesteuerungsabkommen (DBA) welche Deutschland mit verschiedenen anderen Ländern abschloss.

Diese Regelungsgebiete stehen in einem besonderen systematischen Zusammenhang. Die nach § 2 AO abgeschlossenen und in innerstaatliches Recht transformierten DBA haben nach dem Grundsatz der Spezialität grundsätzlich Vorrang vor den sonstigen Regelungen des nationalen Rechts. Setzt sich ein Staat darüber hinweg und gibt dem nationalen Recht Vorrang und regelt der Gesetzgeber in Kenntnis der DBA- Rechtslage und mit dem Willen zur Abkommensänderung ausdrücklich oder konkludent etwas Abweichendes, so liegt ein Verstoß gegen das DBA vor („Treaty Overwriting").

Die Vorschriften des internationalen Steuerrechts haben die Aufgabe, zwei Problemkreise zu beseitigen. Zum einen soll die Mehrfachbelastung des Steuerpflichtigen durch Besteuerung desselben Sachverhalts in verschiedenen Staaten beseitigt werden, was durch Steueranrechung oder durch das DBA erfolgen kann. Daneben soll aber auch verhindert werden, dass international tätige Unternehmen durch bestimmte Gestaltungen unberechtigte Vorteile aus den verschiedenen Steuersätzen oder Bilanzierungsvorschriften der beteiligten Staaten ziehen. Diesem Bestreben zur Steuerflucht soll vor allem das AStG entgegenwirken.

I. Altes vs. neues DBA Deutschland/China

Am 28. März 2014 wurde während des Besuchs des chinesischen Ministerpräsidenten in Deutschland das neue DBA zwischen Deutschland und China unterzeichnet. Dieses wurde seit 2007 verhandelt und ersetzt das frühere DBA, welches noch aus dem Jahre 1985 stammt. Da sich China seitdem erheblich wandelte, war eine Neuverhandlung notwendig. Das neue DBA trat am 5. April 2016 in Kraft und ist seit 1. Januar 2017 anwendbar.

Das neue Abkommen schafft zudem eine Grundlage für den Informationsaustausch und Amtshilfe zwischen den beteiligten Steuerbehörden. Im Protokoll finden sich zu diesen Fragen weitergehende Ausführungen, um einen Missbrauch der Informations- und Auskunftsrechte zu verhindern (Artikel 26 des neuen DBA). Ebenfalls enthält Art. 27 die Vereinbarung zur Amtshilfe zur Steuererhebung, was vom Informationsaustausch bis zur Durchsetzung von Steueransprüchen führen kann.

Einige andere Änderungen sind:

- Art. 5 (Betriebsstätten): Nach dem neuen DBA gilt eine Bauausführung, Montage oder eine damit verbundene Aufsichtstätigkeit als Betriebsstätte, jedoch nur, wenn eine solche Tätigkeit bzw. ein solches Projekt mehr als 12 Monate (anstatt 6 Monate) dauert.
  Auch die Erbringung von Dienstleistungen, einschließlich Beratungsleistungen, eines Unternehmens mithilfe von Angestellten oder sonstigem zu diesem Zweck eingesetztem Personal gilt als Betriebsstätte, jedoch nur dann, wenn Tätigkeiten dieser Art (für dasselbe oder ein verbundenes Projekt) innerhalb eines Vertragsstaates für einen Zeitraum von mehr als 183 Tagen innerhalb eines Zeitraums von 12 Monaten (statt 6 Monaten) fortgesetzt werden.
- Art. 10 (Dividenden): Das neue DBA senkt den Quellensteuersatz auf Dividenden von 10% auf 5%, wenn der Nutzungsberechtigte eine Gesellschaft ist, die unmittelbar mindestens 25% der Kapitalanteile an der ausschüttenden Gesellschaft hält. Das neue DBA beinhaltet jedoch auch einen neuen Satz von 15%, der auf Ausschüttungen anwendbar ist, die aus Einkünften oder Gewinnen gezahlt werden, die direkt oder indirekt aus Immobilien von einem Investmentvehikel stammen. In allen anderen Fällen gelten die aktuellen 10%.
- Art. 11 (Zinsen): Nach Art. 11 (1) bleiben Zinszahlungen einer Quellensteuer von 10% unterworfen, wenn diese Zahlungen an einen Empfänger im anderen Vertragsstaat geleistet werden. Eine Ausnahme bildet jedoch der neu hinzugefügte vierte Absatz. Demnach können Zinsen nur in dem Vertragsstaat besteuert werden, in dem der Empfänger ansässig ist, wenn der Empfänger der Zinsen der Nutzungsberechtigte ist und die Zinszahlung in Zusammenhang mit dem Verkauf gewerblicher oder wissenschaftlicher Ausrüstung auf Kredit steht.
- Art. 12 (Lizenzgebühren): Das neue DBA sieht auch einen ermäßigten Steuersatz von 6% für Lizenzzahlungen aufgrund Nutzung (oder Recht zur Nutzung) industrieller, gewerblicher oder wissenschaftlicher Ausrüstung. In allen anderen Fällen bleibt der Satz bei 10%.
- Art. 13 (Gewinne aus der Veräußerung von Vermögen): Das neue DBA sieht eine Entlastung von der Kapitalertragsteuer für bestimmte Aktiendepositionen vor.
  Gewinne, die ein Gebietsansässiger eines Vertragsstaates aus der Veräußerung von Anteilen an einer Gesellschaft mit Sitz in dem anderen Vertragsstaat erzielt, können in diesem anderen Vertragsstaat nur unter den folgenden Umständen besteuert werden:

  - Wenn mehr als 50% des Wertes der Aktien direkt oder indirekt unbewegliches Vermögen darstellen oder
  - Wenn der Veräußerer direkt oder indirekt nicht weniger als 25% der Aktien der veräußerten Gesellschaft im Zeitraum von zwölf Monaten vor der Übertragung der Aktien hält, mit Ausnahme von Gesellschaftsanteilen, die in großem Umfang und regelmäßig an einer anerkannten Börse gehandelt werden, und sofern die Summe

der von der ansässigen Person veräußerten Gesellschaftsanteile in dem Steuerjahr, in dem die Veräußerung erfolgt, 3% der börsennotierten Anteile nicht übersteigt

Gewinne aus der Veräußerung anderer als der vorgenannten Anteile sind nur in dem Vertragsstaat steuerpflichtig, in dem der Veräußerer ansässig ist.

- Art. 14 (Selbstständige Arbeit): Hält sich eine in einem Vertragsstaat ansässige Person in dem anderen Vertragsstaat für einen Zeitraum von insgesamt mindestens 183 Tagen in einem 12-Monatszeitraum (anstelle eines Kalenderjahres) auf, können die Einkünfte aus einem freien Beruf oder sonstiger selbstständiger Arbeit insoweit im anderen Staat besteuert werden, als sie aus der im anderen Staat ausgeübten Tätigkeit stammen. Wenn ein deutscher Arbeitnehmer während seiner Entsendung nach China seinen deutschen Wohnsitz beibehält, stellt sich das Problem der Doppelbesteuerung, da das chinesische Einkommen dieses Arbeitnehmers nicht nur nach chinesischen Vorschriften, sondern aufgrund des deutschen Grundsatzes der Besteuerung des Welteinkommens auch in Deutschland besteuert werden kann. Daher ist zu klären, welches Land das Besteuerungsrecht nach dem DBA hat.
- Nach Art. 15 (1) DBA (sowohl neues als auch altes DBA, insoweit erfolgte keine Änderung), werden Gehälter, Löhne und ähnliche Vergütungen in dem Land besteuert, in dem die Arbeit ausgeübt wird (= China). Mit Ausnahme der 183-Tage-Regelung nach Art. 15 (2), werden diese Einkünfte im Wohnsitzland (= Deutschland) besteuert, wenn

  – der Empfänger sich nicht länger als 183 Tage in einem 12-Monatszeitraum (anstatt Kalenderjahr) im anderen Land (= China) aufhält;
  – die Vergütung wird von einem Arbeitgeber gezahlt, der nicht im anderen Staat ansässig ist (= China); und
  – die Vergütungen nicht von einer Betriebsstätte oder einer festen Einrichtung getragen werden, die der Arbeitgeber im anderen Staat hat.

Zahlt der Arbeitnehmer dennoch in China Steuern, so kann diese nach § 34c EStG mit der Steuer in Deutschland verrechnet werden. Dies geschieht jedoch nicht automatisch durch das Finanzamt, sondern muss vom Steuerzahler beantragt werden. Nach § 68a EStDV muss der Steuerpflichtige nachweisen, dass die Steuer tatsächlich in China gezahlt wurde.

Zu beachten ist, dass weder das alte noch das neue DBA die Sonderverwaltungszonen Hongkong und Macau erfassen. Für beide Sonderverwaltungszonen besteht kein umfassendes DBA, Deutschland steht aber zurzeit mit Hongkong in Verhandlung über den Abschluss eines solchen. Bis zu dessen Abschluss bleiben die allgemeinen Steuerregeln in Deutschland und Hongkong für Betroffene anwendbar.

II. Methoden zur Befreiung von der Doppelbesteuerung

Wie bisher (Art. 24 Abs. 2 (a) des jetzigen DBA) werden nach Einkünfte, die der chinesischen Steuer unterlegen haben, grundsätzlich in Deutschland von der Besteuerung ausgenommen (Freistellungsmethode), Art. 23 Abs. 2 a), allerdings stehen diese trotzdem unter Progressionsvorbehalt, Art. 23 Abs. 2 d).

Für Dividendeneinkünfte gilt die Freistellungsmethode jedoch nur unter gewissen Voraussetzungen, Art. 23 Abs. 2 a). Darüber hinaus werden bei bestimmten Einkünften die chinesischen Steuern weiterhin in Deutschland angerechnet (Anrechnungsmethode) Art. 23 Abs. 2 b). Hierunter fallen beispielsweise Zinsen, Lizenzgebühren, Veräußerungsgewinne, Aufsichtsratsvergütungen, etc. (Art. 23 Abs. 2 b)).

Nach Art. 23 Abs. 1 a) können Einkünfte, die der deutschen Steuer unterliegen, auf die chinesische Steuer angerechnet werden, die dem Steuerpflichtigen in China auferlegt wird. Der Betrag dieser Gutschrift darf jedoch den Betrag der chinesischen Steuer auf dieses Einkommen nicht übersteigen, der nach den Steuergesetzen und -vorschriften Chinas berechnet wird.

Art. 23 Abs. 1 b) regelt: Wenn Erträge aus einer Dividende einer in Deutschland ansässigen Gesellschaft an eine in China ansässige Gesellschaft, die mindestens 20% der Aktien der die Dividende zahlenden Gesellschaft besitzt, erzielt werden, berücksichtigt die Gutschrift die in Deutschland von der die Dividende zahlenden Gesellschaft für ihre Erträge gezahlte Steuer.

The German and Chinese Labour and Tax Law

Table of Contents

List of Abbreviations

CEO	Chief Executive Officer
DTA	Double Taxation Agreement
EStG	German Personal Income Tax Code
EUR	Euro
GmbH	German Limited Liability Company
PMPLIIT	Provisional Measures on the Personal Lodging of Individual Income Tax
QCD	Quick Calculation Deduction
RIACT	Regulations on the Implementation of Administration of Tax Collection
RMB	Renminbi

A. German Labour Law

I. Introduction

The German Labour Law regulates the relation between employers and employees and intends to establish social justice on the basis of private law by (labour) contract. In order to provide a fair and just working environment, it creates a balance between the (supposedly) stronger bargaining position of the employer and protection of employee's rights. The aim is therefore not to provide employers and employees with equal rights but to elevate the employee to a near equal level of rights (and duties) as the "more powerful" employer. Otherwise, the employer might use the freedom of contract to his benefit and to the disadvantage of the "weaker" employee. Employees are generally regarded as worthier of protection than e.g. freelancers, who therefore are not covered by the protective labour laws.

Protection of the employee is achieved in various ways. The basic freedom of contract is nowadays strongly limited through courts which may challenge the validity of employment contracts or specific clauses in such contracts. Several laws contain regulations on contract terms, including working hours, vacation, paid leave, part time work, fixed term employment contracts etc. A core element of the German Employment Law is the protection against unfair dismissal. Every dismissal of an employee must be justifiable in front of a court – which is not the case for an "employment at will".

Another characteristic of German Labour Law is the extensive regulations on Collective Labour Law. Workers' councils and Trade Unions ensure the workers' participation in many business issues. However, apart from a few industrial sectors, there is generally no workers' participation in business decision making because the entrepreneurial freedom of action is guaranteed in the Constitution as well.

Overall, German Labour Law is oriented (both in theory and in practice) towards cooperation and trustful collaboration. In contrast to other European countries, labour disputes, especially strikes, are rather seldom.

II. Legal Framework

A unified "Labour Code" has been discussed repeatedly since the Weimar Constitution after World War I and after the German Reunification but did not materialize. Today, it is still unlikely that such unified "Labour Code" will be passed in the near future.

The current Labour Law therefore consists of a variety of legal and other regulations. In addition, a large volume of court decisions, especially Federal Court decisions have to be observed. Many areas, e.g. the very important Law on Strikes and the employee's liability law, are not codified at all.

The main law is the Constitution (*Grundgesetz*) that contains important regulations regarding Labour Law, e.g. the freedom of association (which constitutes the basis for Labour Unions and their activities), the principle of equal treatment (which is a general principle for the whole Labour Law), and the principle of the welfare state (which is the basis for the employees' protection).

Since Germany is a member state of the European Union, European regulations have an increasing influence on labour and employment laws. European employees benefit from the right to freedom of movement, freedom of labour, and equal treatment within the EU. EU legislation, however, aims to accomplish harmonisation of the different labour and employment laws within the EU. More and more EU regulations are taking direct effect within all member states without the need to be transformed into domestic law. Many areas of the German Labour Law are governed by EU regulations, e.g. working hours, vacation leave, temporary employment, and secondments.

The main source of law for the Individual Labour Law is the German Civil Code (*Bürgerliches Gesetzbuch, BGB*). Over time, many additional laws for specific areas were added, e.g. the Protection Against (Unfair) Dismissal Act, the Law on Part Time and Temporary Work, the Personnel Leasing Act, the Hours of Employment Act, as well as several Social and Protective Laws.

The main sources of law of the Collective Labour Law are the Works Constitution Act and the Law on Collective Bargaining Agreements Act. The German Civil Procedure Code (*Zivilprozessordnung, ZPO*) and the Labour Court Act contain important procedural regulations.

III. Individual Employment Law

1. Overview

The Employment Law governs the legal relationship between an employee and his employer. This includes the rights and duties arising out of the employment agreement as well as additional legal regulations that aim at the protection of the employee.

As a first step, it is important to clarify who is actually eligible to benefit from the privileges of employees. Employees have to be distinguished from freelancers (independent contractors), persons similar to employees, organs of a company, and apprentices. The group of employees can again be sub-divided: special rules apply to part-time employees, domestic employees, agency workers, and executives.

Generally, an employee is a person who performs intellectual and/or physical labour on the basis of a private contract for another person (the employer) according to the other person's instructions. In contrast, a freelancer can decide independently when, where and how to perform his work – with various degrees of independence and also grey areas (e.g. freelancers who work for only one customer with fixed working time and according to strict instructions of the customer).

The term "employee" is not only to be viewed from the perspective of the Labour Law. Different laws may use different terms. The Social Law for example uses the term "jobholder" in contrast to freelancers, who – if exclusively working for only one customer – may have to pay retirement fund contributions.

The term "employer" however is less complicated and means every natural or juristic person who employs at least one employee.

2. Employment Contract (Employment Relationship)

a) Formal Requirements

An employment relationship is established by the employer and the (future) employee signing an employment agreement. German law does not require a written employment agreement, i.e. oral agreements may also be legally enforceable. However, it is advisable and common practice to conclude a written agreement that contains the details that the employer and employee have agreed upon.

If an employment agreement turns out to be invalid but the employee has already commenced his work, a factual employment contract exists nevertheless. Once the parties discover the invalidity of the employment agreement, the factual employment contract can be terminated immediately but it is not rescinded as such, i.e. the employee does not lose his claim for compensation for the already performed work.

The employment agreement is generally the most important source to determine the reciprocal rights and duties. Furthermore, additional employee-friendly regulations may follow from collective labour agreements, in particular Collective Bargaining Agreements and Works Agreements.

The employment agreement must not violate mandatory legal regulations.

Since the modernisation of the contract law in 2002, the freedom of contract of the parties has been increasingly limited. Surprising or uncommon clauses as well as inappropriate or discriminating conditions are prohibited. Additionally, the principle of transparency ensures that ambiguous, incomprehensible or indeterminate clauses will be interpreted in favour of the employee.

Over the years, the case law has become more and more restrictive. Even clauses that have been valid for decades may be considered invalid. This often has immediate effect, i.e. the employer is not granted any protection of trust. It is not allowed to reduce the invalid provision to its legally permitted core. Therefore, an invalid clause will be eliminated entirely, and the basic legal principles apply, often with significant disadvantage for the employer.

Even if numerous clauses of the contract are invalid, this never leads to the complete invalidity of the contract which will remain in place (with minimum content, if necessary). The principle of contractual freedom therefore only applies to a limited extent in Germany. This makes it even more important to diligently and continuously update the used contract samples. Generally, different sets of samples are required because different rules may apply to the different groups of employees, e.g. employees who fall under a Collective Bargaining Agreement, executives, part time employees, limited term employees, apprentices, trainees, and members of company organs (board members, managing directors). Additional contracts may be required for freelancers, consultants, agency workers, sales agents, etc.

Special agreements are required in some situations, e.g. secondments agreements or termination agreements.

German law does not specify a mandatory minimum content for employment agreements. Only the Documentation Act specifies a catalogue of provisions that shall be fixed in writing, although this law has no mandatory character. However, if no written provisions are in place, the employer has to prove his version of the agreement. Nevertheless, it is common practice in more than 90% of cases to conclude a written agreement. The following gives an overview of the most important provisions and the according legal regulations.

b) Protection against Discrimination

The principle of equal treatment is stipulated in the Constitution. Details are governed by the General Equal Treatment Act from 2006 (that is based on an EU regulation). Up until today, the Act is only practically relevant when hiring employees: discrimination of disabled persons or for reasons of gender or nationality is forbidden. Currently, the Act has no effect on the ongoing employment relationship. Therefore, the protection against discrimination is – unlike in the USA, for example – not of paramount importance in the German Labour Law.

On 10 October 2017 the German Constitutional Court decided that as of 2019, the category "intersexual" or "diverse" must be included in the civil registry. Article 3 of the German Constitution protects the general right to personality which also includes the protection against discrimination in case the gender of a person cannot be determined biologically. This will also affect numerous regulations in German Labour Law, e.g. dress codes, minority quotas and wording in job advertisements etc.

c) Visa and Work Permit

The regulations regarding the employment of foreigners differentiate between citizens of EU member states (for whom no restrictions apply) and citizens of non-EU member states, so called third-country nationals (who require a residence and work permit). The work permit can be obtained relatively easily for citizens of certain third countries, such as USA, Japan, Australia or Canada. The same applies to highly qualified employees from other third countries. Obtaining work permits for third-country nationals with little to no qualifications is more complicated. These persons require fixed employment (job offer or employment contract) and/or must have special qualifications (e.g. specialities cook; special language skills that are essential for the position).

3. Duration of Contract

The standard form of employment, and the ideal form of employment in the view of the German legislator, is employment with unlimited term. Only when employment is unrestricted in duration, employees' protection can be achieved completely and without time limitation.

As a reality of work life and based on requests from employees, part time work can be agreed upon. Since this form of employment is often requested by women (particularly in the phase of childcare), the legislator keeps an eye on these kinds of employment in order to avoid (indirect) discrimination.

This applies even more for limited term employment contracts because the core of German Labour Law – the protection against unfair dismissal – does not apply to such employment contracts. Therefore, strict regulations apply, and limited term employment contracts are permissible only in clearly defined extraordinary cases.

In detail, the following rules apply:

a) Part-time Employment

According to the purpose of the Law on Part Time and Temporary Work, part-time work shall be promoted, and discrimination shall be avoided. A part-time employment is every employment that does not involve full time employment. The same rules apply to both full-time and part-time work (except the accordingly aligned rules regarding remuneration). The core regulation of the law (apart from less relevant regulations regarding on-demand labour and work place assignment) is the right of every (full-time) employee to demand a reduction of his working hours from his employer, provided that the employment relationship has existed for at least six months and the employers employs at least 15 employees. If the employee demands such reduction three months prior to the effective date of the desired reduction, negotiations have to take place. The employer may deny the reduction for operational reasons (and has to do so in writing to avoid an automatic reduction in the employee's working hours). The employee then has to continue working under the previous conditions but may bring his claim to the labour court. Since 1 January 2019, employees have the right to return from a part-time to a full-time position. This so-called "*Brückenteilzeit*" (literally bridge part-time work) applies only in companies with more than 45 employees. In companies with 46 to 200 employees, only one in every 15 employee has the right to temporary part-time work. The temporary part-time work must last at least one year and may not exceed five years. Employees are not required to state a reason for the reduction of working hours. Furthermore, in case of the employee's request of return to full-time work, the employer has the burden of proof that there is no corresponding full-time job available or that the part-time employee is not equally suitable for the full-time position. Extended possibilities for part time work are provided by specific laws, e.g. during parental leave or for the caring of relatives.

b) Limited Term Contracts

The Law on Part Time and Temporary Work also regulates the exceptional permissibility of limited term contracts. Limitations can be divided into temporary limitations (with specific statement of time and date) or so-called project-based limitations (e.g. for a temporary project, or for the replacement of an employee with a long-term sickness or in childcare). Certain exemptions apply to start-up enterprises as well as for limited term contracts with older employees.

The limitation of an employment contract during the first 18 months of employment is the most relevant option in practice. In this case, no specific reason has to be given for the limitation. The contract can be extended once during these 18 months, e.g. if the first limitation was set to just one year. However, this option is only available for new employees. If the employee has been employed with the same employer before, this option is generally not available. It should also be noted that as of 2019, employers with more than 75 employees can employ a maximum of 2.5% of the workforce with a limited term contract. Any further limited term employment shall be deemed unlimited. With a workforce of 80 employees for example, only two employees may be employed for a limited period.

In all other cases, limiting the duration of an employment agreement requires a factual reason. The most important reasons are stated in the law: probation, temporary requirement, and request from employee. As of 2019, repeated fixed-term employment, i.e. the repeated extension of a fixed-term employment through a new fixed-term employment contract, is permitted up to a period of 5 years. A repeated fixed-term employment is inadmissible if a temporary or permanent employment relationship with a total duration of at least 5 years has previously existed with the employer.

It is important to note that a limited employment agreement has to be concluded in writing in any case before the commencement of the work or the renewal of the contract. Otherwise, the employment will be regarded as unlimited.

If the limited term is valid, the employment agreement will be terminated automatically without the need of an explicit notification or a reason. However, before the expiration of the limited period, the employment agreement cannot be terminated, unless otherwise explicitly agreed upon in writing.

4. Paid and Unpaid Leave

a) Vacation/Public Holidays

According to the Federal Vacation Act, every employee in Germany is entitled to at least four weeks of vacation leave per calendar year if he/she has been employed with his employer for six months or more. In practice, five to six weeks of vacation leave are regularly granted based on employment or Collective Bargaining Agreements. During the vacation leave, the regular salary has to be paid; additional vacation pay is rather unusual, except provided by Collective Bargaining Agreements. The transfer of unused vacation into the next calendar year is only permitted in special cases. Payout instead of vacation is only allowed in case of termination of the employment.

In addition to vacation leave, 9 to 13 (depending on the federal state) public holidays are granted. If a public holiday occurs on an (off work) Saturday or Sunday, no additional holiday must be granted.

b) Sick Leave

In case of inability to work due to sickness through no fault of one's own, an employee is entitled to full salary payment for up to six weeks per case per calendar year if he/she has been employed for four weeks or more. The employee must notify the employer of his/her inability to work usually at the beginning of the first working day (whereby a notification via telephone or email is sufficient) and has to present a medical certificate to the employer normally on the third working day at the latest.

c) Other Leave

According to Section 616 BGB, an employee is entitled to additional paid leave for certain personal reasons (such as sickness of his/her child, death or funeral of a close relative, birth of a child). However, it is allowed and not unusual to exclude this claim in the employment agreement.

Additional leave entitlements may arise from the Federal Parental Allowance and Parental Leave Act. This is generally without pay but in certain cases comes with social security benefits. For example, up to three years parental leave may be provided by rules regarding maternity protection and the new regulations regarding caregiver leave.

Another form of paid leave is the release from duties during the notice period (garden leave), either unilaterally declared by the employer or agreed upon by the employer and employee after the notification of termination (regardless of which party terminated the employment).

5. Remuneration/Minimum Wage

The remuneration is generally agreed upon by the employer and the employee, unless governed by a Collective Bargaining Agreement. Usually, a gross salary is agreed upon of which personal income tax has to be withheld and submitted to the Revenue Department by the employer. Furthermore, the employer has to withhold the employee's social security contribution and submit it together with the employer's contribution to the Social Security Fund.

The salary generally consists of the basic salary, non-cash benefits (e.g. provision of a car, reimbursement for travel expenses) and other (variable) bonuses. The details depend on the contractual agreement between the parties. It has to be noted that the revocability of bonus payments is highly restricted nowadays, which is why agreements have to be constructed accordingly.

Since 1 January 2019, a minimum wage of EUR 9.19 per hour applies to most industries in Germany. The Minimum Wage Law was introduced in 2015 and every two years the minimum wage has been and will be adjusted according to the proposals of the Federal Ministry of Labour. The minimum wage limit has to be reached by the regular salary alone, without taking one-time or irregular bonuses into account.

Furthermore, it is worth mentioning that an entrepreneur is also liable towards employees of sub-contractors or service providers for ensuring that they are paid minimum wage. Infringement may be sanctioned with substantial penalties (up to EUR 500,000) and criminal charges. Therefore, a well-functioning contract monitoring and management is crucial.

6. Working Hours

Regarding working hours in Germany, two main topics have to be distinguished:

On the one hand, the employment agreement or Collective Bargaining Agreement states how many hours (usually per week) the employee has to work, whether or not he is obliged to work overtime and how much overtime pay he is entitled to (if any).

On the other hand, the Hours of Employment Act regulates the maximum of permissible working hours with regards to health protection. Generally, working hours shall not exceed 8 hours per day, the maximum is set to 10 hours per day. Since under this law, Saturday is regarded as a normal working day, the regularly permissible working hours per week are 48 hours, in certain cases 60 hours (in this case, the maximum amount of weekly working hours in a six-months period must not be more than 48 hours).

Restrictions apply to adolescents and pregnant women. Furthermore, the law contains regulations regarding rest periods, and a minimum free time of 11 hours between two daily shifts.

Strict regulations apply to work on Sundays and public holidays which is permissible only in certain industries or in special cases (e.g. emergency) and frequently requires a prior official permission.

On 17 October 2018, the Federal Labor Court of Germany (BAG) has passed a ruling (5 AZR 553/17) confirming (again) that travel time is generally considered as working time. If the employer temporarily sends an employee abroad, the journeys to and from the external job are exclusively made in the interest of the employer. Therefore, they must be remunerated as work.

If, for example, a technical employee will be sent to work on a construction or production site in China, the travel time to and from the airport can easily accumulate to 40 hours (travel time to the airport with parking, check-in and boarding, flight, check-out, drive to the construction site/from the construction site back to the airport etc.).

There is a risk of inconsiderable additional costs, since the entire travel time is considered as working time, even if the journey is made off the job, e.g. on the weekend. Depending on the individual case, the additional working time must be remunerated due to either the verbal/written employment agreement and/or company practice and/or collective agreements (which may be declared universally applicable) and/or company agreement. If, on a public holiday or Sunday, an employee works "overtime" in the aircraft on his journey, this may have to be remunerated with e.g. 150% of the normal salary, depending on the regulation on overtime. It is therefore necessary to conclude written arrangements with employees in advance.

7. Insurance

a) Mandatory Insurance

The employer is liable for the submission of the social security contributions. This includes the determination whether an employment is subject to social security contributions, as well as the correct calculation and submission of the contributions for health insurance, unemployment insurance, home and institutional care insurance, and statutory pension insurance. The responsibility to contribute towards the Social Security Fund rests solely on the employer, both for the employer's contributions and the employee's contributions. Any agreements to the contrary would be void. Not submitting the employee's contributions is a criminal offence.

Maximum income levels for the assessment of the contribution amount apply to all segments of the social security, i.e. the portion of the remuneration exceeding the maximum income level is not subject to social security contributions. The maximum income level for the statutory health insurance is also the threshold for the possibility to change into the private health insurance. Employees whose salary exceeds the maximum income level can opt out of the statutory health insurance and enrol into a private health insurance plan (which then also covers the home and institutional care insurance). However, a change between the two systems is generally binding for lifetime, and therefore, has to be carefully considered by the employee, especially since the statutory health insurance offers advantages like the family co-insurance. On the other hand, private health insurance is oftentimes more favourable especially for younger employees and offers extended benefits. For stays abroad (e.g. secondments), additional insurance is generally required for both statutory and private health insurance members.

Unless otherwise regulated by intergovernmental agreements (as existing between Germany and China, see below), the so-called principle of radiation applies to international assignments, i.e. the German employee remains subject to the German social security system if the following criteria are fulfilled: The assignment is for a limited period of time, the employee is assigned due to an instruction from the German employer as part of a

German employment relationship, and the German employer bears the costs (with regards to tax) of the assignment. According to the Social Security Treaty between Germany and China, this basic principle applies for the first 48 months of the assignment and may be extended in certain cases. Otherwise the principle of residence applies. The same applies to Chinese employees who are assigned to Germany.

b) German-Chinese Social Security Treaty

As mentioned above, an exception from the national principles applies if the employment is performed in a foreign country and a social security treaty with this country is in force. This is the case for Germany and China. Therefore, the regulations of the national law regarding radiation do not apply if the employee is subject to the provisions of the social security treaty.

According to the German-Chinese Social Security Treaty dated 12 July 2007, the German regulations will remain in force in case of secondment to the territory of the People's Republic of China (except Hong Kong, Macau and Taiwan) during the first 48 months if the employee has been seconded in connection with a German employment relationship in order to perform work in China for the German employer. The possibility to extend the applicability of the German regulations beyond the 48th calendar month is only given in case of an exceptional agreement between the relevant foreign authority and the German "Liaison Office Health Insurance Abroad" in Bonn. An exceptional agreement can also be applied for cases where the employment in a foreign EU member country cannot be qualified as secondment. The exceptional agreement is usually concluded only for a future period of employment. Therefore, it is necessary to file the application for an exceptional agreement with the Liaison Office on time, i.e. before the departure of the employee, if possible.

Upon application by the employer with respect to the employee, a certificate can be issued stating that the German regulations apply to the employment in a member country. Upon presentation of this certificate to the foreign authority in charge of social security, this authority will not claim social security contributions under its regulations. It is therefore recommendable to apply for the certificate on time before the secondment commences. The certificate for China is issued by the Federal Insurance Agency for Employees if the employee is exempted from the mandatory employees' insurance scheme. In all other cases, the certificate is issued by the relevant provider of the statutory health insurance where the employee is insured on a mandatory or voluntary basis.

The Treaty only applies to the statutory pension and unemployment insurance and not for health insurance.

c) Voluntarily Insurances

In addition to the abovementioned mandatory insurances, the employer may arrange additional insurances for employees. However, the practical relevance of this is limited to a few cases, e.g. an accident insurance for employees who are travelling on business trips frequently, or a directors' and officers' liability (D&O) insurance for members of senior management.

In the case of international assignments, additional agreements are common, especially regarding health insurance for the employee and his/her family. For these cases, travel insurance or household insurance may also be considered. However, any additional assumption of risk by the German employer is not common.

8. Termination of Employment

a) Formalities

Every termination of an employment agreement is subject to certain formal requirements. The termination must be made in writing, signed by the authorised person and delivered to the other party in the original.

Therefore, on the side of the employer, the termination letter must be signed by a duly authorised person, and such authorization has to be recognizable and verifiable for third parties.

The receipt of the termination letter must be provable which is particularly important if deadlines have to be met. Relying on service providers such as post and courier services can be extremely risky, especially if a termination is time-critical, because a delayed termination may, in the worst case, make it impossible to issue a valid termination (again) at all.

b) Notice Period

The law differentiates between an ordinary termination which is subject to a notice period and an extraordinary termination which has immediate effect.

The length of the notice period for an ordinary termination is determined by Section 622 BGB or (if a longer period has been agreed upon) by the employment agreement or Collective Bargaining Agreement. The period prescribed by law ranges from two weeks up to seven months to the end of the calendar month depending on the duration of the employment:

Duration of employment	Notice period
Probation period	2 weeks
2 years	One month to end of the calendar month
5 years	2 months to end of the calendar month
8 years	3 months to end of the calendar month
10 years	4 months to end of the calendar month
12 years	5 months to end of the calendar month
15 years	6 months to end of the calendar month
20 years	7 months to end of the calendar month

Prior to every termination, the Works Council (if existing) must be consulted. Regarding the consultation, certain periods must be observed. This has to be kept in mind if the employer wants the termination to be effective on a specific date. If no rule of protection against unfair dismissal applies (see below), the termination does not have to state any reason but it must not be discriminatory or random. The employee can always terminate the employment without reason.

An extraordinary termination requires a good cause according to Section 626 BGB. The term "good cause" is defined by case law. Furthermore, the interests of both parties must be evaluated and balanced on a case by case basis. Numerous facts have to be taken into consideration, e.g. the seniority of the employee, the history of the employment relationship (including previous warnings etc.), and the severity of the breach of contract. Moreover, the notice of extraordinary termination has to be given not later than two weeks after the event that shall justify the termination. This notice period is rather short, especially if the Works Council has to be consulted or if the delivery of the notice is problematic.

c) Protection against Unfair Termination

The Protection Against Unfair Dismissals Act is one of the main pillars of German Labour Law.

Employees are protected against unfair dismissal if they have worked for the respective employer for at least six months and if the establishment (not the company) employs more than ten employees.

In this case, the Protection Against Unfair Dismissals Act is applicable and a dismissal requires a specific reason required by law (social justification), whereby the burden of proof is with the employer. Three categories must be distinguished:

(i) Termination for Personal Reasons

The main reason for a termination for personal reasons is sickness-related inability of the employee to carry out the agreed work. In practice, a long-term sickness (where the time of recovery is unforeseeable) has to be distinguished from frequent short-term illnesses. In both cases a dismissal is complicated because the employee can refute the necessary health prognosis at any time by providing a medical certificate.

Other reasons for termination for personal reasons are, e.g. absence of a work permit for a foreign employee, forfeiture of an official license required to perform the work (e.g. driver's license, medical license, lawyer's license), as well as the dismissal for below average performance (which, however, in practice is extremely difficult to enforce).

(ii) Termination for Behavioural Reasons

A notice of termination for behavioural reasons can be given if the employee commits a severe or repeated breach of contract on purpose and if the continuation of the employment is unacceptable for the employer due to the breach. Extensive case law exists regarding the acceptable reasons for a termination for behavioural reasons. In general, one or several warnings have to be given prior to the termination. Therefore, the initial breach has to be regularly followed by a warning and a subsequent repeated similar breach. The distinction between termination for personal and behavioural reasons can be difficult in practice, the distinction between extraordinary termination and termination for behavioural reasons is gradual (depending on the severity of the breach of contract).

(iii) Termination for Operational Reasons

If urgent operational reasons lead to the omission of a position, notice of termination for operational reasons can be given. This initially requires a functional and not an individual consideration. Internal or external reasons, e.g. a restructuring of the company, an unfavourable economic situation, the loss of an important customer or project, may lead to an excess of positions in certain departments or in the whole company, i.e. more positions exist than required in future. If the number of excess positions is determined, a process of individualisation must be carried out.

A comparison (based on the employment agreements, but also taking education and professional experience into account) between the employees functionally eligible for dismissal and on the same hierarchical level has to be undertaken, i.e. there is no right to a promotion and also no downward cutthroat competition. Subsequently, a social selection, must be made between the comparable employees, taking into account criteria such as age, seniority, obligations to pay alimony, and disability. Employees can be excluded from the social selection for special knowledge or abilities only in exceptional cases.

The valuation of the criteria is not prescribed by law. Therefore, in practice point systems are commonly used that have been approved by judgements in previous cases. A rating scale is generally agreed upon if a Works Council is in place, especially if a high number of employees shall be dismissed.

(iv) Termination for Variation

Every termination must be the ultima ratio, i.e. the employer always has to make sure that there is no alternative to a termination. If a comparable and vacant position is available, a termination is not justified. An employment to less favourable conditions has to be considered as well. In such cases, the employer has to offer the employee to continue working on another, vacant position at less favourable conditions. The termination can only be valid if the employee refuses such offer (which in fact might already be part of the notice letter).

Employees can challenge a termination in court; they generally have to bring the case to the court within three weeks from the date of receipt of the termination letter. If the employee prevails, he/she has to be (re-)employed and is entitled to the remuneration he would have received between the expiration of the notice period and the court decision. In practice, this opens the door for settlement negotiations, although employees are generally not entitled to severance payment (except in case of redundancy package or petition for dissolution). The common settlement amount in Germany is between 0.5 and 1 gross monthly salary per year of service but may also be substantially higher.

(v) Special Protection against Unfair Termination

Special protection against unfair dismissal is granted to pregnant employees during the maternity protection periods and during requested parental leave, and also to apprentices after expiration of the probation period, to disabled employees and to Works Council members. In these cases, a termination is frequently only possible by way of an extraordinary termination and/or a termination with previous consultation/approval of public authority or a court.

d) Transfer of an Undertaking

According to an EU directive, the employment relationships will follow the assets in case of transfer of business, i.e. in case of a transfer of essential material and/or immaterial business assets (not shares). Therefore, a change in the person of the employer takes place without new employment relationships being created or new employment agreements being negotiated. The Works Council together with any collective agreements (if any) also remain in force. Employees have a right to be comprehensively informed about the details. After receiving the relevant information, they can object to the transfer of their employment since nobody can be forced unilaterally to contract with a new party. However, if the business as a whole is being transferred and it is not part of a multi-corporate enterprise, objecting employees can be dismissed relatively easy.

e) Post-Employment Non-Competition

Post-employment non-competition agreements are possible for a maximum of up to two years. The permissible content must be strictly complied with, otherwise the agreement may be void. The most important criterion is the compensation payment of at least 50% of the previous monthly salary (including all allowances and variables) for the entire period of the agreement.

Waiving the post-employment non-competition obligation is oftentimes not possible or has to be declared early enough before the termination of the employment. Otherwise, the waiver is only beneficial to the employee because the employer then nonetheless has to pay the compensation for one year. Therefore, such agreements are generally only made with highly qualified employees (or sales representatives with strong customer connections) and will generally only come into effect after a certain time of employment, e.g. after passing the probation period.

f) Reference Letter

Every employee is entitled to a reference letter after the termination of the employment. The reference letter is supposed to serve the occupational advancement of the employee, and to inform third parties about the skills of the employee.

The law distinguishes between the simple and the qualified reference letter. A simple reference letter only states position and duration of employment, whereas the qualified reference letter contains information about the performance and conduct of the employee. Also, there are different points in time of issuing a reference letter. The law only prescribes the final reference letter that is issued in the case of termination of the employment. Apart from that, there may be an interim reference letter that is issued during the ongoing employment, regularly for special reasons, such as the upcoming termination of the employment but also in case of a change of the superior or place of work, or on request of the employee to prepare the search for a new job.

The reference letter must be issued on the employer's letter paper and has contain the identity of the employee as well as the date of issuance and the signature of the employer.

The content of a qualified reference letter regarding performance and conduct has to be in line with the principles of truth and clarity. Further, the reference letter has to be in favourable wording, i.e. negative comments about the employee are generally not allowed. Due to the decisions of Labour Courts, a specific reference letter "language" has been developed. The formal contents are also widely determined by case law.

Since the employer is generally not liable to third parties regarding the content of the reference letter, and since the practical relevance of reference letters in the application process is relatively low, employers should not be concerned about the exact wording of the reference letter; instead, the employee's wishes are usually complied with.

9. Secondments

a) Secondment Agreement/Synchronisation with Local Contracts

Germany is an extremely export-oriented economic nation. This means that many German enterprises that are doing business abroad temporarily assign employees to a foreign country, a branch or a subsidiary. From the perspective of Labour Law, different constellations can be distinguished.

This includes the employment of a German employee directly on site under a local foreign employment agreement. In such case, generally the foreign labour law is applicable, and there is no employment relationship from a German perspective.

If an employee is newly hired for a certain activity abroad based on a German employment agreement, then the German employment agreement has to take the local characteristics into account. With regards to alien labour regulations (obtaining of a residence permit), a local employment agreement commonly has to be signed – this also applies in case of a "real" secondment. In this regard, it has to be determined whether or not foreign (German) law can be chosen. Even if this is possible, it has to be examined whether this actually makes sense. Especially if a local place of jurisdiction cannot be excluded or may even be mandatory (as is common in labour law), this will seldomly be the case. The application of German law by a foreign labour court regularly creates massive problems, so that drafting a local employment agreement based on German law is generally not worth the effort.

The abovementioned questions also occur in the main case of secondments, i.e. the assignment of an employee who has already been employed in Germany for a certain period of time. In this case, in addition to the ongoing (commonly dormant) German employment agreement and the necessary local foreign employment agreement (if any), a secondment agreement will be concluded, which leads to further complex issues. Apart from the mentioned choice of law and jurisdiction (which in practice is often forgotten), a main aspect is the synchronisation of all the agreements. It would be unfortunate if, e.g. notice periods or fixed terms differ widely between the agreements, or if a non-competition clause is only enforceable in one region.

Useful essential subject matters include, amongst others, the exact description of the scope of work including the hierarchy in the host country, as well as reporting requirements and other duties (if any) towards the German head office.

The duration of the secondment should also be defined – especially with regards to social security law. Furthermore, the case of a premature termination of the secondment for whatever reason has to be taken into consideration. A termination may arise not only out of the interests of the employer, but also from the sphere of the employee, or out of objective circumstances, e.g. political unrest or natural disasters. Therefore, foresight is required when drafting the agreements. The conditions after the employee's return to the home country – whether premature or according to schedule – should also be determined in both parties' best interest.

Even provisions regarding working hours or public holidays, and especially matters of remuneration, reimbursements, social security and tax may lead to various issues.

The possibility of a termination of employment without a return to Germany – no matter on whose initiative – also must be taken into consideration.

Three-party agreements between employee, German employer and local company are also an option. Topics such as cost distribution have to be agreed upon between all parties anyway and may have considerable consequences on social security law.

The drafting of secondments agreements is therefore one of the most complex tasks in Labour Law and requires high diligence.

b) Additional Benefits

Apart from the regulation of the employee's remuneration, secondment agreements commonly contain provisions regarding additional benefits which are only granted in connection with the secondment. Worth mentioning are reimbursements for relocation expenses for both outbound and homeward relocation, travel expenses for home leave, as well as for additional insurances for the employee and his family members (if any), especially health insurance. Such additional insurances are even more important if the employee does not remain within the German social security system.

Housing allowances are also regularly granted for the housing expenses in the host country (in addition to reimbursements for double housing costs, storing of household items, if applicable). In case of travelling with children, reimbursement for childcare and school fees for international schools are also important.

c) Readmission Agreement

From the employee's point of view, the conditions regarding the return to Germany are one of the most important issues to be negotiated. Various alternatives are possible. However, employers are generally noncommittal regarding which position the returning employee (possibly after years of secondment) will be appointed to. From the view of the employer, an employment on the same level as the secondment position (regularly in the management of the foreign company) is generally not an option. Instead, a reintegration into the company's hierarchy according to a nominal resumption of the German career is more appropriate. To avoid disputes with regards to the employee's return to Germany, contractual provisions should be chosen carefully. An alternative is an anticipated termination agreement, whereas the secondment agreement already contains a provision that in case an adequate position in Germany cannot be found, the employment will be terminated, and a fixed severance payment will be due.

Furthermore, the readmission agreement should become invalid if the employment is terminated prematurely, e.g. because of a breach of contract during the secondment.

IV. Collective Labour Law

1. Overview

The term "Collective Labour Law" means all areas of the law that cover the collective representation of employees' interests.

In Germany, such representatives of employees' interests are, in particular, Works Councils and Trade Unions, whereas these two may, but not necessarily have to, overlap.

Trade Unions are member organisations. Therefore, they only represent the interests of employees who decide to become a member of the Trade Union.

Works Councils represent the interests of the employees of one establishment/employer. Every establishment with five or more employees may (but does not have to) elect a Works Council, whose members are exclusively members of the establishment. They do not need to be members of a Trade Union.

The main sources of law, the Works Constitution Act and the Collective Bargaining Agreements Act, strictly define the competences and responsibilities of Works Councils and Trade Unions respectively. This means that e.g. in an industry where Trade Unions are rather weak, and no Collective Bargaining Agreement applies, this area of law is simply of no relevance. Work Councils do not take over such tasks. The same applies vice versa to establishments without a Works Council. Therefore, Collective Labour Law may have no relevance in some enterprises or industries, while in others (e.g. automotive industry) both Works Councils and Trade Unions are involved.

2. Collective Bargaining Agreements

Collective Bargaining Agreements are concluded between employers' associations or individual employers on the one hand and Trade Unions on the other hand. The legal framework is set by the Collective Bargaining Agreements Act. A Collective Bargaining Agreement is directly applicable and mandatory (regarding the minimal requirements) if both parties (employer and employee) are bound by it. This is the case if the employer has either entered into the Collective Bargaining Agreement with the Trade Union on his own behalf or if the employer is a member of the contracting employers' association, and the employee is a member of the contracting Trade Union. Also, the employer must fall within the technical and local scope, and the employee must fall within the individual scope of the Collective Bargaining Agreement. Employment agreements sometimes also include (dynamic or static) references to a Collective Bargaining Agreement, or the employer declares that all employees are to be treated equally, disregarding their membership in a Trade Union. In such cases, membership in a Trade Union is irrelevant.

Certain Collective Bargaining Agreements may be declared generally binding by the relevant federal state; again, membership in a Trade Union is irrelevant in such cases.

If an employer or employee leaves the relevant organisation, the Collective Bargaining Agreement remains in force until it is terminated or otherwise ended ("after effect"). Even if a Collective Bargaining Agreement expires, its terms remain applicable for all employees that are covered by that agreement at that point in time. Common provisions in Collective Bargaining Agreements deal with issues regarding remuneration, working hours, vacation leave, and termination rules. A distinction is made between regional agreements that are concluded for a certain industry in a certain region, and individual agreements that are concluded with an individual employer.

Another distinction is made regarding the contents of the agreements. There are e.g. framework agreements that cover general working and employment conditions, or agreements on pay that just cover the remuneration. In the negotiation process of a Collective Bargaining Agreement, the most important measure to enforce claims is industrial dispute.

Employees can make use of the collective work stoppage (strike), whereas employer can react with a lockout. Industrial disputes are guaranteed by the Constitution but not regulated by law. According to decisions of the Federal Labour Court, strikes are only permissible if the so-called "peace obligation" (that is applicable after the termination of a Collective Bargaining Agreement) has expired, or if there is no Collective Bargaining Agreement in place yet. Many Collective Bargaining Agreements also provide for a mandatory mediation procedure.

Strikes are only successful if many employees are organised within the Trade Union, and if the employer is economically potent. Striking employees are not entitled to receive salary from the employer, but they regularly receive a so-called strike pay from the Trade Union. The employer has the right to lockout non-striking employees. Since the State has to remain neutral, such employees are not entitled to social benefits, which gives employers the possibility to put considerable pressure on the employees' side. Strikes in Germany seldomly take place nowadays, primarily due to the declining organisation of employees. In contrast, where employees are highly organised, strikes are more frequent. This is partly a consequence of the Federal Labour Court decisions regarding the legitimacy of several Trade Unions per establishment. Recently, strikes occurred mostly in the transportation industry, where a small number of organised employees could easily paralyse the whole establishment.

3. Works Constitution

The Works Constitution law governs the participation of employees in social, personnel and economic issues of the establishment. An establishment is an organizational unit in which the employee as an individual or together with his co-workers pursues certain labour related goals. If five or more employees are employed, they can elect a representation, the Works Council. If a company has several establishments with Works Councils, one collective Works Council can be formed. Besides, there may be a group wide or Europe wide Works Council. Additional employees' representations are the Disabilities Association and the Youth Association.

The members of the Works Council are elected by the employees for a term of four years, based on a partly complicated procedure. The number of Works Council members depends on the size of the establishment.

The Works Council has to be involved in many employee related matters. The level of involvement ranges from mere information to real participation aimed at reducing unilateral decisions by employers.

The area of enforceable participation, where the Works Council must consent and can also take the initiative, is the so-called "social participation". It is particularly stipulated in a catalogue of the law. The most important areas are overtime (in principle, the Works Council must consent to every single hour of overtime), allocation of working hours over work days, the implementation of new technologies, and amendment of working rules.

Negotiations with the Works Council about social matters aim at concluding an agreement, commonly a Works Agreement. If no agreement can be reached, the matter is finally decided by a so-called "mediation committee" which consists of an equal number of employer and employee representatives and one independent chairman.

In personnel matters such as transfer, dismissal and hiring, the Works Council has to be informed and consulted in advance. In certain cases, the Works Council can object to a measure. However, in most cases the employer can proceed as planned after formally involving the Works Council. The involvement is a mere formality; non-compliance may lead to the invalidity of the measure. The Works Council does not really participate in decision-making.

With regards to economic matters, the employer's constitutional right to decide what to do with his propriety (within social limits) has to be observed. Generally, the Works Council has to be informed and may voice its own ideas but has no influence on the employer's right to free and independent decisions A small exception applies to operational changes that may generally only be implemented after talks about the balancing of interests. An obligation to set up a social plan applies in many cases of operational changes. If severance payments to dismissed employees must be made, it is important to keep in mind the financial and time-related aspects of this issue.

Real economic participation of employees' representatives in company organs exists to a certain extent within bigger corporations (One-Third Participation Act), as well as in some industrial areas (Codetermination Act). However, the equity owners can make the final decision here as well.

V. Labour Court Procedure

1. Introduction

Germany has a separate system of labour courts (labour jurisdiction) that are exclusively competent for employment related disputes. It is not possible to agree on arbitration. Court of first instance is always the locally competent labour court; court of appeal is the regional labour court. In specific cases of fundamentally important legal issues, the Federal Labour Court acts as court of final appeal. In all stages of the court proceedings, the court is supposed to work towards an amicable settlement between the parties. Therefore, the first stage in every individual labour case is a so-called conciliation hearing that serves to find out whether a settlement is possible. This is often the case; according to official statistics, more than 90% of cases are settled amicably at some stage. Besides normal proceedings, interim legal protection is available as a fast track procedure, however only if a rapid and interim decision is absolutely necessary, and if the principal decision is not anticipated.

Lay judges participate on all court levels; the chairman is a professional judge.

While individual labour disputes are subject to civil litigation, collective labour disputes and disputes related to the Works Constitution Act are subject to administrative trial which includes, e.g. the principle of ex officio investigation.

2. Cost

Proceedings are inexpensive in order to not restrain employees from seeking legal redress. At the first instance, employees can represent themselves or empower a third person, without the need to appoint a lawyer. The lawyer's fees are also limited for social reasons; additionally, each party must bear its own costs during the first instance, i.e. the defeated party does not have to reimburse any costs to the prevailing party.

3. Duration

In all proceedings, approximately four to six weeks after filing, the conciliation hearing takes place in order to reach an amicable settlement. If no settlement can be reached, several weeks or even months may pass until the main trial is held. In limited urgent cases, interim legal protection is available. Especially in dismissal disputes, the principle of "expedited processing" applies. The duration of proceedings varies greatly depending on the local court but is generally shorter than in many other court branches.

B. Taxes in Germany

I. Personal vs. Corporate Income Tax

"Legal capacity, nationality, residency and habitual residence" are irrelevant for the existence of personal income tax liability in Germany. Residency or habitual residence and nationality are rather criteria to determine the personal income tax liability, i.e.: unlimited, limited, extended unlimited or extended limited. This quote alone highlights, even for laypersons, how complicated German tax law can be, especially in cross-country relationships. The following chapter shall shed light on this complex area by comprehensibly explaining basic definitions and illustrating them with simple examples.

The following persons can be liable to German tax:

- natural persons
- juristic persons under public law
- Juristic persons under private law

Natural persons are all living humans (§ 1 BGB). Juristic persons under public law are in particular the Federal Republic, the States and Municipalities, churches and public law foundations. Juristic persons under private law are the registered association (e.V.), the private limited company (GmbH) and the public limited company (AG).

Furthermore, it has to be distinguished between

- partnerships (GbR, oHG, KG, GmbH & Co. KG), and
- corporate companies (GmbH, AG, KGaA, SE).

The tax liability of natural persons (§§ 1 ff. BGB) is regulated in § 1 (1) 1 EStG (German Tax Code).

Regarding the tax liability of companies, German tax law is characterized by a dualism of

- partnerships that are subject to personal income tax and
- corporate companies that are subject to corporate income tax.

The different tax liability arises from the fact that personal income tax is only imposed on persons with their own legal personality. Whether an enterprise is subject to personal or corporate income tax therefore depends on the regulations of civil law.

The corporate and personal level of corporate companies must be strictly distinguished with regards to tax and civil law due to the legal personality of these companies (so-called separation principle). According to § 1 (1) 1 KStG (Corporate Income Tax Code), corporate companies are juristic persons and therefore subject to corporate income tax. In addition, the members (shareholders) are subject to personal income tax (so-called principle of dual taxation) for their received dividends. If dividends are being distributed to the shareholders, such dividends are subject to a flat rate withholding tax according to § 1 (1) No. 1 and § 20 (1) No. 1 in connection with § 43 (5) 1 EStG if the shareholder is a natural person. The flat rate withholding tax is a capital gains tax after which no further tax is due for the shareholder on this income.

According to § 32d EStG , the tax rate of the flat rate withholding tax is currently 25% plus 5.5% solidarity surcharge and church tax (if applicable).

Although most partnerships form a separate legal entity under civil law, this is not the case with regards to tax law. Therefore, members of partnerships are subject to tax (separation principle) and no tax arises for the partnership itself. The members are treated as so-called (co-)entrepreneurs according to § 15 (1) 1 No. 2 EStG.

II. Limited vs. Unlimited Tax Liability

Generally, income is only taxable in case of tax liability in Germany. The following four kinds of tax liability can be distinguished:

- unlimited tax liability according to § 1 (1) EStG (main place of residence in Germany),
- extended unlimited tax liability according to § 1 (2) EStG
- limited tax liability according to § 1 (4) in connection with § 49 (1) EStG
- extended limited tax liability according to §§ 2, 5 AStG

Furthermore, taxes on income are only levied if such income falls under one of the following categories stipulated by § 2 (1) EStG:

- Income from agriculture and forestry (§§ 13 ff. EStG)
- Income from commercial operation (§§ 15 ff. EStG)
- Income from independent business activities (§ 18 EStG)
- Income from dependent labour activities (§ 19 ff. EStG)
- Income from capital assets (§ 20 EStG)
- Income from rent and lease (§ 21 EStG)
- Income according to § 22 EStG (§§ 22, 23 EStG)

1. Unlimited Tax Liability (Main Place of Residence in Germany)

According to § 1 (1) 1 EStG , any income (including, e.g. interest earned in Switzerland or in China) of a natural person who has a place of residence or its habitual residence in Germany is subject to unlimited German income tax. Tax basis is the worldwide income.

Where the same income is taxed in Germany as well as abroad, such income can either be exempted in Germany or the foreign tax can be offset or deducted from the German tax liability. According to the DTA between Germany and China, taxes paid in China can be offset against taxation in Germany. Certain kinds of income (dividends, interest, royalties etc.) that is taxed in China can be exempted from taxation in Germany.

A person can even be subject to unlimited tax liability in Germany if he is no longer officially registered in Germany and is fully working abroad. This is due to the tax definition of "residency" which differs from the definition of the regulatory registration agency. If the taxpayer maintains an abode in Germany, which he regularly returns or might regularly return to, the Revenue Department will assume that such abode is maintained of reasons of residence. Therefore, a tax residency in Germany is established/maintained and the taxpayer is subject to unlimited tax liability in Germany. Attention should be paid to the fact that a DTA may have a different definition as under German tax law. The criterion of "residence" in the DTA (e.g. with China), however, only determines whether the DTA is applicable but has no influence on the personal tax liability in the respective country. Therefore, German unlimited tax liability also applies if the taxpayer has a domicile or habitual residence both in Germany and abroad, even if he is "resident" in view of the DTA of the other contracting state only.

2. Extended Unlimited Tax Liability

According to § 1 (2) 2 EStG , public servants abroad (i.e. persons who are employed by a German juristic person under public law or who receive a salary from a German public fund, e.g. embassy personnel, expats of the GIZ, foreign chambers of commerce or the Goethe Institute) are exclusively taxed in Germany even if they have neither residency nor habitual residence in Germany. According to principles of international law and bilateral treaties, taxation shall not take place abroad but exclusively in Germany because their income is in fact government-funded.

3. Limited Tax Liability

Natural persons who neither have residency nor habitual residence in Germany are subject to limited tax liability according to § 1 (4) EStG , i.e. certain income is taxable in Germany if certain criteria according to § 49 (1) EStG are fulfilled. Such criteria generally require additional links to Germany that justify the assumption of limited tax liability.

Such income includes:

- Income from commercial activities, if there is a permanent establishment or a permanent representative in Germany;
- Income from rent and lease, if the immovable property is situated in Germany;
- Income from capital assets, if such income falls under § 49 (1) No. 5 EStG , e.g. if the debtor of the capital asset has his residency, management or registered address in Germany.

Income from other capital assets named in § 20 (1) No. 7 EStG is only subject to limited tax liability and therefore subject to capital gains tax if the claim is directly or indirectly secured contractually or in rem in Germany. The term "indirectly secured" is to be interpreted broadly according to the German Federal Fiscal Court (BFH). An indirect security means that the creditor's claim, although not being secured directly, e.g. through a mortgage, gives the creditor the legal position to satisfy his claim out of the debtor's property without the debtor's cooperation. Since 1 January 2009, natural persons are subject to the so-called flat rate withholding tax according to § 32d (1) 1 EStG of 25%.

4. Extended Limited Tax Liability

If a person, who has been subject to unlimited tax liability in Germany for at least five consecutive years becomes a resident of a territory where income is subject to a tax that is at least one third lower than the German tax and such person nevertheless maintains significant economic interests in Germany, such person will be subject to extended limited tax liability in Germany for another ten years with any income that would not be classified as foreign income in case of unlimited tax liability (§ 2 AStG). The calculation basis for the tax rate is the worldwide income. However, since only the gain due to going into tax exile shall be siphoned off, the German tax in case of unlimited tax liability is the limit.

This regulation regarding tax escape shall prevent taxpayers from moving abroad to avoid the relatively high German taxes while at the same maintaining ongoing significant financial interests in Germany.

III. Principle of Worldwide Income

According to § 1 (1) 1 EStG , any income (including, e.g. interest earned in Switzerland or in China) of a natural person who has a place of residence or its habitual residence in Germany is subject to German income tax. Tax basis is the worldwide income.

According to § 1 (1) 1 EStG , natural persons who have residency or habitual residence in Germany are subject to unlimited personal income liability.

The German legislation generally distinguishes between:

- Domicile
- Residency under tax law
- Residency according to MRRG
- Habitual residence

Domicile under civil law means a place that is suitable for living. If a person has more than one domicile in Germany, one of them is the main domicile, usually the predominantly used domicile, which in doubt is the one where the person has its centre of personal interests (§ 12 (1) MRRG.

Residency under civil law is the geographical centre of one's life, i.e. the place where a person permanently settles (§ 7 BGB).

The legal duty of officially registering one's residence is stipulated in § 11 (1), (2) MRRG:

- *"Any person which moves in to an abode has to register with the authorities."*
- *"Any person which moves out of an abode has to de-register with the authorities."*

The residency according to this registration requirement is relevant for a person's legal domicile, i.e. the place of jurisdiction. The court at a person's legal domicile is generally competent for all legal actions against that person (§§ 12, 13 Civil Procedure Code). The residency is further important for the voting right in municipal elections, the registration of motor vehicles and for the possibility of residual detection through the police.

However, in tax law this is different:

Under tax law, the term "domicile" is to be interpreted broadly and means a secluded premise that is objectively suitable for living. According to § 8 AO, a person has its domicile *"where it maintains an abode under circumstances that lead to the interpretation that it will maintain and use such abode"*.

According to the BFH, the criterion of permanence is crucial, disregarding the intent of the taxpayer or (the omission of) a registration with the authorities. Furthermore, the taxpayer must have the ability to freely dispose of the abode, which e.g. is not the case with regular hotel guests.

According to § 9 AO, a person has its habitual residence *"where it resides under circumstances that to the interpretation that it not only stays at that place of territory temporarily. Habitual residence always requires a continuous stay of more than six months"*.

According to § 11 AO, the registered address of a legal person is the place determined by law, articles of association, by-laws or similar regulations. The determination of the registered address poses no further difficulties, since it solely depends on the legal facts.

IV. Taxes on

1. Salary

In Germany, salary is defined as "income derived from dependant work activities" and belongs to one of seven income categories according to § 2 (1) No. 4, 19 EStG and is counted as surplus income. Generally, personal income tax is withheld by the employer and submitted to the Revenue Department. An employee can eventually get a refund of personal income tax after his annual tax declaration, if he can prove that his actual tax rate is lower than the amount withheld by the employer due to income-related expenses, special expenses or extraordinary charges or if he suffered losses in other income categories.

Income from salaried employment includes any income that has been earned as a dependant employee, e.g. salary, wage and bonuses as well as allowances and holiday pay. In contrast, foreign assignment bonus and purchasing power compensation payments are tax exempt according to § 3 No. 64 EStG if the latter does not exceed the permissible amount for comparable foreign assignment emoluments according to § 55 of the Federal Emolument Act. Any cost-of-living adjustment payments applicable for each country are published in the Federal Tax Gazette Part I. The Federal Ministry of Finance regularly publishes an overview of such cost-of-living adjustments. In order to be tax exempt, the employee must have his domicile or habitual residence abroad for a certain limited period of time and the return to his (German) employer must be envisaged. However, it is irrelevant if the employee eventually does not return.

Furthermore, salary income requires that the taxpayer can be determined as employee. The term "employee" can be divided into three categories from a tax perspective: According to § 1 EStDV, employees are persons who are or have been employed in public or private service and who receive salary from this current or previous employment relationship.

According to § 1 (2) EStDV, an employment relationship is given where the employee has to designate his work force to the employer. The employee must perform his work under the supervision of the employer and must be subject to directives from the employer.

The employee can deduct work-related expenses from his income (§ 9 EStG), e.g. work-related literature, commuting expenses or other work-related expenses. In order to be tax deductible expenses, such expenses must have been made due to work-related reasons. In case of doubt, every expense shall be examined towards its necessity for the job. However, since it would be impractical to collect receipt for every single expense and to include them in the annual tax return, the legislator stipulated a lump sum of EUR 1,000 in § 9a EStG for each taxpayer per year. The Revenue Department automatically deducts this lump sum from every employee's income without the necessity for the employee to separately apply for this. Only where the annual work-related expenses exceed EUR 1,000, the taxpayer has to state the actual amount and present proof for these expenses to the Revenue Department accordingly.

2. Income from Capital Gains

Income from capital gains is, amongst others, income from dividends and interest, whereby § 20 EStG only covers private capital gains. It has to be strictly distinguished between base capital and the accumulated earnings as fruits of capital utilization. Only earnings made out of base capital are counted as income from capital gains. An increased value of the base capital itself does therefore not count as capital gains. On the other hand, losses or depreciations of capital assets are not tax deductible as expenses.

Since 2009, profits from the sale of private capital investments, e.g. stocks, shares or other investments, belong to the income from capital gains. The previous regulation in regard to the speculative period is no longer applicable. However, according to § 52a (11) 4 EStG , the former regulation (especially the speculative period) still applies to investments that have been made prior to 1 January 2009.

Income from investment in corporate bodies include profit distributions such as

- Dividends from shares or
- Profit shares from investments in private limited companies.

Since 2009, the flat rate withholding tax system has replaced the half-income assessment method. Under this new system, private income from capital gains is taxed at source (i.e. the bank) with a flat rate. The payment debtor withholds a fixed percentage of the taxpayer's income and submits it directly to the Revenue Department. With this payment, the personal income tax duty of the taxpayer is settled. According to § 32d (1) 1 EStG , the flat tax rate is 25% plus solidarity surcharge and church tax (if applicable).

Generally, any income from capital gains is subject to the flat rate withholding tax, in particular interest earnings from bank deposits, capital yield from debt instruments, dividends, revenue from investment funds or option trading and also from certificates. Furthermore, profits from private sales of shares are taxable, in particular of stocks, shares and investments from investment in corporate associations, but not real estate.

Exceptions:

According to § 17 EStG , profits from the sale of shares in corporate associations is not subject to the flat rate withholding tax if the taxpayer's investment was more than 1% of the registered capital within the last five years. The same applies to operational revenue from capital. Foreign withholding tax on payments received from investments in other countries reduces the German tax liability because the bank will offset such paid tax according to § 34c (1) EStG.

In summary, since 2009 the flat rate withholding tax has likely increased the tax burden on income from capital gains.

As deductibles, the personal savings allowance which may reduce the tax liability arising out of capital gains has been changed since 1 January 2009.

§ 20 (9) EStG states the following:

"When calculating the income from capital gains, expenses in the amount of EUR 801 are tax deductible (personal savings allowance); the deduction of the actual expenses is not possible. Spouses who are jointly assessed, are eligible for a savings allowance of EUR 1,602. Half of the joint savings allowance can be deducted at the income of each spouse; if the income from capital gains of one spouse is below EUR 801, the remaining amount may be shifted to the other spouse. The personal and the joint savings allowance must not be higher than the income from capital gains after deduction of a foreign tax and according to Para 6."

Consequently, the following savings allowances are available:

- For singles: EUR 801
- For married couples: EUR 1,602

Only if the sum of all taxable income from all capital gains exceeds this savings allowance, the amount exceeding the savings allowance will be taxed.

The deduction of actual capital-related expenses (e.g. portfolio fees) is no longer possible. It is debatable whether non-deductibility of these actual expenses is a violation of the principle of financial capability and therefore contrary to the German Constitution, as decided by the Court of Finance of Baden-Wurttemberg. The appeal is currently (as of January 2015) pending at the Federal Court of Finance.

According to § 32d (6) 1 EStG , the taxpayer can also choose to include his income from capital assets into his annual tax return in order to achieve more favourable taxation. In case the individual tax rate is below 25%, such lower tax rate will be used for the taxation of income from capital gains.

Foreign income from capital gains that is not subject to the flat rate withholding tax has to be declared in the annual tax return. Not declaring such income intentionally constitutes tax evasion (§ 370 AO). According to the Federal Supreme Court, it is sufficient if the tax debtor, tax advisor etc. does not primarily intend to fulfil the elements of tax evasion, but that he deems the result (tax reduction) as a possible outcome of his acts and approves or at least accepts such outcome. Furthermore, a negligent tax reduction is generally punished as administrative offence according to § 378 AO. The term "negligent" is controversially disputed, especially in the legal literature. According to the Federal Supreme Court, negligence is given, e.g. if the tax debtor, tax advisor, entrepreneur etc. acts with particular impudence or indifference with regards to his tax liabilities, or if his individual abilities and the specific circumstances of the case enable him to comply with his duties under the relevant legal regulations. Since the law enforcement authorities (criminal and penal fines departments and public prosecutors) have restrictively prosecuted criminal and administrative tax offences in recent times, taxpayers should be especially aware of duties and liabilities regarding tax filing.

V. Tax Rate

The actual amount of income tax due depends on the tax rate according to § 32a EStG . The tax rate determines what percentage of the taxable income must be paid as taxes. That taxable income that is used as computation basis for the tax rate is determined as follows: The income from the seven different income categories according to § 2 (1) EStG (after deducting the related expenses) is added up and constitutes the "sum of income".

From this sum, certain flat rate deductions are possible, such as

- old age allowance,
- allowance for single parents,
- allowance for farmers and foresters.

The result after such deductions constitutes the "total amount of income". Further deductions can be made from this amount, such as

- loss deduction,
- extraordinary expenses,
- expenses of provident nature,
- exceptional encumbrances.

At this level, foreign income according to the AStG will also be added. The result constitutes "income". Finally, the child allowance can be deducted (if applicable) if this is more favourable than the monthly payment of child benefits. The final result then constitutes the "taxable income" which determines the tax rate.

According to § 32a (1) EStG , the tax rate and therefore the tax payable can be separated into five zones (as of 2019):

1. Up to EUR 9,168 (tax-free allowance):
   0;
2. From EUR 9,169 to EUR 14,254:
   $(980.14 \cdot y + 1{,}400) \cdot y$;
3. From EUR 14,255 to EUR 55,960:
   $(216.16 \cdot z + 2{,}397) \cdot z + 965.58$;
4. From EUR 55,961 to EUR 265,326:
   $0.42 \cdot x - 8{,}780.90$;
5. EUR 265,327 and above:
   $0.45 \cdot x - 16{,}740.68$.

The value "y" is one ten-thousandth of the taxable income exceeding the tax-free allowance rounded off to a full Euro amount. The value "z" is one ten-thousandth of the income exceeding EUR 14,254 rounded off to a full Euro amount. The value "x" is the total taxable income rounded off to a full Euro amount. The resulting tax amount should be rounded off to the next full Euro amount.

VI. Marital Status Relief

According to § 32a (5) EStG , spouses are subject to the so-called Marital Status Relief where the taxable income of both spouses is added up and then halved. Then the tax due on this amount is calculated and then doubled. Joint assessment is generally more favourable than separate assessment due to the use of allowances and the progressive effect, especially when one spouse has a significantly lower income than the other.

C. Chinese Labour Law

I. Introduction

In order to understand Chinese Labour Law, a retrospective view of the historical development of the law gives useful insight. The missing distinction between law and politics is rooted in Confucianism and has been kept up during the time of Imperial reign. Chinese Law (which mainly consisted of criminal law) was not designed to give individuals rights against each other or against the state power (i.e. the imperial bureaucracy).

The first tendencies towards a rule of law system at the beginning of the 20th century were soon displaced by the civil war and the Japanese invasion during World War II. Although a so-called "framework for Labour Law" had already been created in 1922, one cannot really speak of a real Chinese Labour Law until the founding of the People's Republic of China. From then on, the main focus was on the complete communization of the economy, where already from an ideologic point of view (means of production owned by workers and farmers) the establishment of a modern Labour Law seemed expendable. People worked voluntarily and for society, which in return provided the people with everything necessary (known as "iron rice bowl"). The system of governmental assignment of workers to productive enterprises meant that both Labour Law as well as politics regarding labour market and social security were unnecessary.

After the end of the Cultural Revolution and the beginning of economic reforms, the process of developing a modern labour law began in 1979. Driving force was the promotion of foreign investment that was linked to the economic reforms. Since foreign investors could not and would not work with allocated employees and provide them with comprehensive supply in accordance with the "iron rice bowl", the establishment of a liberal labour market and by association a corresponding labour law became necessary. Therefore, in contrast to Europe, no continuous and deeply founded legal culture was available to build upon.

II. Legal Framework

Although the need for a national labour law was already recognised in 1956, the Labour Code was not adopted until 5 July 1994 and came into force on 1 January 1995; however, it only contained few general provisions.

The Constitution of the People's Republic of China contains some principles that are relevant for labour law, e.g. the right and duty to work, the right to remuneration under participation in economic progress, the principle of equal treatment, and the right to free time and labour protection. In addition, the Constitution stipulates the duty of the legislator to establish a functioning social security system. In return for the granted rights, the citizens have a duty to comply with work discipline at any time.

Although China is a unitary state and the exercise of power through the Communist Party requires unitary structures, in practice the provinces, autonomous regions and cities as well as the so-called special economic zones have their own right of district legislation. A distinctive separation of competencies and the legal effects of national and district legislation is barely possible; accordingly, the legal situation, especially regarding labour law, is rather unclear.

On 1 January 2008, the Act on Employment Agreements (hereinafter referred to as "the Act") came into force. The Act contains detailed regulations and was adopted in a transparent legislative process. However, the Labour Code has not become obsolete; together with the related addendum and by-laws it remains in force, as long as they are not in contradiction with the Act. By now, China has numerous regulations of modern standards regarding labour and social security law.

III. Individual Labour Law

1. Employment Contract (Employment Relationship)

a) Formal Requirements

The formation of an employment agreement must be in accordance with the Labour Code and the Act.

The definition of the term "employee" is stipulated in the Trade Union Act. An employee is a person who performs physical or intellectual work in an enterprise, in a public institution or in a government agency of the PRC, and who mainly depends on the remuneration of this occupation to make a living. The main criterion for the existence of an employment relationship is the rendering of a service (as instructed by the employer) and the economic dependency. This definition also applies to executives, to whom no special laws apply.

The distinction between an employment agreement and a service contract corresponds with German law, where the criteria of observing instructions, economic dependency and integration into the operational organisation as well as the typical scope of work are relevant (and not the denomination of the contract).

In order to conclude an employment relationship, a written employment agreement shall be made; this also applies to amendments and extensions of the agreement. In case of a violation of the requirement to make a written employment agreement within one month from the conclusion of the employment relationship, the employee is entitled to twice his normal monthly wage. After the expiration of the first month of employment, the increased wage shall be granted for up to 11 months; after that, the employment agreement will be deemed as unlimited if there is still no written contract in place.

The process of registration of employment agreements at the competent local employment agency is still unclear and local practices differ. Nonetheless, it is recognised that the validity of the contract is not dependant on the registration.

Bilingual contracts are possible but in case of a dispute, solely the Chinese version will prevail.

An employment agreement under the Labour Code and the Act must contain the following information:

- Name, address and legal representative or managing director of the employer
- Name, address and number of a valid identification document of the employee
- Duration of the employment agreement
- Scope and place of work
- Working hours (including breaks and vacation)
- Remuneration
- Social security
- Labour protection, labour conditions and other labour relevant protective measures, including disciplinary regulations and provisions regarding the termination of the agreement
- Other information that are required by law, e.g. liabilities for breach of contract

If certain provisions of the employment agreement are invalid, the validity of the remaining agreement is not affected hereby. If certain provisions are missing, either the company's collective regulations or the legal minimum requirements apply.

Before enacting, modifying or publishing any regulation regarding important matters concerning the interests of the employees (e.g. the frequently used Employee Handbooks), the employer has to discuss such matters with the staff. If a Trade Union does not exist, the whole workforce has to be involved. However, the final decision will be taken by the employer.

b) Protection against Discrimination

Apart from general politic principles for the promotion of employment and an active labour market policy, the "Employment Promotion Law" contains concrete anti-discrimination provisions. An applicant or employee must not be discriminated against because of his ethnicity, race, gender, religion or physical disabilities. Migrant workers are expressly mentioned and must no longer be disadvantaged in comparison with urban workers. Age however does not fall under the anti-discriminatory regulations.

The employment of Chinese employees in foreign-invested companies is not different from employment in purely Chinese companies, but the employment of Chinese employees in representative offices is vastly restricted. Representative offices are not independent juristic persons but dependent representatives of the foreign company in China. The direct employment of Chinese employees at these representative offices (and therefore consequently with the foreign company itself) is prohibited; the employment has to be arranged by an interposing Chinese service provider. According to an agreement with the service provider, employees will be provided to work at the representative office. From a German point of view, this is basically a case of leasing of employees.

The relevant provisions regarding the employment of foreign employees differentiate between foreigners directly employed by a Chinese company, a wholly foreign owned enterprise or by a joint venture company, and foreigners who have been seconded with or without additional Chinese employment agreement.

In the first case, the employment relationship is exclusively subject to the mandatory regulations of Chinese labour law, which also means that the choice of another law is not permitted.

On the other hand, a secondment without Chinese employment agreement, which is generally permissible, is not subject to the regulations of Chinese labour law so that the choice of another law is possible.

Notwithstanding the structure of the secondment, an employee is deemed to be employed in China after working for more than three months, and therefore requires an employment permit, work visa, certificate of residency and certificate of occupation, which means such employee also requires a Chinese employment agreement which will be subject to Chinese law. According to the new regulation regarding "Procedures for Foreigners' Entry Regarding Short Term Work" taking effect on 1 January 2015, even short term stays in China may already require a work permit.

c) Visa and Work Permit for Foreigners

(i) Overview

The visa regulations for visa to China have been completely revised and newly grouped in September 2013. Further minor adjustments were made in December 2014. Every German or other European national who wishes to travel to China and has no permanent residence permit has to obtain a visa in his home country before travelling to China. Since lately, exceptions apply to so-called transit stays in Beijing and Shanghai, where no visa is required for stays of up to 144 hours if proof (flight ticket) can be provided that the person will travel onwards within the next three (or 6) days. Application for transit stays must be filed at the border control authority. Further cities are supposed to follow, but it is generally recommended to obtain information before travelling without a visa as regulations may be amended often.

Since September 2013, the most important visa categories are:

- L visa for tourists
- M visa for business travel
- Z visa for permanent work in China
- F visa for creative artists and scientists

Until September 2013, the F visa was the most popular visa for business travels who were allowed to stay in China for commercial purposes. This category has now been divided into F visa and M visa as stated above. The Z visa was only required for permanent work in China, but the application process is very complex (see below).

In December 2014, the Chinese government stipulated that certain activities are not eligible for obtaining the M or F visa, but will be viewed as short term employment and therefore, a Z visa has to be obtained for these activities. Such activities include:

- Scientific research, management or consulting in connection with a Chinese organization
- Trial training at a local sports organization
- Movie shooting (including promotional films)
- Fashion show, car show, photo shooting for promotional purposes
- Foreign affairs related commercial performances
- Other activities recognized by the Human Resources and Social Security Bureau

Further categories may be added at any time; therefore, a consultation before applying for a visa is recommended. The last years (2013/2014) have seen large scale sample checks by the provincial governments in Beijing, Shanghai and Guangzhou to check foreigners who entered China on a tourist or business visa in order to perform permanent work. Such permanent work is a serious violation of Chinese law, because the visa holder does not only possess the wrong kind of visa but in addition regularly pays no taxes or social security contributions in China. Therefore, serious consequences have to be expected, including detention, significant fines and an entry ban for several years.

(ii) Visa for Permanent Work

First of all, the Chinese employer has to file an application for employing foreign nationals. However, this does not apply to foreign invested enterprises which only have to apply for an employment permit at the Labour Office where they have to present several corporate documents (this is the second step for the other companies). Further documents to be presented are the curriculum vitae of the prospective employee, a letter of intent regarding the prospective employment, a statement regarding the necessity to employ a foreign national, as well as a proof of the employee's qualifications, a health certificate and other requested documents, as the case may be. Exceptions apply to so-called "foreign experts", "foreign technical personnel with the permit to engage in offshore oil operations in the PRC" and "temporary performers". Upon approval by the Chinese authorities, a "notification of foreigner's work permit" will be issued.

Subsequently, the foreign employee has to apply for a work visa at the Chinese Embassy, Consulate or other Offices in his/her home country or place of residence. The general requirements are a minimum age of 18 years, being in good health, possessing adequate education and experience, as well as the presentation of an employment agreement, a criminal record certificate, a valid identification document.

Within 15 days after the employee entered into China, the employer then has to apply for the final work permit at the government authority that issued the notification of work permit; supporting documents to be presented are in particular the employment permit, the employment agreement, the passport and employment registration form of foreign employees.

Finally, the employee personally has to apply for a residence permit at the public security authority within 30 days after entering into China, presenting the work permit as supporting document.

Foreigners having invested in major, long-term projects in China and holding an adequate position in a company (e.g. General Manager) for consecutive 3 years or longer or being married to a Chinese national for 5 years or longer can apply for a so-called permanent residence card. However – contrary to its wording – the residence permit is initially only valid for 5 years (under the age of 18)/10 years (for everyone above 18) but can be extended relatively easily.

2. Duration of Contract

Chinese law differentiates between limited (fixed term) employment agreements, unlimited employment agreements and employment agreements that set the completion of specific tasks as the termination date of agreements. Also, full-time and part-time work is possible.

a) Part-Time

In certain industries, it is possible that several employment relationships (e.g. part-time work and secondary employment). However, such employment relationships must not breach the legal guidelines of that industry.

Part time work means that the regular working hours of the employee are not more than four hours per day and 24 hours per week and the employee is remunerated on an hourly basis. Part time employment agreements can be concluded orally, and employees are usually allowed to have more than one part time employment agreement. The stipulation of a probation period is not permitted (Article 70 of the Act); the agreement can be terminated at any time without a notice period and without the requirement of a severance payment. The remuneration must not be less than the minimum wage (per hour) of the registered place of the employer and has to be calculated and paid latest after at least 15 days of work.

b) Duration of an employment agreement

One form of time limitation is the stipulation of a probation period. According to the Act on Employment Agreements, the following stipulations are permissible:

Duration of Employment Agreement	Maximum permissible probation period
less than 3 months	0
3 months up to 1 year	1 month
1 year up to 3 years	2 months
more than 3 years or unlimited	6 months

According to Article 13 of the Act, a fixed-term employment agreement is an employment relationship where an expiration date has been contractually agreed upon. There are no legal restrictions on the duration of fixed-term employment agreements. In practice, the duration of a fixed-term employment agreement will not exceed 10 years as an unlimited agreement has to be concluded if the employee has worked for the employer for 10 consecutive years. According to Article 15 of the Act, an employment agreement that is limited by purpose is an employment agreement that is concluded to fulfil a certain task; if e.g. the project expires, the employment agreement is automatically terminated as well.

Chinese Labour Law does not provide for a review of limitations. The parties are therefore generally free to conclude fixed-term or unlimited employment agreements. However, up until 2008, there were almost only fixed-term employment agreements in place as severance payment (according to former law) was only payable in case of termination of an unlimited contract.

The Act now stipulates that in the following cases, an unlimited contract has to be concluded, unless the employee requests a limited period contract:

- The employee has worked for the employer for ten consecutive years; or
- The employer introduces the employment contract system, or a state-owned enterprise concludes new employment agreements due to a restructuring. The employee has worked for the employer for at least ten consecutive years and will be reaching the legal retirement age in less than 10 years; or
- Prior to contract renewal, two consecutive limited period contracts were concluded and no reason for termination applies according to Article 39 or 40 para 1 and 2 of the Act on Employment Agreements.

As a result, there has been a substantial growth of unlimited term employment agreements.

3. Paid and Unpaid Leave

a) Public Holidays

At the moment, the law stipulates the following public holidays:

- New Year's Day (January 1st) – one day
- Spring Festival (eve of the first until the second day of the first month of the lunar calendar) – three days
- Labour Day (May 1st) – one day
- Tomb-sweeping Day (April) – one day
- Dragon Boat Festival (Fifth month of the lunar calendar) – one day
- Mid-Autumn Festival (Nineth month of the lunar calendar) – one day
- National Day (October 1st-3rd) – three days

If one of the abovementioned public holidays occurs on a weekend, it will be adjourned to the previous or subsequent working day(s) as prescribed by official regulation.

Additionally, certain public holidays for specific groups of employees apply, e.g. for female employees (Women's Day, 8th March) or traditional holidays of ethnic minorities, as far as recognised by law.

b) Annual leave

On 1 January 2008, a vacation regulation took effect for the first time.

Employees who have worked continuously for one to 10 years (regardless for which employer) are now entitled to 5 paid vacation days per year (if they have worked with their current employer for at least one year). After ten years of employment the annual leave is increased to ten days, and after 20 years to 15 days.

The regulation also stipulates that public holidays and weekends are excluded when calculating annual leave. Furthermore, the annual leave entitlement will be affected by sick leave. Personal leave will not be considered as annual leave.

It is possible to compensate vacation leave monetarily for operational reasons if the employee consents. However, in this case the employer has to pay 300% of the daily remuneration for each day of annual leave on which the employee works.

c) Maternity Leave

Female employees are entitled to 98 days of maternity leave including 15 days before the projected birth date and 75 days after the birth. In case of a (natural) earlier birth, the 15 prenatal days will not be added to the 75 post-natal days, except in case of a (medically risky) premature birth. If the birth is delayed, the additional time is counted towards the 75 post-natal days. In case of difficult births, the employee is entitled to additional 15 days of maternity leave, in case of a multiple birth 15 additional days per additional child. In case of a miscarriage within the first 4 months of pregnancy, the employee is entitled to 15 days of leave, or in case of a miscarriage after 4 months, the employee is entitled to 42 days of leave. However, different provinces may have their own additional regulations on maternity leave, for instance, female employees in the province of Guangdong are entitled to an extra 80 days in addition to the basic 98 days of maternity leave as an award for birth control in that region.

Apart from maternity leave, night time and overtime work are no longer allowed for female employees from the seventh month of pregnancy onwards or during the breastfeeding period. Certain rest periods also have to be provided during the breastfeeding period.

In addition, the former national one-child policy has been abolished. The two-children policy was officially put into effect on 1 January 2016, which means a couple could have two children.

d) Sick Leave

Chinese Labour Law differentiates between workplace related sickness (occupational diseases) and workplace accidents, and sicknesses and injuries that are not related to the employment relationship. In the former case, the regulations of the statutory employee accident insurance apply which amended on 1 January 2011.

For non-workplace related sickness and injuries, employees are entitled to sick leave for medical treatment, depending on the overall time they have worked in their lifetime and with their current employer as follows:

Total lifetime worked	Total time worked for current employer	Treatment period
less than 10 years	less than 5 years	3 months
	more than 5 years	6 months
more than 10 years	less than 5 years	6 months
	5 to 10 years	9 months
	10 to 15 years	12 months
	15 to 20 years	18 months
	more than 20 years	24 months

In case of especially serious sickness (e.g. cancer, mental disease, paraplegia), further medical treatment or retirement will be granted in coordination with the employer and the Labour Office.

The abovementioned treatment periods can be used within the following time frames:

Treatment period (in months)	Total timeframe (in months)
3	6
6	12
9	15
12	18
18	24
24	30

e) Other Leave

For the employee's own wedding or in case of the death of a close relative, special leave has to be granted as follows:

If an employee marries, the employee is entitled to personal leave for three days. If a close relative (parents, spouse, child) dies, the employee is entitled to personal leave based on the local regulations and company guidelines, for instance, Shanghai stipulates that the employee is entitled to personal leave for one to three days; if travelling is necessary, additional leave has to be granted accordingly. During such leave, the employee is entitled to continued remuneration; travel expenses have to be borne by the employee.

4. Remuneration/Minimum Wage

Generally, the negotiation of remuneration is subject to the freedom of contract, i.e. the adequate remuneration can be freely agreed upon. However, minimum wages are commonly regulated on a local basis.[1] The definition of remuneration under the minimum wage regulations only contains the basic salary, excluding overtime pay, non-monetary benefits (e.g. food, accommodation, transport) as well as bonuses and social security contributions or other social benefits of the employer. The minimum wage regulations also apply to employees during probation period. During period of continued pay due to sick leave, no less than 80% of the minimum wage has to be paid.

If the employer fails to pay remuneration fully and in time, to comply with minimum wage regulations or remunerate overtime work according to legal requirements, this may result in the employer being liable for additional compensation in the amount of at least 50% and up to 100% of the amount due to the employee.

In case of insolvency of the employer, the employees take precedence over any other ordinary creditors.

If the employer's economic loss is caused by the employee, the employer is entitled to demand compensation from the employee. The employer may use up to a maximum of 20% of the employee's monthly remuneration to offset the compensation. If the remaining remuneration is below the minimum wage, the employer has to pay the employee the minimum wage.

The calculation of the daily wage of a month is based on the monthly salary divided by 21.75 work days per month.

An annual review or adjustment of the remuneration shall take place on the basis of the economic development of the enterprise, the overall trend of prices and the enterprise's remuneration regulations. The implementation shall take place collectively for the whole enterprise.

5. Working Hours

Chinese Labour Law differentiates three different working hours regimes. Furthermore, regulations regarding overtime work are in place and extremely relevant in practice.

a) Working Hours Regimes

(i) Standard Working Hours

China adopted the 5-day week with maximum regular working hours of 8 hours daily and 40 hours per week. This regime came into effect on 1 May 1995, however, enterprises could delay the application of the regime until 1 May 1997 if they had difficulties implementing the standard working hours regime. Chinese regulations regarding working hours do not differentiate between the days of the week, i.e. Saturdays and especially Sundays have no special status and can be normal working days. In practice nowadays weekends commonly comprise Saturday and/or Sunday.

---

1 An exemplary overview is contained in Annex 1.

(ii) Flexible Working Hours

Apart from the standard working hours regime, it is possible to implement a flexible working hours regime. A permission from the local Labour Office is required. After obtaining such permit, a so-called regime of undetermined working hours can be implemented for the following groups of employees:

- Senior management personnel, external workers and sales agents, (certain) shift workers, as well as other employees whose standard working hours cannot be measured due to the scope of their work;
- Employees in the business of long-distance transport, taxi drivers, railway, port and warehouse employees whose job is the loading and unloading of goods, as well as other employees who are employed on an ad-hoc basis due to their scope of work; or
- Other employees, for whom the regime of undetermined working hours seems to be appropriate due to special circumstances of the production or requirements regarding the scope of work.

As a consequence of this regime, employees are not entitled to overtime pay.

(iii) Cumulative Working Hours

Under the cumulative working hours regime, the employees' working hours are determined on a weekly, monthly, quarterly, annual or another basis. This system shall accommodate the regime of standard working hours where an employee must not work for more than 8 hours per day and 40 hours per week in case continual work over longer or shorter periods is required.

This regime also requires an official permit and is generally considered for employees in logistics, railway, post, shipping, aviation, fish processing or other industries where continuous performance is necessary due to the scope of work, as well as for certain employees in the geological and extractive industry, construction industry, salt and sugar production, tourism or other industries where natural or seasonal restrictions apply to the performance of work.

As mentioned above, the standard working hours generally have to be complied with under the cumulative working hours regime. Therefore, in case of exceeding the standard working hours in the reference period, overtime pay, and other extra payments must be paid. In particular, there should be extra payments for work on public holidays.

b) Overtime Work

Ordering overtime work beyond the agreed standard working hours is generally possible. However, a unilateral order by the employer is not allowed. A previous consultation with the works council (if any) and the employee is necessary. Overtime work shall generally not be more than one hour per day; in specific cases, an extension for up to three hours per day and a maximum of 36 hours per month is possible, as long as the employees' health is not in danger. These restrictions do not apply if the overtime work is required due to natural disaster, accident or other events that are life threatening or hazardous to health or property if immediate relief is vital. Furthermore, restrictions do not apply in case of urgent repair works due to malfunctioning in production, transportation or public utilities infrastructure that affect production or public interest, or in specific cases according to the law.

An extension of working hours beyond the abovementioned limits is not permissible in any case. In case of legally ordered overtime work, overtime remuneration has to be paid. The remuneration for overtime work on normal working days is 150% (i.e. 50% overtime pay in addition to the regular remuneration), 200% for overtime work on the weekly day(s) off (disregarding which weekday), and 300% on public holidays. If overtime work is performed on the weekly day(s) off, the law provides for the possibility to grant compensatory time off. This way, an enterprise can avoid the additional financial burden in connection with overtime pay.

A reduction of the permissible working hours applies to specific particularly burdened groups of employees, e.g. employees who perform night time work (i.e. work between 10 p.m. and 6 a.m.). In such cases, the daily working hours are generally reduced in accordance with relevant regulations.

The regulations regarding working hours can be enforced by administrative penalties. As an example, the penalty for overtime work that was ordered unilaterally by the employer without consultation is up to RMB 100 for every hour of overtime; the same penalty applies when the maximum limit of overtime work is exceeded. However, serious circumstances could be subject to criminal penalties.

Higher penalties apply for a violation of rights of particularly protected groups of persons (e.g. breastfeeding mothers). The relatively low penalties and the low probability of detection are seen as the main reason for the frequent violation of the regulations in practice. However, especially regarding foreign investments, the recent past showed an increase in controls by the labour authorities.

6. Social Security

The mandatory social security insurance is divided into pension insurance, health insurance, unemployment insurance, (statutory) accident insurance and maternity insurance.

a) Pension Insurance

The pension insurance system consists of a social fund and the employee's individual account. Both the employer and employee contribute to the employee's individual account at certain rates regulated by local government. The contribution rates are tiered depending on the geographical region and are subject to maximum income levels for the assessment of the contribution amount. The social fund is financed by the government and the employer. It should be noted that the parts contributed by the employer to the private account and the social fund are actually the same amount, meaning that the employer pays only once into the employee's private account, however, the government is actually deducting the lump sum from this payment and adds it into the social fund. The government also uses this lump sum for investment or as pension for those who has already retired. Generally, the employer will finance the social fund at the rate of no more than 20% of the employees' monthly salary in that enterprise. The whole system represents a "pay-as-you-go" procedure where the pension received by current retired employees is actually funded by the government and the employer.

Although the private pension account is in principle part of the employee's assets, it is administered by the state and is supposed to bear interest. However, it is assumed in China that a private pension account actually does not exist due to the "pay-as-you-go" approach and investments made by the government.

According to the current regulations, retired employees are entitled to a basic pension amounting to 20% of the regional minimum wage of the previous year if they have made contributions for at least 15 years; otherwise, they are only entitled to a repayment of the contributions to the private account.

The current retirement age is 55 years for women and 60 years for men. An increase is urgently needed and is currently being politically discussed. According to current regulations, the total pension consists of the basic pension and individual private pension. The latter shall be paid out as follows: the accumulated sum shall be divided by 120 and then paid out monthly for the next 10 years. Since the current average life expectancy of Chinese men is approx. 72 years and of Chinese women 77 years (and rising), it is obvious that the sum will not suffice to cover the whole retirement period (especially because the private pension accounts actually only exist in theory). De facto, in the future, Chinese employees may not retire when reaching the abovementioned age, unless they have other financial means available.

b) Health Insurance

The health insurance system is similar to the system of pension insurance which is called "financing mechanism of basic medical insurance", i.e. there is a basic model of employer and private contributions as well as governmental funding. Financing is made through contributions of employer and employee. The contributions of the employee as well as part of the employer's contributions (approx. one third) shall be paid into an individual account of the employee, while the remaining contributions of the employer will be pooled in a social fund.

The basic principle is that medical costs shall be primarily paid out of the employee's individual health insurance account; this shall serve as an incentive to minimize costs and to take care of one's own health. Only medical costs that exceed 10% of the average regional wage will be paid out of the social fund, but only up to a limit of four times the average wage of the previous year. For the remaining cases, a hardship fund has been established, employees who are entitled to hardship fund will make contribution to the medical insurance with government subsidies.

Some arrangements of the health insurance system are problematic in detail, e.g. that only the employee is included; non-working spouses, children or parents of the employee are not covered by the insurance.

Furthermore, medical payment that exceed 10% of the average regional wage could be reimbursed from the social fund. However, the general upfront medical payment may lead to liquidity shortages of the employee, especially since it can at no time be precisely predicted whether the costs will actually be reimbursed. This is because reimbursable services may only be performed in specific hospitals and by prescribed doctors, and the catalogue of services is limited.

c) Unemployment Insurance

During the time of centrally planned economy, the phenomenon of unemployment was (at least officially) non-existent for many decades. However, due to the change of economic structures, the increasing unemployment rate has become one of the main social problems. (Former) employees of state-owned enterprises are affected in particular. The contribution-based unemployment insurance was implemented in 1999. Financing comes from contributions of the employer (2% of the monthly average salary of all employees) and the employee (1% of individual's monthly average salary), government subsidies and other funding recognized by the law.

After one year of contributions, employees are entitled to unemployment benefits, along with allowances for health insurance and occupational retraining, services of the employment agency, funeral allowances for unemployed or their relatives, as well as other allowances as announced by the State Council. After one to 5 years of contribution, employees are entitled to 12 months, after 5 to 10 years of contributions employees are entitled to 18 months of unemployment benefits, and in case of a longer contribution period, the entitlement grows up to maximum of 24 months.

The amount of unemployment benefits is regulated by the local government but shall lie in between the minimum subsistence level for the urban population and the local minimum wage. This shows that the unemployment benefits are barely sufficient to cover the risks of unemployment.

d) Accident Insurance

On 1 January 2004, the Decree on the Insurance of Work-Related Accidents came into force. For the first times, it stipulates a mandatory insurance for work related accidents and occupational diseases.

The contribution rates vary in between industries (ranging from 0.5% to 2% of the salary) and have to be paid exclusively by the employer into a fund specifically designated for this purpose.

According to the Decree, work related accidents are – similar to the regulations of the German Social Security Code – not only accidents that in time and place are connected to the performance of the work, but also road accidents on the way from and to work.

Under the accident insurance, employees are entitled to medical treatment, a one-time invalidity allowance, funeral allowance, relatives' supporting pension and a pension for covering nursing expenses, etc.

The amount of benefits in case of invalidity depends on the degree of invalidity (a ten-tier system) which will be determined by a "Commission to Evaluate Invalidity". The invalid employee is entitled to a pension in the amount of his/her of 30%, 40% or 50% of the local average income to cover monthly nursing expenses. This entitlement can last up to 20 years.

During the period of medical treatment, employees are generally entitled to their usual paid salary by the employer, which is initially limited to a period of 12 months and may be extended for no more than 12 months if the employee is seriously ill or injured. If later the employment relationship can be continued, the employee is entitled to a position that is appropriate for his reduced ability to work (if any).

e) Maternity Insurance

The separate maternity insurance is subject to the two-children policy of the Chinese government. Accordingly, female employees are not entitled to any benefits from the maternity insurance if they infringe this state policy.

The maternity insurance is financed exclusively by the employer who has to contribute less than 1% of the total gross salaries of the employee. The benefits are related to pregnancy and birth including pregnancy-related sickness. In particular, subsidies during maternity leave are covered; it shall correspond with the regular average basic salary of the previous year.

f) Other Mandatory Contributions

The social security system includes further mandatory contributions, e.g. contributions to the labour union (if existing) or to the so-called "housing fund". The latter has some financial importance as employer and employee have to contribute 5% to 12% respectively (the calculation basis is the employee's monthly average salary). The employer may choose a higher contribution basis within this range. However, different cities may have a different contribution basis regulated by the local government. The contributions are aimed at creating and providing financeable housing through means of social housing projects and granting of affordable loans for the housing purchase. The housing fund is a supplementary measure of the Chinese legislator based on the fact that during the times of centrally planned economy, the providing of housing was the duty of the employer. The transition to a free housing market led to shortages and social hardship that shall be compensated by the housing fund.

g) Voluntary Insurance

A commercial retirement insurance is another type of insurance serving the same purpose as a pension insurance. This insurance is concluded voluntarily and borne solely by the employees. The amount of contribution will determine the amount of payback after retirement. In practice, few companies and employees utilize additional private coverage for commercial insurance. This is partly due to the legal framework, as there is no special subsidies for company insurance; thus, commercial insurance is currently merely a recruiting instrument at some foreign enterprises. It may also be due to the lack of a commercial insurance market (which is currently still in development), and due to a lack of financial means and risk awareness of the employees.

7. Termination of an Employment

a) Introduction

An employment agreement is automatically terminated in case of expiration of an agreed limited period, retirement, the employee's death, the insolvency of the employer, the revocation of the commercial license of the employer, mandatory shutdown or voluntary dissolution, and in case of other reasons stipulated by law or by administrative regulations.

b) Types of Termination

The termination regulations also apply to the period between the conclusion of the employment agreement and the actual commencement of work, limited as well as unlimited period employment agreements.

(i) Ordinary Termination by the Employee (Article 37 of the Act)

An employee can terminate his employment agreement at any time by written statement (without giving reasons) to the employer with a notice period of 30 days (during probation period 3 days).

(ii) Extraordinary Termination by the Employee (Article 38 of the Act)

An employee can terminate his employment agreement without giving previous notice

- if the employer does not comply with the employee protection rules;
- if salary is not paid in full or not on time;
- if social security contributions are not paid and submitted properly;
- if the regulations set by the employer violate the law or other regulations and thereby harm the employee;
- if the employment agreement has been concluded due to deception, coercion or under exploitation of the weaker legal position of the employee and therefore is/becomes void; or
- if other facts as stipulated by law apply.

The employee retains the right to terminate the employment agreement if the employer utilizes force, threats or unlawful restrictions against the employee's personal freedom in order to coerce the employee into working. The employee also has the right to extraordinarily terminate the agreement in case of an employer's assignment to perform dangerous activities or in case of a threat to the employee's personal safety. An employee is entitled to severance payment regarding a termination of agreement under Article 38 of the Act.

(iii) Ordinary Termination by the Employer (Articles 40 – 42 of the Act)

The notice period is generally 30 days. Alternatively, a payment in lieu of notice in the amount of one month's salary can be made; in such case, the employment relationship can be terminated with immediate effect.

An ordinary termination is possible if the employee is sick for a prolonged period – and after the continued payment period – is not able to perform his previous or a newly assigned scope of work, unless his inability is due to a work-related accident or an occupational disease.

Furthermore, a termination is possible if the employee is not (anymore) suitable for the position. This means cases where the employee is not (anymore) able to fulfil the complete production requirements or the job description as agreed upon in the employment agreement, where an employee's performance in relation to the productivity is below average, or where an employee has other personal deficits (knowledge and/or ability deficits or physical characteristics that are essential for the scope of work).

Another recognised reason for termination is an essential change in the objective circumstances since the conclusion of the employment agreement which make the fulfilment of the agreement impossible, as long as the parties cannot reach an agreement to amend the contents of the contract despite negotiations. This generally means situations where one or more parts of the agreement can objectively no longer be fulfilled, e.g. the relocation of the enterprise, an acquisition of assets of the employer by another enterprise.

A special regulation exists for mass dismissals (layoffs): It is possible to dismiss a larger number of employees if a restructuring under bankruptcy law takes place, if a serious issue of production or other problems arise, if a change in production, a major technical innovation or a change in the business model is implemented, or if another change of the objective economic circumstances is performed (compared to the date of conclusion of the employment agreement), which makes the unchanged fulfilment of the employment agreement impossible. In this context,

the term "mass dismissal" means that either 20 or more employees or at least 10% of the total employees are affected by such dismissal. The employer is obliged to exempt certain employees from such dismissal:

- employees under limited period contracts with a long time of service,
- employees with unlimited contracts (in comparison with limited term contracts), or
- employees who are the sole provider for a family and have to provide for an old person or a minor.

Furthermore, if recruitment starts again within six months from the mass dismissal, the previously dismissed employees have to be considered with priority and shall be re-employed at the same conditions as at the time of their dismissal.

An ordinary termination by the employer (including mass dismissal) is not permissible in the following cases:

- The employee performs work that bears the risk of occupational diseases and previous work-related medical examination was not conducted, or the employee has (possibly) acquired an occupational disease and is currently under examination or medical surveillance;
- The employee is completely or partly incapable of working due to the acquisition of an occupational disease or a work-related accident that occurred while working for the employer;
- The employee has acquired a non-work-related disease or injury and the period of continued payment as prescribed by law has not yet expired;
- A female employee is subject to the maternity protection provisions during pregnancy, childbirth or breastfeeding;
- The employee has been continuously employed with the current employer for at least 15 years and is less than 5 years away from reaching the legal retirement age;
- Any other circumstances recognized by the law.

(iv) Summary Dismissal by the Employer (Article 39 of the Act)

Under Art. 39 of the Act, the employer can dismiss the employee without notice in certain situations.

An employer can terminate an employment agreement without prior notice if during probation period it turns out that the employee evidently does not fulfil the recruitment requirements. In case of termination during probation period, a reason for the termination must be given in order to justify the termination. The lack of compliance with the prescribed employment conditions must be documentable. The provision of the law also stipulates that the lack of qualification cannot be used to justify a summary dismissal at a later point in time after the probation period has passed.

Another possibility for summary dismissal of the employer arises if the employee substantially disobeys the rules and directives of the employer. This shows the importance of Employee Handbooks and similar regulations that outline employees' duties.

Furthermore, the employer can terminate employment without notice in case of a substantial breach of contract, malpractice by the employee, or if considerable damage is caused by the employee. The considerable damage can be cumulative effects over time and can be further determined by the employer. It is therefore possible to define the term "substantial damages" in more detail in the Employee Handbook or in similar regulations.

In addition, the employer can dismiss the employee without giving notice if the employee enters into a parallel employment relationship with another employer that substantially affects the fulfilment of his duties and if the employee is not willing to remedy such conflict. This can also lead to a joint liability of the subsequent employer.

The employment relationship can also be terminated without notice if the employment relationship has been concluded due to deception, coercion or threat by the employee.

Furthermore, the criminal prosecution of the employee can be a reason for summary dismissal. The wording of the law refers to cases where an infringement of criminal laws has been determined without a penalty being declared; further cases covered are where the People's Tribunal determined a sentence, where a sentence is suspended, or where has been sentenced to imprisonment. The mere suspicion of criminal activity as well as investigative custody are not sufficient termination reasons; however, the mutual duties (in particular the employer's duty to pay remuneration) may be suspended. If the employee is acquitted and released from custody, he/she is entitled to be re-employed.

c) Time Limitation and Severance Pay

Employment agreements with time limitation are automatically extended in certain cases, e.g. in case the employee is sick beyond the end of the time limitation. In such cases, the employment relationship is extended until the end of the circumstance, e.g. the sickness (limited by the maximum periods for continued payment in case of sickness).

The termination of an employment agreement generally leads to the duty to pay severance payment to the employee. This also applies to the expiration of contracts with time limitation, unless the employee does not want to extend the contract although the employer has offered an extension at same or better conditions.

For every completed year of employment, at least one month's salary of severance payment is due. Time periods of more than six months will be adjusted upward, time periods below six months will be compensated with half a month' salary. The calculation basis is the employee's average salary during the last 12 months. If the employee monthly salary is higher than three times the average monthly salary of the previous year of all employees in the same region, the severance pay is capped three times the local average wage. The severance payment is calculated as follows: three times the regional average monthly salary x years of service for the company. The severance payment is also capped at 12 months, even if the employee worked for the company for more than 12 years.

If the employer's termination of an employment agreement is against the law and if the employee demands fulfilment of the contract, the employee is entitled to being re-employed. If the employee does not demand to be re-employed, or if the continuation of the employment relationship has become "impossible", the employee is entitled to compensation in the amount of double the severance payment.

d) Post-contractual Non-competition

A restrictive covenant regarding post-contractual non-competition may only be concluded with management members, executive technicians or other employees who are subject to a confidentiality clause. Regarding scope, geographical extent and duration, the principle of freedom of contract applies, limited by law and regulations, including the regulation of the Act stipulating that the maximum duration of non-competition is two years. Furthermore, the Act stipulates that only such competing activities that are related to the same kinds of products or the same industry are covered. In addition, the restrictive covenant shall be reasonable.

The employee is entitled to a monthly compensation payment during the duration of the non-competition period; the amount is not regulated by the Act but will be determined by the different administrative regions (it usually ranges from 1/3 to 50% of the previous monthly remuneration of the employee).

In case of a violation, the employer can claim for damages not only against the employee, but also against the subsequent employer who hires an employee if the subsequent employer is aware of the restrictive covenant.

The violation of the confidentiality agreement and the restrictive covenant regarding non-competition, and termination of the so-called "period of service" agreement (when the employer pays for a special training for the employee and intends to benefit from this training for a certain period of time) are the only cases in labour law where an agreement of liquidated damages is permissible.

e) Certificate of Termination

In the case of termination of employment, the employee is entitled to receive a certificate of termination stating the duration of the employment, the effective date of termination and the positions of the employee during his employment.

IV. Collective Labour Law

1. Overview

Chinese Collective Labour Law cannot be compared to German Collective Labour Law with its collective bargaining agreements, works councils, works agreements and the various participation and co-determination rights.

The only permissible Trade Unions are those subordinated to the All-China Federation of Trade Unions (ACFTU). According to the constitution of the ACFTU, subordination under the Communist Party is mandatory. So far there are barely industry- or sector-wide collective bargaining agreements or comparable collective agreements. However, this should likely change in the near future, because the possibility of sector-wide collective agreements is explicitly mentioned in the law. The first industry-wide collective bargaining agreement (concerning machinery industry) was concluded in 2006. Generally, the president of the industry association will be representing the employer in those industry-wide collective bargaining.

Further collective representatives are the employee representative bodies elected in the enterprises, the so-called Trade Unions that are comparable to German Works Councils. The establishment of a Trade Union is mandatory in enterprises with more than 25 employees. Enterprises with less than 25 employees, can choose to establish a Trade Union. Trade Unions represent all employees including executive employees, which leads to significant conflicts of interests that are even more intensified due to the fact that in the past many Trade Unions were led by the employer himself. According to the law, there has to befull-time staff solely responsible for the management of Trade Union for enterprises with more than 200 employees. The number of full-time staffs must be negotiated by the Trade Union and employer. However, different from the current situation, the former Act of Trade Unions stipulated that the full-time staff had to be proportionate to the number of employees in that enterprise (e.g. 1 staff for every 200 – 500 employees). The full-time staff of the Trade Union are fully released from normal working duties and benefit from protection of the Trade Union.

Moreover, there is a so-called "Employee Representative Congress" established in enterprises which promotes democratic management.

2. Trade Unions/Collective Agreements

Trade unions have the right and duty to advise employees on the conclusion of individual employment agreements and to conclude collective agreements with the enterprise. Such collective agreements can cover topics such as remuneration, working hours, rest periods, vacation, work safety, social security and additional social benefits, but such regulations must not fall below the minimum requirements prescribed by law. Prior to signing, the draft of a collective agreement must be presented to all employees or their representatives for discussion and approval and will come into effect 15 days after submission to the labour authority as long as there are no objections from the labour authority. All employees are bound by such collective agreements. Regarding the individual employment agreements, the more favourable regulations prevail.

The employer and employees take part in the negotiations through three representatives each. On the employee side, the Trade Union (if any) or otherwise the elected employee representation acts under supervision of the governmental Trade Union Organization. On both sides, one professional outsider (e.g. a lawyer) can be involved as commissioned by the chief representative. The governmental Trade Union Organization has the right to assign one observer.

Further tasks of the unions are the participation in mediation and arbitration procedures, whereby the double function of the union is reflected by the fact that on the one hand, employees' interests shall be represented, and on the other hand, disputes shall be settled in order to uphold the work discipline.

According to the still valid regulations regarding equity joint ventures, representatives of unions are entitled to participate in meetings of the board of directors and may also contribute to the discussions as non-voting participants. This especially applies where employee-relevant matters such as the remuneration system and works safety are being discussed. However, in practice so far only few unions exercise this theoretically existing right.

Trade Unions are financed through union dues, the income of the enterprise, governmental subsidies, and funds transferred by the enterprises which are 2% of the total salaries per month.

The Trade Union organs consist of the Trade Union Members Congress, Trade Union Members Committee and its chairman and vice chairman.

The Act on Trade Unions stipulates that enterprises with at least 200 employees must have one full-time trade union chairman. This is comparable to a German works council member exempted from normal work duties. Trade Union members enjoy a certain employee protection, i.e. a random transfer without the approval from the Trade Union's members' conference is not possible.

Despite this individual protection, the Act on Trade Unions expressly stipulates that union work activities generally have to be performed outside of normal working hours (unless permission for work during the working hours is granted by the enterprise), whereby partly exempted members of the Trade Union are eligible for up to three days of paid union work activities per month. The enterprise has to support and cooperate with the Trade Unions; such support includes the provision of appropriate office space and other resources.

3. Industrial Action

Whereas the constitutions from 1975 and 1978 expressly stipulated the employees right for strikes, an equivalent provision is not contained in the current constitution of 1982. However, this omission in the constitution as well as in the Labour Code and the Act on Employment Agreements, according to the prevalent interpretation (and in practice), does not mean that employees' rights cannot be enforced. Article 27 of the Act on Trade Unions stipulates that, in case of work stoppage and strikes in an enterprise, the Trade Union shall, on behalf of the workers and staff members, hold consultation with the enterprise or institution or the parties concerned, present the opinions and demands of the workers and staff members, and put forth proposals for solutions. With respect to the reasonable demands made by the workers and staff members, the enterprise or institution shall try to satisfy them. The Trade Union shall assist the enterprise or institution in properly dealing with the matter so as to help restore the normal order of production and other work as soon as possible.

4. Role of the Communist Party

According to the current law, all enterprises (including foreign-invested companies) with at least three Communist Party members shall establish a Communist Party Committee within the enterprise, Art. 30 of the Chinese Communist Party Constitution (CCPC). If a Committee is established within the enterprise, a secretary shall be selected. Regarding the scope of powers of the Committee, Art. 33 CCPC states:

"Party organizations in non-public sector entities shall implement the Party's principles and policies, guide and oversee their enterprises' observance of state laws and regulations, exercise leadership over trade unions, Communist Youth League organizations, and other people's group organizations, promote unity and cohesion among workers and office staff, safeguard the legitimate rights and interests of all parties, and promote the healthy development of their enterprises."

V. Labour Dispute Procedure

1. Overview

The following disputes are assigned to the labour arbitration tribunals' jurisdiction:

- Disputes in connection with the existence of an employment relationship.
- Disputes in connection with the conclusion, execution, amendment, rescission or termination of an employment agreement.
- Disputes about the resignation or dismissal of an employee.
- Disputes regarding working hours, rest periods, vacation, social security, bonuses, professional training and development, and other employees' rights.
- Disputes in connection with remuneration, continued pay and medical costs after work-related accidents, severance pay or other compensation payments.
- All other work-related disputes as prescribed by law or other administrative regulations.

Above all, negotiations between employer and employee can take place in order to reach a mutual settlement of the dispute. If such negotiations do not take place or if they fail, each party can request mediation. If one party does not participate in the mediation or if mediation fails, the governmental arbitration tribunal can be called upon. In certain cases prescribed by law, a party that does not agree with the arbitration tribunal's decision can thereafter call upon the civil courts.

Where ten or more employees want to enforce similar claims, they can appoint a representative who will put the claims forward in a model group case.

If a serious labor dispute arises, the labour authorities are obliged to set up a so-called three-party mechanism involving the labor authorities, Trade Unions and the employer's representative to deal with such disputes.

The mediation committee of an enterprise shall consist of representatives for both parties, whereby the employees' representative is a member of the Trade Union or a representative who has been appointed by all employees, and the employer's representative is appointed by the enterprise's management. The chairman of the mediation committee shall be a member of the Trade Union or a person appointed by both parties. Art. 11 under the Act of Mediation and Arbitration of Labor Disputes stipulates certain basic requirements for mediators that are supposed to ensure a fair trial. The application for mediation can be filed by one party orally or in writing; in case of oral application, an accordingly written note shall be made by the mediation committee. The application note shall record the basic information of the applicant, the matter in dispute, the reason for the application as well as the application date. The mediation committee shall hear both parties and give them the opportunity to express their views and arguments. The mediation is aimed at the conclusion of a written agreement (the mediation agreement) that shall be signed by both parties and the mediators. If no mediation agreement can be reached within 15 days upon receiving the application, each party can call upon the arbitration tribunal. This also applies if a mediation agreement was concluded but one party does not comply with the written agreement. In case of disputes about remuneration, medical costs of work-related accidents, severance payment or compensation, the employee can call upon the People's Court (i.e. bypassing the arbitration tribunal) applying for a payment order if the employer does not comply with the mediation agreement.

2. Costs

Arbitration proceedings are free of charge. Previously, relatively high fees had to be paid in some cases, which was a significant deterrent for employees. The change in the law has already contributed to an increased number of labour disputes.

3. Arbitration proceedings

The arbitration commission's duty is to appoint/dismiss full-time or part-time arbitrators, the formal acceptance and processing of arbitration cases, the discussion of important or difficult arbitration cases and the supervision of all activities of the arbitration tribunals.

Arbitrators shall either have been employed as judges, legal researchers or teachers with an according job description, or in the human resources department/Trade Union/ another profession for at least five years, or as lawyers for at least three years, and have sufficient knowledge of the relevant laws.

If the arbitration commission refuses to accept an application (or if it does not render a decision within five days), the applicant can initiate court proceedings.

Within another five days after acceptance of the application, the application must be delivered to the counterparty who shall then deliver a defense statement within 10 days after receiving the application. The arbitration commission shall deliver the defense statement to the applicant within five days after receiving it.

The arbitration tribunal in charge of the case shall consist of three arbitrators including a chairman; simple cases can also be decided by a single arbitrator.

The arbitration commission shall inform the parties about the members of the arbitration tribunal within 5 days after acceptance of the application.

An arbitrator who is involved in the decision-making process may be excluded under certain individual circumstances and either the arbitrator himself or one of the party raises such concerns. Such circumstances include:

- being related to one of the parties or their representatives; or
- having any conflict of interests or
- any other relationship to one of the parties or its representatives that could affect an impartial decision-making or
- having private meetings with one of the parties of their representatives or
- the acceptance of a gift or another benefit from one of the parties or their representatives

The arbitration tribunal in charge of the specific case shall inform both parties about date and place of a hearing five days prior to such hearing. If the applicant or his representative does not participate in a hearing or retracts during a hearing without proper reason, his application is deemed to be withdrawn. The absence without proper reason or a retraction of the defendant with permission of the arbitration tribunal on the other hand does not lead to the termination of the arbitral proceedings; on the contrary, a decision can also be made in his absence.

Under certain conditions, the arbitration tribunal can call in experts; such experts shall participate in a hearing and may, after approval by the arbitration tribunal, be questioned by the parties. The parties themselves have the right to make statements and to interrogate the counterparty or witnesses (if any). After conclusion of the oral hearings, the chairman of the arbitration tribunal shall give both parties the opportunity to a final statement.

Prior to that, the arbitration tribunal has to comprehensively take evidence and consider such evidence in the decision-making; in this context, it should be mentioned that the employer is obliged to also provide evidence that may be unfavourable to him; the burden of proof is therefore shifted to the employer in favour of the employee.

If no mutual agreement can be reached, an arbitration verdict has to be made. Such verdict shall be rendered within 45 days from the application date; in complicated cases, this period can be extended for another 15 days if the arbitration commission approves such extension and the parties have been duly informed in writing. If no verdict is rendered by the arbitration tribunal within the abovementioned periods, each party can submit the case to the People's Court.

In remuneration disputes (except disputes where the sum in dispute exceeds the annual local minimum wage) as well as in disputes regarding working hours, rest periods, vacation or social security, the arbitral tribunal will render a final verdict which cannot be challenged in front of the People's Court. However, this does not apply to a losing employee who may file an appeal against the verdict within 15 days upon receiving the arbitral award at the People's Court.

The employer can only file an appeal at the Intermediate People's Court in order to withdraw the verdict within 30 days upon receiving the arbitral award in the following cases:

- The arbitration tribunal's verdict applied the law or other administrative regulations wrongly
- The arbitration tribunal was not the competent court
- The proper procedure was not complied with
- The evidence on which the verdict is based was forged
- The other party withheld evidence which had an adversarial effect on the decision-making
- Bribery or malpractice of the arbitrator during the proceeding

If the verdict is withdrawn according the above circumstances, both parties can appeal to the People's Court within 15 days upon receiving the notice of withdrawing the verdict.

D. Taxes in China

I. Personal vs. Corporate Income Tax

1. Personal Income Tax

In China, the main laws regarding personal income tax are:

- Individiual Income Tax Law (IIT Law, 个人所得税法), in force since 1 March 2008, the last amendments came into effect on 1 October 2018 and 1 January 2019, and
- Regulations for the Implementation of the Individual Income Tax Law of the People's Republic of China (Regulations, 个人所得税法实施条例), in force since 1 March 2008, were amended on 18 December 2018 and came into effect on 1 January 2019.
- Furthermore, there are various *Provisional Measures* (暂行办法) that regulate specific areas in more detail.

In addition, so-called *Circulars* are being published by the Chinese State Administration of Taxation (SAT, 国家税务总局) and the Ministry of Finance (MOF, 财政部), in particular the following:

- Guo Shui Fa (国税发), published by the SAT for the clarification of certain matters
- Cai Shui Zi (财税字), jointly published by the MOF and SAT;
- Cai Shui (财税), the successor of Cai Shui Zi;
- Guo Shui Han (国税函), published by the SAT for the clarification of general matters.

Besides this, numerous other notifications exist, issued by different authorities. It has to be noted that the Chinese regulations may change quickly and may be interpreted and implemented differently by different tax authorities.

2. Corporate Income Tax

Until the end of 2007, different regulations applied to the corporate income tax (CIT) for foreign and domestic companies, whereby foreign-invested companies had to pay a lower tax rate. This changed with the implementation of the new Enterprise Income Tax Law, effective as of 1 January 2008, which aligned the tax rates. Since then, a uniform corporate income tax rate of 25% applies.

Subject to corporate income tax are companies that are resident in China, i.e. companies who have either been incorporated in China or have their factual management within in China (= Tax Resident Enterprise). In this case, the company is subject to Chinese tax with its total worldwide income.

Subject to tax is the net income, which is the gross income minus deductible expenses and losses (also from previous years). Tax deductible expenses can be, e.g.:

- Payment of royalties
- Interest on loan
- R&D expenses
- Donations up to a certain amount
- Certain allowances for employees
- Out-of-pocket expenses up to a certain amount
- Depreciation for assets

The previous regulation that granted general tax incentives or exemptions for the first years after incorporation has been abandoned. However, it is still common that provincial governments, especially in less developed areas, offer incentives on a local basis in order to attract foreign investors.

Furthermore, tax incentives are granted to certain industrial sectors, including high tech enterprises, software enterprises etc.

The CIT is an annual tax, but payments have to be made in advance. According to Article 54 of CIT, the advance payments have to be made monthly or quarterly, but in practice, most companies make the payment quarterly. The annual tax report is due until 31 May of the following year.

II. Limited vs. Unlimited Tax Liability

1. Overview

The personal income tax liability in China is, similar to Germany, linked to the taxpayer's domicile or residence.[2] An individual is domiciled in China if he/she habitually resides in China due to his/her household registration, family or economic ties. Other than this, any person staying in China for (cumulative) 183 or more days per tax (i.e. calendar) year is considered a tax resident. For the period between 183 days and six years, an application can be filed in order to be taxed on the basis of China-sourced income only and to exclude non-China-sourced income of non-domiciled tax residents. Such application is generally successful and thus, only the part of the income related to China (work performed in China or work abroad but paid by a Chinese entity) is taxed in China. It has to be noted that income paid out of Germany for the work in China is subject to Chinese tax, irrespective of whether such income is charged back to the Chinese company or not.[3]

As soon as a seconded employee has been resident in China for more than six years (which means he/she stayed more than 183 days in total in China during each of the six years), he/she is subject to Chinese taxation with his/her worldwide income, i.e. any and

2 Art. 1 of the Chinese Individual Income Tax Law.

3 In case such income is not charged back to the Chinese company, the seconded employee may – according to Guo Shui Fa [2010] No. 75 – be viewed as permanent establishment of the seconding enterprise which would create a tax liability for the seconding enterprise in China. Therefore, the appropriate back-charging between the companies must be observed.

all income is subject to Chinese personal income tax. This can be avoided by staying out of China for 30 consecutive days in a calendar year, see below under 2.c.

Currently, a progressive tax rate ranging from 5% to 45% applies. The tax rates for low-income earners have been reduced as of 1 October 2018.

The individual income tax is calculated on an annual basis but it has to be declared and paid on a monthly basis. In case of salary income, the tax is usually withheld and submitted by the employer, who in this regard acts as Withholding Agent (扣缴义务人), Art. 11 IIT Law.

2. Tax Liability

A person's tax liability in China depends on:

- Where the geographical source of income is situated, i.e. whether the income has been earned inside or outside of China, whereby income earned inside of China is generally subject to tax;
- Who bears the cost of the person's salary, i.e. whether the salary is finally borne by a Chinese or a foreign employer; and
- If and for how long the person is living in China, whereby the following three time periods have to be distinguished:

a) Duration of Stay Less than 183 Days per Year

Where a DTA (e.g. with Germany) is in place, the 183 days rules applies[4], i.e. the employee's country of residence (e.g. Germany) generally has the right to levy taxes if the employee has been in the country where he performed the work (e.g. China) for less than 183 days and if the income is not borne by a Chinese company or permanent establishment in China. For any period below 183 days, China therefore has no right to levy taxes if the seconded employee receives salary from a foreign (i.e. non-Chinese) company or for work outside of China (e.g. Art. 15 (2) DTA China/Germany). Please note the exceptions for executive employees as addressed herebelow at 3.b).

The employee's salary paid by the Chinese company or permanent establishment or representation for work within China is, however, subject to tax in China starting from the first day.

b) Duration of Stay more than 183 days per calendar year

Since 1 January 2019, any person that stays in China for 183 days or more is considered a tax resident in China according to Art. 2 IIT Law. Generally, the worldwide income, irrespective of the source, is taxable in China.

4 Where no DTA is in place, the local Chinese rules applies which stipulate a period of 90 days.

c) Exception: Duration of Stay More than 183 days but Less than 6 Years (6-Year-Rule)

An individual who does not have domicile in China and has resided in China for 183 days or more in a tax year, but less than 6 consecutive years, his/her foreign sourced income paid by a overseas organization or individual shall, upon filing with the tax authority in charge, be partly exempted from individual income tax in China (so- called "6-year-rule"). When an individual stays outside of China for more than 30 consecutive days in any tax year, during which he or she stays in China for 183 days or more, the six consecutive years in which the individual resides in China for 183 days or more will be reset to zero and a new six-year period will commence.[5]

3. Tax Planning Advice

a) a) Tax Liability Overview

The following table shall illustrate the tax liability depending on duration of stay and source of income as well as place of work:

Income from work	**in China**		**Overseas**	
Payment borne by employer from Duration of Stay in China	**China**	**Overseas**	**China**	**Overseas**
– less than 90 days	Yes	No	No	No
– less than 183 days (and in case of a Double Taxation Agreement with another country)	Yes	No	No	No
– 183 days but less than 6 years (6-year-rule)	Yes	Yes	Yes/No	No
– 6 years	Yes	Yes	Yes	Yes

b) Exceptions for Executive Employees

Certain exceptions apply to employees who perform executive functions in a company in China.

The following positions are defined as high level management:

- Company Chief, CEO
- Deputy General Manager
- Persons in other functional executive positions
- Chief Supervisors
- Other persons in similar positions on a company's management level

Such person's income from Chinese companies is subject to tax in China from the first day, irrespective of whether the salary is paid for work inside or outside of China. The previously mentioned local Chinese tax regulation, according to which such income will not be taxed in China during the periods of stay below 183 days does not apply. According

5 Art. 4 Regulations [2018] No. 707.

to the DTA between Germany and China, directors' remunerations may also be taxed by the respective other state. The foreign tax can be offset against the tax in the country of residence.

The salary that a German CEO receives from his Chinese employer is therefore taxable in China even if it is paid for work outside of China.

c) Calculation Method

Another question is how the duration of stay is calculated in border cases where employees cross the border.

A person has spent a full day in China if he/she was present in the territory of China for 24 hours. If the stay lasts less than 24 hours, the day will not be counted as a day spent in China.

4. Tax Calculation

The taxable income generally includes the following elements:[6]

- All kinds of wages and salaries
- Income from independent personal services
- Income from manuscripts
- Income from royalties
- Operating income
- Income from interest, dividends, bonuses
- Income from the lease of property
- Income from the transfer of property
- Coincidental income

5. Comprehensive Income

Different tax rates apply to different kinds of income. After the amendment of the Individual Income Tax Law in 2019, the tax rates are partly reduced. Expats are subject to higher taxes due to their usually higher salary.

Furthermore, income derived from

- Wages and Salary (工资薪金所得),
- Remuneration for independent personal services (劳务报酬所得),
- Remuneration for Manuscripts (稿酬所得) and
- Royalties (特许权使用费所得)

[6] Art. 2 IIT Law.

is now consolidated to the category of "comprehensive income"(综合所得)[7], meaning that all these types of income are now collectively taxed at uniform progressive rate from 3% to 45%.

20% of the related expenses can be deducted from the income derived from

- Remuneration for independent personal services,
- Remuneration for Manuscripts and
- Royalties.

An additional 30% deduction on the taxable income is allowed for the remuneration for manuscripts.

The new tax rates for comprehensive income are as follows:

Monthly income (in RMB)	**Tax rate (in %)**	**QCD[8] (in RMB)**
0 – 3.000	3	0
3,001 – 12,000	10	210
12,001 – 25,000	20	1,410
25,001 – 35,000	25	2,660
35,001 – 55,000	30	4,410
55,001 – 80,000	35	7,160
80,001 and more	45	15,160

These tax rates apply cumulatively, i.e. the first RMB 3,000 are taxed with 3%, the next RMB 9,000 with 10% and so on.

There is no Marital Status Relief in China; therefore, every spouse is being assessed separately and taxed on its own income.

Example:

Chinese citizen Mr. S lives in China and earns RMB 4,500 per month (after deduction of expenses and allowances[9]).

This means, that after the following calculation,

RMB 4,500 (taxable income) x 10% (tax rate) = RMB 450

RMB 450 – RMB 105 (QCD) = RMB 345

he has to pay RMB 345 of personal income tax per month.

---

7 Art. 2 IIT Law.

8 The Quick Calculation Deduction (QCD, also called Fast Calculation Deduction) is used for the easier calculation of the tax due.

9 The monthly tax-free allowance for both Chinese nationals and foreigners is RMB 5,000.

6. Other Income

Operating income can be summarized as income of individual industrial and commercial operators from production or business operations.[10] It is taxed at a progressive tax rate from 5% to 35%, Art. 3 (2) IIT Law.

Income derived from

- interest, dividends and bonuses (利息、股息、红利所得),
- lease of property (财产租赁所得) as well as
- contingent income (偶然所得)

is taxed at a flat rate of 20%.

It has to be noted that although the English version of the law uses the term “bonus” in certain terms of other income, the law means income from capital gains and not bonuses received from an employer. This follows from Art. 2 (7) IIT Law where bonuses are mentioned together with dividends and interest.

7. Preferential Treatment[11]

Employers and Employees should be aware of preferential tax treatment of certain income items such as annual bonuses, equity and severance income as well as other forms of income.

a) Annual Bonuses

Annual bonuses are one-time payments paid by an employer which depend on the year’s financial performance of the company and/or the employee’s personal performance.[12]

Currently, annual bonuses are taxed by applying a preferential tax calculation. This means that the tax rate for the annual bonus and the salary itself are determined separately based on the applicable tax rate of each specific sum. The tax due on the annual bonus and the annual salary will be combined afterwards which amounts to the total sum of tax due in that year. This often results in a lower tax liability as the applicable tax rate is lower than on combined comprehensive income.

As of 1 January 2022, the preferential tax treatment on bonuses will no longer apply. The annual bonus must be added to the current year’s comprehensive income to calculate the overall individual income tax of the total combined income in that year. Employees can also choose to apply this method as of 1 January 2019.

---

10 Art. 6 (5) Regulations [2018] No. 707 provides an extensive definition of “operating income”.

11 Cai Shui [2018] No. 164.

12 Art. 1 Guo Shui Fa [2005] No. 9.

b) Equity Incentive Income

The same applies for equity income incentives. Tax residents receiving qualifying equity incentive income such as stock options, stock appreciation rights, restricted stock units and other equity incentives, shall continue to benefit from the preferential tax treatment until 31 December 2021. After that, the tax will be calculated by including the taxable equity income into comprehensive income.

c) Severance Income

As of 1 January 2019, there will be a preferential tax treatment for severance income. If the individual is paid a one-off severance payment due to the termination of a labor contract, the payment is not subject to individual income tax. This only applies if the payment is less than three times the average annual salary of the local city in the prior year. The exceeding amount is taxable but not included in the comprehensive income for determining the applicable tax rate. The tax rate for the exceeding severance payment is determined separately by applying preferential tax treatment.

d) Sales of Houses to Employees

If the employee buys a house from his/her employer at a price lower than the fair market purchase price or the construction cost, the difference to the price actually paid will be taxed at the preferential annual tax rate, meaning the taxable amount is not included in the comprehensive income.

8. Offsetting Taxes Paid Overseas

In case an employee who is subject to personal income tax in China also receives a salary from outside of China and has already paid taxes on such salary overseas, the tax paid overseas can be offset against the tax due on this income in China, Art. 7 IIT Law.

A prerequisite is that the salary received from overseas is also taxable in China. However, the offsettable amount is limited to the amount of Chinese personal income tax on the salary received from overseas.

Maximum Amount Limitation

According to Art. 21 of the Regulations, the total taxable amount in one country is the limit for the offsettable amount in this country ("per country limitation").

If a taxpayer pays less personal income tax in one country than this marginal amount, the difference has to be paid in China.

If, however, the personal income tax paid abroad exceeds this marginal amount, the exceeding amount cannot be offset against the Chinese personal income tax in the respective year. However, such amount can be carried forward for up to five years and can then be offset if the marginal amount is not exceeded.

9. Special Deductions

Tax residents can deduct expenses such as social security and housing fund contrubutions as well as expenses for a qualified commercial health insurance, a commercial endowment insurance, corporate annuity etc.

From January 2019, every tax resident in China can deduct certain additional expenses[13] which cover six areas to reduce the overall tax burden:

Item	Deductible Amount and method
Children's education (School and Higher Education)	RMB 12,000 per year (RMB 1,000 permonth) for each child claimed by one of the parent (100%) or both (each 50%)
Continuing education or advanced vocational training	RMB 19,200 for 48 months or RMB 400 per month for obtaining a degree or up to RM 3,600 for vocational training per year
Medical treatment of major illness	From RMB 15,000 up to 80,000 based on the acutal expenses
Mortgage interest	Up to RMB 1,000 per month for 240 months if a commercial bank is used
Rental expenses (not to be combined with mortgage interest deduction)	From RMB 9,600 to RMB 18,000 per year (depending on the city) for taxpayers who do not own a house in the city where they work
Elderly care	With parents aged 60 and above up to RMB 2,000 per month (RMB 1,000 in case there are siblings)

From 1 January 2019 to 31 December 2021 foreign tax residents can decide to either enjoy these special additional deductions or, alternatively, continue to follow the old tax-free allowances for foreigners including:

- Children education fee
- Housing allowance
- Language training fees
- Home leave allowance
- Relocation fee
- Meal and laundry fee[14]

As of 1 January 2022, only the new additional deductions will apply for both foreign and national tax residents.

[13] Art. 5ff. Guo Shui Fa [2018] No. 41.

[14] Cai Shui [1994] No.20; Guo Shui Fa [1997] No. 54; Cai Shui [2004] No. 29.

III. Filing of Tax Return

1. Tax Registration

Foreigners who are subject to tax in China have to register with the relevant provincial or urban tax authorities. Foreigners who are employed by a Chinese company or a Chinese/ foreign joint venture or who have a residence permit in connection with a working visa have to register after entering China.

During the registration, the employee has to name an employer who then acts as Withholding Agent[15] and which then withholds the due amount of tax from the salary according to Art. 34 of the Regulations.

The registration of employers who work in the production or industrial sector is regulated in the *Regulations on the Implementation of Administration of Tax Collection (RIACT)*.

According to Art. 12 RIACT, the registration has to be done within 30 days from the beginning of the tax liability, which however does not apply to individual persons. For individuals, the registration period depends on the relevant authorities and may vary between different authorities.

After registration, the employer receives a registration certificate that has to be presented to the tax authorities on various occasions. This also applies to various commercial transactions, e.g. the opening of a bank account.

The employer as Withholding Agent has to register the employee with the tax authorities within 30 days from the withholding duty.

2. Monthly Tax Statement

The preparation and filing of the monthly tax statement is usually done by the Withholding Agent, i.e. the employer. If there is no Withholding Agent, a monthly tax statement has to be prepared and submitted by the employee to the relevant local tax authorities.

Additional cases in which the taxpayer has to prepare a tax statement are stipulated in Art. 2 of the *Provisional Measures on the Personal Lodging of Individual Income Tax* (PMPLIIT):

"All those persons who are the obligatory payers of tax within the provisions of Article 1 of the Tax Law, and who meet any of the conditions listed below, must personally lodge a declaration of income and must pay tax to taxation authorities:

1. *receive wages or salaries from two or more places;*
2. *receive taxable income and do not have a tax withholding agent;*
3. *receive separate amounts by way of remuneration for one-off labor services, remuneration for manuscripts, income derived from royalties or income derived from leasing of property;*
4. *receive taxable income and the tax withholding agent withholds tax other than in accordance with regulations;*

---

15 Art. 2 of the Preliminary Regulations regarding the Withholding of Personal Income Tax.

5. *where the competent taxation department stipulates that there must be personal lodgment of tax return."*

The tax statement has to be submitted within 15 days after the end of the month to the relevant authorities (which are generally the tax authorities of the district where the income is sourced, Art. 3 PMPLIIT) (Art. 5 PMPLIIT).

In case salaries are received from abroad or from several sources within China, the tax statements have to be submitted to the tax authorities at the registered or habitual domicile of the taxpayer. A change between authorities can be applied for.

The tax statement must contain the following information:

- All personal data
- Entry date
- Composition of the income
- Sources of the income
- Amount of tax payable and already paid or withheld, and
- Foreign tax credits or debts

The statements should be in Chinese language. The currency used has to be the Chinese Renminbi (人民币).

3. Foreign Income

Income received from abroad also has to be declared in any case because such income – although tax exempt in China – will be used in the calculation of the applicable tax rate (progressibility provision), just as in Germany.

If income is not taxed abroad it has to be declared and taxed in China within 30 days after the end of the fiscal year. If the income has already been taxed abroad, such facts have to be declared within 30 days after the end of the fiscal year of the respective country and after the date such tax has been paid.

In case the tax abroad has been paid when receiving the salary or if such income is tax exempt abroad, it has to be declared within 30 days after the end of the year in which such income was received.

E. International Tax Law

International Tax Law is a special part of tax law that deals with the issues arising from cross-border business that affects the taxation of natural persons and private and corporate associations. In Germany, the most relevant provisions are contained in the AStG, the several directives and administrative orders of the Federal Ministry of Finance, specific regulations in other laws (EStG, KStG etc.) and in the DTAs that Germany concluded with other countries.

All these regulations are inter-connected systematically. The DTAs, concluded on the basis of § 2 AO and transformed into national law, have priority over other regulations of national law due to the principle of speciality. Exceptions only apply where the legislator – fully aware of the legal DTA situation and with the purpose to amend the DTA – expressly or conclusively makes regulations that deviate from the provisions of the DTA (so-called "treaty override").

The provisions of international tax law shall solve two problematic issues: On the one hand, double taxation of a taxpayer by taxing the same income in several countries shall be eliminated through tax offsetting or through DTAs. On the other hand, internationally operating companies shall be prevented from profiting illegitimately from different tax rates and accounting standards in the relevant countries. Such endeavours of tax evasion shall be avoided, in particular by the AStG.

I. Old vs. New DTA Germany/China

On 28 March 2014, during the visit of the Chinese prime minister in Germany, the new DTA between Germany and China was signed. Negotiations started in 2007 and the new DTA shall replace the old one from 1985. Due to significant changes within China since then, a renegotiation was necessary. The new DTA has come into effect on 5 April 2016 and is applicable as of 1 January 2017.

The new DTA also establishes a basis for exchange of information and administrative cooperation between the involved tax authorities. The protocol contains further remarks on these subjects in order to avoid abuse of the information and disclosure rights (Art. 26 of the new DTA). Art. 27 also contains an agreement to cooperate with regards to tax collection which starts with exchange of information and may lead to the enforcement of tax claims.

Some other changes include:

- Art. 5 (Permanent Establishments): According to the new DTA, a building site, or construction, assembly or installation project or supervisory activities in connection therewith, is considered as permanent establishment, but only if such site, project or activities last more than 12 months (instead of 6 months).

- Also, the furnishing of services, including consultancy services, by an enterprise through employees or other personnel engaged for such purpose, is considered as permanent establishment, but only if activities of that nature continue (for the same or a connected project) within a Contracting State for a period of more than 183 days within any 12-month period (instead of 6 months).
- Art. 10 (Dividends): The new DTA reduces the withholding tax rate on dividends to 5% from 10% if a corporate beneficial owner directly holds at least 25% of equity interest in the distributing company. However, the new DTA also includes a new 15% rate applicable to distributions paid out of income or gain directly or indirectly derived from immovable property by an investment vehicle. In all other cases, the current 10% applies.
- Art. 11 (Interest): According to Art. 11 (1), interest payments remain subject to a withholding tax of 10% if such payments are made to a recipient in the other contracting state. An exception, however, is the newly added sub-paragraph four. According to this paragraph, interest may only be taxed on the recipient's account if it results from the fact that the recipient has sold commercial or scientific equipment on credit.
- Art. 12 (Royalties): The new DTA also provides a reduced 6% effective rate for royalty payments for the use of, or the right to use, any industrial, commercial or scientific equipment. In all other cases, the rate remains at 10%.
- Art. 13 (Capital Gains): The new DTA provides relief from capital gains tax on certain share dispositions.
  Gains derived by a resident of a Contracting State from the alienation of shares of a company which is a resident of the other Contracting State may only be taxed in that other Contracting State under the following situations:

  - If more than 50% of the value of the shares represents directly or indirectly immovable property or
  - If the transferor holds directly or indirectly no less than 25% of the shares of the disposed company for the 12-month period preceding the share transfer, excluding the situation where the shares are substantially and regularly traded on a recognized stock exchange and the total of the shares disposed by the transferor during the fiscal year in which the disposal takes place does not exceed 3% of the quoted shares.

  Gains from the alienation of shares other than the above shall be taxable only in the Contracting State of which the alienator is a resident.
- Art. 14 (Independent Personal Services): If a resident of a Contracting State stays in the other Contracting State for a period or periods amounting to or exceeding in the aggregate of 183 days in any 12-month period (instead of calendar year), the resident's income derived from his activities performed in that other State may be taxed in that other State.
  If a German employee maintains his German domicile during his assignment to China, the problem of double taxation arises because such employee's Chinese income may

be taxed not only taxed under Chinese regulations but also in Germany due to the German principle of worldwide income taxation. Therefore, it has to be determined which country has the right of taxation under the DTA.

- According to Art. 15 (1) DTA (both new and old DTA, no change), salary income is taxed in the country where the work is performed (= China). However, under the exception of the 183 days rule according to Art. 15 (2), such income is taxed in the country of residence (= Germany) if

  - The employee is no longer than 183 days per year (any 12 months period instead of calendar year) in the other country (= China);
  - The remuneration is paid by an employer who is not registered in the country where the work is performed (= China); and
  - No permanent establishment of the employer in this country (= China) bears or pays the remuneration.

Nevertheless, if the employee pays taxes in China, such tax can be offset against taxes in Germany according to § 34c EStG . However, this is not an automatic procedure done by the German Revenue Department but must be applied for by the taxpayer. According to § 68a EStDV, the taxpayer has to prove the actual payment of taxes in China.

It is important to note that neither the old nor the new DTA covers the Special Administrative Regions of Hong Kong and Macau. Neither region has a DTA with Germany. However, Germany is currently in negotiations with Hong Kong. Until the conclusion of a DTA, the general tax regulations in Germany and Hong Kong apply.

II. Methods to Avoid Double Taxation

According to Art. 23 (2) a) of the new DTA, income that is subject to Chinese tax is generally exempt from taxation in Germany (exemption method). However, according to Art. 23 (2) d), such income is nevertheless included in the calculation of the applicable tax rate (progression clause).

According to Art. 23 (2) a), the exemption methods only applies partly to income from dividends. Furthermore, for certain kinds of income, the Chinese tax will continue to be credited against the tax liability in Germany (credit method, Art. 23 (2) b)), e.g. income from interest, royalties, sales profits, directors' fees etc.

According to Art. 23 (1) a) of the new DTA, income that is subject to German tax may be credited against the Chinese tax imposed on that resident. The amount of the credit, however, shall not exceed the amount of the Chinese tax on that income computed in accordance with the taxation laws and regulations of China.

Art. 23 (1) b) stipulates: Where income derived from a dividend of a company which is a resident of Germany to a company which is a resident of China and which owns not less than 20% of the shares of the company paying the dividend, the credit shall take into account the tax paid in Germany by the company paying the dividend in respect of its income.

中德两国之劳动法及税法

中文版本

缩略语清单

CEO	首席执行官
DTA	双边税收协议
EStG	德国个人税收法案
EUR	欧元
GmbH	德国有限责任公司
PMPLIIT	个人所得税个人住所暂行措施
QCD	速算扣除数
RIACT	税收管理执行规定
RMB	人民币

(一) 德国劳动法

一、 简介

德国劳动法规范用人单位和劳动者之间的关系， 目的是通过劳动合同构建基于私法的社会公正。为了创建一个公平公正的劳动环境，劳动法在拥有强势地位(合理假定) 的用人单位与权益需被保护的劳动者之间，创造一种平衡。因此，劳动法的目的并不是给予用人单位和劳动者平等的权利，而是使劳动者拥有与“强大”的用人单位近乎等同的权利（义务）。否则用人单位可能利用合同缔约自由维护自身利益且损害处于弱势地位劳动者的权益。劳动者通常被视为更值得保护的，因此部分群体不受劳动法保护，例如自由职业者。

保护劳动者的权利可以通过不同方式实现。现下，合同缔约自由受到法院很大的限制，法院有权认定劳动合同或特定的条款无效。对于劳动合同的条款，许多法律都作出了规定，包括工作时间、假期、带薪休假、兼职工作、固定期限劳动合同等。德国劳动法的核心是防止不合理解雇。在法院面前，劳动者的解雇应当公正合理——不包括“自由就业”的情况。

德国劳动法的另一个特点是对集体劳动法的广泛规定。工人委员会和工会可以确保工人参与企业事务。然而，除部分工业部门外，通常没有工人参与用人单位商业层面的决策，因为企业行动自由受宪法保护。

总的来说，德国劳动法在理论和实践上都是以协作和信任为基础。与其他欧洲国家相比，德国劳动纠纷相对较少，尤其是罢工。

二、 法律框架

继魏玛宪法以来，一战和两德统一后，当局反复讨论建立一元化的“劳动法典”，但一直没能实现。如今，一元化的“劳动法典”在近期仍然不太可能通过。

因此，现行劳动法包括各种各样的法律法规。此外，大量的法院判决，特别是联邦法院判决应当具有指导性。许多领域，如罢工和劳动者责任等方面的重要法律并没有成文。

宪法(Grundgesetz)是劳动法的母法，如结社自由（工会与其活动的基础）、平等对待原则（劳动法的基本原则），和“福利国家”原则（保护劳动者权利的基础）。

由于德国是欧盟成员国，欧洲法规对德国劳动就业法有着越来越大的影响。欧洲劳动者在欧盟范围内享有活动自由权、劳动自由权和平等权。然而，欧盟立法的目标是在欧盟各国内就不同的劳动就业法达成一致。越来越多的欧盟法规在所有成员国内可以直接生效，不需要转化为国内法。德国劳动法的许多方面，都是按欧盟法规规定的，如工作时间、假期、临时雇佣、借调等。

个体劳动法的主要起源是德国民法典(Bürgerliches Gesetzbuch, BGB)。随着时间的推移，有许多特定领域相关的额外法律法规被逐渐补充与完善，例如防止（不公平的）解雇行为法案、兼职和临时工作法规、劳动者租赁法案、工作时间法案，以及一些社会保障法。

集体劳动法的主要起源是劳资联合委员会组成法以及集体谈判协议行为法。

德国民事诉讼法(Zivilprozessordnung, ZPO)和劳动法院法包含重要的程序性规定。

三、 个体劳动法

1. 综述

劳动法监管劳动者与其用人单位之间的法律关系，包括劳动合同规定的权利和义务，以及其他旨在保护劳动者的法律法规。

首先，应当明确劳动者特权的受益群体。劳动者区别于自由职业者（独立承包商）、视同劳动者、公司部门和学徒。劳动者可再细分为：适用于特殊规则的兼职劳动者、国内劳动者、机构人员和管理人员。

一般来说，劳动者是指双方达成合意后，根据指示为另一方（用人单位）进行智力和/或体力劳动的个体。相比之下，自由职业者可以独立决定何时、何地以及如何执行工作——具有不同程度的独立性和存在灰色区域（如自由职业者根据客户的严格指令，只为一个客户提供固定工作时间的工作）。

劳动者的定义不仅局限于劳动法。不同的法律可能会对同一事务使用不同的术语。例如社会法使用“固定工作者”区别于“自由职业者”——如自由职业者只为一个客户工作，有几率被强制缴纳退休基金。

相较而言，“用人单位”的定义不太复杂，指的是拥有至少一名劳动者的自然人或法人。

2. 劳动合同(劳动关系)

1) 条件

劳动关系是通过用人单位和劳动者签署劳动合同建立的。在德国法律中,书面劳动合同不是必须的,口头协议也具有法律效力的。然而,订立书面合同更为明智和普遍,。书面合同可将用人单位和劳动者所达成协议的细节包含其中。

如劳动合同被证明无效,而劳动者已经开始工作,则存在事实劳动关系。一旦合同当事人发现劳动合同无效,合同将会立即终止,但事实劳动关系不受影响,即劳动者仍然有权主张劳动报酬。

正常情况下,劳动合同是确定劳动者和用人单位相互权利和义务的重要依据。此外,额外的、有利于劳动者的法律法规可能遵循集体劳工协议,特别是集体谈判协议和工作协议。

劳动合同不得违反强制性法律法规。

自2002年合同法现代化,合约各方的合同缔约自由越来越受限制。奇怪的或不常见的以及不合理或带有歧视性的条件已经被禁止。此外,透明原可确保模棱两可、难以理解或不确定的条款按有利于劳动者原则解释。

多年来, 判例法愈加受限制,即使是几十年来一直有效的条款也可能被认定为无效,前述规定通常会即时生效,即用人单位不受任何信托保护 。法律不允许将无效条款修改至法律允许的范围内,因此,如劳动合同中含有无效条款,此条款将被完全删除且适用相关法律法规,这通常会对用人单位不太有利。

部分条款的无效不会导致整个合同失效(如有必要则包含最少的内容)。所以,在德国,合同缔约自由的原则只适用于有限的范围。因此,不断地更新劳动合同样本是一项非常重要的工作。通常,用人单位需要准备不同版本的劳动合同样本,因为不同的劳动者群体适用不同的法律法规,如集体合同中的劳动者、管理人员、兼职劳动者、固定期限的劳动者、学徒工、实习生和公司机构成员(董事会成员、执行董事)。对于自由职业者、顾问、中介、销售等类别的劳动者,则需要其他类别的劳动合同。

在某些情况下则需要特殊的协议,比如外派协议或终止协议。

德国法律没有规定劳动合同中强制性条款的数量。档案法规定了需要书面确定的条款类别,然而该法不具有强制性约束力。如没有现成书面条款,用人单位需要提供合同版本。实际情况中,超过90%的用人单位会和劳动者签订书面协议。以下是最重要的一些条款和相应法律法规的概览。

2) 反歧视保护

宪法明确规定了平等对待的原则。从2006起,基于欧盟法规,平等待遇法案规定了平等对原则的细节。直到今天,前述法案在实际操作中仅对劳动者的雇佣相关:雇佣必须做到中立,不歧视外国人和残疾人。该法案目前对已建立的工作关系没有效力。因此,反歧视的保护在德国劳动法中,不如其他国家重要,如美国。

2017年10月10日,德国宪法法院裁定,自2019年起,“雌雄同体”或“性别多样化”类别的公民必须被列入民事登记处。 “德国宪法”第3条规定了保护人格权,即性别无法在生物学上确定的人也应受到保护。前述规定影响了德国劳动法中的许多法规，例如：着装规定、少数民族人数比例和招聘广告中的措辞等。

3) 签证和工作许可证

对于欧盟成员国的公民（没有限制）和非欧盟成员国的公民——所谓的第三国公民（需要居留证和工作许可证），其外国人就业条款是有所区别的。某些第三方国家的公民可相对容易地获得工作许可证，如美国、日本、澳大利亚和加拿大公民，这同样适用于来自其他第三方国家的高素质劳动者。对于持有较少或缺乏资质的第三国公民，则更难获得工作许可证，这些人需要在德国有固定的工作（工作邀请或劳动合同）和/或必须有特殊资质（例如专业厨师或掌握岗位所需的特殊语言技能）。

3. 合同期限

在德国立法者看来，雇佣的标准以及理想形式是无固定期限雇佣。只有无固定期限雇佣才能使关于劳动者保护的法律法规不受时间限制，从而完全发挥作用。

基于工作和生活的需求，以及劳动者的要求，兼职工作也是一种常见的雇佣形式。因为兼职工作往往符合女性的要求，尤其是哺乳期妇女。立法者通常会关注兼职工作的相关规定，以避免（间接的）歧视情况的发生。

因为德国劳动法的核心（反对不公平歧视）不适用于固定期限劳动合同，所以固定期限劳动合同更加适用于上述情况。因此，只有在清晰界定的特殊案例中，严格的法规才适用，固定期限劳动合同才被允许。

具体而言，以下条款适用于上述情况：

1) 兼职工作

兼职和临时工作法的目的是推行兼职工作使兼职劳动者不受歧视。兼职雇佣指的是全职雇佣以外的各种雇佣形式。全职劳动者作和兼职劳动者工作适用相同的原则（除了关于报酬的相应原则）。法律监管的核心（除了关于按需劳动和工作地点分配的相关性较少的规定）是，当劳动关系已建立不少于6个月，且其用人单位雇佣不少于15个劳动者，每一个（全职）劳动者都有要求其用人单位减少他工作时间的权利。如果劳动者要求减少工作时间，且在这种工作时间减少的生效日期前三个月提出，劳动者和用人单位需要进行谈判。用人单位可能提出由于经营的原因，否决工作时间的减少，（并须书面说明，以避免自动减少劳动者的工作时间）。劳动者则必须在先前条件下继续工作，但可以向劳工法庭提出申诉。自2019年1月1日起，劳动者有权从临时兼职返回全职。 这种所谓的“Brückenteilzeit”（桥梁兼职工作）仅适用于劳动者超过45人的公司。 当公司劳动者人数在46到200名的时候，每15名劳动者中只有一名有权进行临时的兼职工作。 临时兼职工作必须至少持续一年，不得超过五年。劳动者无需说明减少工作时间的理由。此外，如果劳动者要求返回全职工作，用人单位承担举证责任，证明没有相应全职工作或兼职劳动者不适合全职工作。兼职工作时间延长具体由法律规定，如产假或是照顾亲人的假期期间。

2) 固定期限劳动合同

兼职和临时工作法同时也规定了固定期限劳动合同的限制规定。限制规定可分为临时限制(规定了具体时间和日期)或基于项目的限制(例如,针对一个临时项目,或替换一个长期处于疾病的劳动者或需要照顾孩子的劳动者)。特定的豁免适用于初创企业以及较老年劳动者的固定期限劳动合同。

在实践中,在劳动关系的前18个月里,劳动合同的期限限制是最为相关的选择权。在这种情况下,限制期不需要给予具体原因。一旦是在劳动关系的前18个月内,合同期限可以延长,假如首次的合同期限被限制为一年。然而,该选择权只适用于新劳动者。如果劳动者之前被同一个用人单位雇佣过,则无法行驶该选择权。需注意的是,截至2019年,劳动者人数超过75名的用人单位可以与不超过2.5%的劳动力签订固定期限劳动合同。任何超过前述人数比例限制的劳动者应被视为签订无限期合同。 例如,劳动者人数为80名,只有两名劳动者可以签订固定期限劳动合同。

在其他所有情况下,劳动合同期限的限制需要一个实际的原因。最重要的原因如法律规定:试用期、临时用工、劳动者要求。截至2019年,续签固定期限劳动合同的最高时限(即通过新签订的固定期限劳动合同延长工作)为5年。 与用人单位已存在不少于5年的临时或永久劳动关系的,用人单位不可再与劳动者签订固定期限劳动合同。

需重点注意的是,固定期限劳动合同在任何情况下都必须在就业开始前或合同续签前签订。否则,该劳动关系将被看作是无固定期限劳动关系。

如果合同限期是有效的,劳动合同将自动终止,无需终止通知或给出终止的原因。然而,在期限到达之前,不能终止劳动合同,除非另有明确的书面同意。

4. 带薪和无薪休假

1) 假期/法定节假日

根据联邦假期法案,在德国,每个为其用人单位工作了不少于6个月的劳动者,每年有权享有不少于四周的休假。在实践中,基于就业或劳资协定,五到六周的休假也经常得以准予。休假期间,基本工资正常给付且一般无额外的假期补贴(劳资协定另行规定除外)。而未休的假期只有在特殊情况下才允许累积到下一年。在劳动关系终止时,休假将被允许折算成薪资。

除了休假,劳动者还享有9到13天的法定假期(取决于联邦国家的规定)。如果法定假期恰逢(非工作日)周六日,则没有额外的补休。

2) 病假

如果劳动者为其用人单位工作不少于4周,且并非自身过错导致疾病而造成无法正常工作的,劳动者每个年度最多可享有6周的全薪病假。劳动者通常应在其无法工作的第一个工作日通知用人单位(通过电话或电子邮件通知),并最迟在重新工作的第三个工作日向用人单位提交医疗证明。

3) 其他原因的休假

根据德国民法典第616节，劳动者有权因某些个人原因享有额外的带薪休假（如其孩子生病、近亲的葬礼，孩子出生等）。然而，在劳动合同中排除前述条款是被允许且常见的。

额外的带薪休假源自联邦育儿津贴和产假法，这通常不以工资支付，而是在某些情况下，付之以社会保障福利，例如根据生育保护规定和关于看护的新规，产假可高达3年。

另一种形式的带薪离岗是劳动者在离职后一定期限（通知期）内不再履行其劳动合同义务而用人单位需继续支付其薪资（"花园休假"）。此种带薪离岗的形式通常在出具解除劳动合同通知后开始，且可由用人单位单方面宣布或由用人单位和劳动者共同约定（不论哪一方提出终止劳动关系）。

5. 薪酬/最低工资

除按集体劳动合同施行外，薪酬通常由用人单位和劳动者共同约定。通常，约定的工资总额应包括由用人单位向税收部门申报和扣缴的个人所得税。此外，用人单位必须扣缴劳动者社保个人承担的部分，同时将劳动者应缴交的社保金额一同缴纳给社会保险基金。

工资一般包括基本工资、非现金福利（如提供车辆使用权、报销差旅费用等）以及其他（浮动）奖金，具体取决于双方当事人之间的合同约定。需要注意的是，如今撤销奖金受到严格的限制，因而劳动合同必须遵循相应地规定。

自2019年1月1日以来，最低工资每小时9.19欧元适用于德国大多数行业。"最低工资法"于2015年出台，最低工资标准根据联邦劳动部的提议每两年进行调整。最低工资仅指常规的薪资，不包括一次性或非常规奖金。

此外，需注意的是，企业家有责任确保分包商或服务提供商的劳动者获得最低工资，侵权行为可能导致巨额的罚款（高达50万欧元）和刑事指控。因此，良好的合同监管至关重要。

6. 工作时间

在德国，工作时间被区分为两大方面：

一方面，劳动合同或集体劳动合同会阐明劳动者（通常每周）的工作时间、加班义务以及加班费（如有）。

另一方面，工作时间法规定了基于健康考虑而允许的最高工作时间。一般来说，法律允许的工作时间是每天8小时，最高10小时。自本法规定，周六被视为正常工作日，通常允许工作时间为每周48小时，在某些情况下可为每周60小时（在此情况下，六个月内平均每周不得超过48小时）。

工作时间的限制适用于未成年人和孕妇。此外，法律也规定了关于休息时间以及劳动者在两个日班之间最少享有11个小时的休息时间。

法律严格限制劳动者周日和法定节假日工作，只有某些行业或在特殊情况下（如紧急情况）允许劳动者于周日或法定节假日工作，且需要事先获得官方许可。

2018年10月17日，德国联邦劳工法院（BAG）通过了一项裁决（5 AZR 553/17），再次确认出差时间通常被视为工作时间。在用人单位暂时将劳动者派往国外工作的情况下，因往返国外工作的旅程是基于用人单位的利益，所以，用人单位应向劳动者支付报酬。

例如，技术劳动者被派往中国的建筑或生产基地工作，往返机场的旅行时间很容易累积到达40小时（从出发地到机场，办理登机手续、登机 、飞行、抵达、开车到施工现场/从施工现场回到机场等）。

由于出差全程被视为工作时间，因此，即使实际工作时间结束（例如周末），也存在支付额外薪酬的风险。根据具体情况，由于口头/书面劳动合同、公司惯例、集体劳动合同（可能普遍适用）或公司协议的规定，用人单位须支付劳动者额外工作时间的报酬。如劳动者于法定节假日或周日在旅途中的飞机上加班，用人单位须用支付如150%的正常工资，具体比例取决于相关规定。因此，用人单位应事先与劳动者进行书面协商。

7. 保险

1) 法定保险

根据法律规定，用人单位负责缴交社保，这包括确定劳动者是否需要缴交社保，以及正确计算和缴交医疗保险、失业保险、家庭和机构护理保险和法定养老保险。缴交社保的义务仅由用人单位承担，包括用人单位以及劳动者分别应缴纳的部分。劳动合同中不缴交社保的条款是无效的。不为劳动者缴交社保属于犯罪行为。

以最高收入水平来评估缴纳比例适用于所有的社保类型，即报酬超过最高收入水平的部分不征收社保费。如缴交的法定医疗保险金额达到最高值，则可转变为私人医疗保险。工资超过最高收入水平的劳动者可以选择退出法定医疗保险，加入私人计划（涵盖了家庭和机构护理保险）。然而，两个系统之间的转变通常是绑定终身的，因此劳动者必须认真考虑，尤其是法定医疗保险提供的优势与家庭保险具有一致性。另一方面，私人医疗保险通常对年轻的劳动者更为有利且会提供额外的收益。法定医疗保险和私人医疗保险通常都会对在国外工作的劳动者（如外派）提供额外的保险。

除政府间另行协议（如中德之间的协议），辐射原则适用于国际任职的劳动者，即只要德国劳动者满足以下标准，则仍可享受德国社会保障制度：任职是固定期限的，任职是作为德国劳动关系的一部分且由德国用人单位决定，德国用人单位承担任职成本（税务相关）。根据中德社保协定，基本原则适用于任职的前48个月，在某些情况下可以延长，否则采取居留原则。中国劳动者被分配到德国也将适用同样的规定。

2) 中德社保协定

关于上述所提到的，如果劳动关系是在外国订立的，而且与该国签订有强制性的社保协定，则不适用基本原则。中国与德国正是如此。因此，国家关于辐射原则的法律规定，不适用于社保协定管辖下的劳动者。

根据2007年7月12日签订的中德社保协定，如果德国劳动关系中的劳动者因中国的工作项目被外派到中国（不包括香港、澳门和台湾），德国法规依然适用于外派到中国的前48个月。除相关的外国政府和位于波恩的德国“外国医疗保险联络处”签署特殊协议外，外派超过48个月后，德国法规将不能适用。特殊协议同样适用于在欧盟盟友国工作但不能视为外派的劳动关系。特殊协议通常只为将来一段时间内的劳动关系而签订。因此，应在规定的时间内向联络办公处递交特殊协议申请，比如尽可能在劳动者离境前。

在用人单位代表劳动者提出申请后，可以出具一份证明阐述德国法规适用于盟友国家劳动关系。在向外国社保机构出具该证明后，外国机构将不会再要求劳动者根据其法规缴纳社保。因此建议用人单位和劳动者在外派开始之前尽早申请该证明。如果劳动者不在法定社保体系内，劳动者联邦保险公司将出具给中国的证明。在其他情况中，此证明将由劳动者基于法定或自愿基础受保的法定社保提供商出具。

中德社保协定仅适用于法定退休保险、失业保险，不适用于医疗保险。

3) 自愿保险

除了上述法定保险，用人单位可为劳动者安排额外的保险。然而，实际操作中，用人单位只有在少数情况下才会做此安排，例如用人单位会为频繁出差的劳动者购买意外事故保险，或为高管成员购买D&O责任险。

对于国际任职的情况，用人单位就劳动者及其家人的医疗保险签订额外协议是很常见的。同时，差旅保险或家庭财产保险也可能被考虑在内。然而，由德国用人单位假设的额外风险并不常见。

8. 解除劳动合同/终止劳动关系

1) 手续

解除劳动合同必须基于一定的条件，须以书面形式且由授权人签署并将原件交付给另一方。

因此，用人单位必须正式授权一个人签署辞退信，且此授权必须受外界认可。

如用人单位或劳动者需要证明特定期限，那么辞退信是否收悉则显得尤为重要，依赖邮政和快递服务是有风险的，特别是解除劳动合同的时间严格受限，因为在最坏的情况下延迟解除劳动合同不会（再一次）出具有效的终止。

2) 通知期限

法律对预告解除劳动合同和即时解除劳动合同做出了区分。

是德国民法典第622章、劳动合同或集体劳动合同（如双方已约定更长的通知期）规定了解除劳动合同的通知期。根据劳动合同的期限，法律规定了相应的通知期：两周（试用期期间）到七个月。

劳动合同期限	通知期
试用期	2周
2年	1个月
5年	2个月
5年	3个月
10年	4个月
12年	5 个月
15年	6 个月
20年	7 个月

如果已经成立了一个劳资委员会，每个劳动关系终止之前，劳资委员会都必须进行听证。用人单位须谨记，如果劳动关系的终止需要在一个特定日期时生效，须遵守一定的通知期限。如不公平解雇不受相关法律法规的保护（见下文），用人单位在终止劳动合同时则无需说明任何原因，但不能是带有歧视性或任意性。劳动者可以无故解除劳动合同。

根据德国民法典第626章，特殊解除劳动合同需要一个合理的原因。"合理的原因"一词是由判例法定义的。此外，双方的利益必须基于不同个案作出权衡。在判定原因是否合理时必须考虑到各种情况，例如劳动者的资历、劳动关系的历史（包括曾经的警告等）和违约的严重程度。再者，如特殊解除劳动合同，用人单位须在引发特殊解除劳动合同的事件发生后两周内向劳动者送达通知书。前述通知期相当短，特别是在劳资委员会必须听证或者通知书交付出错的情况下。

3) 不合理解除劳动合同的保护

不合理解除劳动合同的保护是德国劳动法的核心之一。

劳动者若为其用人单位工作不少于6个月，且其工作部门雇佣超过十名劳动者，该劳动者则受不合理解除劳动合同的保护。

上述情况适用于不公平解雇保护法，解雇原因需依据法律规定且社会认可。用人单位对解雇原因具有举证责任。以下三类情况须予区分：

(1) 因个人原因解除劳动合同

因个人原因解除劳动合同通常是因劳动者患有疾病导致无法从事约定的工作。在实践中，长期疾病（康复时间无法预见）必须与周期性的短期疾病相区别。然而，因为劳动者可以随时提供医疗证明反驳必要的健康预后，所以在上述两种情况下解除劳动合同都是是很复杂的。

此外，也存在其他因个人原因解除劳动合同的情况，如外国劳动者不持有工作许可、劳动者被没收了执行工作需要的官方许可（驾照、医疗执照、律师执照等）以及劳动者工作表现低于平均水平（实践中难以执行）。

(2) 因行为原因解除劳动合同

如劳动者故意严重或重复违反合同条款，用人单位因前述原因无法继续履行劳动合同，可以出具解除劳动合同的通知书。判例法规定了因行为原因解除劳动合同的合理情况。通常，用人单位在解除劳动合同前必须给予劳动者一个或多个警告。因此，用人单位在劳动者违反合同条款后应立即给予一个警告，且后续类似的多次违反行为也应受到警告。实践中，因个人原因解除劳动合同和因行为原因解除劳动合同之间的区别很难判定，而特殊解除劳动合同和因行为原因解除劳动合同之间的区别是渐进的（取决于违约的严重程度）。

(3) 因经营原因解除劳动合同

如因紧急的经营状况导致岗位取消，用人单位可出具解除劳动合同的通知书。前述情况最初是出于职能方面的考虑，而不是个人方面。某些内部或外部的原因可能导致职位的多余，如公司重组、不利的经济形势、重要客户或项目流失。如果多余职位的数量得到确定，用人单位则会进行精简。

精简过程中，用人单位须对符合职能型裁员且处于同一等级的劳动者进行比较（基于雇佣协议，同时还考虑到教育和专业经验）且筛选出可辞退人员。随后，在前述可辞退人员中应进行一项社会选择，考虑的标准包括年龄、资历、支付赡养费的义务和残疾等。只有在特殊情况下，劳动者可以因其特殊知识或能力被排除在社会选择之外。

评估的标准不是由法律规定的，因此，在实践中通常采取过往案例认可的评分系统。如有劳资委员会，评定量表通常需要商定，特别是大量裁员的情况。

(4) 因调整解除劳动合同

解除劳动合同必须是最终的解决办法，即用人单位必须确保除采取解除劳动合同的方法之外，没有其他的解决方案。如可以将劳动者调配到类似或空缺的职位，则意味着解除劳动合同是不合理的。其次，在缺乏有利条件岗位下就业的情况也须考虑。在这种情况下，用人单位需提供劳动者在不利条件下继续从事另一个空缺职位的机会。只有劳动者拒绝这一机会，才能有效终止劳动关系（可能是通知书的一部分）。

劳动者可以在法庭上对劳动关系的终止提出异议；劳动者通常需要在收到解除劳动合同通知书之日起三周内将案件提交法院。如劳动者胜诉，用人单位则须重新雇佣此劳动者，且劳动者有权获得通知期届满期间和法院判决其应得的报酬。在实践中，尽管劳动者一般无法获得遣散费（裁员方案或是公司申请解散除外），但却为用人单位和劳动者提供了协商解决的选项。在德国，遣散结算的金额通常为劳动者每年工作一年可得其每月税前工资的50%至100%甚至更高。

(5) 不合理解除劳动合同的特殊保护

怀孕期间和产假期间的劳动者、试用期届满的学徒工、残疾劳动者以及劳资委员会成员均可享有不合理解除劳动合同的特殊保护。在前述情况下，用人单位只能通过特殊终止和/或事先向公共机关或法院咨询且得到批准后才能与劳动者解除劳动合同。

4) 劳动关系的转移

根据欧盟指令，劳动关系将随着业务以及资产的转让而转移，即劳动关系将在转让基本资料和/或业务资产（非股份）的情况下一同转移。因此，用人单位将会在没有重新订立劳动关系或协商好新的劳动合同的情况下发生人事变动。劳资委员会和集体劳动合同（如有）仍然有效。劳动者有权全面了解相关事宜的详细信息。因为没有人可以单方面强迫劳动者与新的用人单位签订劳动合同，所以，劳动者在收到相关信息后，他们有权拒绝转移劳动关系。然而，如果用人单位整体发生转移且此用人单位又不是集团公司的一部分，拒绝转移的劳动者则容易被遣散。

5) 离职后的竞业限制

离职后的竞业限制协议最高可长达两年。用人单位与劳动者都必须严格遵守竞业限制协议中的条款，否则将导致协议无效。竞业限制协议中最重要的条款是在协议期内用人单位每月应支付的补偿不能少于劳动合同解除或者终止前月薪的50%（包括所有津贴和奖金）。

放弃竞业限制义务往往是不可能的，或者必须在离职前尽早宣布。否则，放弃竞业限制义务只对劳动者有利，因为用人单位仍须支付一年的补偿金。因此，竞业限制协议通常只与高级管理层（或与客户关系密切的销售代表）签订且通常只在一定的工作时间后生效，如试用期满后。

6) 推荐信

每一位劳动者有权在劳动关系终止后获得推荐信。推荐信旨在为劳动者的职业发展提供便利，并告知第三方用人单位该劳动者的工作能力。

法律对简单的推荐信和合格的推荐信有明确的区分。一封简单的推荐信包括职位和雇佣的期限，而合格的推荐信则包含劳动者雇佣期间的表现以及其工作能力。推荐信出具的时间点也有所区分，但法律只规定了用人单位应在劳动关系终止时出具推荐信。

除此之外，介于某些特殊原因，用人单位可能会在劳动关系延续期间为劳动者出具一封临时推荐信，如劳动关系即将终止、劳动者上级/工作场所发生改变、或劳动者因准备寻找新工作而提出申请。

推荐信由用人单位以书面的形式出具，包括劳动者的身份、出具日期以及用人单位的签名。

合格的推荐信上关于劳动者工作表现和工作能力的内容必须意思真实和明确具体。此外，推荐信必须采取有利的措辞，即不允许对劳动者发表负面的评论。劳工法庭对特定推荐信的范本有明确的规定。正式范本也广泛应用于案例法当中。

因为用人单位一般不向第三方用人单位就推荐信的内容承担责任，并且因为推荐信在实际应用过程中的实际关联性较低，所以用人单位无需担心推荐信的具体措辞；相应的，劳动者申请推荐信的请求通常能够被满足。

9. 外派

1) 外派合同/与本地合同同步

德国是一个以外向型经济为导向的国家。因此，许多德国企业在国外开展业务时会将劳动者临时分配到外国、分支机构或子公司。从劳动法的角度来看，可以被区分为不同的情况。

这包括德国劳动者依据外国当地的劳动合同被现场直接雇佣。在此情况下，一般适用外国劳动法，而不存在德国劳动关系。

如劳动者是德国用人单位新雇佣的且需从事某项海外活动，那么德国劳动合同则须一并考虑海外当地的相关法规。关于外来劳工条例（获得居留证），劳动者通常必须签署一份当地的劳动合同——这也适用于“真正的”外派。当地的劳动合同必须明确此劳动关系是否可以选择适用国外（德国）法律。如可以选择适用国外法律，则需要认真考虑其必要性。特别是当地方管辖权不能被豁免甚至可能为强制性的情况下（如在劳动法中很常见），然而，上述情况很少会发生。德国法律不适用于外国劳工法庭。因此，基于德国法律起草一份当地的劳动合同是不必要的。

外派的情况也存在上述问题，即用人单位在劳动者于德国工作一段时间后将其外派。在这种情况下，除存续期间的德国劳动合同和必要的外国当地劳动合同（如有）外，劳动者还须签订外派合同，从而导致更为复杂的问题。除上述对适用法律以及管辖权的选择（在实践中常被遗忘）外，其他须重点考虑的因素是所有合同的同步性。如通知期或劳动合同的固定期限存在较大的差异，或竞争限制条款只能在一个地区执行，情况则将变得更加复杂。

外派合同需要规定对劳动者工作范围的确切描述，包括东道国的层次结构，以及向德国总部报告的要求和其他职责（如有）。

外派的期限也需要明确以及社会保障的相关内容。此外，起草外派合同时还必须考虑提前终止外派的原因。终止外派不仅可能是出于用人单位的利益，也可能出于对劳动者的利益考虑，或出于其他客观情况，例如政治动荡和自然灾害。另外，外派结束后（无论是提前还是按照计划结束外派）劳动者返回德国原用人单位的相关条件也应该根据双方的最佳利益确定。

即使是有关工作时间和法定节假日的规定也可能导致各种问题，特别是薪资问题、报销、社保以及税收的规定。

此外，起草外派合同时还需考虑到在劳动者没有返回德国原用人单位的情况下解除劳动合同的可能性（无论是出于哪方的提议）。

再者，劳动者、德国用人单位和当地公司三方之间亦可就某些事项达成协议。而成本分配等相关议题则必须在各方之间达成一致，因为协议的一致性会对劳动者的社会保障产生重大的影响。

因此，起草外派合同是劳动法中最复杂的任务之一，需要高度的努力。

2) 额外福利

除了关于劳动者薪资的规定外，外派合同通常也包含与外派相关额外福利的规定。值得一提的是，额外福利包括了外迁和迁回的搬迁费、探亲假的差旅费用、以及劳动者及其家庭成员（如有）的附加保险，特别是医疗保险。如果劳动者不属于德国社会保障体系，此类附加保险则更为重要。

此外，除补偿双倍住房费用以及储存家庭用品费用外，如适用，德国原用人单位还可能会定期为在东道国的住房费用发放住房津贴。如劳动者携带其子女一齐前往外派国家，子女护理费以及国际学校就读费的报销则需尤其重视。

3) 再就业合同

从劳动者的角度来看，返回德国原用人单位的条件是谈判中最重要的一个部分。双方可沟通协商出各种不同的方案，然而，用人单位通常对外派结束而返回原用人单位劳动者的职位并不确定。从用人单位的角度来看，与外派职位（通常在外国公司管理层）处于同一级别的工作通常不作为劳动者返回原用人单位后的一种选择。相反，重新融入公司的层次结构对于劳动者之后在德国发展其职业生涯更为合适。为避免劳动者在返回德国原用人单位后产生相关争议，劳动者应仔细对再就业合同条款做出筛选。

然而，用人单位与劳动者也可选择签订一份预期终止协议，而外派合同中已经包含可签订预期终止协议的相关条款，即劳动者如果在德国找不到合适的职位，劳动关系将会被终止且用人单位须支付固定的遣散费。

此外，如果劳动关系提前终止，则再就业合同视为无效，比如劳动者外派期间违反外派合同条款。

四、 集体劳动法

1. 综述

“集体劳动法”这个词是指法律中涉及劳动者利益集体代表的所有领域。

在德国，这些劳动者利益的代表，特别是劳资委员会和工会，可能有但不一定要重叠。

工会是成员性组织。因此他们只代表作为工会成员的劳动者的利益。

劳资委员会代表部门劳动者的利益。每个拥有5个或以上劳动者的部门可以（但并非一定要）选举出一个劳资委员会，其成员都是部门内部成员，但并不需要是工会成员。

宪法法案和集体劳动合同法案是主要的法律来源，严格限定了劳资委员会和工会的职权和责任范围。这意味着，如某个行业的工会相当薄弱且没有适用的集体劳动合同，集体劳动法中关于工会方面的法律就没有关联性；然而，因为劳资委员会和工会各自的职权和责任范围被严格限制，所以劳资委员会不会接替工会的工作。没有劳资委员会的部门同样亦然。因此，集体劳动法可能在某些企业或行业中没有关联；而在其他企业或行业中（例如汽车行业），劳资委员会和工会都参与。

2. 集体劳动合同

集体劳动合同是由用人单位协会或用人单位个人作为一方，工会作为另一方，共同签署的。其法律框架是由集体劳动合同法设定的。如果雇佣双方（用人单位和劳动者）都受集体劳动合同约束，则集体劳动合同直接强制（就最低需求而言）适用于该劳动关系。这种情况指的是要么用人单位已经代表自身与工会签署集体劳动合同；要么用人单位是某个用人单位协会成员，而劳动者是工会成员。另一个要求是，在集体劳动合同中用人单位属于技术和局部范围，而劳动者属于个人范围。劳动合同有时还可能引用集体劳动合同（动态或静态），或用人单位在不理会劳动者是否加入工会的前提下宣称要平等对待所有劳动者。在上述情况下，劳动者是否工会成员则无关紧要。

某些集体劳动合同可能宣布受相关联邦国家法规的普遍约束；同样，在这种情况下，劳动者是否加入工会是无关紧要的。

如用人单位或劳动者离开相关组织，集体劳动合同仍然有效，直到合同解除或结束（“后效”）。即使集体劳动合同结束，条款仍然适用于该合同所涵盖的所有劳动者。集体劳动合同的常见条款可以规定以下问题：报酬、工作时间、假期和解除劳动合同的规则。区域性集体劳动合同和个人合同有所区别，区域性集体劳动合同是在一定区域内某个行业间协定的，而个人合同是用人单位与劳动者订立。

另一个区别是关于集体劳动合同的内容，例如框架协议涵盖一般工作和雇佣条件，而薪酬协议仅涵盖报酬。在集体劳动合同的谈判过程中，最重要的强制执行措施是劳工行动。

劳动者可以采取集体停工（罢工），用人单位可以对停工做出相应的行动。劳工行动受宪法保障，而不受法律制。根据联邦劳工法庭的决定，罢工只有在和平义务（集体劳动合同解除后适用）过期后，或尚未签订集体劳动合同情况下进行。许多集体劳动合同还规定了强制调解程序。

劳动者只有根据工会的组织且用人单位具有经济实力的情况下，罢工才能成功。实行罢工的劳动者无权从用人单位那里领取工资，但他们会定期从工会领取罢工津贴。用人单位有权要求未罢工的其他劳动者停工。由于政府须保持中立，因此，罢工的劳动者无权享受社会福利，这相当于用人单位给劳动者施加压力。现今，罢工现象在德国相对较少，这主要是因为劳动者的组织水平下降。相比之下，劳动者在严密的组织之下，罢工更为频繁。这在一定程度上是由于联邦劳工法院规定了每个机构可合法设立的工会数量。最近，罢工主要发生在交通运输业，就算只有少数劳动者组织罢工，也很容易致使整个企业瘫痪。

3. 劳资委员会

劳资委员会法规定劳动者可参与部门的社会、人事和经济事务。部门指的是劳动者作为个人或与其同事一起取得某些劳动相关成果所在的组织。如果该部门雇佣5个或以上的劳动者，劳动者可通过选举方式成立一个代表组织，即劳资委员会。如一个公司有多数部门成立了劳资委员会，则可以成立一个集体劳资委员会。此外，劳资委员会还拥有社会群体组织以及欧洲范围的协会。其余的劳动者代表组织包括残联和青年协会。

劳资委员会的成员由劳动者根据一个复杂的程序选出，任期四年，劳资委员会成员的数量取决于所在部门的规模。

劳资委员会必须参与许多劳动者相关的事务，范围从单纯的信息沟通到实际参与，旨在减少用人单位的单方面决定。

劳资委员会必须同意可执行参与的领域且可采取主动形式，即所谓的社会参与且在法律目录上有明确的规定。最重要的领域是加班（原则上，劳资委员会须同意每一个小时的加班时间）、工作日工作时间的分配、新技术的实施，和工作规则的修正。

与劳资委员会关于社会问题的谈判旨在达成一致的协议，通常是一般的工作协议。如果无法达成协议，此事将由调解委员会作最终决定。调解委员会由同等数量的用人单位和劳动者代表，以及一个独立主席组成。

在转岗、解雇和雇佣等人事事务上，必须提前通知和咨询劳资委员会。在某些情况下，劳资委员会可以反对该人事变动。然而，在实际操作中，用人单位通常可以在劳资委员会参与的情况下，按照原定计划进行。劳资委员会的参与流于形式，且并没有真正的决策权，但如果用人单位不遵循劳资委员会的决定也可能导致人事决定无效。

关于经济事务，在这里必须要强调用人单位有决定如何处理其私有财产的宪法权利（在社会范围内）。一般而言，用人单位必须通知劳资委员会且劳资委员会可以发表意见，但是无权影响用人单位的独立决策权。然而，关于利益平衡商谈所导致经营变动的决策可能影响用人单位的独立决策权。制定社会计划的义务适用于许多经营变动的情况，且用人单位须牢记（财务上并及时地）向被遣散劳动者支付相应的遣散费。

一定程度上，在大公司（三分之一参与法）以及一些行业领域（协调经营法）中，劳动者代表可实际参与到公司的经济事务中。但股东也可以做出最终决定。

五、 劳工法庭程序

1. 简介

德国劳工法庭有一个独立的系统（劳工管辖权）专门用以处理劳资纠纷。通常，双方不可能就仲裁达成一致意见。一审法院是当地有管辖权的劳工法庭；而上诉法院则是区域劳工法庭。在极为重要的特殊法律案件中，联邦劳工法庭则作为终审法院。在法院诉讼的阶段，法院应该努力在双方之间达成和解。因此，因此，每一个劳工个案的第一阶段都是调解听证会，旨在查明是否有达成和解的可能性。根据官方数据的显示，超过90%的案件在某个阶段是通过友好协商解决的。除了正常程序外，还有临时法律保护的快速程序，只有在绝对需要快速和临时决定，且审判长的决定无法预料的情况下才可实行。

陪审团参与所有的庭审阶段；而主席是一个专业法官。

个人劳动纠纷属于民事案件范畴，而劳资委员会/集体劳动纠纷与劳资委员会法相关的纠纷是属于行政审判（如依据职权调查原则）。

2. 费用

为了不限制劳动者寻求法律赔偿, 诉讼费用比较低廉。在一审阶段, 指定律师不是必须的, 劳动者可以代表自己或授权给第三人。律师的费用也因社会原因有所限制; 此外, 每一方都必须承担自己在一审中的费用, 即败诉方无需承担胜诉方任何费用。

3. 诉讼时长

在所有的审判程序中, 调解听证会大约在提请诉讼后的四到六周进行, 旨在达成和解。如不能达成和解, 则要经过数周甚至数月才开始主审阶段。在有限的紧急情况下, 可以提请临时法律保护。特别是在解雇纠纷中, 适用加快处理的原则。诉讼的持续时间因地点的不同有很大差异, 但是当地法院的持续时间通常比其他法院的分支机构短。

(二) 德国的税收

一、 个人和企业所得税

德国的个人所得税纳税义务与“法律行为能力、国籍、居住地和常住地”无关。居住地或常住地以及国籍是确定个人所得税责任的标准，即：无限、有限、无限扩展或有限扩展等标准。仅此一句话就突显了德国税法的复杂程度，即使对非专业人士也是如此，尤其是在跨国关系中。以下章节将通过对基本定义的解说和简单例子来阐明这一内容的复杂性。

以下人员可以成为德国税收的纳税人：

1. 自然人、
2. 公法规定的法人
3. 私法规定的法人

自然人是指所有在自然状态下出生的人（§1BGB）。公法规定的法人是指联邦共和国、各州和各市、教堂以及公共法律基金会。私法规定的法人是指注册的协会(e.V.)、私人有限公司(GmbH)以及股份有限公司(AG)。

此外，以下2种类型的企业必须明确区分：

- 合伙企业 (GbR, oHG, KG, GmbH & Co. KG)以及
- 合资企业 (GmbH, AG, KGaA, SE)

§§1ff.BGB)在§1(1)1EstG（德国税法）对自然人的纳税义务进行了规定。

关于企业的纳税义务，德国税法主张的是二元论：

- 合伙企业是个人所得税的征收对象
- 合资企业是企业所得税的征收对象

个人所得税仅依据各自的法人资格来对个人进行征税，从而产生了不同的纳税义务。因此，民法规定了企业应缴纳个人所得税还是企业所得税。

关于合资企业，由于其不同的法人资格，必须明确区分税法和民法所规定的企业级别和个人级别（所谓的分离原则）。根据§1(1)1KStG(企业所得税税法)的规定，合资企业是法人，因此合资企业是企业所得税的征收对象。并且，企业的成员（股东）应就其所获取的红利缴纳个人所得税（所谓的双重征税原则）。红利分配给股东时，如果股东是自然人，那么根据§1(1)No.1和§20(1)No.1连同§43(5)1EStG的规定，股东应就这些红利缴纳统一税率代扣所得税。统一税率代扣所得税是资本利得税，股东就红利在缴纳该税后无需再缴纳其它税。

根据§32dEStG的规定，统一税率代扣所得税的当前税率是25%，再加上5.5%团结附加税和教会税（如适用）。

虽然大多数合伙人会根据民法而组成一个独立的法人，但对于税法来说，该法人并不是征税的对象。因此，合伙企业的成员则成为征税（分离原则）的对象并且合伙企业本身无需缴纳任何税款。根据15(1)1No.2EStG的规定，合伙企业的成员被视为合伙人。

二、 有限和无限纳税义务

在德国，收入只在有纳税义务的情况下才需纳税，可分为4种纳税义务，具体如下：

- §1(1)EStG：无限纳税义务（主要居住地是在德国）
- §1(2)EStG：无限扩展纳税义务
- §1(4)连同§49(1)EStG：有限纳税义务
- §§2,5AStG：有限扩展纳税义务

此外，根据§2(1)EStG的规定，下列收入需征税：

- 农业和林业收入（§§13ff.EStG）
- 商业运作的收入（§§15ff.EStG）
- 独立商业活动的收入（§18EStG）
- 相关劳务活动的收入（§19ff.EStG）
- 资本资产的收益（§20EStG）
- 租赁的收益（§21EStG）
- §22EStG所规定的收入（§§22,23EStG）

1. 无限纳税义务（主要居住地在德国）

根据§1(1)1EStG的规定，在德国拥有居住地或常住地的自然人应就其收入（包括在瑞士或中国赚取的利润）缴纳德国无限所得税。计税基础是全球收入。

当同一收入已在德国或国外纳税时，该收入可以在德国免除纳税义务，或者国外的纳税金额可以抵消德国应纳税额或从中扣除。根据德国和中国之间的DTA，在中国交纳的税额可以抵消在德国的应纳税额。某些种类的收入（红利、利息、权利金等）在中国纳税之后可以在德国免除纳税。

如果一个公民停止在德国登记其工作信息而转为完全海外工作时，那么他在德国则需要承担无限纳税义务。这是因为“居住地”在税法中的定义不同于监督登记机构所述的定义。如果纳税人在德国保留住宅，并且可能经常返回这一住所，那么税务局可以此认为该公民在德国居住。因此，该公民在德国的税务居住地成立/保留，且纳税人在德国需要承担无限纳税义务。有一点需要注意的是，DTA对“居住地”的定义可能会不同于德国税法。然而，DTA中关于“居住”的标准只是决定了DTA（如与中国）是否适用，而不会影响各个国家的个人纳税义务。因此，尽管纳税人在德国和海外都拥有住所或常住地且根据DTA的理解，该纳税人仅“居住”于另一缔约国（海外），德国无限纳税义务仍然适用。

2. 无限扩展纳税义务

根据§1(2)2EStG的规定，尽管德国驻外公务员（即根据公法的规定，被德国公法人雇佣的人员或从德国财政支出领取薪水的人员，比如大使馆人员、GIZ的外籍劳动者、外国商会人员或哥特学院人员等）在德国既没有住所也没有常住地，但仍需在德国缴纳税款。根据国际法的准则和双边协议，因为德国驻外公务员的收入实际上是由政府支出的，所以不应在海外纳税，而只应在德国缴纳税款。

3. 有限纳税义务

根据§1(4)EStG的规定，在德国既没有住所也没有常住地的自然人应承担有限纳税义务，即如果满足§1(4)EStG中所述的一定标准，那么某些收入就应在德国纳税。这些标准通常会要求该自然人提供德国相关的证据来证实有限纳税义务这一假定。

这些收入包括：

- 商业活动的收入，前提是在德国有一个常设机构或一名常驻代表；
- 租赁的收入，前提是不动资产位于德国；
- 资本资产的收益，前提是该收益属于§49(1)No.5EStG规定的类别，例如资本资产的债务人在德国有住所、管理或注册地址。

对§20(1)No.7EStG中规定的其它资本资产收益，纳税人仅需承担有限纳税义务。因此，如纳税人在德国用合约或者物权的形式直接或间接担保其债权，那么该纳税人应缴纳资本利得税。我们可根据德国联邦财政法院（BFH）理解"间接担保"大致的含义。间接担保是指债务人可通过次债权人的抵押物给予债权人从债务人财产中清偿其债权的法律地位的债权，因为债权不是直接被担保。所以无需债务人的配合。根据§32d(1)1EStG的规定，自从2009年1月1日以，，自然人须缴纳统一税率预扣税且税率为25%。

4. 有限扩展纳税义务

如果德国公民在德国承担连续5年以上的无限纳税义务后成为一个新地区的居民，而该地区的收入纳税额比德国低三分之一以上且该公民仍然在德国获取高额的经济收益，那么，对于无限纳税义务中不被列为海外收入的薪资，该公民则应在德国承担额外10年的有限纳税义务。税率的计算基础是全球收入。然而，只有因放弃国籍后而获得的收益才可被免税，所以德国税收的责任上限是无限纳税义务。

上述逃税的相关法规可以避免持续在德国获取高额经济收益的纳税人为了逃避相对较高的德国税收而移居国外。

三、 全球收入的准则

根据§1(1)1EStG的规定，在德国拥有居住地或常住地的自然人应就其收入（包括在瑞士或中国赚取的利润）缴纳德国所得税。计税基础是全球收入。

根据§1(1)1EStG的规定，在德国拥有居住地或常住地的自然人应承担无限个人所得税义务。

德国法规在纳税义务上对下列事项进行区分：

- 住所
- 税法规定的居住地
- MRRG所述的居住地
- 常住地

民法所规定的住所是指适宜居住的一个地方。如果一个公民在德国拥有一处以上的住所，其中一处则是其主要住所，根据 §12(1)MRRG的规定，公民的主要住所是其个人利益中心。而民法规定的居住地是指个人生活的地理中心，即一个公民永久定居的地方（§7BGB）。

§11(1),(2)MRRG规定了公民须正式登记其个人居住地的法定义务：

- "任何人搬入一个新的住宅时必须到当局进行登记。"
- "任何人搬出当前的住宅时必须到当局进行注销。"

根据以上的登记要求，公民的居住地与其法定住所相关联，即司法管辖地。根据§§12,13（CivilProcedureCode）的规定，公民法定住所所在地的法院通常有权对该公民行提起法律诉讼。此外，居住地对于市政选举权、机动车登记以及警方的居留检查极为重要。

然而，税法却予以"居住地"不同的概念：

税法对"住所"的含义也有所规定，"住所"是指客观上适宜居住的一个僻静场所。根据§8AO的规定，如公民维持和使用一处住宅则意味着该公民拥有自己的住所。

根据BFH，无论纳税人的主观意图为何以及是否与当局登记，住所的永久性至关重要。此外，除酒店长期住客外，纳税人必须要有自由管理其住宅的能力。

根据§9AO，公民拥有自己的常住地是指"在特定情况下，该公民居住于其常住地可以解释为该公民不仅仅是临时性地停留于这个地方。所谓常住地是指公民在该地连续停留6个月以上"。

根据§11AO，法人的注册地址应是由法律、章程、细则或相关法规所规定的。注册地址的确定不会造成更多的困难，因为它完全取决于法律事实。

四、 税收

1. 薪资

在德国，工资被定义成"从事相关工作所得收入"。根据§2(1)No.4,19EStG，工资属于7种收入之一并且属于盈余收入。一般情况下，个人所得税是由用人单位代扣并提交给税务局。如果劳动者能够证明其收入相关的支出、特殊开销或者其他消费的实际税率低于用人单位扣缴的数额，或劳动者可以证明其在另外类别的收入上遭受了损失，则该劳动者能在年度纳税申报结束后获得相应返税。受薪就业所得收入包括作为劳动者所得的收入，例如薪水，工资、奖金、津贴以及假期补贴。

相比之下，根据 § 3No.64EStG，外派奖金和购买力补偿费是免税的，并且根据联邦薪酬法案 § 55的规定，如购买力补偿费不超过外派奖金的允许量，亦可免税。联邦税务公报的第一部分将公布适用于不同国家生活成本的费用调整。联邦财政部会定期发布生活成本调整概述。以免税为目的，劳动者必须在国外拥有其个人住所或者特定时段的住所，且会在某个时间点会回到其（德国）原用人单位。但是，如果该劳动者最终没有回到原用人单位，则不可免税。

此外，薪水收入规定纳税人可以被认定为劳动者。根据EStDV § 1的规定，“劳动者”可以从税收的角度被分为3类，是被雇佣于或曾经被雇佣于公共服务或者私人服务，并从目前或者之前雇佣关系中获得报酬的人。

根据 § 1(2)EStDV，雇佣关系建立于用人单位指派工作给劳动者的情况。劳动者必须在用人单位的监督下完成工作任务并且服从用人单位的指示。

根据，劳动者可以从其收入中扣除工作相关的花费，例如购买工作所需文献，工作往来花费或者其他工作相关的消费。只有跟工作相关的开销才能减免税款。在对税款减免存在疑问的情况下，每项费用都必须进行检查以确认是否为工作开销。然而，对于劳动者而言，收集每次消费的收据继而纳入年度税务申报表中是不切实际的，因此，立法者在 § 9aEStG中规定，劳动者每年度可享有有1000欧元的额度作为纳税人的抵税款，税务局将会从每位劳动者的收入中自动扣除这笔税款，劳动者无需再额外申请。如劳动者的年度工作开销超过1000欧元，则需要注明实际小飞数额并向税务局出示消费证据。

2. 资本收益所得收入

资本收益所得的收入，包括股息分红、利息所得收入；而EStG § 20只包含了私人资本收益的相关规定。基础资本和资本利用的累积收益必须被严格区分，只有从基础资本外所得的额外收益才能被算作资本收益所得。基础资本本身的增值不能被算作资本收益所得收入。另一方面，资本资产的亏损和贬值也不能被当做消费而用来抵税。

自2009年起，因私人资本投资的获利都属于资本获利所得，例如股票，股份或者其他投资。此前与投机阶段相关的规定将不再适用，但是，根据 § 52a (11)4EStG,前述这项规定（尤其是在投机阶段）对于2009年1月1日前的投资仍然适用。

从企业机构的投资所得收入包括利润分配，如：

- 股息分红
- 投资个人有限公司的利润分红。

自2009年起，统一税率的代扣所得税制度已经取代了半收入评估法。这项新的制度对资本获利所得的私人收入源头征收税款（即银行）且统一税率。费用债务人将以固定比例扣除纳税人的收入，并提交给税务部门，纳税人因而完成其个人所得税的缴交。根据§32d(1)1EStG的规定，统一税率是25%加上团结附加税和教会税（如适用）。

一般来说，因资本收益所得的收入须缴交统一税率代扣所得税，尤其是银行存款利息，债务工具投资收益，股息分红，投资基金、期权交易或证书所得收入。此外，私人股份销售的利润收入也须纳税，特别是股票、股份以及企业协会的投资所得（房地产投资除外）。

例外事项：

根据§17EStG，如纳税人在企业协会的投资高于过去5年内注册资本的1%，则该纳税人在企业协会股份交易所得的利润无需按统一税率缴纳。资本运营收入同样适用于前述规定。因为从其他国家投资所得的收入应缴纳外国预扣税且银行会根据§34c (1)EStG的规定进行抵税，所以德国的税务责任因此减少。

总之，自2009年起，统一税率代扣所得税已增加对资本收益的税收负担。

对于免赔额，可降低资本获利所得收入税款的个人储蓄津贴已经自2009年1月起有所改变。

针对上述情况，§20(9)EStG作出以下规定：

“当计算资本收益所得收入时，可免除801欧元开销的税务（个人储蓄津贴）；而实际开销的税款不予减免。如配偶双方合并评），则可享有1602欧元的储蓄津贴。通常，配偶一方可在其收入中扣除一半的合并储蓄津贴；然而，如配偶一方的资本收益所得低于801欧元，另一方配偶则可以在其收入中扣除剩余的合并储蓄津贴。根据Para 6的规定，个人和合并储蓄津贴不能高于外税扣除后的资产收益所得。

因此，纳税人可适用以下储蓄津贴：

- 单身人士：801欧元
- 已婚人士（配偶双方）：1602欧元

当资本收益所得的可纳税收入总额超过储蓄津贴，纳税人须就超过储蓄津贴的部分缴纳税款。

根据巴登-符腾堡州法院的判决，纳税人在计算税款时已不能再扣除资本相关的实际开销，如投资费，然而，前述情况在是否违反经济能力原则和德国宪法的问题上饱受争议。此前（截至2015年1月），针对前述案件已提起上诉且正在等待联邦财政法院的裁决。

根据§32d(6)1EStG的规定，纳税人也可以选择在年度纳税申报表中涵括其资本资产所得收入从而获得更多的税收优惠。如个人所得税率低于25%，纳税人则可用此税率缴纳其资本收益所得收入的税款。

纳税人无需就某些资本收益所得的国外收入缴纳统一税率代扣所得税，纳税人必须在年度纳税申报表里声明前述收入。如纳税人获得收入而不进行申报，则构成故意偷税漏税的违法行为(§370AO)。根据联邦最高法院规定，如税收债务人和税务顾问等纳税人不是以逃税为目的，而认为前述行为能实现减税的结果且不反对此减税结果，则也可被认定为构成偷税漏税的行为。此外，根据§378AO，过失减税一般按照违反行政法规处罚。在法律文献中，“过失”一词存在争议性。根据联邦最高法院规定，如税收债务人、税务顾问以及企业家等纳税人在纳税义务上表现得特别放肆或漠不关心，又或者其个人能力和具体的案件情况致使他必须遵守相关法律法规以完成个人义务，则存在“过失”行为。由于执法部门(刑事和刑罚部门以及检察机关)在近期对刑事和行政税务犯罪多次提起诉讼，纳税人应着重关注其纳税申报义务和法律责任。

五、 税率

根据EStG §32a，实际收入应缴纳的税款额取决于税率。纳税人就其可纳税收入应缴纳的税收比例由税率决定。被用作计算基础税率的可纳税收入规定如下：把EStG §2(1)(扣除相关开支后)中7种不同类别的收入相加继而构成“收入的总额”。

纳税人可在其收入的总额中可扣除一定比例的的税款，例如：

- 高龄津贴，
- 单亲家庭津贴
- 农民和林农补贴

“收入的总额”在扣除上述税款后则构成了“收入总额”。纳税人还可在“收入总额”中作出进一步的扣除，例如：

- 损失免税
- 额外开销
- 公积金性质的开销
- 特殊产权负担

根据AStG，国外收入需在纳税人完成上述步骤后被纳入其中，继而构成“收入”。最终，如儿童津贴相较于纳税人每月支付的儿童福利金更为有利，则可以被扣除(如果适用)。最后得出的金额为“应税收入”并由此决定税率。

截止2019年，根据§32a(1)EStG，税率以及应纳税额可分为五个区间：

1. 不超过9168欧元 (免税津贴)：
   0;
2. 9,169欧元 至 14,254欧元：
   $(980.14 \cdot y + 1,400) \cdot y$;

3. 14,255欧元至 55,960欧元:
   (216.16 · z + 2,397) · z + 965.58;
4. 55,961欧元至65,326欧元:
   0.42 · x – 8,780.90;
5. 265,327欧元及以上:
   0.45 · x – 16,740.68.

参数“y”是超过免税额后应缴税收入的万分之一，四舍五入到全额欧元。 参数“z”是超过14,254欧元后收入的万分之一，四舍五入到全额欧元。 参数“x”是总应税收入四舍五入到全额欧元。由此产生的税额应四舍五入到下一全额欧元。

六、 婚姻状况减免税收

根据§32a(5)EStG，配偶可按所谓的婚姻状况减免纳税义务。配偶双方纳税义务的计算方式如下：首先，将配偶双方的应税收入相加然后均分，其次，对前述收入应缴纳的税额进行计算得出配偶一方的税款，继而对此税款翻倍得出配偶双方的税款。在计算过程中，因为津贴的使用以及累进效应，配偶双方使用合并评税通常比分开评税更加有利，特别是在配偶一方的收入明显低于另一方的情况下。

(三) 中国劳动法

一、 简介

为了理解中国劳动法，追溯法律的历史发展历程可见一斑。法律与政治缺乏明显分界根植于儒家思想，并在封建统治的时代一直持续。中国的法律(主要是由刑法构成)不是用来给予个人互相对抗或对抗国家的权利(即封建官僚主义)。

20世纪初，首次法治体系的趋势很快就被内战和第二次世界大战中的日本入侵打断了。虽然所谓的"劳动法框架"已经创建于1922年，但直到中华人民共和国成立，才算有了真正的中国劳动法。直到那时，劳动法的主要重点是经济的共有化，已经从一个理想化的观点(生产资料归工人和农民所有)出发，建立现代劳动法似乎指日可待。人民自愿为社会工作，作为回报，社会为人民提供了一切必需品("铁饭碗")。政府将工人分配到生产企业，这意味着劳动法以及劳动力市场和社会保障相关制度不是必要的。

在文化大革命后，改革开放初期，现代劳动法的发展于1979年得以开始。发展的动力是促进与经济改革有关的外商投资。由于外国投资者不能也不愿起用分配来的员工，为他们提供所谓的 "铁饭碗"，因而建立一个自由劳动力市场和相应的劳动法势在必行。因此，与欧洲相比，中国没有持续且较为完善的法律文化作为基础。

二、 法律框架

虽然对于国家劳动法的需求在1956年就已经得到承认，但直到1994年7月5日劳动法才得以通过，于1995年1月1日起生效；然而，它只包含一些综合性的规定。

中华人民共和国的宪法包含一些劳动法相关的原则，例如工作的权利和义务、参与经济发展获得薪酬的权利、平等对待的原则，以及休息时间和劳动保护的权利。此外，宪法规定了立法者有建立有效社会保障体系的义务。在宪法给予了公民合法权利的基础上，在工作时间内，公民也相应地有遵守工作纪律的义务。

虽然中国是一个统一的国家且行使权力需要通过共产党统一的组织，但在实践中，各省、自治区和城市以及经济特区持有地方性立法权。法律与地方性法规之间的效力较为模糊，因此，劳动法效力的现状不清晰。

劳动合同法(以下简称"合同法")于2008年1月1日生效；它在包含细则规定的同时也沿用了公开的立法程序。然而，劳动法以及与合同法没有冲突的相关性法规并没有因此失效。至今，中国已制定许多关于符合现代标准的劳动性法规和社会保障法律。

三、 劳动法-单个劳动者

1. 劳动合同

1) 形式要求

劳动合同是根据劳动法与合同法订立的。

工会法规定了“职工”一词的定义。职工指的是在中国境内的企业、事业单位、机关中以工资收入为主要生活来源的体力劳动者脑力劳动者。为用人单位提供服务和经济依赖性是劳动关系的主要表现。这个定义适用于所有劳动者。

劳动合同和劳务合同对于“职工”这一术语的定义大致上是一样的。然而，在隶属性、经济从属性、组织性和工作范围上有明确的区别。这种区别与德国法律一致。

为了达成劳动关系，应当签订书面劳动合同。劳动合同的修改和延长也应当适用书面形式。用人单位应当自用工之日起一个月内与劳动者订立书面劳动合同。如用人单位自用工之日起超过一个月不满一年未与劳动者订立书面劳动合同的，应当向劳动者每月支付二倍的工资。且用人单位自用工之日起满一年不与劳动者订立书面劳动合同的，视为用人单位与劳动者已订立无固定期限劳动合同。

劳动合同在当地人力资源社会保障部门的备案手续尚不明确且各地规定不同。然而，一般来说，合同的备案不影响合同的有效性。

双语合同是可行的，但一旦发生纠纷，以中文版本为准。

一份根据《劳动法》和合同法订立的劳动合同必须包含以下信息：

（一） 用人单位的名称、住所和法定代表人或者主要负责人；
（二） 劳动者的姓名、住址和居民身份证或者其他有效身份证件号码；
（三） 劳动合同期限；
（四） 工作内容和工作地点；
（五） 工作时间和休息休假；
（六） 劳动报酬；
（七） 社会保险；
（八） 劳动保护、劳动条件和职业危害防护；
（九） 法律、法规规定应当纳入劳动合同的其他事项。

如果劳动合同的某些条款无效，其余协议的有效性并不受影响。如劳动合同规定不完整，应适用公司的集体规定或法律最低要求。

在制定、修改或发布任何劳动者利益相关的重要事项（如常用的职工手册）之前，用人单位须与劳动者就这一事项进行讨论。如果不存在工会，所有劳动者必须参与到其中。然而，最后的决定将由用人单位做出。

2) 就业歧视

除促进就业的政策和积极的劳动力市场外,“就业促进法”也规定了反歧视的相关条款。除年龄外,应聘者和劳动者不因民族、种族、性别、宗教信仰以及身体缺陷而受歧视。农村劳动者就业享有与城镇劳动者平等的劳动权利。

公司性质的外资企业在聘用中国劳动者时与中国企业相同.但非公司性质的外国企业在华常驻代表机构聘用中国劳动者时在很大程度上受到限制。外国企业代表机构并不是一个独立的法人机构。外国企业代表机构不得直接招聘中国劳动者,此条规定也限制外国企业。外国企业代表机构必须委托外事服务单位招聘中国劳动者。根据与外事服务单位签订的劳动合同,劳动者将在代表机构工作。依据德国法律,原则上这是一个租赁劳动者的行为。

根据外籍劳动者就业的相关规定,外籍劳动者的就业形式取决于外籍劳动者是否直接受雇于中国企业、外商独资或合资企业和是否与接受外派的中国企业签订借调合同。

如外籍劳动者直接受雇于中国企业,其劳动关系完全适用中国劳动相关法律法规,换而言之,国外法律并不适用。

另一方面,未与中国企业签订劳动合同的外派/借调,通常是合法的,并且由于未签订劳动合同,因此有可能不受中国有关劳动法律的约束。此情况下,选择适用其他法律也是可能的。

尽管中国法律认可借调/外派的工作模式,但是根据有关法律规定,被借调/外派的劳动者若在中国工作超过三个月则被认为是在中国就业,因此需要一个就业证、工作签证、居住证明和职业证书,因此,这意味着这样的员工还需要一份受中国法律约束的劳动合同。同时,根据2015年1月1日生效的一项新规定(外国人入境完成短期工作任务的相关办理程序(试行)),即使是在中国短期停留,也可能已经需要工作许可证。

3) 外国人签证和工作许可

(1) 概述

2013年9月,中国政府对中国签证的相关条例进行全面修订并归类。进一步的小幅度调整已在2014年12月完成。到中国旅行且无长期居住证的德国或欧洲其他国家的游客,务必在前往中国前于本国取得签证。近来,外国游客将可以在北京和上海等城市享受144小时的过境免签政策。申请144小时过境免签人员应当持有有效护照或者其他国际旅行证件和144小时内确定日期、座位前往第三国(地区)的联程客票,填写临时入境外国人入境卡,接受出入境边防检查机关询问。更多的城市将会实施该规定,建议在出行之前获取相关签证信息。

自2013年9月以来,最重要的签证类别如下:

- L字签证:入境旅游
- M字签证:商业贸易活动
- Z字签证:中国境内工作
- F字签证:交流、访问和考察等活动

直至2013年9月，前F字签证是商业旅行最普遍的签证。此类签证现已划分为F字签证和M字签证。若外籍人员于中国长期工作，应取得Z字工作签证，此类签证申请程序相对复杂（见下文）。

2014年12月，中国政府规定某些活动不再符合申请M字或F字签证（相对容易获得）的资格，此类活动则被视为短期工作任务，应当申请办理Z字签证。此类活动如下：

- 到境内合作方完成某项技术、科研、管理、指导等工作；
- 到境内体育机构进行试训（包括教练员、运动员）；
- 拍摄影片（包括广告片、纪录片）；
- 时装表演（包括车模、拍摄平面广告等）；
- 从事涉外营业性演出；
- 人力资源社会保障部门认定的其他情形。

移民管理局在未来将有可能新增或更改签证类别；因此建议申请者在办理签证前进行咨询。过去几年（2013/2014）北京、上海和广州的省级政府已经组织了大规模的抽样调查，抽查凭旅游或商务签证进入中国却以长期工作为目的的外国人，持有此类签证在境内长期工作的外国人严重违反中国法律。由于签证持有者持有错误的签证类型，且没有在中国定期缴纳税款或社会保险，因此，可面临拘留，巨额罚款和长达数年的入境禁令的惩罚。

(2) 长期工作签证

用人单位聘用外国人，须先填写《聘用外国人就业申请表》，向其与劳动行政主管部门同级的行业主管部门（"行业主管部门"）提出申请，并提供拟聘用外国人履历证明、聘用意向书、拟聘用外国人原因的报告、拟聘用的外国人从事该项工作的资格证明、拟聘用外国人健康状况证明和其他规定文件。前述规定不适用于外商投资企业。外商投资企业聘雇外国人，无须行业主管部门审批，可直接到劳动行政部门发证机关提出申请和办理就业许可手续。用人单位获行业主管部门审批后，应持《聘用外国人就业申请表》到有关劳动行政部门办理核准手续，发证机关将根据主管部门的意见和劳动市场的需求状况进行核准并在核准后向用人单位签发就业许可证书。外籍专业技术和管理人员，持有《外国人在中华人民共和国从事海上石油作业工作准证》从事海上石油作业、不需登陆、有特殊技能的外籍劳务人员以及经文化部批准持《临时营业演出许可证》进行营业性文艺演出的外国人无需办理就业许可和工作许可证。

拟聘用外国人在收到劳动部签发的就业许可证书后应到中国驻外使、领馆、处申请工作签证。申请工作签证的外国人须年满18周岁且身体健康，具有从事其工作所必须的专业技能和相应的工作经历，持有无犯罪记录证明，有确定的聘用单位（劳动合同），以及持有有效的身份证明文件（护照）。

用人单位应在被聘用的外国人入境15日内，到就业许可发证机关为外国人办理工作许可证。办理工作许可证须提交就业许可证书、与被聘用的外国人签订的劳动合同和护照。

已办理工作许可证的外国人，应在入境后30日内，持工作许可证到公安机关办理居留证。

在中国直接投资且连续三年投资情况稳定、在中国担任副总经理以上职务或与中国公民婚姻关系存续满5年的外国人可申请永久居留证。永久居留证的有效期为5年（未满18周岁）或10年（年满18周岁及以上）。永久居留证有效期满后可申请换发。

2. 合同期限

中国法律将劳动合同分为固定期限劳动合同、无固定期限劳动合同和以完成一定工作任务为期限的劳动合同。同时，全日制用工与非全日制用工在中国法律上有不同的规定。

1) 兼职工作

在某些行业内，除正职以外，劳动者有权从事兼职工作（非全日制用工）。然而，后订立的非全日制用工合同不得影响先订立的劳动合同的履行。

非全日制用工指的是劳动者在劳动者在同一用人单位一般平均每日工作时间不超过四小时，每周工作时间累计不超过二十四小时的用工形式且是以小时计酬为主。非全日制用工双方当事人可以订立口头协议且劳动者允许从事多份非全日制工作。非全日制用工双方当事人不得约定试用期（劳动合同法第70条）；任何一方可任随时终止该协议。用人单位无须向劳动者支付经济补偿。非全日制用工小时计酬标准不得低于用人单位所在地人民政府规定的最低小时工资标准且劳动报酬结算支付周期最长不得超过十五日。因此，非全日制用工报酬结算方式与全日制用工存在一定差异。

2) 劳动合同的期限

在法律上，劳动合同法对试用期有具体的规定。根据该劳动合同法，适用以下规定：

劳动合同期限	允许的试用期最长不超过
少于3个月	0
3个月以上至1年	1个月
1年至3年	2个月
3年以上或无固定期限	6个月

根据劳动合同法第13条规定，固定期限劳动合同，是指用人单位与劳动者约定合同终止时间的劳动合同。法律上没有限制固定期限劳动合同约定的终止时间。实践中，由于劳动者在用人单位连续工作满10年应当签订无固定期限劳动合同，所以用人单位和劳动者不会签订超过10年的固定期限劳动合同。根据劳动合同法第15条规定，以完成一定工作任务为期限的劳动合同，是指用人单位与劳动者约定以某项工作的完成为合同期限的劳动合同。

根据中国劳动合同法，双方可自由订立固定期限或无固定期限劳动合同。然而，在2008年之前，由于用人单位在终止无固定期限劳动合同时需要向劳动者支付经济补偿，所以直到劳动合同法实施，用人单位更愿意与劳动者签订固定期限劳动合同。

按照现行的规定，在下列情况下，除劳动者提出订立固定期限劳动合同，应当订立无固定期限劳动合同：

- 劳动者在该用人单位连续工作满十年的；
- 用人单位初次实行劳动合同制度或者国有企业改制重新订立劳动合同时，劳动者在该用人单位连续工作满十年且距法定退休年龄不足十年的；

连续订立二次固定期限劳动合同，且劳动者没有本法第三十九条 和第四十条 第一项、第二项规定的情形，续订劳动合同的。

因此，近年来，无固定期限劳动合同的签订大幅上涨。

3. 带薪和无薪休假

1) 法定节假日

目前法定节假日规定如下：

- 元旦节（1月1日）-1天
- 春节（农历：除夕、正月初一、正月初二）-3天
- 劳动节（5月1日）-1天
- 清明节（4月5日）-1天
- 端午节（农历五月初五）-1天
- 中秋节（农历八月十五）-1天
- 国庆节（10月1日-3日）-3天

全体公民放假的假日，如果适逢星期六、星期日，应当在工作日补假。

此外，特定人群除以上法定节假日外，还享有其他法律承认的节日，如三八妇女节或受法律承认的少数民族传统节日。

2) 年休假

自2008年1月1日，政府实施了《职工带薪年休假条例》。

累计工作已满一年不满十年的劳动者依法享有带薪年休假5天（劳动者需在现单位工作满一年）。工作已满10年不满20年，年休假10天。已满二十年，年休假15天。

国家法定休假日、休息日不计入年休假的假期。病假过长将影响劳动者年休假的待遇。事假将不计入年休假。

经劳动者本人同意，因工作安排不能休假，用人单位可以通过薪资补偿代替休假。在前述情况下，用人单位须支付300%的日薪酬。

3)　产假

女职工享有98天的产假——产前15天和产后75天。在提前生产的情况下，女职工将不能补足产前未休天数，早产除外。如生产推迟，额外的产前休假将计入产后的休假天数中（75天）。难产的女职工有权享受额外15天的难产假。生育多胞胎的女职工，每多生育一个婴儿，增加15天的产假。怀孕前四个月内流产的女职工享有15天产假，怀孕已满四个月流产的女职工享有42天产假。除上述法定产假以外，当地政府可根据当地情况实行额外规定，比如广东省女职工可享有额外的80天产假作为计划生育的奖励。

对于怀孕已满7个月或处于哺乳期的女职工，用人单位不得延长其工作时间和安排夜班劳动。处于哺乳期的女职工同时也享有每天1小时的哺乳时间。

独生子女政策已于2016年1月1日终止，取而代之的是“二孩政策”，即一对夫妻生育两个子女。

4)　病假

中国劳动体系对于职业病和工伤，以及劳动者患病和非因工负伤有明确的区分。职业病和工伤适用于2011年1月1日生效的工伤保险条例。

患病和非因工负伤的劳动者可根据本人实际参加工作年限和在本单位工作年限，给予医疗期，具体规定如下：

工作年限	本单位工作年限	医疗期
少于10年	少于5年	3个月
	超过5年	6个月
超过10年	少于5年	6个月
	5-10年	9个月
	10-15年	12个月
	15-20年	18个月
	超过20年	24个月

如劳动者患有难以治疗的疾病（如癌症、精神病、瘫痪），可与用人单位和劳动部门协商延长医疗期或享受退休、退职待遇。

以上提到的医疗期可以在以下期限内计算：

医疗期（月）	总期限（月）
3	6
6	12
9	15
12	18
18	24
24	30

5) 其他休假

如果劳动者结婚或是直系亲属离世, 有权享有以下假期:

劳动者本人结婚可依法享有3天婚假。丧假的安排按照地方规定和公司规章制度规定执行,比如上海规定,劳动者直系亲属(父母、配偶、子女)死亡时可根据情况, 经本单位领导批准, 给予一到三天的丧假, 且可根据路程远近, 另给予路程假, 路程费应由劳动者承担。

4. 薪酬/最低工资

一般来说, 薪酬的协商由双方意思自治, 即可自由约定薪酬。然而, 各地方政府劳动部门规定了最低工资标准[1]。最低工资只包含正常工作时间内的工资, 不包括加班费、非货币性福利(如食物、住宿、交通)以及奖金和用人单位负担的社保缴费和住房公积金, 或者用人单位的其他福利。试用期内的劳动者也适用最低工资标准。病假期间工资不得低于最低工资标准的80%。

如果用人单位违反法律法规, 拖欠或未足额支付薪酬, 低于当地最低工资标准支付劳动者工资或不支付加班费, 用人单位将按应付金额百分之五十以上百分之一百以下的标准向劳动者加付赔偿金。

如果用人单位破产, 劳动者将优先于其他普通债权人获得薪酬。

因劳动者给用人单位造成经济损失的, 用人单位有权要求其赔偿经济损失。用人单位每月可扣除劳动者当月不超过20%的工资作为经济损失的赔偿。若扣除后的剩余工资低于当地最低工资标准, 用人单位则须按最低工资标准支付劳动者工资。

将月工资计算成日工资时按照一个月21.75天来计算。

根据用人单位的绩效考核, 可进行年度调薪。其调薪幅度受企业经济发展水平、物价水平和企业的薪酬制度影响。年度调薪应在企业中集体进行。

5. 工时

中国劳动体系包含三种工时制度, 且已构建相对完整的体系化工时制度和相对应的加班制度。

1) 工时机制

(1) 标准工时制

中国实行劳动者每日工作时间不超过8小时、平均每周工作时间不超过40小时的工时制度, 此制度于1995年5月1日生效, 实施有困难的用人单位可推迟至1997年5月1日施行。中国劳动体系及相关法律法规对于工作日并无明确规定, 换而言之, 周六日也能作为工作日。然而, 在实践中, 周六日通常作为双休日。

---

[1] 典型综述详见附件一。

(2) 不定时工作制

除标准工时制外,用人单位也可施行不定时工作制(须征得劳动部门许可)。经许可,符合以下条件的劳动者可以实行不定时工作制:

- 企业中的高级管理人员、外勤人员、推销人员、部分值班人员和其他因工作无法按标准工作时间衡量的职工;
- 企业中的长途运输人员、出租汽车司机和铁路、港口、仓库的部分装卸人员以及因工作性质特殊,需机动作业的职工;或者
- 其他因生产特点、工作特殊需要或职责范围的关系,适合实行不定时工作制的职工。

实行不定时工作制的用人单位,员工无法享有加班费。

(3) 综合计算工时工作制

综合计算工时工作制以周、月、季、年等为周期且其平均日工作时间和平均周工作时间应与法定标准工作时间基本相同(劳动者每日工作时间不超过8小时、平均每周工作时间不超过40小时)。

用人单位实行综合计算工时工作制须经地方劳动部门许可。以下劳动者可实行综合计算工时工作制:

- 交通、铁路、邮电、水运、航空、渔业等行业中因工作性质特殊,需连续作业的职工;
- 地质及资源勘探、建筑、制盐、制糖、旅游等受季节和自然条件限制的行业的部分职工;
- 其他适合实行综合计算工时工作制的职工。

如上所述,综合计算工时工作制须遵守法定标准工作时间。因此,用人单位应在劳动者延长工作时间的情况下支付相应的加班费和额外补贴(包含法定节假日工作的额外补贴)。

2) **加班**

用人单位经与工会(如有)和劳动者协商后可在标准工作时间外延长工作时间。法律规定在保障劳动者身体健康的条件下每日加班不得超过3小时且每月不得超过36小时。前述加班限制并不适用于紧急处理的事件(发生自然灾害、事故或者其他原因,威胁劳动者生命健康和财产安全的)。同时,生产设备、交通运输线路、公共设施发生故障,影响生产和公众利益,必须及时抢修的情形也不受上述规定限制。

用人单位不得超出上述规定延长工作时间。在合法延长工作时间的情况下,用人单位须支付劳动者不低于工资150%的工资报酬。如用人单位在休息日安排劳动者工作,须支付不低于工资200%的工资报酬。其次,用人单位安排劳动者在法定节假日工作,须支付

不低于工资300%的工资报酬。然而，用人单位在休息日安排劳动者工作，可另行安排补休，在此情况下，用人单位无须支付加班报酬以避免引起额外的经济负担。

法律允许体力繁重、劳动强度高的劳动者可缩短工时，如夜班劳动者（即晚上10点至次日早晨6点）、煤矿工人和哺乳期女职工等。因此，前述劳动者的工作时间可根据相关规定适当减少。

用人单位违反相关工时规定将受到行政处罚。比如，用人单位未与劳动者协商单方面延长工作时间，将处以加班每小时高达100人民币的罚款。上述处罚同样适用于超出法律规定加班时长的情况。用人单位严重违反工时限制，构成犯罪的，将依法追究刑事责任。

用人单位侵害受保护群体的合法权益将面临更高的处罚，如哺乳期女职工。由于劳动部门处罚力度较轻且审查概率低，实践中常有用人单位违反上述规定。随着违法现象的增多，劳动部门的监管力度加大，外资公司也毫无例外。

6. 社会保障

强制性社会保障保险分为养老保险、医疗保险、失业保险、工伤保险和生育保险。

1) 养老保险

养老保险体系由社会统筹和个人账户组成。个人账户的资金来源由用人单位和个人的缴费组成，具体缴费比例由统筹地区人民政府根据地区经济发展水平和最高收入水平确定。社会统筹来源于用人单位缴费（个人账户和社会统筹中的用人单位缴费实际上为同一笔费用），换而言之，用人单位只需向个人账户进行一次缴费，而在实际操作中，政府会把用人单位的这笔缴费从个人账户中抽出且放入社会统筹。一般情况下，用人单位按照不超过本用人单位劳动者工资总额的20%缴纳养老保险金。针对目前的国情，养老保险体系采用“现收现付”制度，这意味着，已退休人员所享受的养老金来源于当下的社会统筹账户。

原则上，个人账户是劳动者资产的一部分，由政府机构管理且应产生相应的利息。实际上，由于“现收现付”制度和社保基金的投资，个人账户存在“空账”问题。

按照目前的规定，劳动者须缴纳不少于15年的养老保险才有权按当地职工平均工资的20%享受基础养老保险待遇。否则，劳动者在退休期间不享有基础养老金，个人账户中的个人缴费部分将一次性支付给本人。

目前女性法定退休年龄是55岁，男性60岁。因为中国人口老龄化严重，劳动力不足导致养老保险基金收不抵支，延迟退休成为迫切的问题。根据相关法律规定，基本养老金由基础养老金和个人账户养老金组成。个人账户养老金月发放标准如下：每月发放账户累积的1/120，分10年支付。由于当前中国男性平均寿命约为72岁，女性平均寿命约为77岁（有上升趋势），因此养老保险基金不足以维持退休期间养老金的发放（特别是个人账户只存在于理论层面）。所以，中国劳动者未来可能无法于法定年龄退休，除非有其他经济来源。

2)　医疗保险

医疗保险与养老保险的体系相似。医疗保险统筹机制由劳动者和用人单位缴费以及政府资助。劳动者缴交的资金以及雇主缴交的部分资金(约三分之一)应当缴付到劳动者的个人账户，用人单位缴交的其余部分将划入在社会统筹账户。

医疗费主要由劳动者的个人医疗保险帐户支出(可减少劳动者医疗方面的经济负担且保障健康权益)。超过当地职工年平均工资10%的医疗费用，将由统筹基金支付，最高支付限制为当地职工年平均工资的4倍左右。此外，政府已建立低保基金。享受低保基金的劳动者将无须由本人缴纳医疗保险费用，而是由政府补助。

医疗保险体系在某些层面上存在问题，例如劳动者无生活来源的配偶、子女或父母不能享受其医疗保险。

此外，虽然超过当地职工年平均工资10%的医疗费用，将由统筹基金支付，统筹基金支付部分的医疗费通常先由劳动者垫付，劳动者可就垫付费用申请报销。然而，垫付费用可能造成劳动者资金短缺，尤其是劳动者无法判断垫付的医疗费能否全额报销(只有符合相关规定的医院、医生和医疗项目才能报销)。

3)　失业保险

根据官方数据显示，由于计划经济时期政府分配工作，社会并未出现失业问题。然而， 经济体制的改革导致失业率日益增长且成为社会主要问题，前国企劳动者深受影响。失业保险条例于1999年开始实施。失业保险的资金来源主要是用人单位(本单位工资总额的2%)和劳动者(个人工资的1%)缴交的失业保险金、政府补贴以及其他法律认可的基金。

按照相关规定履行缴费义务满一年的劳动者有权在失业期间享受失业保险金以及医疗补助金、职业培训、职业介绍、死亡失业人员的丧葬补助金和国务院规定的其他相关费用。劳动者按照规定累计缴费满1年不满5年的，可在失业后领取不超过12个月的失业保险金。累计缴费满5年不满10年的，可领取不超过18个月的失业保险金。累计缴费10年以上，可领取不超过24个月的失业保险金。

失业保险金的发放标准由当地政府确定且低于当地最低工资标准、高于居民最低生活保障标准。由于失业保险金的发放标准较低，因此无法保障失业者的生活。

4)　工伤保险

工伤保险条例于2004年1月1日起施行且首次强制规定用人单位须为劳动者购买职业病和因工负伤的相关法定保险。

工伤保险仅由用人单位缴纳一定比例的保险基金且不同行业的缴费比例有所不同(工资的0.5%至2%不等)。

根据工伤保险条例，因工负伤不仅指向劳动者在工作时间和场所发生的事故，也包括在上下班途中发生的意外事故。前述规定与德国《社会保障法》的规定相似。

因工负伤劳动者的医疗费用应当由用人单位承担且可依法享有一次性伤残补助金、丧葬补助金、供养亲属抚恤金以及生活护理费等。

一次性伤残补助金的待遇取决于伤残等级（分为十级）。伤残等级由劳动能力鉴定委员会鉴定。此外，经劳动能力鉴定委员会确认需要生活护理的伤残劳动者有权按上年度职工月平均工资的30%、40%或者50%的标准取得生活护理费。伤残劳动者有权享有最长不超过20年的生活护理费。

用人单位应在工伤医疗期间继续支付劳动者工资（停工留薪期）。停工留薪期一般不超过12个月，如伤情严重，可适当延长，但不得延长超过12个月。如工伤后劳动关系保留，用人单位应适当安排与工伤劳动者情况相符的工作。

5) 生育保险

生育保险受限于计划生育政策，换而言之，如女职工违反计划生育政策，则不能享受生育保险待遇。

生育保险仅由用人单位按不超过劳动者工资总额的1%缴纳。生育保险的目的是保障怀孕和分娩女职工的相关福利，且因生育引起的疾病也纳入生育保险报销范围然而生育保险不包括。女职工在产假期间可享受国家规定的生育津贴。生育津贴发放标准以职工所在用人单位上年度职工月平均工资为基数。

6) 其他应缴纳费用

社会保障体系包括其他强制性基金，例如工会会费（如有）或住房公积金。住房公积金有一定经济型保障。用人单位和劳动者须分别缴交比例占5%到12%的住房公积金（缴交的基数是劳动者的月平均工资）。用人单位可在前述缴交比例中自行选择较高的缴费标准。然而，当地政府可制定不同的缴交比例。缴纳住房公积金目的是通过社会住房项目和可负担的贷款作为劳动者购房资金的筹措途径。住房公积金是一种保障措施，立法者基于这样一个事实，在计划经济时期，提供住房是用人单位的义务，然而，因经济体制改革导致劳动者须自主购房，所以加大了劳动者的经济负担 ，基于以上事实，政府通过住房公积金的方式给予劳动者购房补贴。

7) 非强制性保险

商业养老保险和社会保障体系中的养老保险的作用相似。商业养老保险仅由劳动者自主缴费，劳动者退休期间所领取的养老金是以缴交的保险费为基础。由于商业保险的非强制性，用人单位可自愿为劳动者购买商业保险。然而，政府不给予此类保险任何补助，因此，为劳动者购买商业保险通常作为用人单位吸引人才的一种手段。其次，劳动者缺乏投保资金以及风险意识。基于上述原因，商业保险市场形成巨大空缺。实践中 ，仅有少数用人单位和劳动者购买商业保险。

7. 劳动关系终止

1) 简介

劳动合同期满，劳动者开始依法享受基本养老保险待遇，劳动者死亡，用人单位被依法宣告破产，用人单位被吊销营业执照、责令关闭、撤销或者用人单位决定提前解散和法律、行政法规规定的其他情形。符合以上情形，劳动合同自动终止。

2) 解除类型

解除劳动合同的相关规定也适用于劳动合同签订后和实际工作开始的期间，固定期限劳动合同以及无固定期限劳动合同。

(1) 劳动者预告辞职（劳动合同法第37条）

劳动者可提前30日以书面形式通知用人单位解除劳动合同。在试用期内，劳动者仅须提前3日通知用人单位。

(2) 劳动者即时辞职（劳动合同法第38条）

用人单位有以下情形的，劳动者可即时解除劳动合同：

- 未按照劳动合同约定提供劳动保护或者劳动条件的；
- 未及时足额支付劳动报酬的；
- 未依法为劳动者缴纳社会保险费的；
- 用人单位的规章制度违反法律、法规的规定，损害劳动者权益的；
- 因本法第二十六条 第一款规定的情形致使劳动合同无效的；
- 法律、行政法规规定劳动者可以解除劳动合同的其他情形。

如用人单位以暴力、威胁或者非法限制人身自由的手段强迫劳动者劳动，劳动者有权即时解除劳动合同。

如用人单位以暴力、威胁或者非法限制人身自由的手段强迫劳动者劳动，或者用人单位强制冒险作业危及劳动者人身安全的，劳动者有权即时解除劳动合同。劳动者依据劳动合同法第38条规定解除劳动合同的，有权取得经济补偿金。

(3) 用人单位预告辞退（劳动合同法第40至42条）

在特定情况下，用人单位可提前30日以书面形式通知劳动者解除劳动合同，或支付劳动者一个月工资作为代通知金即时解除劳动合同。

如劳动者患病或者非因工负伤，在规定的医疗期（停工留薪期）满后不能从事原工作，也不能从事由用人单位另行安排的工作的，用人单位可按上述规定解除劳动合同，因工负伤或职业病除外。

此外，如劳动者不能胜任工作，经培训或者调岗后仍不能胜任工作的，用人单位也可按上述规定解除劳动合同。不能胜任工作意味着劳动者无法按要求劳动合同中约定的任务或者工种，或劳动者的工作量低于平均水平，亦或者劳动者的其他个人原因（智力、能力或达成工作目标所需要的体能）。

另一用人单位可预告辞退原因是，劳动合同订立时所依据的客观情况发生重大变化，致使劳动合同无法履行，经用人单位与劳动者协商，未能就变更劳动合同内容达成协议的。前述所提及的客观情况是指因企业迁址、用人单位被收购等情形导致合同一方或各方客观上无法履行义务。

如用人单位依照企业破产法发进行重整，生产经营发生严重困难，企业转产、重大技术革新或者经营方式调整（经变更劳动合同后，仍需裁减人员）或因其他劳动合同订立时所依据的客观经济情况发生重大变化致使劳动合同无法履行的，可进行经济性/大规模裁员。"经济性/大规模裁员"指的是裁减人员20名以上或占劳动者总数10%以上。裁减人员是，用人单位应优先留用以下人员：

- 与本单位订立较长期限的固定期限劳动合同的；
- 与本单位订立无固定期限劳动合同的；
- 家庭无其他就业人员，有需要扶养的老人或者未成年人的。

如用人单位在六个月内重新招聘，应当通知被裁减人员且在同等条件下优先录用。
用人单位不得依据上述规定辞退以下劳动者（预告辞退和经济性裁员）：

- 从事接触职业病危害作业的劳动者未进行离岗前职业健康检查，或者疑似职业病病人在诊断或者医学观察期间的；
- 在本单位患职业病或者因工负伤并被确认丧失或者部分丧失劳动能力的；
- 患病或者非因工负伤，在规定的医疗期内的；
- 女职工在孕期、产期、哺乳期的；
- 在本单位连续工作满十五年，且距法定退休年龄不足五年的；
- 法律、行政法规规定的其他情形。

(4) 用人单位即时辞退（劳动合同法第39条）

按照劳动合同法第39条规定，用人单位可在特定情况下立即辞退劳动者（无须另行通知）。

其一，如劳动者在试用期内被证明不符合录用条件，用人单位可无须另行通知，立即解除劳动合同。在上述情况下，用人单位应当记录劳动者试用期间的工作情况且说明辞退原因。法律规定，劳动者成为正式员工后，用人单位不能以不符合录用条件为由立即解除劳动合同。

其二，如劳动者严重违反用人单位规章制度，用人单位可即时辞退。这表明了职工手册和相关规章制度的重要性。

其三，劳动者严重失职，营私舞弊，给用人单位造成重大损害。重大损害可累计计算且由用人单位判定损害程度。通常情况下，用人单位可在职工手册或相关规章制度中定义何为“重大损害”。

其四，劳动者同时与其他用人单位建立劳动关系，对完成本单位的工作任务造成严重影响，或者经用人单位提出，拒不改正。

其五，劳动者以欺诈、胁迫的手段或者乘人之危，使用人单位在违背真实意思的情况下订立或者变更劳动合同致使合同无效。

最后，劳动者被依法追究刑事责任的，用人单位可按上述规定即刻辞退。依法追究刑事责任是指劳动者构成犯罪尚未宣判、人民法院已宣判刑罚、处罚延期执行或被判入狱。仅有犯罪嫌疑或在刑事侦查阶段被拘留并不足以成为即时解除劳动合同的原因；然而，双方应尽的义务（尤其是用人单位支付劳动报酬）可能会中止。如劳动者无罪释放，有权要求用人单位恢复劳动关系。

3) 时限和经济补偿金

有特殊情况下，如劳动者患病期间超过合同期限，固定期限劳动合同自动延期且劳动关系应持续到特殊情况终止（因劳动者患病导致的劳动合同延期受限于医疗期留薪停工的最长期限）。

用人单位按法律规定解除劳动合同的，应当向劳动者支付经济补偿金。劳动合同期满，用人单位也须向劳动者支付经济补偿金，除用人单位维持或者提高劳动合同约定条件续订劳动合同，劳动者不同意续订的情形外。

劳动者在本单位工作满一年，用人单位须按照一个月工资的标准向劳动者支付经济补偿金。六个月以上不满一年的，按一年计算。不满六个月的，用人单位应向劳动者支付半个月工资的经济补偿金。经济补偿金的计算是基于依据劳动者在劳动合同解除前12个月的平均工资。如劳动者月工资高于用人单位所在直辖市、设区的市级人民政府公布的本地区上年度职工月平均工资三倍，则以职工月平均工资三倍的数额为计算基数。用人单位支付经济补偿金的年限最高不超过12年，换而言之，如劳动者于用人单位处工作超过12年，则用人单位仅需支付12个月工资的经济补偿金。

如用人单位违反劳动合同法解除或终止劳动合同，劳动者有权要求继续履行劳动合同且用人单位应当继续履行。如劳动者不要求继续履行劳动合同或劳动合同无法继续履行，用人单位应以经济补偿金标准的2倍向劳动者支付赔偿金。

4) 竞业限制

竞业限制条款限用于高级管理人员、高级技术人员和其他负有保密义务的人员。竞业限制的范围、地域和期限可由用人单位与劳动者意思自治但不得违反法律法规。按照法律规定，竞业限制应与同类产品和业务相关且不得超过2年。此外，竞业限制条款应合理约定。

用人单位应当在竞业限制期内向签署竞业限制的劳动者每月支付经济补偿。劳动合同法对竞业限制经济补偿金未作规定，而是由地方政府确定（通常按照劳动者在劳动合同解除或者终止前十二个月平均工资的三分之一或者50%按月支付）。

如劳动者违反竞业限制，用人单位可要求劳动者和雇佣劳动者的新用人单位赔偿损失。

根据相关规定，用人单位仅可就保密条款、竞业限制条款和服务期（用人单位为劳动者提供专项培训费用，对其进行专业技术培训的，可以与该劳动者订立协议，约定服务期）与劳动者约定违约金。

5) 工作证明

用人单位与劳动者解除或终止劳动关系后，劳动者有权要求用人单位出具一份工作证明且列明劳动者的工作年限、劳动关系终止日期以及劳动者工作期间的职位。

四、 集体劳动法

1. 概要

中国集体劳动法在集体谈判协议、劳资委员会、劳工协议和各种工作参与和共同决策权方面，与德国集体劳法相比有很大不同。

唯一被允许的工会组织是中华全国总工会(ACFTU)的下级工会 。根据中华全国总工会宪章，工会组织应当依法坚持中国共产党的领导。到目前为止，没有任何行业或某个部门层面上的集体谈判协议，或者类似的集体协议。然而，这种情况在近期有可能改变，因为法律已明文提及了行业层面的集体协议，并且在2006年签订了第一个关于机械行业的全行业集体协议。通常来说，是由某个行业协会的会长代表用人单位与工会集体协议的协商。

进一步的集体组织是企业中的员工代表团体，即所谓的工会，这与德国劳资委员会相类似。企业职工超过25人的应当在企业内部建立工会，对于企业职工不足25人的，建立工会与否由自主选择。由于在过去，工会建立后是由用人单位管理层直接任命相关职员，工会是代表全体员工，也当然包括管理层员工的利益，这样会导致重大利益冲突加剧。因此，现行法律规定，凡职工200人以上的企业，要由专职职工(聘任/选聘)全权负责工会的管理工作，以此防范不公平的劳资纠纷，工会专职职工人数由工会与用人单位协商确定。但是，与目前的情况不同的是，旧《工会法》规定，工会全职职工应与企业的员工总人数成比例(如每200 - 500名员工对应1名员工)。工会专职工作人员不再参与企业日常工作与生产，不仅享受工会的保护，同时享受与企业其他员工同等权益。

此外，现行法律已明确企业应当在内部建立职工代表大会，以促进民主管理。

2. 工会/集体合同

工会有权利和义务就个别劳动合同的订立向职工提供意见，并代表劳动者与企业签订集体劳动合同。集体合同应当包括工资薪酬、工作时间、休息时间、休假、劳动安全、社会保障和其他社会福利等事项，且上述内容不得低于法律规定的最低要求。在集体合同签订之前，集体合同的草案应当提交给所有员工或者员工代表来进行商议及审核，集体合同提交给劳动监督管理部门15日内，只要劳动监督管理部门无异议，则开始生效。集体合同对所有员工具有普遍约束力。关于劳动者个人劳动合同部分，其内容不应低于集体合同的标准。

用人单位和劳动者应分别选出3名代表进行协商。代表劳动者层面的工会（如有）或当选的职工代表应在上级工会组织的监督下进行有关活动。双方均可由首席代表委任一名专业人士(例如律师)参与协商，同时上级工会组织有权指派一名观察员在旁监督。

工会的更深一层的工作任务是参与调解和仲裁劳动争议，由此体现了工会的双重功能，即一方面，工会应当代表员工的合法权益，另一方面，在解决劳动纠纷的同时，维护企业的正常工作生产秩序。

根据现行的合伙企业相关法律法规，工会的代表有权参加董事会会议，也可以作为无表决权的人员参与会议并加入讨论。这更适用于正在讨论薪酬制度和工作安全等与员工密切相关的问题。然而，据了解，目前在实践中只有少数工会行使参与决策性会议的权利。

工会的经费来源于工会会员缴纳的会费；工会所属的企业、事业单位上缴的收入；政府的补助；建立工会组织的企业、事业单位、机关按每月全部职工工资总额的百分之二向工会拨缴的经费等。

工会的机关是会员代表大会、工会委员会以及其主席和副主席。

现行《工会法》规定，拥有200名及以上员工的企业应当有1名全职的工会主席，这类似于免除正常工作职责的德国劳资委员会委员。工会委员会委员享有一定的职工保护，即未经工会会员大会批准，不得进行随意调动。

虽然有上述工会委员会委员的职工保护原则，但《工会法》还是明文规定，除非企业许可，否则工会的工作活动一般应当在企业的正常工作生产时间以外进行。与此同时，部分工会委员会委员有权进行每月3天的带薪工会活动。企业应当支持和协助工会组织有关活动；这种支持包括提供适当的办公空间和其他相关资源。

3.　劳动者权益

1975年宪法及1978年宪法曾明文规定员工拥有罢工的权利，尽管1982年宪法（现行宪法）中已不再明文规定劳动者的罢工权利。但是，根据司法实践及相关劳动法律的法理解释，现行宪法的这一修改并不当然意味着劳动者不再享有以停工来维护自身合法利益的权利。并且，《工会法》的第27条明确，企业、事业单位发生停工、怠工事件，工会应当代表职工同企业、事业单位或者有关方面协商，反映职工的意见和要求并提出解决意见。对于职工的合理要求，企业、事业单位应当予以解决。工会协助企业、事业单位做好工作，尽快恢复生产、工作秩序。

4.　中国共产党党组织

依据中国共产党章程第30条，凡有三名以上中国共产党党员的企业，应当在企业内部建立基层党组织。企业内部设立党组织的，应当选任书记。目前，外资企业也应当遵照中国现行法律依法建立工会组织，同时，若企业符合建立党组织条件的，也应当坚持共产党的领导，积极建立党组织。中国共产党章程第33条对于党组织的权利与义务有以下规定："非公有制经济组织中党的基层组织，贯彻党的方针政策，引导和监督企业遵守国家的法律法规，领导工会、共青团等群团组织，团结凝聚职工群众，维护各方的合法权益，促进企业健康发展。"

五、 劳资纠纷处理程序

1. 概要

以下争议由劳动争议仲裁庭进行裁决：

- 因确认劳动关系发生的争议；
- 因订立、履行、变更、解除和终止劳动合同发生的争议；
- 因除名、辞退和辞职、离职发生的争议；
- 因工作时间、休息休假、社会保险、福利、培训以及劳动保护发生的争议；
- 因劳动报酬、工伤医疗费、经济补偿或者赔偿金等发生的争议；

法律、法规规定的其他劳动争议。

总之，为了达成和解协议，劳动者可以与用人单位协商。如当事人不愿协商或协商不成，可以向调解组织申请调解。而双方不愿调解、调解不成或者达成调解协议后不履行的，可以向劳动争议仲裁委员会申请仲裁。再者，对仲裁裁决不服的，除本法另有规定的外，可以向人民法院提起诉讼。

当发生劳动争议的劳动者一方在十人以上，并有共同请求，可以推举一名代表参加调解、仲裁或者诉讼活动，向用人单位提出索赔。

如发生重大的劳动争议，劳动行政部门会同工会和企业方面代表建立协调劳动关系三方机制，共同解决。

企业劳动争议调解委员会由职工代表和企业代表组成。职工代表由工会成员担任或者由全体职工推举产生，企业代表由企业负责人指定。企业劳动争议调解委员会主任由工会成员或者双方推举的人员担任。《劳动争议调解仲裁法》11条规定了劳动争议调解组织的调解员的任职要求从而保证公平调解。当事人申请劳动争议调解可以书面申请，也可以口头申请。口头申请的，调解组织应当当场记录申请人基本情况、申请调解的争议事项、理由和时间。调解组织应当充分听取双方当事人对事实和理由的陈述。经调解达成协议的，应当制作调解协议书。调解协议书由双方当事人签名或者盖章，经调解员签名并加盖调解组织印章后生效。自收到调解申请之日起十五日内未达成调解协议的，当事人可以依法申请仲裁。此外，达成调解协议后，一方当事人不履行调解协议的，另一方当事人可以依法申请仲裁。因支付拖欠劳动报酬、工伤医疗费、经济补偿或者赔偿金事项达成调解协议，用人单位在协议约定期限内不履行的，劳动者可以持调解协议书依法向人民法院（无须向仲裁庭申请）申请支付令。

2. 费用

劳动争议仲裁不收取费用。在中华人民共和国劳动争议调解仲裁法生效前，劳动仲裁在特定的情况下需要收取较高的费用，造成劳动者较大的经济负担。这个转变使劳动争议案件的数量日益增加。

3. 仲裁程序

仲裁委员会的职责包括任命/解聘全职或兼职仲裁员、受理仲裁案件、商议重大疑难的仲裁案件以及监督仲裁庭的所有仲裁活动。

仲裁员的受聘条件为，曾担任过审判员、从事法律研究、教学工作并具有中级以上职称的，具有法律知识、从事人力资源管理或者工会等专业工作满五年的，或者律师执业满三年的。

仲裁委员会不予受理仲裁申请或者自收到仲裁申请之日起五日内仲裁委员会逾期未作出决定的，申请人有权就该劳动争议向法院提起诉讼。

在受理仲裁申请后的5日内，仲裁委员会应当将仲裁申请书副本送达被申请人，被申请人收到仲裁申请书副本后，应当在十日内向仲裁委员会提交答辩书。仲裁委员会收到答辩书后，应当在五日内将答辩书副本送达申请人。

劳动争议仲裁委员会裁决劳动争议案件实行仲裁庭制。仲裁庭由三名仲裁员组成，设首席仲裁员。简单劳动争议案件可以由一名仲裁员独任仲裁。

仲裁委员会应当自受理申请之日起五日内，将仲裁庭组成情况书面通知当事人。

仲裁员有下列情形之一，应当回避，当事人也有权以口头或者书面方式提出回避申请，这些情形包括：

1. 是本案当事人或者当事人、代理人的近亲属的；
2. 与本案有利害关系的；
3. 与本案当事人、代理人有其他关系，可能影响公正裁决的；
4. 私自会见当事人、代理人，或者接受当事人、代理人的请客送礼的。

负责具体案件的仲裁庭仲裁庭应当在开庭五日前，将开庭日期、地点书面通知双方当事人。申请人收到书面通知，无正当理由拒不到庭或者未经仲裁庭同意中途退庭的，可以视为撤回仲裁申请。

被申请人收到书面通知，无正当理由拒不到庭或者未经仲裁庭同意中途退庭的，可以缺席裁决。

仲裁庭对专门性问题认为需要鉴定的，可以交由当事人约定的鉴定机构鉴定；当事人没有约定或者无法达成约定的，由仲裁庭指定的鉴定机构鉴定。

根据当事人的请求或者仲裁庭的要求，鉴定机构应当派鉴定人参加开庭。当事人经仲裁庭许可，可以向鉴定人或证人（如有）提问。质证和辩论结束后，仲裁庭的首席仲裁员或者独任仲裁员应当征询当事双方的最终意见。

在进行最终陈述之前，仲裁庭应当综合全案证据并在做出裁决时充分考虑这些证据；在此情况下，应该提到的是，用人单位也有法定义务提供对自身不利的证据；因此，举证责任自由劳动者承担转移到由用人单位承担。

如果当事双方未能就该劳动争议达成调解协议，那么仲裁庭应当作出仲裁裁决。仲裁庭裁决劳动争议案件应当自劳动争议仲裁委员会受理仲裁申请之日起四十五日内结束。案情复杂需要延期的，经劳动争议仲裁委员会主任批准，可以延期并书面通知当事人，但是延长期限不得超过十五日。逾期未作出仲裁裁决的，当事人可以就该劳动争议事项向人民法院提起诉讼。

就工资报酬争议（争议金额超过当地年度最低工资的除外）以及关于工作时间、休息时间、假期或社会保险等的争议，仲裁庭应当做出终局裁决，当事人不得向法院另行起诉。但是，这不适用于在仲裁裁决中败诉的劳动者，其有权在败诉裁决作出后15日内向法院提起诉讼。

用人单位有证据证明有下述情形之一的，有权在30日内向中级人民法院提出撤销仲裁裁决：

- 仲裁裁决适用法律、法规确有错误的。
- 仲裁法庭无管辖权的。
- 违反法定程序的。
- 裁决所依据的证据是伪造的。
- 对方当事人隐瞒了足以影响公正裁决的证据。
- 仲裁员在仲裁该案时有索贿受贿、徇私舞弊、枉法裁决行为的

仲裁裁决被人民法院裁定撤销的，当事人可以自收到裁定书之日起十五日内就该劳动争议事项向人民法院提起诉讼。

（四） 中国税收

一、 个人所得税与企业所得税

1. 个人所得税

在中国，与个人所得税相关的主要法律法规如下所示：

- 个人所得税法(**IIT Law**, 个人所得税法), 2008年3月1日起首次生效, 与2018年10月1日修订并于2019年1月1日起生效。
- 中华人民共和国个人所得税法实施条例 (Regulations, 个人所得税法实施条例), 2008年3月1日起首次生效，于2018年12月18日修订并于2019年1月1日起生效。
- 此外，还有其他针对特定领域的各种临时措施(暂行办法)。

另外，国家税务总局 (**SAT**, 国家税务总局) 以及财政部(**MOF**, 财政部)会发布与税收相关的通知，包括以下内容：

- 国税发，由国家税务总局发布，旨在澄清特定事项
- 财税字，由财政部和国家税务总局联合发布；
- 财税，财税字的替代文件；
- 国税函，由国家税务总局发布的一般性文件，旨在澄清一般事项。

除此之外，不同的主管部门也会签发许多其他通知。值得我们注意的是，中国的法律法规会随着社会发展而快速变化进而完善，因此，不同的税务机关可能会对其有不同理解以及执行方式。

2. 企业所得税

直至2007年底，外资企业和国内企业在缴纳企业所得税（CIT）时分别适用不同的法律法规，其中外资企业能以较低的税率缴纳税款。前述情况在新制定的企业所得税法实施后发生了变化，新制定的企业所得税法自2008年1月1日起生效并统一了外资企业与国内企业的税率。自此，企业所得税的统一税率为25%。

企业所得税的征收对象是中国境内的企业（居民企业），即依照中国法律法规在中国境内成立或实际管理机构、总机构在中国境内的企业。在此情况下，中国税务的征收范围是该企业在全球范围内的总收入。

企业需就其净收入缴纳税款，即用总收入扣除企业实际发生的与取得收入有关的、合理的支出和损失（可将往年费用计入）。下列事项在计算应纳税所得额时可扣除：

- 版权费
- 贷款利息
- 科研费用

- 捐款(有上限)
- 某些劳动者津贴
- 现付费用(有上限)
- 资产折旧

此前关于企业在注册成立的首年可享受税收优惠或免税的政策已被废除。然而,为了吸引外商投资,省级政府(尤其是欠发达地区)仍然会根据当地情况予以减免税优惠。

此外,减免税优惠通常会给予特定的工业行业,其中包括高新技术企业、软件企业在。

企业所得税缴纳方式为年度缴税,应当自年度终了之日起五个月内,向税务机关报送年度企业所得税纳税申报表,并汇算清缴,结清应缴应退税款,但是有关法律规定,企业必须分月或分季预缴税款。根据企业所得税法第54条规定,企业应当自月份或者季度终了之日起十五日内向税务机关报送预缴企业所得税纳税申报表,预缴税款。然而,大部分公司都会选择季度预缴。企业向税务机关报送年度企业所得税纳税申报表的截止日期为次年的5月31日。

二、 有限纳税义务和无限纳税义务

1. 概要

在中国,个人所得税的纳税义务与德国相似,都与纳税人的住所或居住地相关联[2]。如外籍人员因户籍、家庭、经济关系等原因惯常地在中国居住,则可理解为其在中国境内拥有住所。除此之外,如在中国工作的外籍人员在中国境内无住所,但在一个纳税年度中在中国境内(累计)居住超过183日,则被视为居民纳税人。如在中国累计居住累计满183日的年度不满6年的,则须向主管税务机关备案,对其中国境内且由境内单位或者个人支付的所得缴纳个人所得税。前述申请通常能成功通过,因此只有与中国相关的收入(中国境内工作所得或境内支付)能够被合理征税。值得注意的是,中国境内工作所得而由德国企业支付的的收入须在中国缴税,且无论前述收入是否最终由中国企业负担。[3]

如德国的外派劳动者在中国居住超过6年(每年度累计超过183天),则应当就其中国境外工作的全部所得缴纳个人所得税 ,即其任何工作所得以及收入都应当纳入中国个人所得税纳税范畴。前述纳税规定可通过连续离境30天及以上来避免,详细内容请参考2(3)。

目前,累进税率的范围为5%-45%。截止2018年10月1日,低收入者的纳税税率已经下调。

劳动者应按年计算其个人所得税,但必须每月进行申报缴纳。根据个人所得税法第11条的规定,劳动者的工资通常由用人单位(扣缴义务人)按月或者按次预扣预缴税款。

---

[2] 中国个人所得税法的第1条。

[3] 如果该收入的支付不是逆向转移至中国公司,那么该外派员工-根据国税法[2010]75号-可以被视为外派所在公司的长期员工,需要为中国的外派所在公司履行纳税义务。因此,必须监督公司间的逆向转移支付是否合理。

2.　纳税义务

在中国，纳税人的纳税义务取决于以下因素：

- 收入来源地，即无论该收入是在中国境内或是境外工作所得，只要是在中国境内支付的收入都应纳税；
- 支付收入者，即无论劳动者的工资是由中国境内或境外企业支付，该收入都应纳税；
- 劳动者在中国境内居住的时间。劳动者可根据以下3个时段承担纳税义务：

1)　在中国境内居住不超过183日/年

外籍人员在中德税收协定有效实施期间可适用有关“183日”规定的相关条款[4]。当外籍劳动者在中国境内居住不超过183天且其工资薪金所得的支付和负担均不是在中国境内（包括此用人单位设在境内的机构），则中国应免予纳税且德国具有征税权。因此，如德国外派劳动者在中国境内居住少于183日，且由境外用人单位支付（即非中国境内企业）其薪资或其因薪资是中国境外工作所得（例如中德税收协定第15(2)条的规定），中国无权征税。

然而，如外籍劳动者的薪资由由中国境内企业、机构负担且是境内工作所得，无论其在中国境内居住时间的长短，都应在中国履行纳税义务。

2)　在中国境内连续或累计居住超过183日

根据个人所得税法第二条规定，自2019年1月1日起，如外籍劳动者在中国境内连续或累计居住超过183日，则被视为居民纳税人。因此，该外籍劳动者从中国境内和境外取得的所得，应依照个人所得税法缴纳个人所得税。

3)　特殊情况：在中国境内居住累计满183日的年度连续不满6年

在中国境内无住所的外籍劳动者，在中国境内居住累计满183天的年度连续不满六年的，经向主管税务机关备案，其来源于中国境外且由境外单位或者个人支付的所得，免予缴纳个人所得税；在中国境内居住累计满183天的任一年度中有一次离境超过30天的，其在中国境内居住累计满183天的年度的连续年限重新起算。

3.　税务规划建议

1)　纳税义务概况

以下表格解释了外籍劳动者基于其在中国境内居住时长、收入来源以及工作地点的纳税义务：

4　如果没有中德税收协定，那么则适用规定为90天时间的中国当地法规。

工作所得	中国		海外	
负担薪资的用人单位 在中国境内的居住时长	中国	海外	中国	海外
少于90日	是	否	否	否
少于183日（中德税收协定）	是	否	否	否
满183日的年度连续不满6年	是	是	否/是	否
6年及以上	是	是	是	是

2) 特殊情况：高级管理人员

在中国，作为企业的高管人员，享有特定的税收优惠。

以下为中国境内企业的高层管理层职务

- 公司正总经理
- 公司副总经理
- 各职能总师
- 总监
- 其他类似公司管理层的职务

担任上述职务的外籍劳动者自在中国境内工作的第一天起就应就其境内工作所得缴纳税款，且不论其所得是由中国境内或境外支付。此外，担任高层管理层职务的外籍劳动者将不适用于上述提及的关于外籍劳动者在中国境内居住低于183日其工资薪金所得的支付和负担均不是在中国境内（包括此用人单位设在境内的机构），中国应免予纳税的规定。根据中德税收协定，董事也可能就其收入在相应国家缴纳税款。在相应国家缴纳的税款可以抵扣居住国的税款。

因此，德国CEO应就其从中国用人单位处取得的收入缴纳税款，即使其收入为中国境外工作所得。

3) 计算方法

另一个问题需要考虑的问题是，如何计算外籍劳动者的在中国境内的居住时间。

无住所个人一个纳税年度内在中国境内累计居住天数，按照个人在中国境内累计停留的天数计算。在中国境内停留的当天满24小时的，计入中国境内居住天数，在中国境内停留的当天不足24小时的，不计入中国境内居住天数。

三、　税收计算

应纳税所得额一般包括以下内容:[5]

- 工资、薪金所得个人从事劳务取得的所得稿酬所得
- 特许权使用费所得
- 经营所得
- 利息、股息、红利所得财产租赁所得
- 财产转让所得

1.　综合所得

不同的税率适用于不同类型的收入。2019年个人所得税法修订后, 税率部分下调。由于外国人的工资通常较高, 因此他们需要缴纳更高的税款。此外, 收入来源于:

- 工资薪金所得
- 劳务报酬所得
- 稿酬所得
- 特许权使用费所得

现合并为“综合所得”(comprehensive income)类别, 即所有这些类型的所得均按3%至45%的统一累进税率集体征税。

相关费用的20%可从所得收入中扣除。

- 个人劳务报酬所得
- 稿酬所得
- 特许权使用费所得

稿件的报酬可从应纳税所得额中再扣除30% 。

[5] 个人所得税法的第2条。

综合收益的新税率如下（纳税居民使用年收入，非纳税居民使用月收入）：

月收入 （人民币）	税率 （%）	速算扣除额[6] （人民币）
0 – 3000	3	0
3001 – 12000	10	201
12001 – 25000	20	1410
25001 – 35000	25	2660
35001 – 55000	30	4410
55001 – 80000	35	7160
80001及更多	45	15160

这些税率累计适用，即前3000元按3%征税，后9000元按10%征税等。

目前在中国没有针对婚姻状况的税收减免政策，因此，每个配偶都需单独评估，并根据自己的收入纳税。

例子：

中国公民S先生住在中国，每月收入4500元人民币（扣除费用和津贴后[7]）

中国公民S先生应缴纳的个人所得税可根据以下公式计算：

人民币 4500 (应纳税收入) x 10% (税率) = 人民币 450

人民币450 – 人民币105 (速算扣除) = 人民币 345

他每月要缴纳345元的个人所得税。

2. 其他收入

根据个人所得税法第三条第二款的规定，经营收入可以被概括为个体工商户的生产、经营收入。按累进税率从5%到35%征收。

。收入来源于

- 利息、股息、红利所得
- 财产租赁所得
- 偶然所得

按20%的统一税率征税。

6 速算扣除额 (QCD, 也称作Fast Calculation Deduction) 运用于更为简单的缴税计算。

7 中国公民和外国人的免税额度均为每月人民币5000元。

必须指出的是，尽管该法律的英文版本在其他收入的术语中使用了“奖金”一词，但该法律是指资本收益收入，而不是从用人单位中获得的奖金。这个可参考税法第2章第7条关于奖金和股息分红、利息的规定。

3. 优惠政策

用人单位和劳动者应了解与收入相关的税收优惠政策，如年度奖金、遣散费以及其他形式的收入

1) 年度奖金

年度奖金是指用人单位根据公司盈利以及或劳动者个人表现一次性支付的奖金。[8]

目前，年度奖金是通过采用税收优惠计算来征税的。这意味着年度奖金以及工资本身的税率是根据每个具体金额的适用税率单独确定的。年度奖金和年薪的应缴税款将合计为当年的应缴税款总额。因为适用税率低于综合收益，所以会经常导致较低的纳税义务。

截至2022年1月1日，奖金的税收政策将不再适用。年度奖金必须计入当年的综合收益，以计算出当年综合收益的个人所得税总额。劳动者也可以自2019年1月1日起采用前述计算方式。

2) 股权激励所得

直至2021年12月31日，获得股票期权、股票增值权、限制性股票所得和其他不同股权激励形式所得的纳税人，应继续适用税收优惠政策。然后，将应纳税的股权收益计入综合收益，计算其个人所得税。

3) 遣散费收入

自2019年1月1日起，取得遣散费收入的劳动者也将享受税收优惠政策。因解除劳动合同一次性支付遣散费的，无需缴纳个人所得税。前述规定仅适用于支付的遣散费低于当地城市上一年平均年薪三倍的情况。超过的部分仍应纳税，但不计入确定适用税率的综合收益。超额支付遣散费的税率，另行适用税收优惠政策的规定。

4) 向劳动者售房

如劳动者实际支付的购房价款低于该房屋的购置或建造成本价格，其价格差额，则按照优惠的年度税率纳税，即应纳税额不计入综合收益。

4. 境外缴纳税款的抵免

根据个人所得税法第7条的规定，如果在中国境内缴纳个人所得税的劳动者也从中国境外取得工资，并且已经在境外缴纳了该工资的税款，则在境外缴纳的税款可抵减在中国境内该收入应缴纳的税款。

---

8 国税发【2005】9号第1条。

然而，上述规定的前提条件是从境外取得的工资在中国境内也应纳税。但是，可抵扣的金额仅限于境外取得收入应缴纳的中国个人所得税金额。

最高金额限制

根据个人所得税法实施条例第21条规定，一个国家的应纳税总额为该国可抵扣金额的限额（国家限额）

如果纳税人在一个国家缴纳的个人所得税低于此边际金额，其差额则必须在中国缴纳。

然而，如果在境外缴纳的个人所得税超过了边际金额，超出的金额则不能抵消相应年度的中国个人所得税。但是，超出的金额可结转的最高年限为五年， 如不超过边际金额，则可予以抵销。

5. 专项扣除

居民纳税人可在计算个人所得税时扣除社会保险、住房公积金等费用，以及符合条件的商业医疗保险、商业养老保险、企业年金等费用。

从2019年1月起，中国境内的每一位居民纳税人都可以从六个方面扣除一定的额外费用（个税专项附加扣除），以减轻总体税收负担：

项目	可扣除金额及方法
子女教育 (义务教育和高等教育)	纳税人的子女接受全日制学历教育的相关支出，按照每个子女每月1000元（每年12000元）的标准定额扣除。 父母可以选择由其中一方按扣除标准的100%扣除，也可以选择由双方分别按扣除标准的50%扣除，具体扣除方式在一个纳税年度内不能变更。
继续教育 或职业资格继续教育	纳税人在中国境内接受学历（学位）继续教育的支出，在学历（学位）教育期间按照每月400元定额扣除。同一学历（学位）继续教育的扣除期限不能超过48个月。纳税人接受技能人员职业资格继续教育、专业技术人员职业资格继续教育的支出，在取得相关证书的当年，按照3600元定额扣除。

项目	可扣除金额及方法
大病医疗	在一个纳税年度内，纳税人发生的与基本医保相关的医药费用支出，扣除医保报销后个人负担（指医保目录范围内的自付部分）累计超过15000元的部分，由纳税人在办理年度汇算清缴时，在80000元限额内据实扣除。
住房贷款利息	纳税人本人或者配偶单独或者共同使用商业银行或者住房公积金个人住房贷款为本人或者其配偶购买中国境内住房，发生的首套住房贷款利息支出，在实际发生贷款利息的年度，按照每月1000元的标准定额扣除，扣除期限最长不超过240个月。纳税人只能享受一次首套住房贷款的利息扣除。
住房租金 (不与抵押利息扣除相结合)	对于在工作城市没有自有住房的纳税人，每年可扣除金额范围为9600元人民币到18000元人民币（视城市而定）
赡养老人	父母年龄60岁以上，每月不超过2000元（如纳税人为非独生子女，则与其兄弟姐妹分摊每月2000元的扣除额度，每人每月的分摊额度不得超过1000元）。

从2019年1月1日其至2021年12月31日，外籍居民纳税人可享受上述新规定的个税专项附加扣除，或继续享受外籍劳动者旧的免税津贴，包括：

- 子女教育费
- 住房补贴
- 语言训练费
- 探亲费
- 搬迁费
- 伙食补贴以及洗衣费等

自2022年1月1日起，中国以及外籍居民纳税人都将只能适用新的个税专项附加扣除。

四、 纳税申报

1. 税务登记

在中国纳税的外国人必须向相关的省或市税务机关办理税务登记。中国企业或者中外合资企业聘用的外籍劳动者，或者持有与工作签证相关的居住许可证的外国人入境后必须办理登记。

在登记期间,根据个人所得税法实施条例第34的规定,

劳动者必须如实填写用人单位的名称[9],用人单位作为扣缴义务人从工资中扣除应付税款。

从事生产、经营的用人单位的登记信息由税收征收管理实施细则(RIACT)规范。根据RIACT第12条,登记信息应当自领取营业执照之日起30日内完成,但不适用于个人。对于个人而言,登记期限取决于相关部门,并且可能因不同部门而异。

办理税务登记后,用人单位会收到税务登记证件,纳税人办理各种事项时,必须持税务登记证件,如开立银行账户。

用人单位作为扣缴义务人应当自扣缴义务发生之日起30日内,向所在地的主管税务机关申报办理扣缴税款登记

2. 月度纳税申报表

每月纳税报表的编制和归档通常由扣缴义务人(即用人单位)完成。如果没有扣缴义务人,劳动者必须编制月度纳税报表,并将其提交给当地税务机关。

根据《对个人所得税的个人住宿的临时措施》(PMPLIIT)第2条规定纳税申报表纳税人必须编制纳税申报表的其他情况。

凡依据个人所得税法负有纳税义务的纳税人,有下列情形之一的,应当按照本办法的规定办理 纳税申报:

1. 从中国境内两处或者两处以上取得工资、薪金所得的;
2. 取得应税所得,没有扣缴义务人的;
3. 以一次性劳务报酬、稿件报酬、特许权使用费所得或者财产租赁所得等方式分别领取;
4. 取得应纳税所得额,扣缴义务人未按照规定扣缴税款的;
5. 税务主管部门规定必须个人报送纳税申报表的。

纳税申报表必须在次月十五日内提交给相关部门(通常是收入来源地的税务部门 - 见PMPLIIT第3条)

如纳税人从境外或者境内多处取得工资,应当向其注册地或者经常居住地的税务机关报送纳税申报表且可以申请变更征税地。

纳税申报表应包含以下信息:

- 纳税人数据
- 入境日期
- 收入组成
- 收入来源
- 应缴和已缴或已扣税款的金额

---

[9] 个人所得税代扣代缴初步条例的第2条。

- 国外税收抵免或债务

  纳税申报表需用中文填写。使用的货币需是人民币。

3. 境外收入

在任何情况下，从境外取得的收入也必须申报，因为与德国一样，此类收入（尽管在中国免税）将用于计算适用税率（累进性规定）。

如果收入不在境外纳税，

应当自本年度财政结算结束之日起30天内在中国境内申报纳税。

如果该收入已在境外纳税，应当自相应国家的年度财政结算之日起三十日内并且自缴纳税款之日起三十日内申报。

在领取工资时已在境外缴纳税款或者在境外免税的，应当自领取工资年度结束之日起三十日内申报。

（五） 国际劳动法和国际税收法

国际税收法是税法的一个特殊组成部分，它处理的是影响自然人、私人和企业协会征税的跨境业务问题。在德国，最密切的规定被包含在ASTG、联邦财政部的若干指令和行政命令、其他法律（ESTG、KSTG等）以及德国与其他国家缔结的税收协定中。

所有的规定都是相互联系的。税收协定是以§2AO为基础，进而转化成国内法律，因其特殊性原则而优先于其他法律规定。特殊情况仅适用于当立法者（充分了解税收协定的合法情况和修订税收协定的目的）明确或最终制定与税收协定规定相冲突的法规（“替代条约”）。

国际税收法具体解决两个问题：一方面，对纳税义务人在多个国家以同一收入征税的双重征税，应当通过抵税或者税收协定消除；另一方面，应防止国际化经营的企业从相关国家的不同税率和会计准则中非法获利。应一律禁止该逃税行为，特别是ASTG。

一、 中/德新旧税收协定

2014年3月28日，在中国总理访问德国期间，中德两国之间签订了新的中德税收协定。自2007年开始协商，新的税收协定将会取代1985年的中德税收协定。随着中国的改革发展，签订新协议非常必要。新的中德税收协定于2016年4月5日生效，自2017年1月1日起适用。

新的中德税收协定还为税务机关之间的信息交流和行政合作奠定了基础。这个协定包含了对上述问题的进一步声明，以避免信息的披露和权利的滥用（新中德税收协定第26条）。此协定第27条也包含了一份关于税收征收的合作协议，此合作方式从信息交换开始，并可能导致税收债权的强制执行。

关于新旧中德税收协定的变化：

第五条（常设机构）：根据新中德税收协定第五条规定，“常设机构”还包括建筑工地，建筑、装配或安装工程，或者与其有关的监督管理活动，但仅以该工地、工程或活动连续超过12个月为限（而不是6个月）。

缔约国一方企业通过劳动者或者雇佣的其他人员，在缔约国另一方提供的劳务，包括咨询劳务，但仅以该性质的活动（为同一或相关联的项目）在任何12个月中连续或累计超过183天为限（而不是6个月）。

第十条（股息）：在受益所有人是公司（合伙企业除外），并直接拥有支付股息的公司至少25%资本的情况下，新中德税收协定将股息的预扣税率从10%降至5%。但是，新的中德税收协定还包括一个新的15%的税率，适用于由投资工具直接或间接从不动产获得的收入或收益支付的分配。在其他情况下，当前的10%仍然适用。

第十一条（利息）：根据第十一条（1）如果利息受益所有人是缔约国另一方居民，则所征税款不应超过利息总额的10%。但是，根据新增加的第四款的规定，，如果收款人是第一款所述利息的受益所有人，且利息的支付与赊销商业设备或科学设备有关，则该利息可以仅在收款人为其居民的缔约国一方征税。

第十二条（特许权使用费）：新中德税收协定为使用或有权使用工业、商业、科学设备所支付的特许权使用费提供了6%的有效税率。在其他情况下，利率保持在10%。

第十三条（财产收益）：新中德税收协定规定了股份转让可以减免资本利得税。

缔约国一方居民转让其缔约国另一方居民公司的股份取得的收益，应仅在转让者为其居民的缔约国一方征税，具体为以下情况：

- 缔约国一方居民转让股份取得的收益，如果该股份价值的50%（不含）以上直接或间接来自位于缔约国另一方的不动产
- 缔约国一方居民转让其在缔约国另一方居民公司的股份取得的收益，如果该居民在转让行为前的12个月内，曾经直接或间接拥有该公司至少25%的股份。但是，在被认可的证券交易所进行实质和正规交易的股票除外，前提是居民在转让行为发生的纳税年度内所转让股票的总额不超过上市股票的3%。

转让上述财产以外的其他财产取得的收益 ，应仅在转让者为其居民的缔约国一方征税。

第十四条（独立个人劳务）：如果一缔约国居民在有关纳税年度开始或结束的任何12个月内在缔约国另一方停留连续或累计达到或超过183天。在这种情况下，缔约国另一方可以仅对在该缔约国进行活动取得的所得征税。

如果一名德国劳动者派遣到中国期间仍在德国居住，则会出现双重征税问题，因为该劳动者的中国收入不仅可以根据中国法律法规征税，而且可以根据德国的全球所得税原则在德国征税。因此，必须根据中德税收协定明确哪个国家有征税权。

根据第十五条（1）（新旧中德税收协定无变化），工资收入在所在国（中国）征税。但是，根据第十五条（2）的183天规则，工资收入在居住国（德国）征税。同时具有以下三个条件的，应仅在该缔约

国一方征税：

- 收款人在有关纳税年度开始或结束的任何12个月内在缔约国另一方停留连续或累计不超过183天；
- 该项报酬由并非缔约国另一方居民的用人单位支付或代表该用人单位支付；该项报酬不是由用人单位设在缔约国另一方的常设机构或固定基地所负担。

根据ESTG第34C节的规定，如果劳动者仍然在中国纳税，则此类税款可抵减在德国的税款。但是，德国税务局并不会主动扣除，而是由纳税人申请，并且根据ESTDV第68A节的规定，纳税人必须证明该税款在中国已实际支付。

须注意的是，新旧中德税收协定都没有涵盖香港和澳门特别行政区。两个地区都没有与德国签订中德税收协定。然而，德国目前正在与香港进行协商。在中（香港）德税收协定最终确定前，德国和香港的一般税收规定仍然适用。

二、 避免双重纳税的方法

根据新中德税收协定第23(2)条(以及旧中德税收协定第24条(2)a)的规定，在中国纳税的收入在德国一般可以减免(减免方法)。然而，根据第23条(2)d)的规定，这类收入仍然包括在适用税率的计算里(累进法则)。

根据第23(2)a)的规定，减免方法只适用于股息分红的部分收入。此外，对于某些类型的收入，中国税收将会继续抵扣德国纳税义务(信用方法，第23(2)b))，如利息、特许权使用费、销售利润、董事费等。

根据新中德税收协定第23条(1)a)的规定，中国居民从德意志联邦共和国取得的所得，按照本协定规定在德意志联邦共和国缴纳的税额，可以在对该居民征收的中国税收中抵免。但是，抵免额不应超过对该项所得按照中国税法和规章计算的中国税收数额。

根据新中德税收协定第23条(1)b)的规定，从德意志联邦共和国取得的所得是德意志联邦共和国居民公司支付给中国居民公司的股息，并且该中国居民公司拥有支付股息公司股份不少于20%的，该项抵免应考虑支付该股息的公司就该项所得缴纳的德意志联邦共和国税收。

中独両国の労働法及び税法

日本語バージョン

略語の説明

CEO	最高経営責任者
DTA	国際二重課税防止条約
EStG	ドイツ個人税収法案
EUR	ユーロ
GmbH	ドイツ有限責任会社
PMPLIIT	個人所得税個人住所暫定措置
QCD	基礎控除額
RIACT	税収管理執行規定
RMB	人民元

(一)　ドイツ労働法

一、　紹介

ドイツ労働法は使用者と労働者との関係を規範化し、労働契約を通じて私法に基づく社会公正を実現する。公平かつ公正な労働環境を作るために、労働法は強い立場にある使用者(合理的な推定)と権益を保護される必要のある労働者とのバランスを取る。したがって、労働法の目的は使用者と労働者に平等な権利を与えるのではなく、「強い」使用者に近い権利(義務)を労働者に持たせる。そうしないと、使用者は契約締結の自由を利用して自分の利益を守り、弱い立場にある労働者の権益を損害する可能性がある。労働者は通常、保護することに値すると思われるが、一部の労働者は労働法に保護されない、例えば、フリーランス。

それぞれの方法で労働者の権利を保護することができる。現在、契約の締結自由は裁判所に大きく制限されている。裁判所は労働契約または特定の条項が無効であると認定する権利を有する。勤務時間、休暇、年次有給休暇、パートタイム、期間の定めのある労働契約などを含み、多くの法律は労働契約の条項について規定している。ドイツ労働法の核心は不合理的な解雇を防止することである。裁判官から見ると、労働者の解雇は公正で、合理的でなければならない。ただ、「自由な就職」を含まない。

ドイツ労働法のもう一つの特徴は団体労働法について、幅広く規定している。労働者委員会と労働組合は労働者が企業の事務を参加することを確保することができる。しかし、一部の工業部署を除き、通常、労働者が使用者のビジネスを決定することはない。企業が自由に行動することは憲法に保護される。

ドイツ労働法は理論上、実践上、協力と信用を基礎とする。その他のヨーロッパの国と比べ、ドイツの労働紛争はより少なく、特にストライクが少ない。

二、 法律の枠

ワイマール憲法が公布以来、第一次世界大戦とドイツ統一後、当局は一元化の「労働法」を繰り返して検討したが、ずっと実現できなかった。一元化の「労働法」は近々通過する可能性が低い。

したがって、現在の労働法は様々な法律規定と大量な判決を含む。特に連邦裁判所の判決は指導の役割を果たさなければならない。多くの分野においては、例えば、ストライキと労働者の責任などに関する重要な法律は成文化になっていない。

憲法(Grundgesetz)は労働法の母法である。例えば、連合自由(労働組合とその他の活動の基礎)、平等取扱原則(労働法の基本原則)と「福利国家」原則(労働者権利の保護原則)。

ドイツが欧州連合加盟国であるため、ヨーロッパの法律法規によるドイツ労働就業法への影響は益々大きくなってきた。ヨーロッパの労働者は欧州連合範囲内に、活動自由権、労働自由権と平等権を享受する。しかし、欧州連合立法の目標は欧州連合各国それぞれの労働就業法を統一することである。国内法へ変化する必要がなく、全ての加盟国において直接発効することができる欧州連合の法律法規は多くなってきた。ドイツ労働法の多くの内容は欧州連合の法律に基づいて規定されたものである。例えば、勤務時間、休暇、一時的雇用、出向など。

個体労働法の主な出所はドイツ民法典(Bürgerliches Gesetzbuch, BGB)である。時間の推移に伴い、多くの特定な分野に関連する法律法規は徐々に補足され、完全化される。例えば(不公平な)解雇行為防止法案、パートと一時的勤務に関する法律法規、労働者賃貸法案、勤務時間法案及び社会保障法。

団体労働法の主な出所は労使連合委員会構成法及び団体交渉協議行為法である。ドイツ民事訴訟法(Zivilprozessordnung, ZPO)と労働裁判所法は重要な手続上の規定を含む。

三、 個人労働法

1. 概要

労働法は労働契約が規定した権利と義務を含み、労働者とその使用者との法律関係及びその他の労働者を保護する法律法規を監督する。

まずは、労働者の特権を享受できる人を明確にしなければならない。労働者はフリーランス(独立の請負業者)に区別し、労働者、会社部署、徒弟と同じであるとみなされる。労働者は特別な規則を適用する兼職労働者、国内労働者、機構人員と管理人員に更に分けることができる。

通常、労働者とは、双方が合意した後、指示に基づき、相手方当事者(使用者)のために知力又は体力労働を行う個人を指す。一方、フリーランスは、いつ、どこ、どのように仕事をするのを独立に決定することができ、一定程度の独立性があり、グレーゾーンがある(例えば、フリーランスはクライアントの厳しい指令に基づき、一つのクライアントのために定められた業務時間内に仕事する）。

労働者の定義は労働法に限らない。それぞれの法律は同じ事務について、それぞれの専門用語を使用する可能性がある。例えば、社会法は「フリーランス」を区別するために、「固定時間勤務者」を使用する。フリーランスは一つのクライアントのみのために仕事するならば、強制的に定年基金を納付させられる可能性がある。

労働者の定義に比べると、「使用者」の定義は複雑ではなく、少なくとも一名の労働者を有する自然人又は法人を指す。

2.　労働契約（労働関係）

1)　条件

労働関係は使用者と労働者が労働契約を締結することにより構築される。ドイツの法律によると、労働契約を書面で締結しなければならないのではなく、口頭による協議も法的効力を有する。しかし、書面による契約はより賢明で、一般的である。書面による契約は使用者と労働者が合意した細かい内容を含むことができる。

労働契約が無効であると証明されたとしても、労働者がすでに仕事を開始した場合、事実労働関係が存在する。契約の当事者は労働契約が無効であることを発見した途端、契約は直ちに終了するが、事実労働関係は影響されない。即ち、労働者は労働報酬を主張する権利を有する。

通常、労働契約は労働者と使用者のお互いの権利義務を確定する重要な根拠である。また、余分の、労働者に有利である法律法規は団体労使協議、特に団体交渉協議と業務協議に従う可能性がある。

労働契約は強制的な法律法規を違反してはならない。

2002年に契約法が現代化されて以来、契約の各当事者の契約締結自由は益々制限される。怪しく、滅多いなく、不合理的、差別化の条件はすでに禁止された。また、曖昧、理解しにくい、又は確定されていない条項については、労働者にとって有利である原則に則り解釈される。

長年にわたって、判例法は益々制限されてきた。数十年もずっと有効であった条項も無効であると認定される可能性はある。前述の規定は通常即時に発効する。即ち、使用者は何らかの信託保護を受けない。法律は無効な条項を法律の許可範囲内に修正することを許さない。したがって、労働契約には無効な条項があるとしたら、その条項は完全に削除され、かつ、関連の法律法規を適用する。これは通常、使用者にとっては有利ではない。

一部の条項が無効であることにより、契約が全体的に失効しない（必要である場合、最少の内容を含む）。したがって、ドイツで契約締結自由原則は有限な範囲で適用される。労働契約の見本を絶えずに更新するのは非常に重要な仕事である。通常、使用者はそれぞれの労働契約見本を準備する必要がある。それぞれの労働者は、例えば、団体契約における労働者、管理者、兼職労働者、期間の定めのある労働者、学徒、研修生と会社機構のメンバー（董事会のメンバー、専務）、それぞれの法律法規を適用するためである。フリーランス、コンサルティング、仲介者、営業員などの労働者はその他の種類の労働契約を適用する必要がある。

特別な協議を要する場合がある。例えば、出向協議又は終了協議である。

ドイツの法律は労働契約の強制的な条項の数量を規定していない。ファイル法は書面により確定する必要がある条項の種類を規定したが、当該法は強制的な拘束力を有さない。例えば、有り合わせの書面による条項がない場合、使用者は契約のバージョンを提供する必要がある。実際に、90%以上の使用者は労働者と書面による協議を締結する。以下は最も重要な条項と相応の法律法規の概要である。

2) 差別禁止保護

憲法は平等取扱原則を明確に規定した。2006年から、欧州連合の法律規定に基づき、平等待遇法案は平等取扱原則の細部を規定した。今日まで、前述の法案は実際の操作で労働者の雇用のみに適用する。即ち、雇用は必ず中立で、外国人と身体障害者を差別化してはならな。当該法案はすでに成立された業務関係に対して効力を有さない。そのため、差別禁止保護はドイツ労働法で、米国などのその他の国ほど重要ではない。

2017年10月10日に、ドイツ憲法裁判所は2019年より、「雌雄同体」又は「性別多様化」の公民を民事登記所に登記しなければならないと裁定した。「ドイツ憲法」第3条は人格権の保護を規定した。即ち、生物学で性別を確定できない人も保護されなければならない。前述の規定はドイツ労働法の多くの規定を影響した。例えば、服装の規定、少数民族人数の比率と募集広告の用語など。

3) ビザと就業許可証

欧州連合加盟国の公民（制限なし）と欧州連合加盟国以外の公民（即ち第三国公民、居留証と就職許可証を要する）に対し、その外国人就業条項は区別がある。ある第三国の公民はより簡単に就業許可証を取得できる。例えば、米国、日本、オーストラリアとカナダの公民。勿論、これはその他の第三国の質高い労働者にも適用する。資格の少なく、又は資格を欠ける第三国公民に対しては、就業許可証を取得しにくく、ドイツで固定の仕事（仕事のオファー又は労働契約）を有する必要があり、及び/又は特別な資格（例えば、専門的な料理人又は職位に必要な特別な言語技能）を持たなければならない。

3. 契約期間

ドイツの立法者から見ると、雇用の基準及び理想な形式は期間の定めのない雇用である。期間の定めのない雇用のみにより、労働者の保護に関する法律法規は時間の制限を受けず、完全に作用を発揮することができる。

業務と生活のニーズ及び労働者の要求に基づき、パートタイムはよく見られる雇用形式である。パートタイムはしばしば女性の要求に合致し、特に哺乳期間の女性である。立法者は通常、（間接的な）差別の状況の発生を回避するため、パートタイムに関する規定を注目する。

ドイツ労働法の核心（不公平な差別を禁止）は期間の定めのある労働契約に適用しないため、期間の定めのある労働契約は上述の状況を適用する。したがって、明確に定義される特別な案件のみで、厳格な法律法規が適用され、期間の定めのある労働契約は許可される。

具体的にいうと、下記の条項は上述の状況に適用する。

1)　パートタイム

パートタイム及び一時的な仕事に関する法の目的はパートタイムの労働者が差別化されないようにパートタイムを推進する。パートタイムとはフルタイム雇用以外の各種類の雇用形式を指す。フルタイム労働者とパートタイム労働者は同じ原則（報酬に関する原則を除く）を適用する。法律監督の核心は（ニーズに応じる労働と勤務場所の手配に関わりの薄い規定を除く）、労働関係が6か月間以上構築され、かつ、使用者が15人以上の労働者を雇用し、それぞれ（フルタイム）の労働者が使用者に勤務時間を減少するよう要求する権利を有する。労働者が勤務時間の減少を要求し、かつ、この勤務時間減少の発効日前の三か月間まで提出した場合、労働者は使用者と交渉する必要がある。使用者が経営の原因により、勤務時間の減少要求を拒否する可能性がある（自動的に労働者の勤務時間を回避するために、書面により説明しなければならない）。労働者は今までの条件で仕事を継続しなければならないが、労働裁判所に申し立てを提出することができる。2019年1月1日から、労働者は臨時のパートタイムからフルタイムへ戻る権利を有する。このような「Brückenteilzeit」（懸け橋パートタイム）は労働者が45人以上である会社に対して適用する。会社の労働者が46名から200名までである場合、15名ごとに一名が臨時なパートタイムの仕事をする権利を有する。

臨時的なパートタイムの仕事は少なくとも一年間持続しなければならないが、五年間を超えてはならない。労働者は勤務時間の減少理由を説明する必要がない。また、労働者がフルタイムの仕事に戻ることを要求する場合、使用者は相応のフルタイムがなく、又はパートタイム労働者がフルタイムの仕事に相応しくないことを証明する挙証責任を負う。パートタイム勤務時間の延長は具体的に法律が規定する。例えば、出産休暇又は家族の介護休暇期間。

2)　期間の定めのある労働契約

パートタイムと臨時勤務法は同時に期間の定めのある労働契約の制限について規定した。パートタイムと臨時仕事法は同時に期間の定めのある労働契約の制限規定を規定した。制限規定は臨時制限（具体的な時間と日付を規定した）又は項目に対する制限（例えば、臨時項目に対し、又は長期間に病気を患った労働者又は子供の面倒を見る必要がある労働者を代替する）に分けられる。特定の免除は起業の起業及び老年労働者の期間の定めのある労働契約に適用する。

実践上、労働関係の前18か月間内に、労働契約の期間制限は一番関わりのある選択権である。このような場合、制限期間について、具体的な原因を与える必要がない。労働関係の前18ヶ月間いないである場合、契約期間を延長できる。初回の契約期間は1年間と制限される。しかし、当該選択権は新しい労働者のみに持たせる。労働者が同じ使用者に雇用されたことがある場合、当該選択権を行使できない。注意しなければならないのは、2019年まで、労働者の人数が75名を超えた使用者は2.5%を超えない労働者と期間の定めのある労働契約を締結することができる。上述の人数の比率制限を超えた労働者は期間の定めのない契約を締結したとみなさなければならない。例えば、労働者の人数が80名である場合、2名の労働者のみと期間の定めのある労働契約を締結することができる。

その他の全ての状況で、労働契約の期間制限は実際の原因が必要である。最も重要な原因は例えば、法律の規定、試用期間、一時的雇用、労働者の要求である。2019年まで、期間の定めのある労働契約更新の最高期間制限(即ち、新しく締結した期間の定めのある労働契約により仕事を延長する)は5年間である。使用者と5年間以上の一時的、又は永久な労働関係が存在した場合、使用者は労働者と期間の定めのある労働契約を締結してはならない。

注意しなければならないのは、期間の定めのある労働契約はいかなる場合でも、就業開始前又は契約更新締結までに締結しなければならない。そうしないと、当該労働関係は期間の定めのある労働関係とみなされる。

契約の期間が有効である場合、労働契約は自動的に終了し、終了通知又は終了の原因を与える必要がない。しかし、期間満了前、労働契約を終了することができない。別途明確な書面による同意がある場合はこの限りではない。

4. 有給と無給休暇

1) 休暇/法定休暇日

連邦休暇法案に基づき、ドイツで使用者のために6か月間以上働いた労働者は毎年、少なくとも四週間を下回らない休暇を享受する権利を有する。実践上、就業又は労使協定に基づき、五週間から六週間の休暇は常に許可される。休暇期間内に、基本給を正常に支給し、かつ、余分の休暇手当(労使協定が別途規定した場合を除く)がない。休んでいない休暇は特別な場合のみ翌年度に繰り越すことができる。労働関係終了時、休暇を給与へ換算することは可能である。

休暇を除き、労働者は9日から13日の法定休暇(連邦国家の規定による)を享受する。法定休暇が(非営業日)土日である場合、休日振替がない。

2) 病欠

労働者がその使用者のために四週間以上働き、自分のミスよらず病気を患って正常に仕事をできない場合、労働者は毎年、多くとも六週間の有給病欠(全額)を享受することができる。労働者は通常、仕事できない初めての営業日に使用者に通知しなければならず(電話又はEメールにて通知する)、かつ、遅くとも新たに出勤する3営業日に使用者に医療証明書を提出する。

3)　その他の原因の休暇

ドイツ民法典第616節に基づき、労働者はある個人の原因により、余分の有給休暇(子供の病気、近親の葬儀、子供の出産など)を享受する権利を有する。しかし、労働契約で上述の条項を排除することを許可され、かつよく見られる。

余分の有給休暇は連邦育児手当と産休法によるものである。通常、賃金で支払われるのではなく、ある場合で、社会保障福利で支給される。例えば、生育保護規定と看護の新しい規定によると、産休は3年間まで達すことができる。

もう一つの有給退職は労働者が退職後、一定期間内(通知期間)にその労働契約の義務を履行しないが、使用者は継続的に賃金を支給する(ガーデン休暇)。このような有給退職の形式は通常、労働契約解除通知を発行した後から始まり、かつ、使用者が一方的に宣告し、又は使用者と労働者が共同で約定することができる(どちらから労働関係を提出したかを問わない)。

5.　給与/最低賃金

集団労働契約に基づいて実施する場合を除き、その給与は通常、使用者と労働者が共同で約定される。通常、約定の給与総額は使用者が税収部門に申告し、源泉徴収する個人所得税を含まなければならない。また、使用者は労働者個人が負担する社会保険の部分を源泉徴収しなければならない同時に、労働者が納付すべき社会保険金額を一緒に社会保険基金に納付しなければならない。

給与は通常、基本給、非現金福利(例えば、車両使用権を提供し、出張旅費を清算するなど)及びその他の(変動)ボーナスを含み、具体的に双方当事者の契約での約定による。注意しなければならないのは、現在、ボーナスの取り消しは厳しく制限される。労働契約は相応の規定を遵守しなければならない。

2019年1月1日以来、1時間9.19ユーロの最低賃金はドイツのほとんどの業界に適用される。「最低賃金法」は2015年に公布され、最低賃金の基準が連邦労働部の提議に基づき、2年ごとに調整される。最低賃金は常規の給与を指し、一括的又は非常規のボーナスを含まない。

また、注意しなければならないのは、企業家は請負人又はサービス提供業者の労働者が最低賃金を取得することを確保する責任がある。権利侵害行為により、巨額の罰金(50万のユーロ)と刑事責任の追究が発生する可能性がある。したがって、良好な契約の監督管理は極めて重要である。

6.　勤務時間

ドイツで、勤務時間は大きく二つの方面に分けられる。

一方、労働契約又は集団労働契約は労働者(通常、毎週)の勤務時間、残業義務及び残業代(ある場合)を明確にする。

もう一方、勤務時間法は健康を考慮し、許可される最高の勤務時間を規定した。通常、法律が許可する勤務時間は毎日8時間、最高で10時間である。本法の規定により、土曜日は正常な勤務日としてみなされ、通常許可の勤務時間は毎週48時間である。ある場合、毎週60時間でも良い（このような場合、6ヶ月間以内に平均して毎週は48時間を超えてはならない）。

勤務時間の制限は未成年と妊婦に適用する。また、法律は休憩時間と労働者が二つの日勤の間に、最少でも11時間の休憩時間を享受することを規定した。

法律は労働者の日曜日と法定祝日での勤務を厳しく制限している。ある業界又は特別な状況（緊急な場合）のみで労働者が日曜日又は法定祝日に勤務することを許可するが、事前にオフィシャル許可を得なければならない。

2018年10月17日に、ドイツ連邦労工法院（BAG）は裁決（5 AZR 553/17）を通過し、再度出張時間を勤務時間とすることを確認した。使用者が一時的に労働者を国外へ出向させる場合、国外への往復旅程は使用者の利益のためであるので、使用者は労働者に報酬を支払わなければならない。

例えば、技術労働者は中国の建築又は生産基地へ派遣される場合、空港までの往復時間が簡単に40時間まで累計される（出発地から空港まで、搭乗手続き、搭乗、飛行、到達、施工現場まで運転/施工現場から空港までなど）。

出張全体が勤務時間とみなされるため、実際の勤務時間が終了するとしても（例えば、週末）、余分の報酬を支払うリスクがある。具体的な状況に基づき、口頭/書面での労働契約、会社の習慣、集団労働契約（一般的に適用するかもしれない）又は会社協議の規定により、使用者は労働者に余分の勤務時間の報酬を支払わなければならない。例えば、労働者が法定祝日又は日曜日に出張中の飛行機で残業する場合、使用者は150％の正常な賃金を支給しなければならない。具体的な比率は関連規定による。そのため、使用者は事前に労働者と書面により協議しなければならない。

7. 保険

1) 法定保険

法律の規定により、使用者は社会保険の納付責任を負う。これは労働者が社会保険を納付する必要があるかの確定、医療保険、失業保険、家庭と機構介護保険と法定養老保険の正確な計算と納付を含む。社会保険の納付義務は使用者のみが負う。使用者と労働者がそれぞれ納付すべき部分を含む。労働契約における社会保険の不納付条項は無効である。労働者のために社会保険を納付しない行為は犯罪行為に属する。

最高収入水準で納付の比率を評価するのは全ての種類の社会保険に適用する。即ち、最高収入水準を超えた報酬に対し、社会保険料を徴収しない。例えば、納付の法定医療保険金額が最高値に達成する場合、私人医療保険へ変わることができる。賃金が最高収入水準を超える労働者は法定医療保険を退出し、私人計画（家庭と機構の介護保険をカバーする）へ加入することを選択することができる。しかし、二つのシステムの変更は通常、一生であるため、労働者は真剣に考えなければならない。特に法定医療保険の優位と家庭保険が一致している。また、私人医療保険は通常、若い労働者にとってより有利であり、かつ、余分の収益を提供する。法定医療保険と私人保険は通常、国外で勤務する労働者（例えば出向）に余分の保険を提供する。

政府間に別途協議（例えば、中国ドイツ間の協議）がある場合を除く、輻射原則は国際的任職の労働者に適用する。例えば、ドイツの労働者が下記の基準を満足する場合、ドイツ社会保証制度を享受することができる。任職が固定期間で、ドイツ労働関係の一部であり、かつドイツの使用者に決定され、ドイツの使用者がその任職のコスト（税務）を負担する。中国ドイツ社会保険協定により、基本的な原則は任職の前の48か月間に適用する。ある状況の下で延長することができる。そうしない場合、居留原則を採用する。中国労働者がドイツへ出向する場合も同じ規定を適用する。

2)　中国ドイツ社会保険協定

労働関係が外国で構築され、かつ当該国と強制的な社会保険協定を締結した場合、基本原則を適用しない。中国とドイツはまさにこの場合である。国の輻射原則に関する法律規定は社会保険協定が管轄する労働者に適用しない。

2007年7月12日に締結された中国ドイツ社会保険協定によると、ドイツ労働関係の労働者が中国の勤務項目により中国（香港、マカオと台湾を含まない）へ出向する場合、ドイツの法律法規は依然として中国へ出向する前の48ヶ月間に適用する。関連外国政府とボンに位置するドイツの「外国医療保険連絡署」とが特別な協議を締結した場合を除き、出向が48ヶ月間を過ごしたら、ドイツの法律法規は適用しなくなる。特別協議は欧州連合の加盟国で勤務するが、出向とみなされない労働関係にも適用する。特別な協議は通常、将来のある期間内の労働関係のために締結される。したがって、例えばなるべく労働者が出国する前に、規定の期間内に連絡事務所に特別な協議申請を提出しなければならない。

使用者が労働者を代表して申請を提出した後、ドイツの法律法規が加盟国での労働関係を適用する証明を発行することができる。外国社会保険機構に当該証明を提出した後、外国の機構はその労働者に対し、その法律法規に基づき社会保険を納付するよう要求しない。したがって、使用者と労働者が出向開始前になるべく当該証明を申請するよう提案する。労働者が法定の社会保険体系内ではない場合、労働者連邦保険会社は中国向けの証明を発行する。その他の状況の下で、この証明は労働者が法定又は自己意志で保険を加入する法定社会保険提供業者が発行する。

中国ドイツ社会保険協定は法定退職保険、失業保険のみに適用し、医療保険に適用しない。

3)　自己加入保険

上述の法定保険を除き、使用者は労働者のために余分の保険を手配することができる。しかし、実際の操作で、使用者は少数の状況で手配する。例えば、使用者は頻繁に出張する労働者のために意外事故保険を購入し、又は高級管理職のメンバーのためにD&O責任保険を購入する。

国際的任職に対し、使用者は労働者及びその家族の医療保険に対し、余分協議を締結するのはよく見られる。同時に、出張保険又は家庭財産保険も考慮される可能性がある。しかし、ドイツの使用者が仮設した余分の保険はよく見られない。

8. 労働契約の解除/労働関係の終了

1) 手続き

労働契約の解除は一定の条件によらなければならず、書面により、かつ授権者が署名し、その原本を相手方当事者に提出しなければならない。

したがって、使用者は退職届の署名を正式に授権し、かつこの授権が大衆に認められなければならない。

使用者又は労働者が特定期間を証明する必要がある場合、その退職届を受領したかはとても重要である。郵政と配達サービスを依頼するのはリスキーである。特に労働契約の解除時間は厳しく制限される。なぜかというと、最悪な場合で、労働契約解除の延長は有効に終了しない(二度と)。

2) 通知期間

法律は労働契約の予告解除と労働契約の即時解除を区別した。

ドイツ民法典第622章、労働契約又は集団労働契約(例えば、双方がより長い通知期間を約定した)は労働契約解除の通知期間を規定した。労働契約の期間に基づき、法律は相応の通知期間を二週間(試用期間)から七ヶ月間まで規定した。

労働契約の期間	通知期間
試用期	2週間
2年	1ヶ月間
5年	2ヶ月間
5年	3ヶ月間
10年	4ヶ月間
12年	5ヶ月間
15年	6ヶ月間
20年	7ヶ月間

労使委員会を設立した場合、それぞれの労働関係が終了する前、労使委員会はヒアリングしなければならない。労働関係の終了が特定日に発効する場合、使用者は一定の通知期間内に通知しなければならない。不公平な解雇は関連法律法規の保護を受けない(以下の内容を参照)。使用者は労働契約を終了するときに、原因を説明する必要がないが、差別化し、又は任意的にしてはならない。労働者は原因なく労働契約を解除することができる。

ドイツ民法典第626章によると、特別な労働契約の解除は合理的な原因を要する。「合理的な原因」という言葉は判例法で定義される。また、双方の利益はそれぞれの案件に基づき、考慮されなければならない。原因が合理であるかを判定するときに、各種類の状況を考慮しなければならない。例えば、労働者の資格経歴、労働関係の歴史(嘗ての警告などを含む)と違約の程度。さらに、特別に労働契約を解除する場合、使用者は特別な労働契約の解除を発生させた事件発生後に、二週間以内に労働者に通知書を送達しなければならない。上述の通知期間は相当短く、特に労使委員会がヒアリングしなければならず、または通知書の交付を間違えた場合。

3)　不合理な労働契約の解除に対する保護

不合理的な労働契約の解除に対する保護はドイツ労働法の核心の一つである。

労働者が使用者のために六ヶ月間以上働き、かつ、その勤務部署が十名以上の労働者を雇用している場合、当該労働者は不合理的な労働契約解除の保護を受ける。

上述の状況は不公平な解雇保護法を適用する。その解雇原因は法律法規に合致し、かつ、社会に認められる必要がある。使用者は解雇の原因に対し、挙証責任を負う。下記の三種類を区別しなければならない。

(1)　個人の原因による労働契約の解除

個人の原因による労働契約の解除は通常、労働者が病気を患ったことにより、約定の業務に従事できなくなる場合である。実務上、長期間の病気（快復時間を予測できない）を周期的な短期間の病気を区別しなければならない。しかし、労働者は随時医療証明を提供して必要な健康の予後を反駁することができる。上述の二つの場合における労働契約の解除は非常に複雑である。

また、その他の個人原因により労働契約を解除することもある。例えば、外国の労働者は就職許可を持っていないこと、労働者の業務を行うために必要なオフィシャル許可（運転免許、医師免許、弁護士資格など）が取り消されたこと、労働者の業務水準が平均水準を下回ること（実務上は執行しにくい）。

(2)　行為による労働契約の解除

労働者が故意に著しく、又は繰り返して契約の条項を違反する場合、使用者は前述の原因により労働契約を継続的に履行できない場合、労働契約解除通知書を発行することができる。判例法は行為により労働契約を解除する合理的な状況を規定した。通常、使用者が労働契約を解除する前に、労働者を一回又は数回警告しなければならない。したがって、使用者は労働者が契約の条項を違反した後に、直ちに警告しなければならず、後続の類似の複数の違反行為に対しても警告しなければならない。実務上、個人の原因による労働契約の解除と行為による労働契約の解除は区別しにくい。特別な労働契約の解除と行為による労働契約の解除の区別は漸進する（違約の深刻程度）。

(3)　経営の原因による労働契約の解除

緊急な経営状況により職位が取り消される場合、使用者は労働契約解除通知書を発行することができる。この状況について、最初は個人方面のことを考慮したのではなく、職能を考慮した。例えば、会社のリストラ、不利な経済的な形勢、重要な顧客又はプロジェクトの流失、内部又は外部の原因により職位が余る可能性がある。余った職位の数量が確定される場合、使用者は合理化する。

合理化の過程で、使用者は職能型人員の削減に合致し、かつ、同一等級の労働者を比較し(雇用競技に基づき、同時に教育と専門経験を考慮しなければならない)、解雇できる人員を選定しなければならない。その後、解雇できる人員を社会的選択しなければならない。考慮の基準は年齢、資格経歴、扶養費用の支払い義務と体不自由などを含む。特別な場合のみで、労働者はその特別な知識又は能力により、社会的選択されなくて良い。

評価の基準は法律に規定されていないため、実務上、通常、判例が認めた評価システムを採用する。労使委員会がある場合、評定尺度を協議する必要がある。特に大量に解雇する場合。

(4) 調整による労働契約の解除

労働契約の解除は最終的な解決方法でなければならない。即ち、使用者は労働契約方法以外に、その他の解決案がないことを確保しなければならない。労働者を類似又は欠員の職位へ調整することができるならば、労働契約の解除は不合理である。また、有利な条件が欠ける職位に従事することをも考慮しなければならない。このよう場合、使用者は労働者に対し、不利な条件で継続的に別の欠員の職位に従事する機会を提供する必要がある。労働者がこの機会を断った場合のみに、労働契約を有効に終了することができる(通知書の一部かもしれない)。

労働者は法廷で労働関係の終了について異議を申し立てることができる。労働者は通常、労働契約解除通知書を受領した日から三週間内に裁判所に提起しなければならない。労働者が勝訴する場合、使用者は新たに該当労働者を雇用しなければならず、かつ、当該労働者は通知期間満了期間と裁判所が判決した得られる報酬を取得する権利を有する。実務上、労働者が通常、退職手当(人員削減方案又は会社が解散を申請した場合を除く)を取得できないが、使用者と労働者に対し協議による解決選択肢を提供する。ドイツで、決算の退職手当金額は通常、労働者が1年間勤務するごとに、毎月の税込賃金の50%から100%までで、さらに高い場合もある。

(5) 不合理な労働契約解除に対する特別な保護

妊娠期間と出産期間の労働者、試用期間満了の見習い工、体の不自由な労働者及び労使委員会メンバーは全て不合理な労働契約解除に対する特別な保護を享受することができる。前述の場合、使用者は特別な終了及び/又は公共機関又は裁判所に問い合わせて許可を得た後に、労働者と労働契約を解除することができる。

4) 労働関係の移転

欧州連合の指令に基づき、労働関係は業務と資産の譲渡に伴って移転される。即ち、労働関係は基本資料及び/又は業務の資産(株式ではない)の譲渡に伴って一緒に移転される。したがって、使用者は新たに労働関係を構築せず、又は新しい労働契約を協議の上合意しない状況の下で、人事変動する。労使委員会と集団的労働契約(ある場合)は依然として有効である。労働者は関連事項の詳細情報を全面的に把握する権利を有する。何故ならば、一方的に新しい使用者と労働契約を締結するよう労働者を無理させることができる。労働者は関連情報を受領した後に、労働関係の移転を拒絶する権利を有する。しかし、使用者が全体的に移転し、かつ、使用者がグループ会社の一部ではない場合、移転を拒絶する労働者は退職させられやすい。

5)　退職後の競合制限

退職後の競合制限協議は一番長くて2年間である。使用者と労働者は競合制限協議を厳しく遵守しなければならない。そうしないと、協議が無効となる。競合制限協議の最も重要な条項は協議期間内に、使用者が毎月支払わなければならない補償が労働契約解除又は終了前の月給の50%（全ての手当とボーナスを含む）を下回ってはならないことである。

競合制限義務を放棄するのは通常不可能であり、又は退職前までに早めに公布しなければならない。そうしないと、競合制限義務を放棄するのは労働者にとって有利である。何故ならば、使用者は1年間の補償金を支払わなければならない。そのため、競合制限協議は通常、高級管理職（又は顧客との関係が密接する営業代表）と締結し、例えば、試用期間満了後に、一定期間経過後に発効する。

6)　推薦状

それぞれの労働者は労働関係終了後に推薦状をもらう権利を有する。推薦状は労働者のキャリアのために便利を図り、かつ、第三の使用者に当該労働者の業務能力を告知する。

法律は簡単な推薦状と合格な推薦状を明確に区別している。簡単な推薦状は職位と勤務期間を含む。合格的な推薦状は労働者の勤務期間の表現とその業務能力をも含む。推薦状の発行時間をも区別している。法律は使用者が労働関係を終了するときに推薦状を発行することのみを規定した。これ以外に、ある特別な原因により、使用者が労働関係の引き続き期間内に労働者に対し、一時的な推薦状を発効する可能性がある。例えば、労働関係がそろそろ終了し、労働者の勤務場所が変わり、又は労働者が新しい仕事を探すために申請した。

合格な推薦状における労働者の勤務表現と勤務能力の内容は真実通りで、明確で具体的でなければならない。また、推薦状は有利な言葉使いを使わなければならず、労働者に対しネガテイブなコメントを書かなくてはならない。労働法廷は特定の推薦状の見本を明確に規定している。正式な見本は幅広く判例法に応用される。

使用者が通常、第三の使用者に対し、推薦状の内容について責任を負わず、推薦状の実際の応用過程における実際の関連性が低いため、使用者は推薦状の具体的な言葉遣いを心配する必要がない。したがって、労働者による推薦状の申請請求は通常、満足される。

9. 出向

1) 出向契約/当地の契約と一致する

ドイツは外向型経済を主導とする国である。多くのドイツの企業が国外で業務を展開するときに、労働者を一時的にその国、支店又は子会社へ出向させる。労働法の立場から見ると、それぞれの状況に分けられる。

ドイツの労働者が外国当地の労働契約により、直接的に雇用されることを含む。このような場合、通常、外国の労働法を適用し、ドイツで労働関係が存在しない。

労働者がドイツの使用者に新たに雇用され、ある海外活動を従事する必要がある場合、ドイツの労働契約は海外当地の関連法律をも考慮しなければならない。外来労働条例(居留証を取得)について、労働者は通常、当地の労働契約を締結しなければならない(これも「真の」出向派に適用する)。当地の労働契約はこの労働関係が国外(ドイツ)の法律を適用することができるかを明確に規定しなければならない。国外の法律を適用することができる場合、その必要性を真剣に考慮しなければならない。特に当地の管轄権が免除されず、強制的になる可能性がある(労働法においてよく見られる)。しかし、上述の状況は滅多にない。ドイツの法律は外国の労働法廷に適用しない。したがって、ドイツの法律に基づいて、当地の労働契約を起草する必要がない。

出向の場合に上述の問題が存在する。即ち、使用者は労働者がドイツで勤務した後に、出向させる。このような場合、存続期間のドイツ労働契約と必要な外国当地の労働契約(ある場合)を除き、労働者は出向契約を締結しなければならない。そうすると、より複雑な問題になる。上述の法律の適用と管轄権の選択(実践上、よく忘れられる)を除き、その他の重点に考慮しなければならない要素は全ての契約の一致性である。通知期間又は労働契約の規定期間は大きく違い、又は競争制限条項を一つの地域でしか執行できない場合、もっと複雑になる。

出向契約は労働者の勤務範囲を明確に説明する必要がある。出向国の組織構造、ドイツ本部への報告要求とその他の職責(ある場合)を含む。

出向期間と社会保障の関連内容をも明確にする必要がある。また、出向契約を起草するときに、繰り上げて出向を終了する原因をも考慮市なければならない。出向を終了するのは使用者の利益を考慮するのだけではなく、労働者の利益のため、又は政治の動揺、自然災害などのその他の客観的な状況による。出向終了後(繰り上げて終了するか、計画通りに終了するかを問わない)、労働者がドイツの元の使用者へ戻る関連条件は双方にとってベストの利益に基づいて確定しなければならない。

関連業務時間と法定祝日の規定により、各種類の問題を発生させる可能性がある。特に賃金問題、清算、社会保険と税収の規定。

また、出向契約を起草するときに、労働者がドイツの元の使用者へ戻らないことによる労働契約の解除の可能性(どちらからの要求を問わない)をも考えなければならない。

さらに、労働者、ドイツの使用者と当地の会社は三方で、ある事項について協議を達成することができる。協議の一致性は労働者の社会保障に対し、重大な影響を及ぼすので、コストの分担などの関連議題については、各方で合意しなければならない。

したがって、出向契約の起草は労働法上、最も複雑な任務の一つである。相当の努力が必要である。

2)　余分な福利

労働者の賃金に関する規定を除き、出向契約は通常、出向に関連する余分な福利の規定を含む。余分の福利は出国の引越し、帰国の引越し費用、親戚周りの出張旅費及び労働者とその家族メンバー(いる場合)に対する付加保険、特に医療保険を含む。労働者がドイツ社会保障体系に属しない場合、これらの付加保険はさらに重要である。

また、二倍の住宅費用及び家庭用品費用の補償を除き、適用する場合、ドイツの元の使用者は定期的に出向国での住宅費用に対し、住宅手当てを支給する。労働者が子供を連れて一斉に外国へ出向する場合、子供の介護費用及び国際学校での就学費用の清算を重視する必要がある。

3)　再度就職契約

労働者の立場から見ると、ドイツの元の使用者へ戻る条件は交渉の最も重要な部分の一つである。双方は各種類の方案を協議することができるが、使用者は出向終了後に、元の使用者へ戻る場合、その労働者の職位を確定できない。使用者の立場から見ると、出向職位（通常、外国会社の管理職）と同じ等級の勤務を労働者が元の使用者へ戻った後の選択肢としない。逆に、新たに会社の組織構造へ入るのは労働者のドイツでのキャリアにとってより適切である。労働者がドイツの元の使用者へ戻った後の関連紛争を回避するために、労働者は再度就業契約の条項をきちんと確認しなければならない。

しかし、使用者と労働者は予告終了協議を締結することができる。出向契約はすでに予告終了協議の締結条項を含む。即ち、労働者がドイツで適切なポジションを見つからない場合、労働関係は終了し、使用者は固定の退職手当てを支払わなければならない。

また、労働関係が事前に終了する場合、再度就業契約は無効とみなされる。例えば、労働者が出向期間内に出向契約の条項を違反した。

四、　集団労働法

1.　概要

「集団労働法」という言葉は法律の中で、労働者の利益を集団的に代表する全ての領域を関わる。

ドイツで、これらの労働者の利益の代表は、特に労使委員会と労働組合があるかもしれないが、両方ともあるとは限らない。

労働組合はメンバー向けの組織である。労働組合のメンバーである労働者の利益のみを代表する。

労使委員会は部署の労働者の利益を代表する。5人又はこれ以上の労働者がいる部署ごとに（必須項目ではない）一つの労使委員会を選挙することができる。そのメンバーは部署内のメンバーであるが、労働組合のメンバーでなくても良い。

憲法法案と集団労働契約法案は主な法律の出所であり、労使委員会と労働組合の職権と責任範囲を厳しく限定した。ある業界の労働組合が弱く、かつ、適用の集団労働契約がない場合、集団労働法における労働組合上の法律は関連性がない。しかし、労使委員会と労働組合の各自の職権と責任範囲は厳しく制限される。したがって、労使委員会は労働組合の仕事を引き継がない。労使委員会のない部署も同じである。したがって、集団労働法はある企業又は業界で関連していないが、その他の企業又は業界で（例えば自動車業界）、労使委員会と労働組合が参与する。

2. 集団労働契約

集団労働契約は使用者協会又は使用者個人が一方の当事者として、労働組合が一方の当事者として、共同で締結されるものである。その法律の枠は集団労働契約法に設定される。雇用双方（使用者と労働者）が集団労働契約の拘束力を受ける場合、集団労働契約は直接的に（最低のニーズからいう）当該労働関係に適用する。この場合は、使用者が自分を代表して、労働組合と集団契約を締結したか、使用者がある使用者協会のメンバーで、労働者が労働組合のメンバーであることを指す。もう一つの要求は、集団労働契約で使用者が施術と局部の範囲で、労働者が個人の範囲である。労働契約は集団労働契約（動態又は静態）を引用する可能性があり、又は、使用者は労働者が労働組合を参加したかを無視する前提で、平等で全ての労働者を取り扱うことを宣告する。上述の場合、労働者が労働組合のメンバーであるかどうかは関係ない。

ある集団労働契約は関連連合国家の法律の高速を受けることを宣告する可能性がある。同じく、このような場合、労働者が労働組合のメンバーであるかどうかは関係ない。

使用者又は労働者が関連組織を離れる場合、契約の解除又は終了まで（「後の効き目」）集団労働契約は依然として有効である。集団労働契約が終了するとしても、条項は依然として当該契約がカバーした全ての労働者に対し適用する。集団労働契約のよくある条項は報酬、勤務時間、休暇と労働契約解除の規則を規定することができる。地域的な集団労働契約と個人契約は違う。地域的な集団労働契約はある地域内のある業界間の協定で、個人契約は使用者と労働者が締結したものである。

もう一つの違いは集団労働契約の内容である。例えば、枠協議は一般的な業務と雇用条件をカバーするが、賃金協議は報酬のみカバーする。集団労働契約の交渉過程で、最も重要な強制的な執行措置は労働者行動である。

労働者が集団業務停止行動（ストライキ）を採用することができる。使用者は業務停止に対し、相応に行動することができる。労働者の行動は憲法の保護を受け、法律の制限を受けない。連邦労働法廷の決定によると、ストライキは和平義務（集団労働契約解除後適用）終了後に、又は集団労働契約を締結していない場合のみで行うことができる。多くの集団労働契約は調整的な調停手順を規定した。

労働者が労働組合の組織に基づき、かつ、使用者が経済実力を有する場合のみで、ストライキを成功させられる。ストライキを行う労働者は使用者から賃金を受領する権利を有さないが、定期的に労働組合からストライキ手当てを受領する。使用者はストライキを参加しないその他の労働者に対し、業務停止するよう要求する権利を有する。政府が中立しなければならないため、ストライキを行う労働者は社会福利を享受する権利を有さない。これは使用者が労働者に対しプレッシャーをかけることになる。現在、主に労働者の組織水準が下がっているため、ドイツではストライキが少ない。労働者が厳密な組織になる場合、ストライキはより頻繁である。これはある程度、連邦労働裁判はそれぞれの機構が労働組合の数量を適法に設立することができると規定したためである。最近のストライキは主に交通運輸業で発生する。少数の労働者がストライキを組織したとしても、企業全体を麻痺させやすい。

3.　労使委員会

労使委員会法は労働者が部署の社会、人事と経済事務を参加することができると規定した。部署とは労働者が個人として、又はその他の同僚と一緒にある労働成果を取得する所在の組織を指す。当該部署が5人又はこれ以上の労働者を雇う場合、労働者は選挙で代表組織、つまり労使委員会を設立することができる。一つの会社で複数の部署が労使委員会を設立した場合、一つの集団労使委員会を設立することができる。また、労使委員会は社会グループ組織と欧州範囲の協会を有する。残りの労働者代表組織は体の不自由連合会と青年協会を含む。

労使委員会のメンバーは労働者に複雑な手順で選出され、任期が4年間である。労使委員会メンバーの数量は所在部署の規模による。

労使委員会は多くの労働者に関連する事務を参加しなければならない。使用者の一方的な決定を減らすため、その範囲は純粋の情報の交流から実際の参加までである。

労使委員会は参加できる領域を同意し、かつ、自発的な形式を算用しなければならない。社会参与と法律目次で明確に規定される。最も重要な領域は残業（原則上、労使委員会は1時間の残業を同意しなければならない）、出勤日・勤務時間の分配、新しい技術の実施と勤務規則の修正である。

労使委員会と社会問題の交渉について、合意した協議とは、一般的な業務協議である。協議を達成できない場合、調停委員会が最終的に決定する。調停員会は同じ数量の使用者と労働者代表、及び独立の首席で構成される。

職位変更、解雇と雇用などの人事事務について、事前に労資委員会に通知し、問い合わせなければならない。ある状況の下に、労資委員会は該人事変動を反対することができる。ただし、実際の操作上、使用者は通常、労資委員会が参与する状況のもとで、元計画の通りで進めることが出来る。労資委員会の参与は形だけで、実際の決定権は持ってないが、使用者は労資委員会の決定を守らなければ、人事決定が無効に至る可能性はある。

経済事務について、強調しなければならないのは使用者がどのようにその私有財産を処理するかという憲法権利（社会範囲内）を有する。一般的にいうと、使用者は労資委員会に通知しなければならず、かつ、労資委員会が意見を発表することができるが、使用者の独立な決定権を影響する権利を有さない。しかし、利益のバランスの交渉による経営変動の決定は使用者の独立な決定権を影響する可能性がある。社会計画を制定する義務は多くの経営変動に適用する。また、使用者は(財務上、かつ適時に)解雇される労働者に相応の退職手当をしなければならない。

ある程度で、大手会社(三分の一参与法)及びある業界領域(協調経営法)で、労働者の代表は会社の経済事務を実際に参与することができる。但し、株主は最終的な決定を出すことができる。

五、 労働裁判手順

1. 紹介

ドイツ労働法廷は独立なシステム(労働管轄権)で、労資紛争を専門的に処理する。通常、双方が仲裁について意見を合意できない場合、第一審裁判所は当地の管轄権を有する労働法廷である。控訴裁判所は区域の労働法廷である。極めて重要な特別な法律案件で、連邦労働法廷は最終的裁判となる。裁判所での訴訟段階で、裁判所は双方の和解を達成させるよう努める。したがって、和解の可能性を明らかにするため、それぞれの労働案件の初めての段階は調停ヒアリングである。オフィシャルデータによると、90%以上の案件はある段階で友好な協議により解決された。正常な手順を除き、一時的な法律の保護を受ける快速手順がある。絶対に速やかに、一時的な決定を要し、かつ裁判長の決定を予測できない状況のみで実行できる。

陪審団は全ての裁判段階を参加する。主席は専門的な裁判官である。

個人労働紛争は民事案件の範囲である。労資委員会/集団労働紛争と労資委員会法の関連紛争は行政裁判(例えば、職権に基づき調査する原則)に属する。

2. 費用

労働者の法的賠償の求めを制限しないため、訴訟費用は低い。第一審の段階で、弁護士を指定しなくても良い。労働者は自分を代表し、又は第三者に授権することができる。弁護士の費用は社会原因により制限される。また、それぞれの当事者は自分の第一審の費用を負担しなければならない。即ち、敗訴の当事者は勝訴の当事者の費用を一切負担する必要がない。

3. 訴訟時間

全ての裁判手順で、調停ヒアリングは大凡訴訟を提起された後の四週から六週ぐらい行われ、目的が和解を達成させることである。和解を達成できない場合、数週間から数カ月間まで経過後にメイン裁判段階になる。有限な緊急な場合で、一時的法律保護を申請することができる。特に、解雇紛争で、加速処理の原則を適用する。訴訟の持続時間は場所により大きく違うが、当地裁判所の持続期間は通常、その他の裁判所の支店より短い。

(二)　ドイツの税収

一、　個人と企業所得税

ドイツの個人所得税納税義務は「法律行為能力、国籍、居住地と常住地」に関連しない。居住地又は常住地及び国籍に基づき、個人所得税責任の基準を確定する。即ち、無限、有限、無限拡大又は有限拡大などの基準。専門家ではなくても、特に国を跨いだ関係で、この言葉だけではすでにドイツ税法の複雑程度を表した。下記の章は基本的な定義に対する解説と簡単な例を通じて、その内容の複雑さを説明する。

下記の人員はドイツ税収の納税者になることができる。

1. 自然人
2. 公法が定めた法人
3. 私法が定めた法人

自然人とは自然状態で生まれた人(§1BGB)である。公法が定めた法人とは連邦共和国、各州と各市、教会堂及び公共法律基金会を指す。私法が定めた法人とは登録の協会(e.V.)、私人有限公司(GmbH)及び株式有限公司(AG)を指す。

下記の二種類の企業を明確に区分しなければならない。

- パートナー企業 (GbR, oHG, KG, GmbH & Co. KG)及び
- 合資企業 (GmbH, AG, KGaA, SE)

§§1ff.BGB)在§1(1)1EstG(ドイツ税法)は自然人の納税義務を規定した。

企業の納税義務について、ドイツ税法が主張するのは二元論である。

- パートナー企業は個人所得税の徴収対象である
- 合資企業は企業所得税の徴収対象である

個人所得税は各自の法人資格に基づき、個人に対し徴税するので、それぞれの納税義務が発生する。したがって、民法は企業が個人所得税と企業所得税を納付しなければならないと規定した。

合資企業について、それぞれの法人資格により、税法と民法が規定した企業等級と個人等級(分離原則)を明確に区別しなければならない。§1(1)1KStG((企業所得税税法)の規定に基づき、合資企業が法人であるため、合資企業は企業所得税の徴収対象である。企業のメンバー(株主)はその取得した配当金について個人所得税(二重徴税原則)を納付しなければならない。株主に配当金を分配する時、株主が自然人であるならば、§1(1)No.1、§20(1)No.1及び§43(5)1EStGの規定に基づき、株主はこれらの配当金に対し、統一税率で所得税を源泉徴収しなければならない。統一税率の所得税源泉徴

収は資本利得税である。株主は配当金に対し当該税金を納付した後に、その他の税金を納付する必要がない。

§32dEStGの規定に基づき、現在の統一税率所得税源泉徴収の税率は25%であり、5.5%の団結付加税と教会税(適用する場合)をプラスにする。

ほとんどのパートナーは民法に基づき、設立された独立な法人であるが、税法から見ると、当該法人は課税対象ではない。したがって、パートナー企業のメンバーは課税(分離原則)対象となり、パートナー企業自身は何らかの税金を納付する必要がない。15(1)1No.2EStGの規定に基づき、パートナー企業のメンバーはパートナーとみなされる。

二、 有限と無限納税義務

ドイツで、収入は納税義務がある場合のみに納税する必要がある。四種類の納税義務に分けられる。具体的は下記の通りである。

- §1(1)EStG:無限納税義務 (主な居住地はドイツである)
- §1(2)EStG:納税義務無限拡大
- §1(4)连同§49(1)EStG:有限納税義務
- §§2,5AStG:納税義務有限拡大

また、§2(1)EStGの規定に基づき、下記の収入に対し課税する必要がある。

- 農業と林業収入 (§§13ff.EStG)
- 商業運作の収入 (§§15ff.EStG)
- 独立商業活動の収入 (§18EStG)
- 関連労務活動の収入 (§19ff.EStG)
- 資本資産の収益 (§20EStG)
- 賃貸の収益 (§21EStG)
- §22EStGが規定した収入 (§§22,23EStG)

1. 無限納税義務(主な居住地がドイツである)

§1(1)1EStGの規定に基づき、ドイツで居住地又は常住地を有する自然人はその収入(スイス又は中国で儲かった利益を含む)に対し、ドイツ無限所得税を納付する必要がある。税金計算基礎は全世界の収入である。

同じ収入に対し、ドイツ又は国外で納税する場合、当該収入はドイツで納税義務を免除することができ、又は国外の納税金額でドイツでの課税金額を相殺し、控除することができる。ドイツと中国のDTAによると、中国で納付した税金金額でドイツでの課税金額を控除することができる。ある種類の収入(配当金、利息、権利金など)に対し、中国で納税した後に、ドイツで納税を免除することができる。

ある公民がドイツでその勤務情報の登記を停止し、海外へ仕事する場合、ドイツでは無限納税義務を負う。それは「居住地」に対する税法の定義が、監督登記機構における定義と違う。納税者がドイツで住宅を保留し、かつ、常にこの住所を戻る場合、税務局は当該公民がドイツで居住していると認定することができる。したがって、当該公民のドイツの税務居住地条件が成立し、かつ、当該納税者はドイツで無限納税義務を負う必要がある。注意しなければならないのは、DTAは「居住地」の定義に対し、ドイツ税法と違うかもしれない。しかし、DTAの「居住」基準はDTA（例えば中国とのもの）を適用するかを決定し、各国の個人納税義務を影響しない。したがって、納税者がドイツと海外で住所又は常住地を有するが、DTAによると、当該納税者は別の締結国（海外）に「居住」するだけで、ドイツの無限納税義務が依然として適用する。

2.　無限拡大納税義務

§1(2)2EStGの規定に基づい、ドイツ駐在公務員（公法の規定に基づき、ドイツ公法人に雇われる人員又はドイツの財政支出から給与を受領する人員、例えば大使館の人員、GIZの外国籍労働者、外国商会人員又はゴッシク学院人員など）がドイツで住所なく、常住地もないが、ドイツで税金を納付しなければならない。国債の準則と双方協議によると、ドイツ駐在公務員の収入は実際に政府が支出するので、海外で納税すべきではなく、ドイツで納税しなければならない。

3.　有限納税義務

§1(4)EStGの規定によると、ドイツで住所地と常住地がない自然人は有限納税義務を負わなければならない。§1(4)EStGに定められた基準を満たす場合、ある収入に対し、ドイツで納税しなければならない。これらの基準は通常、当該自然人がドイツと関連する証拠を提出し、有限納税義務を証明することを要求する。

これらの収入は下記のものを含む。

- 商業活動の収入、前提はドイツで常設の機構又は一名の常駐代表がいる。
- 賃金の収入、前提はその不同資産がドイツにある。
- 資本資産の収益、前提は当該収益が§49(1)No.5EStGに属する類別である。例えば、資本資産の債務人がドイツで住所、管理又は登録住所がある。

§20(1)No.7EStGが規定したその他の資本資産収益に対し、納税者は有限納税義務のみを負う必要がある。したがって、納税者がドイツで契約又は物件の形で直接的に又は間接的にその債権を担保する。当該納税人は資本利得税を納付しなければならない。ドイツ連邦財政裁判所（BFH）に基づき、「間接担保」の意味を理解することができる。間接担保とは債務人がセカンダリー債権者の抵当物を通じて債権者に対し、債務人の財産からその債権を返済する法律地位を与える債権である。その債権が直接に担保されていないので、債務人の協力を要さない。§32d(1)1EStGの規定によると、2009年1月1日より、自然人は統一税率で源泉徴収しなければならず、かつ、税率が25%である。

4. 有限拡大納税義務

ドイツの公民がドイツで連続して5年以上の無限納税義務を負った後に、新しい地域の居民となり、当該地域の収入納税金額がドイツのより三分の一以上低く、かつ、当該公民がドイツでより高額の経済的収益を取得する場合、無限納税義務における海外収入として記載されない収入について、当該公民はドイツで余分の10年間の有限納税義務を負わなければならない。税率の計算規則は全世界収入である。しかし、国籍を放棄した後に取得した収益は免税される。したがって、ドイツでの税収責任の上限は無限納税義務である。

上述の脱税に関連する法律規定により、ドイツで持続的に高額の経済的収益を取得する納税者が高いドイツの税収を回避するために、国外へ移住することを回避することができる。

三、 全世界収入の準則

§1(1)1EStGの規定によると、ドイツで居住地又は常住地を有する自然人はその収入(スイス又は中国で儲かった利益を含む)に対し、ドイツ所得税を納付しなければならない。税金計算の基礎は全世界収入である。

§1(1)1EStGの規定によると、ドイツで居住地又は常住地を有する自然人は無限個人所得税義務を負わなければならない。

ドイツの法律法規は納税義務に対し、下記の事項で区別する。

- 住所
- 税法が定めた居住地
- MRRGにおける居住地
- 常住地

民法が規定した住所とは居住に適宜する地方を指す。ある公民がドイツで1箇所以上の住所を有し、その中の1箇所が主な住所である場合、§12(1)MRRGの規定によると、公民の主な住所はその個人の利益センターである。民法が規定した居住地は個人生活の地理センターであり、即ち、公民永久居住地方である(§7BGB)。

§11(1)、(2)MRRGは公民がその個人居住地を正式に登記しなければならない法定義務を規定した。

- 誰でも新しい住宅へ引っ越した場合、当局へ登記しなければならない。
- 誰でも現在の住宅から引っ越し出す場合、当局へ取り消しの手続きを行わなければならない。

上述の登記要求によると、公民の居住地はその法定住所に関連し、即ち、司法管轄地である。§§12,13(CivilProcedureCode)の規定によると、公民法定住所所在地の裁判所は通常、当該公民に対し、法律訴訟を提起する権利を有する。また、居住地は市政選挙権、自動車登記及び警察居留検査にとって、非常に重要である。

しかし、税法によると、「居住地」の概念は違う。

税法は「住所」の意味を規定した。「住所」とは客観的に住居に適宜する静かな場所である。§8AOの規定によると、公民が1箇所の住宅を維持し、使用する場合、当該公民が自分の住所を持っていると意味する。

BFHによると、納税者の主観的な意図を問わず、当局へ登記したかを問わず、住所の永久性は極めて重要である。長期間ホテルに泊まる客を除き、納税者は自由にその住宅を管理する能力を有さなければならない。

§9AOによると、公民が自分の常住地を有するとは「特定な場合、当該公民がその常住地に住むことを当該公民が一時的に当該場所に滞在するのではないと解釈することができる。常住地とは公民が当該場所で連続して六ヶ月間以上滞在する。」

§11AOによると、法人の登録住所は法律、定款、細則又は関連法律法規で規定される。登録住所の確定は困難ではなく、完全に法律の事実により決定される。

四、　税収

1.　賃金

ドイツで、賃金は「関連仕事を従事する所得収入」であると定義される。§2(1) No.4,19EStGによると、賃金は七種類の収入の一つであり、利潤収入に属する。通常、個人所得税は使用者が源泉徴収して税務局に納付する。労働者がその収入に対する相応の支出、特別な出費又はその他の消費の実際の税率が使用者の源泉徴収金額より下回ることを証明でき、又は労働者がその他の種類の収入について損失を受けたことを証明できる場合、当該労働者は年次納税申告終了後に相応に還付される。賃金受領就業による収入所得は労働者所得の収入を含む。例えば、賃金、給与、ボーナス、手当て及び休暇手当を含む。

これに比べ、§3No.64EStGに基づき、出向のボーナスと購買力補償費用は免税である。連邦賃金報酬法案§55の規定によると、購買力補償費用が出向ボーナスの許可料を超えない場合、免税することができる。連邦税務公報の第一部分はそれぞれの国の生活コストの費用調整に適用される。連邦財政部は定期的に生活コスト調整概要を公布する。免税を目的として、労働者は国外で個人の住所を持ち、又は特定な期間の住所を持たなければならず、かつ、ある時間に元の使用者（ドイツ）に戻らなければならない。しかし、当該労働者が最終的に元の使用者へ戻らない場合、免税することができない。

また、賃金収入に関する規定により、納税者が労働者であると認定することができる。EStDV§1の規定によると、「労働者」は税収の立場から三種類に分けられ、公共サービス又は個人サービスのために雇用され、雇用されたことのあり、現在又は以前の雇用関係から報酬を取得している人である。

§1(2)EStDVによると、雇用関係は使用者が労働者に対し業務を手配する状況の下で構築される。労働者は使用者の監督を受けて、勤務任務を完成し、かつ、使用者の指示を服従しなければならない。

労働者がその収入から勤務の関連費用を控除することができる。例えば、仕事のために必要な書類の購入、仕事往来の出費又はその他の仕事の関連消費。仕事のみに関連する出費だけは税金を免除することができる。税金減少免除について、疑問がある場合、それぞれの費用を検査し、仕事のための出費であるかを確認しなければならない。しかし、労働者にとって、毎回の消費のレシートを集め、年次税務申告表に記入するのは現実離れしている。したがって、立法者は§9aEStGにおいて、労働者が年に1000ユーロの金額を納税者の控除金額とすることを規定している。税務局はそれぞれの労働者の収入から自動的にこの控除金額を控除し、労働者は別途申請する必要がない。労働者の1年間の仕事のための出費が1000ユーロを超える場合、実際の金額を明記し、かつ、税務局に消費の証拠を提出しなければならない。

2. 資本収益所得収入

資本収益所得の収入は株式配当金、利息所得収入を含む。EStG§20は個人資本収益の関連規定のみを含む。基礎資本と資本を利用して累積の収益を厳しく区別しなければならない。基礎資本外から得た余分の収益の意を資本収益所得とすることができる。基礎資本自身の増値は資本収益所得収入とすることができない。また、資本資産の損失と価値の落下は消費として税金を控除することができる。

2009年以降、個人資本の投資による利益は資本利益所得に属する。例えば、株式、持分又はその他の投資。これ以前の投機段階に関連する規定は適用しなくなった。ただし、§52a (11)4EStGによると、上述のこれらの規定(特に投機段階)は2009年1月1日以前の投資に対し依然として適用する。

企業機構の投資所得収入は利益の分配を含む。例えば:

- 株の配当金
- 個人有限公司への投資利益配当金

2009年から、統一税率の源泉徴収税制度は半収入評価法を代替した。この新しい制度は資本利益所得の個人収入出所に対し、課税(即ち銀行)し税率を統一する。費用債務人は固定の比率で納税者の収入を控除し、税務部署に提出する。これで納税者が個人所得税の納付を完成する。§32d(1)1EStGの規定に基づき、統一の税率は25%で、プラス団結付加税と教会税(適用する場合)。

通常、資本収益所得の収入について、税率を統一して所得税を源泉徴収しなければならない。特に銀行の貯金利息、債務道具投資収益、株の配当金、投資基金、オプション取引又は証明書所得収入。また、個人持分の販売利益収入に対しても納税しなければならない。特に株式、持分及び企業協会の投資所得(不動産投資を除く)。

例外の事項:

§17EStGによると、納税者が企業協会での投資が過去5年以内の登録資本の1%を超える場合、当該納税者は企業協会での持分取引所得の利益に対し、統一の税率で納付する必要がない。資本運営収入も同じく前述の規定を適用する。その他の国家からの投資所得収入に対し、外国源泉徴収税を納付しなければならず、銀行は§34c(1)EStGに基づき、税金控除を行う。そうすると、ドイツの税務責任は減る。
とにかく、2009年から、統一税率源泉徴収税は資本収益の税収負担を増加した。
弁償免除金額に対し、資本利益所得収入税金を引き下げたれる個人貯金手当ては2009年1月から変わった。
上述の状況に対し、§20(9)EStGは下記の内容を規定した。

「資本収益所得収入を計算するとき、801ユーロの出費に対する税務(個人貯金手当て)を免除することができる。実際の出費の税金を減少・免除しない。配偶者双方を一緒に評価する。1602ユーロの貯金手当てを享受することができる。通常、一方の配偶者はその収入から合併貯金手当ての半分を控除することができる。しかし、一方の配偶者の資本収益所得が801ユーロを下回る場合、もう一方の配偶者はその収入から残りの合併貯金当てを控除することができる。Para　6の規定によると、個人と合併貯金手当ては外税控除後の資産収益所得を上回ってはならない。」

したがって、納税者は貯蔵手当てを適用することができる。

- 独り身:801ユーロ
- 既婚者(配偶者双方):1602ユーロ

資本収益所得の課税可能収入総額が貯蔵手当てを超える場合、納税者は貯蔵手当てを超えた部分に対し、税金を納付しなければならない。
バーデン・ヴュルテンベルク裁判所の判決に基づき、納税者が税金を計算するときに、資本の関連実際の出費、例えば投資費用を控除することができる。しかし、前述の状況が経済能力原則とドイツ憲法を違反するかという問題で争議される。この前(2015年1月まで)、前述の案件に対し、控訴し、かつ、連邦財政裁判の採決を待っている。
§32d(6)1EStGの規定によると、納税者は年次納税申告表がその資本資産所得収入をカバーすることにより、より多くの税収優遇を得ることを選択することができる。個人所得税が25%を下回る場合、納税者がこの税率でその資本収益所得収入の税金を納付することができる。
納税者はある資本収益所得の国外収入に対し統一税率で源泉徴収所得税を納付する必要がない。納税者は年次納税申告表で前述の収入を声明しなければならない。納税者が収入を取得するが、申告しない場合、故意脱税の違法行為に構成する(§370AO)。連邦最高裁判所の規定によると、税収債務者と税務顧問などの納税者は脱税を目的としない場合、前述の行為が減税の結果を実現できると考え、その減税結果を反対しない場合、脱税の行為を構成すると認定することができる。また、§378AOに基づき、過失減税は通常、行政法を違反したこととして処罰する。法律の文献で、「過失」という言葉は争議性がある。連邦最高裁判所の規定によると、税収債務人、税務顧問及び企業家などの納税者が納税義務に対し、特別にわがままで、もしくは無関心で、又はその個人の能力と具体的な案件状況により、関連法律法規を遵守し、個人の義務を完成しなければならない場合、「過失」の行為が存在する。法執行部署（刑事と刑罰部署及び検察機関）が直近、刑事と行政税務犯罪に対し、複数の訴訟を提起したため、納税者はその納税申告義務と法律責任を重視しなければならない。

五、 税率

EStG§32aによると、実際の収入に対する課税金額は税率による。納税者がその課税収入に対し、納付しなければならない税収の比率は税率で決定される。基礎税率を計算する課税収入に関する規定は下記の通りである。EStG§2(1)（関連支出を控除した後）における7種類のそれぞれの収入をプラスにして、「収入の総額」を構成する。

納税者がその収入の総額から一定比率の税金を控除することができる。例えば：

- 高齢手当て
- 一人親家庭手当て
- 農民と林農手当て

「収入の総額」から上述の税金を控除した後に、「収入総額」を構成する。納税者は「収入総額」からさらに控除することができる。例えば：

- 損失免税
- 余分の出費
- 積立金性質の出費
- 特別な財産権の負担

AStGによると、納税者が上述のステップを完成した後に、国外の収入を納めて、「収入」を構成しなければならない。最終的に児童手当は納税者が毎月支払う児童福利金より有利である場合、控除することができる（適用する場合）。最後の金額が「課税収入」で、これに基づいて税率を決定する。

2019年まで、§32a(1)EStGによると、税率及び課税金額は五つの区間に分けられる。

1. 9168ユーロを超えない (免税手当):
   0
2. 9,169ユーロ から 14,254ユーロまで:
   (980.14 · y + 1,400) · y
3. 14,255ユーロから 55,960ユーロまで:
   (216.16 · z + 2,397) · z + 965.58;
4. 55,961ユーロから65,326ユーロまで:
   0.42 · x – 8,780.90;
5. 265,327ユーロ及びこれ以上:
   0.45 · x – 16,740.68

媒介変数「y」は免税金額を超えた後の課税収入の万分の一であり、四捨五入で全額ユーロにする。媒介変数「z」は14,254ユーロを超えた後の収入の万分の一であり、四捨五入で全額ユーロにする。媒介変数「x」は全部の課税収入で、四捨五入で全額ユーロにする。これによる税額は四捨五入で次の全額ユーロにする。

六、　婚姻状況による税収減少免除

§ 32a(5)EStGによると、配偶者は婚姻状況により納税義務を免除・減少することができる。配偶者双方の納税義務の計算方法は下記の通りである。まず、配偶者双方の課税収入をプラスして平均する。次に、前述の収入に対する課税税額を計算し、一方の配偶者の税金を算出し、さらにこの税金を倍にして配偶者双方の税金を算出する。計算の過程で、手当の使用及び累進効果により、配偶者双方が税金合併評価を使うのは税金別々で評価するより有利である。特に一方の配偶者の収入が明らかに相手より低い場合。

（三） 中国労働法

一、 紹介

中国の労働法を理解するために、その法律の歴史・発展を遡れるのが役立ち、より深く把握することができる。法律と政治がはっきりと区別されていないことは、儒家思想の中に強く根付ており、封建時代を貫いた。中国の法律（主に刑法で構成されたもの）は個人が互いに対抗し、または個人が国を対抗する権利を個人に持たせるために設計されたものではない（即ち、封建官僚主義である）。

二十世紀初頭に初めて現れた法治制度の傾向は、まもなく内戦と第二次世界大戦における日本の侵入によりずらされた。いわゆる「労働法の枠組」は1922年に作られたが、中華人民共和国が建国されてから真の中国労働法が現れた。それまで、労働法の主な重点は経済の完全な共有化であり、理想化した観点（生産資料は労働者と農民が所有する）からスタートし、現代化の労働法を作るのは近い将来に期待しうるようであった。人民は自発的に社会のために働き、報酬として社会は人民に一切の必須品を提供した（「終身雇用」）。政府は工人を生産企業へ手配した。これは労働法、労働力の市場および社会保障に関連する制度は必要ではないと意味した。

文化大革命終了後、経済体制改革の初期に、1979年の現代化した労働法の発展はやっと開始できた。経済的改革に関連する外国による投資を促進することは動力となった。外国投資者は分配された従業員を終身雇用できないし、終身雇用したくなかった。したがって、自由な労働力の市場および相応の労働法を作らなければならなかった。ヨーロッパと比べると、中国は持続的かつ完全化した法律文化の基礎がなかった。

二、 法律の枠組

全国的な労働法律に関するニーズは1956年に認められたが、1994年7月5日に労働契約法は通過され、1995年1月1日より発効した。しかし、総合的な規定しか含まなかった。

中華人民共和国の憲法は労働法に関連する原則を含んでいる。例えば、仕事の権利と義務、経済の発展に参加して給料を得る権利、平等に取り扱われる原則および休憩時間と労働保護の権利である。また、憲法は立法者が有効な社会保障システムを作る義務を規定した。憲法は公民に合法的な権利を与えた上、業務時間内に、公民も相応に仕事の規律を遵守する義務を負う。

中国は統一した国家であり、かつ、権利の行使は共産党が統一した組織を通じる必要がある。ただし、実践上、各省、自治区、都市および経済的特区は地方上の立法権を持っている。法律と地方規則の効力ははっきりしていない。そのため、労働法効力の現状は明確ではない。

労働契約法（以下、「労働法」という）は2008年1月1日より発効した。細則の規定を含むだけではなく、公開的立法手続きを採用した。しかし、労働法および労働契約法と矛盾していない関連法規はこれにより失効していない。現在、中国は現代の基準にふさわしい労働上の法規と社会保障に関する法律法規を多数制定した。

三、　個人労働法—個人的労働者

1.　労働契約（雇用関係）

1)　形式の要求

労働契約法は労働法および契約法に基づき、制定されたものである。

「従業員」という言葉の定義は労働組合法案において規定された。従業員とは中国国内の企業、事業単位、機関において賃金収入を主たる生活費の出所とする肉体労働者および頭脳労働者を指す。雇用者のために役務を提供し、経済的依存性のあるのは労働関係の主たる表現である。この定義は全ての労働者に適用する。

労働契約と労務契約における「従業員」という専門用語の定義はほぼ同じである。ただし、隷属性、経済従属性、組織性と業務範囲は明確に区別がある。この区別はドイツの法律と一致している。

労働関係を形成するに当たっては、書面により労働契約を締結しなければならない。労働契約の修正と延長も書面による形式を適用しなければならない。使用者は雇用の日より一か月間以内に労働者と書面による労働契約を締結しなければならない。使用者は雇用の日より一か月以降一年未満に、労働者と書面による労働契約を締結しない場合、労働者に対し労働によって得るべき報酬の2倍の賃金を支給しなければならない。使用者は雇用した日より満一年以内に、労働者と書面による労働契約を締結しない場合、使用者と労働者は既に固定期間のない労働契約を締結しているものとみなす。

労働契約については当地の人材資源社会保障部署における届出の手続きがまだ明確ではなく、かつ、各地の規定がそれぞれである。ただし、通常、契約の届出は契約の有効性を影響しない。

二つの言語を使用して契約を作成するのは可能であるが、何らか紛争が発生すると、中国語版を基準とする。

「労働法」と契約法に基づいて締結した労働契約は下記の情報を含まなければならない。

（一）　使用者の名称、住所と法定代表者または主な責任者;
（二）　労働者の名前、住所と居民身分証明書またはその他の有効な身分証明書番号;
（三）　労働契約期間;
（四）　業務内容と業務場所;
（五）　業務時間と休憩休暇;
（六）　労働報酬;
（七）　社会保険;
（八）　労働保護、労働条件と職業危険防止保護;

（九） 法律、法規が規定した労働契約に収めなければならないその他の事項。

労働契約のある条項が無効であるとしても、その他の協議の有効性は影響されない。労働契約の規定が不完全であるならば、会社の集団的規定または法律の最低要求を適用しなければならない。

何らか労働者の利益に関連する重要な事項（例えば、よく使われる従業員マニュアル）を制定し、修正し、または公布する前に、使用者は労働者とこの事項について、検討しなければならない。労働組合がない場合、労働者は全員参与しなければならない。しかし、使用者は最終的に決定する。

2) 就業差別

就業促進政策と積極的な労働力の市場以外に、「就業促進法」は差別禁止の関連条項を規定した。応募者と労働者は年齢、民族、人種、性別、宗教信仰と体の不自由により差別されない。農村の労働者は就業について、都市の労働者と平等の労働権利を享受する。

会社性質のある外資企業が中国の労働者を雇用する時には、中国の企業と同じく取り扱われる。ただし、会社性質のない外国企業の中国における駐在代表機構が中国の労働者を雇用する時に、大きく制限される。外国企業の代表機構は独立の法人機構ではない。外国企業の代表機構は直接に中国の労働者を雇用してはならない。この条の規定は外国企業を制限する。外国企業の代表機構は中国の労働者の雇用を外事サービス単位に委託しなければならない。外事サービス単位と締結した労働契約に基づき、労働者は代表機構で仕事をする。ドイツの法律によると、原則として、これは労働者を賃貸する行為である。

外国労働者の就業に関連する規定に基づき、外国籍の労働者の就業形式は外国籍の労働者が直接的に中国の企業、外商独資または合資企業に雇用されるか、派遣を受ける中国の企業と出向労働契約を締結したかによる。

外国籍の労働者が直接的に中国の企業に雇用される場合、その労働関係は完全に中国の労働に関連する法律法規を適用する。即ち、外国の法律は適用しない。

また、中国の企業と労働契約を締結しない派遣/出向は通常、適法である。労働契約を締結していないため、中国の関連労働法律の約束を受けない可能性がある。このような場合、その他の法律を適用する可能性はある。

中国の法律は出向/派遣の業務形式を認めるが、関連法律法規によると、出向/派遣された労働者が中国で三か月間以上就職すると、中国で就業したとみなされる。そのため、就業ビザ、労働ビザ、居住証明と職業証明書が必要である。したがって、このような従業員は中国の法律に約束される労働契約が必要である。また、2015年1月1日に発効した新規定（短期業務任務の遂行のため外国人の入国に関連する手続（試行））により、中国において短期間滞在するとしても、労働許可証が必要となる可能性はある。

3) 外国人のビザと就職許可

(1) 概要

2013年9月に、中国政府は中国のビザに関連する条例を全面的に修正し、ファイリングした。さらなる小幅な調整は2014年12月に完成した。中国へ旅行し、かつ、長期的に居住証を持たないドイツまたはヨーロッパのその他の国の旅客は、必ず中国へ行く前に本国でビザを取得しなければならない。近年、外国の旅客は北京と上海などの都市で72時間のトランジットビザ免除政策を享受することができる。72時間のトランジットビザ免除を申請する人員は有効な旅券またはその他の国際的旅行証明書および72時間以内の日付とシートが確定された第三国（地区）へ向かう乗継便の搭乗券をもって、臨時入国の外国人入国カードを記入し、出入国査証機関による質問を受けなければならない。より多くの都市は当該規定を実施することになってくる。出発前にビザに関連する情報を取得するよう提案する。

2013年9月以降、最も重要なビザの種類は下記の通りである。

- L字ビザ：入国旅行
- M字ビザ：ビジネス貿易活動
- Z字ビザ：中国国内へ就業
- F字ビザ：交流、訪問と考察などの活動

2013年9月まで、元F字ビザはビジネス・旅行上の最も普遍的なビザであった。この種類のビザは現在、F字ビザとM字ビザに分けられた。外国人は中国において長期的に就職する場合、Z字ビザを取得しなければならない。この種類のビザの申請手続きはより複雑である（下記の内容をご参照ください）。

2014年12月、中国政府は下記の活動がM字またはF字ビザ（より取得しやすい）の申請条件に合致しなくなり、短期間の業務任務とみなし、Z字ビザを申請しなければならない。

- 国内の提携社へ赴き、ある技術、科学研究、管理、指導などの業務を遂行する。
- 国内の体育機構へ赴き、トレーニング（コーチ、運動員を含む）を行う。
- 映画を撮影する（広告、ドキュメンタリーを含む）。
- ファッションパフォーマンス（オートサロンガールズ、印刷広告の撮影などを含む）
- 渉外営業性演出に従事する。
- 人材資源社会保障部署が認定したその他の状況。

移民管理局は未来、ビザの種類を追加し、または変更する可能性がある。したがって、申請者がビザの申請手続を行う前に問い合わせるよう提案する。過去の数年間（2013/2014）に、北京、上海と広州の省級政府は大規模な抜き取り調査を組織した。旅行またはビジネスビザをもって中国へ入ったが、長期的な就職を目的とする外国人に対

し、抜き取り調査を行なった。この種類のビザを持ちながら、中国国内で長期的に就職する外国人は著しく中国の法律に違反した。ビザの所有者が間違えた種類のビザを持ち、かつ、中国で定期的に税金または社会保険を納付しないため、拘留、高額な罰金および数年間も渡る入国禁止命令の処罰を直面する可能性はある。

(2) 長期的な就職ビザ

使用者は外国人を雇用する場合、「外国人雇用就業申請表」を先に記入し、労働行政主管部署と同じ等級の業界主管部署(以下、「業界主管部署」という)に申請し、雇用しようとする外国人の履歴証明書、雇用意向書、外国人を雇用しようとする原因の報告、雇用しようとする外国人が当該業務に従事する資格証明書、雇用しようとする外国人の健康状況の証明とその他の規定の文書を提供しなければならない。上述の規定は外商投資企業に適用しない。外商投資企業が外国人を雇用する場合、業界主管部署の許認可を要さず、直接的に労働行政部署の証明書発行機関に就業許可手続を申請して行うことができる。使用者は業界主管部署の許認可を取得した後、「外国人雇用就業申請表」をもって関連労働行政部署へ許可の手続を行わなければならない。証明書発行機関は主管部署の意見と労働市場のニーズ状況に基づき、審査の上許可し、かつ、許可した後に、使用者に対し就業許可証明書を発行する。外国の専門的な技術員と管理者、「外国人の中華人民共和国における海上石油作業従事許可証」をもって海上石油作業を従事し、登録する必要がなく、特別な技能のある外国人労務人員および文化部の許可を得て「臨時営業性出演許可証」をもって営業性文芸演出を行う外国人は就業許可証および労働許可証を申請する必要がない。

雇用しようとする外国人が労働部の発行した就業許可証を受け取った後、中国の大使館、領事館へ赴き、就業ビザを申請しなければならない。就業ビザを申請する外国人は18歳満了で、健康で、その仕事に従事するために必須な専門的な技能および相応の職務経歴を持たなければならず、無犯罪記録証明、確定の雇用単位(労働契約)、有効な身分証明書(旅券)を持たなければならない。

使用者は雇用の外国人が入国した15日以内に、就業許可証の発行機関へ赴き、外国人のために労働許可証の手続を行わなければならない。労働許可証の手続を行うときに就業許可証、雇用の外国人が締結した労働契約と旅券を提出しなければならない。

労働許可証を取得した外国人は、入国した後の30日以内に、労働許可証を公安機関へ居留証明書を申請しなければならない。

中国において直接投資し、かつ、三年間連続で投資の状況が安定し、中国で副総経理以上の職務を務め、または中国の公民と結婚し、その婚姻関係が5年間満了した外国人は永久居留証を申請することができる。永久居留証の有効期間は5年間(18歳未満の場合)または10年間である。永久居留証の有効期間が満了した後、更新を申請することができる。

2. 契約期間

中国の法律は労働契約を期間の定めのあるとない労働契約および一定業務任務の遂行を期間とする労働契約に分ける。同時に、全日制労働と非全日制労働は中国の法律上それぞれの規定がある。

1) アルバイト

ある業界内で、正社員以外に、労働者はアルバイト（非全日制労働）として従事する権利を有する。後に締結した非全日制労働契約は先に締結した労働契約の履行を影響してはならない。

非全日制労働とは労働者が同一の使用者において、毎日の業務時間が四時間を超えず、毎週の業務時間が累計で二十四時間を超えない労働形式を指し、かつ、時給がメインである。非全日制労働の双方当事者は口頭による協議を締結することができ、かつ、労働者が複数の非全日制仕事に従事することを許可する。非全日制労働の双方当事者は試用期間を約定してはならない（労働契約法第70条）。いずれかの当事者は随時に当該協議を終了することができる。使用者は労働者に対し、経済的補償を支払う必要がない。非全日制労働の時間給の基準は使用者所在地の人民政府が規定した最低の時間給の基準を下回ってはならず、かつ、労働報酬の決算・支払い周期が長くとも、15日を超えてはならない。従って、非全日制労働の報酬決算方法は全日制労働と違う。

2) 労働契約の期間

法律上、労働契約法は試用期間について具体的に規定している。当該労働契約によると、下記の規定を適用する。

労働契約の期限	試用期間の最長期間
3か月間を下回る	0
3か月間以上1年間まで	1か月
1年間から3年間	2か月
3年間以上または期間の定めのない場合	6か月

労働契約法第13条の規定によると、期間の定めのある労働契約とは、使用者と労働者が契約の終了時間を約定した労働契約を指す。法律上、期間の定めのある労働契約の約定による終了時間を制限していない。実践上、労働者が使用者において連続的に勤務し、10年間満了すれば、期間の定めのない労働契約を締結しなければならない。従って、使用者と労働者は10年間を超える期間の定めのある労働契約を締結しない。労働契約法第15条の規定によると、一定の業務任務の遂行を期間とする労働契約とは、使用者と労働者がある業務の遂行を契約の期間として約定する労働契約を指す。

中国労働契約法に基づき、双方は自由に期間の定めのあるまたはない労働契約を締結することができる。ただし、2008年以前に、使用者が期間の定めのない労働契約を終了する場合、労働者に対し経済的補償を支払う必要があるため、労働契約法の実施まで、使用者は労働者と期間の定めのある労働契約を締結するのが望ましなかった。

- 現行の規定によると、下記の場合、労働者が期間の定めのある労働契約を締結するよう要求する場合を除き、期間の定めのない労働契約を締結しなければならない。
- 労働者が当該使用者において連続的に勤務し、10年間満了した場合。

使用者が初めて労働契約制度を実施し、または国有企業が制度改革を行い、新たに労働契約を締結する場合、当該使用者における労働者の勤続年数が満10年となり、かつ法定年齢まで10年未満である場合。

連続的に期間の定めのある労働契約を二回締結し、かつ、労働者は本法第39条および第40条第1項、第2項が規定した状況に該当せず、労働契約を更新する場合。

そのため、近年、期間の定めのない労働契約の締結は大幅に増えてきた。

3. 有給休暇と無給休暇

1) 法定祝日

現在の法定祝日は下記の通りである。

- 元旦(1月1日)-1日
- 春節(旧暦:大晦日、旧暦1月1日、旧暦1月2日) -3日
- 労働節(5月1日) -1日
- 清明節(4月5日) -1日
- 端午節(旧暦5月5日)-1日
- 中秋節(旧暦8月15日) -1日
- 国慶節(10月1日-3日) -3日

国全体の休暇日である。ちょうど土曜日、日曜日である場合、平時と振り替えなければならない。

また、特定の人は上述の法定祝日以外に、その他の法律上認められた祭日を享有する。例えば、国際女性デーまたは法律が認めた少数民族の伝統的な祭日。

2) 年次有給休暇

2018年1月1日より、政府は「従業員年次有給休暇条例」を実施した。

累計の勤務年数が一年満了で、10年未満である労働者は法に従い、五日の年次有給休暇を享受する(現在の会社での勤務年数が一年満了しなければならない)。勤務年数が10年満了で、20年未満である場合、十日の年次有給休暇を享受する。20年満了である場合、十五日の年次有給休暇を享受する。

国の法定祝日、休日も年次有給休暇の期間に計上しない。病気休暇が長すぎる場合は労働者の年次有給休暇の待遇を影響する。私用休暇は年次有給休暇の期間に計上しない。

労働者本人の同意を得て、仕事により休暇を手配できない場合、使用者は賃金補償の形で休暇を代替することができる。このような場合、使用者は日給を300%で支払わなければならない。

3)　出産休暇

女性の従業員は98日の出産休暇を享受する。そのうち、出産前は15日で、出産後は75日である。出産が繰り上げた場合、女性の従業員は出産前の休んでいない日数に対し、追って休むことができないが、早産の場合はこの限りではない。出産が遅れた場合、超過の出産前の休暇は出産後の休暇日数（75日）に計上する。女性の従業員が難産する場合、追加で15日の難産休暇を享受する権利を有する。多胎児の出産者は1子多く産出するごとに、さらに15日の出産休暇を与えられる。妊娠四ヶ月間以内に妊娠が中絶した場合、15日の出産休暇を享有する。妊娠四ヶ月間以上に妊娠が中絶した場合、42日の出産休暇を享有する。上述の法定出産休暇以外に、当地の政府は当地の状況に基づき、追加の出産休暇を規定することができる。例えば広東省の女性従業員は計画生育の症例として80日の追加の出産休暇を享受することができる。

妊娠七ヶ月間以上または授乳期間である女性の従業員に対し、使用者はその勤務時間を延長したり、夜勤を手配したりしてはならない。授乳期間である女性の従業員は1日1時間の授乳休暇を享受することができる。

一人っ子政策は2016年1月1日に終了し、「二人っ子政策」が代替することになった。つまり、1組の夫婦は二人の子供を生育することができる。

4)　病気休暇

中国の労働体系は職業病と労災に対し、及び労働者の病気及び業務外の負傷に対し、明確に区別している。職業病と労災は2011年1月1日に発効した労災保険条例を適用する。

病気を患い、または業務外の負傷を受けた労働者は本人の実際の勤務年数と現在の会社での勤務年数に基づき、医療期間を与えられる。具体的な規定は下記の通りである。

勤務年数	**現在の会社での勤務年数**	**医療期間**
10年未満	未満5年	3か月間
	5年以上	6か月間
10年以上	未満5年	6か月間
	5-10年	9か月間
	10-15年	12か月間
	15-20年	18か月間
	20年以上	24か月間

労働者が治療しにくい病気（例えばガン、精神的な病気、神経の障害のため体が動けない）を患った場合、使用者と労働部署に医療期間の延長または定年、退職の待遇について協議することができる。

上述の医療期間は下記の表の通り実施することができる。

医療期間（月）	累計の計算期間（月）
3	6
6	12
9	15
12	18
18	24
24	30

5) その他の休暇

労働者が結婚し、または直系の親族がなくなった場合、下記の休暇を享受する権利を有する。

労働者本人が結婚する場合、法に従い、3日の結婚休暇を享受する。忌引き休暇は地方の規定と会社の規則制度の規定に基づき執行する。例えば、上海は労働者の直系の親族（両親、配偶者、子供）がなくなった場合、事情に基づき、現在の会社のリーダーの許可を得て、1日から3日までの忌引き休暇を与えられ、行程の距離により、別途行程休暇を与えることができ、行程の費用は労働者が負担することを規定している。

4. 賃金/最低賃金

通常、賃金は双方の意思に基づき協議する。即ち、自由に賃金を約定することができる。ただし、各地方の政府労働部署は最低の賃金基準を規定している。[1]最低賃金は正常な業務時間内の給与のみ含み、残業代、非貨幣的福利（例えば、食物費用、宿泊費、交通費）、ボーナス及び使用者が負担する社会保険費用と住宅積立金、または使用者のその他の福利を含まない。試用期間内の労働者に対しても最低賃金基準を適用する。病気休暇期間の賃金は最低賃金基準の80%を下回ってはならない。

使用者が法律法規を違反し、賃金の支払いを遅延し、全額支払わず、労働者に支払う賃金が当地の最低賃金基準を下回り、または残業代を支払わない場合、使用者は支払うべき金額の50%以上100%以下の基準で労働者に賠償金を支払わなければならない。

使用者が倒産する場合、労働者はその他の一般的債権者を優先に賃金を取得する。

労働者が使用者へ経済的損失を与えた場合、使用者はその経済的損失を賠償するよう要求する権利を有する。使用者は毎月、労働者の当月の賃金を20%以下で経済的損失の賠償として控除することができる。控除後の残余賃金が当地の最低賃金基準を下回る場合、使用者は最低賃金基準で労働者に賃金を支払わなければならない。

---

[1] 代表的要約は添付文書一をご参照ください。

月賃金から日賃金へ計算する場合は、一ヶ月間につき、21.75日で計算する。

使用者の業績・評価に基づき、年次賃金を調整することができる。その賃金調整の範囲は企業の経済的発展の水準、物価の水準と企業の賃金制度の影響を受ける。年間賃金調整は企業で集団的に行わなければならない。

5.　工数

中国の労働体系は三種類の工数制度を含み、かつ、より完全化し、体系化した工数制度と相応の残業制度を構築した。

1)　工数体制

(1)　標準工数体制

中国は労働者の毎日の勤務時間が8時間を超えず、平均した週間の勤務時間が40時間を超えない工数制度を実施する。この制度は1995年5月1日より発効した。実施するのが難しい使用者は1997年5月1日より実施することができた。中国の労働体系及び関連法律法規は稼働日について明確に規定していない。つまり、週末は稼働日とすることができる。ただし、実践上、週末は通常休日とする。

(2)　フレックスタイム制

標準工数制度以外に、使用者はフレックスタイム制を実施することができる（労働部署の許可を得なければならない）。許可を得た場合、下記の条件を合致する労働者に対し、フレックスタイム制を実施することができる。

- 企業の高級管理者、外勤人員、営業員、一部の当番人員とその他の仕事により標準工数制度に基づき、評価できない従業員。
- 企業の長距離輸送人員、タクシーの運転手、鉄路、港、倉庫の一部の積み下ろし作業員及び仕事の特別な性質により柔軟に作業する必要のある従業員。または
- その他の生産の特徴、仕事の特別な需要または職責の範囲により、フレックスタイム制がふさわしい従業員。

フレックスタイム制を実施する使用者の従業員は残業代を享受することができない。

(3)　工数を総合的に計算する制度

総合的計算工数制度は週間、月間、四半期、年間などを周期として、かつ、その平均した1日の業務時間と平均した週間業務時間は法定の標準業務時間とほぼ同じでなければならない（労働者の毎日の業務時間は8時間を超えず、平均した週間の業務時間は40時間を超えない）。

使用者は工数を総合的に計算する制度を実施する場合、地方の労働部署の許可を得なければならない。下記の労働者に対し、総合的計算する工数制を実施することができる。

- 交通、鉄路、郵便、水運、航空、漁業などの業界について、仕事の特別な性質により、連続的に作業する必要がある労働者。
- 地質及び資源探査、建築、塩製造、砂糖製造、旅行などの季節と自然条件の制限を受ける業界の一部の労働者。
- その他の工数を総合的に計算する制度を実施するのが相応しい労働者。

上述の通り、工数を総合的に計算する制度は法定標準業務時間を遵守しなければならない。したがって、使用者は労働者の延長業務時間に対し、相応の残業代と余分の手当(法定祝日勤務の余分の手当を含む)を支払わなければならない。

2) **残業**

使用者は労働組合(ある場合)と労働者と協議した後、標準業務時間外に業務時間を延長することができる。法律の規定により、労働者が健康である条件の下で、毎日の残業は3時間を超えてはならず、毎月は36時間を超えてはならない。上述の残業の制限は緊急な事件(自然災害、事故又はその他の労働者の生命健康と財産安全を脅かす原因が発生した場合)に適用しない。同時に、生産設備、交通運輸線路、公共施設が故障を発生し、生産と公衆の利益を影響し、適時に修理しなければならない場合は上述の規定の制限を受けない。

使用者は上述の規定した延長業務時間を超えてはならない。適法に業務時間を延長する場合、使用者は労働者に対し、賃金報酬として賃金の150%以上を支払わなければならない。使用者は休日出勤を手配する場合、賃金報酬として賃金の200%以上を支払わなければならない。次に、使用者は法定祝日出勤を手配する場合、賃金報酬として賃金の300%以上を支払わなければならない。しかし、使用者が休日出勤を手配した場合、振替休暇を別途手配することができる。そうすると、使用者は残業報酬を支払う必要がなく、余分の経済的負担を回避することができる。

法律は体力的に重く、労働強度の高い労働者が工数を短縮することを許可する。例えば夜勤の労働者(即ち、夜の10時より翌日の朝6時まで)、炭鉱の工人と授乳期間の女性従業員など。したがって、上述の労働者の勤務時間は関連規定に基づき、適切に減少することができる。

使用者は関連工数の規定を違反する場合、行政処罰を受ける。例えば、使用者が労働者と協議せず、一方的に業務時間を延長する場合、残業時間について、1時間ごとに人民元100元の罰金を科す。上述の処罰は法律規定の残業時間を超えた場合にも適用する。使用者が著しく工数の制限を違反し、犯罪まで至る場合、法に従い、刑事責任を追究する。

使用者が保護されるグループの適法な権利・利益を侵害する場合、さらに重く処罰される。例えば授乳期間の女性の従業員。労働部署の処罰強度が軽く、かつ、審査の確率が低いため、実践上、上述の規定を違反する使用者はよく見られる。違法の現象が増えてきて、外資会社に対しても、労働部署の監督管理も厳しくなってきた。

6. 社会保障

強制的社会保障保険は養老保険、医療保険、失業保険、労災保険と生育保険に分けている[2]。

1) 養老保険

養老保険体系は社会統括と個人口座で構成される。個人口座の資金は使用者と個人の納付した費用である。具体的な納付比例は統括地区の人民政府が当地の経済的発展水準と最高の収入水準に基づいて確定される。社会統括の部分は使用者が納付した費用である（個人口座と社会統括の使用者の納付した費用は実際に同じ費用である）。通常、使用者は本使用者の労働者の賃金総額の20%を超えない基準で養老保険費用を納付する。現在の国情により、養老保険体系は「現金主義」を採用する。つまり、定年退職者が享受する養老金は現在の社会統括口座から引き出される。

原則上、個人口座は労働者の資産の一部であり、政府機構に管理され、かつ、相応の利息が発生しなければならない。実際に、「現金主義」制度と社会保険基金の投資により、個人口座は、帳簿上残高があるが、実際にお金がない問題が存在する。

現在の規定に基づき、労働者は15年以上の養老保険を納付してから、当地従業員の平均賃金の20%で基本的養老保険待遇を享受する権利がある。15年以上納付していない場合、労働者は定年期間に基本的養老金を享受できず、個人口座における個人の納付した費用を一括で本人に支払う。

現在の女性の法定定年年齢は55歳で、男性は60歳である。中国の人口高齢化が深刻で、労働力が不足することにより、養老保険基金の収入が支出を下回り、定年年齢を延長するのは切迫な問題になっている。関連法律の規定に基づき、基本的養老金は基礎的養老金と個人口座の養老金で構成される。個人口座の養老金の支給基準は、毎月、口座累計の1/120を10年分けて支払う。現在の中国の男性の平均寿命は72歳で、女性の平均寿命は77歳である（伸びる傾向）ため、養老保険基金は定年退職期間の養老金の支払いを維持できない（特に個人口座は理論上のみである）。したがって、中国の労働者はその他の経済的収入がない限り、法定の年齢に定年できない可能性がある。

2) 医療保険

医療保険と養老保険の体系は似ている。医療保険統括システムは、労働者と使用者が費用を納付し、政府が経済的に援助する。労働者の納付した資金と使用者の納付した部分の資金（約三分の一）は労働者の個人口座に入金しなければならない。使用者が納付した残りの部分は社会統括口座に入金する。

2　北京と上海の納付率の概要は添付文書二をご参照ください。

医療費用は主に労働者の個人医療保険口座から支出する（労働者の医療上の経済的負担を減らし、健康的権益を保障することができる）。当地従業員の年間平均賃金の10%を超えた医療費用は、統括基金から支払われる。支払いの上限は当地従業員の年間平均賃金の4倍ぐらいである。また、政府は生活維持手当基金を作った。生活維持手当基金を享受する労働者は本人から医療保険費用を納付する必要がなく、政府から補助を受ける。

医療保険体系はある方面で問題が存在する。例えば、労働者の生活収入のない配偶者、子供または両親は労働者の医療保険を享受できない。

さらに、当地従業員の平均賃金の10%を超えた費用は統括基金から支払われる。統括基金から支払われる部分の医療費用は通常、労働者が立て替える。労働者はその立て替えた費用につき、清算を申請することができる。しかし、費用を建て替えるのは労働者に資金を不足させる可能性がある。特に労働者は建て替え大量費用が全額清算かを判断できない（関連規定に合致する病院、医者と医療項目のみ精算できる）。

3) 失業保険

オフィシャルデータによると、計画経済期間は政府が仕事を手配するため、社会は失業の問題が発生しない。しかし、経済体制の改革により、失業率が日々上がり、社会のメインな問題になった。元国営企業の労働者は大きく影響された。失業保険条例は1999年から実施した。失業保険の資金は主に使用者（本使用者の賃金総額の2%）と労働者（個人賃金の1%）が納付した失業保険金、政府の手当およびその他の法律が認めた基金である。

関連規定により、費用納付義務を一年以上履行した労働者は、失業期間内に失業保険金および医療補助金、職業研修、職業紹介、死亡した失業者の忌引き補助金と国務院が規定したその他の関連費用を享受する権利を有する。労働者が規定に基づき、一年以上5年未満で累計して費用を納付した場合、失業後12か月間以下の失業保険金を受領することができる。5年以上10年未満である場合、18か月間以下の失業保険金を受領することができる。10年以上である場合、24か月間以下の失業保険金を受領することができる。

失業保険金の発給基準は当地政府が確定し、かつ、当地の最低の賃金基準を下回り、居民の最低生活保障基準を上回る。失業保険金の発給基準が低いため、失業者の生活を保証することができない。

4) 労災保険

労災保険条例は2004年1月1日より実施し、かつ、使用者が労働者のために職業病と労災に関連する法定保険を購入しなければならないと初めて強制的に規定した。

労災保険は使用者のみが一定比率の保険基金を納付し、かつ、それぞれの業界の納付比率が違う（賃金の0.5%から2%までとする）。

労災保険条例によると、労災とは労働者が勤務時間と勤務場所で発生した事故だけではなく、通勤退勤の途中で発生した事故をも含む。上述の規定はドイツの「社会保障法」の規定に似ている。

労災を受けた労働者の医療費用は使用者が負担しなければならず、かつ、法に従い、その労働者は一括した障害補助金、忌引き補助金、親族扶養金と生活介護費用などを享受する権利を有する。

一括した障害補助金の待遇は障害等級（十級に分ける）。障害等級は労働能力鑑定委員会が鑑定する。また、労働能力鑑定委員会に生活介護を要すると確認された障害労働者は、上年度従業員の月間平均賃金の30%、40%または50%の基準で生活介護費用を受領する権利を有する。障害労働者は長くとも20年間を超えない生活介護費用を享受する権利を有する。

使用者は労災医療期間内に継続的に労働者の賃金（業務停止賃金保留期間）を支払わなければならない。業務停止賃金保留期間は通常、12か月間を超えない。傷害状況が深刻である場合、適切に延長することができるが、12か月間を超えて延長することができない。労災後労働関係が保留される場合、使用者は労災を受けた労働者の情状にふさわしい仕事を適切に手配しなければならない。

5)　生育保険

生育保険は計画生育政策に制限される。即ち、女性の従業員が計画生育政策を違反した場合、生育保険待遇を享受することができない。

生育保険は使用者のみが労働者賃金の総額の1%で納付する。生育保険の目的は妊娠と生育の女性従業員の関連福利を保障する。生育による病気も生育保険の生産範囲内に収められるが、生育保険は含まない。女性の従業員は出産休暇期間内に国の規定した生育手当を享受することができる。生育手当の発給基準は従業員所在の使用者の上年度の従業員月間平均賃金を基数とする。

6)　その他の納付すべき費用

社会保障体系はその他の強制的基金を含む。例えば、労働組合の会費（ある場合）または住宅積立金である。住宅積立金はある程度の経済的保障である。使用者と労働者はそれぞれ、5%から12%までの住宅積立金（納付の基数は労働者の月間の平均賃金である）を納付しなければならない。使用者は自ら上述の納付比率から高い納付基準を選択することができる。しかし、当地政府はそれぞれの納付比率を制定することができる。住宅積立金の納付目的は社会住宅項目と負担可能なローンを労働者の住宅購入資金の調達ルートとする。住宅積立金は保障措置である。立法者はこの事実に基づき、計画経済期間内に、住宅を提供するのが使用者の義務であった。しかし、経済体制の改革により、労働者は住宅を購入しなければならなくなった。労働者の経済的負担は大きくなった。上述の事実に基づき、政府は住宅積立金の方法で、労働者に住宅購入手当を与える。

7)　強制的ではない保険

商業養老保険は社会保障体系の養老保険の作用と似ている。商業養老保険は労働者が自主的に納付する。労働者が定年期間に受領する養老金は納付した保険費用を基礎とする。商業保険が強制的ではないため、使用者は自己の意思で労働者のために商業保険を購入することができる。しかし、政府はこのような保険のために何らか補助を与えない。したがって、労働者のために商業保険を購入するのは、通常、使用者が人材を引き寄せる手段である。また、労働者は保険を購入する資金とリスクの意識が欠けている。上述の原因により、商業保険市場は大きい。実践上、商業保険を購入する使用者と労働者は少ない。

7. 労働関係の終了

1) 紹介

労働契約が期間満了し、労働者が法に従い、基本的養老保険の待遇を享受する場合、労働者が死亡した場合、使用者が法に従い、倒産すると宣告された場合、使用者が営業許可証を取り消され、閉鎖を命じられ、取り消された場合または使用者が繰り上げて解散を決定した場合、および行政法規が規定したその他の状況のいずれかに該当する場合、労働契約は自動的に終了する。

2) 解除の種類

労働契約の解除に関連する規定は労働契約締結後、実際に仕事を開始した期間、期間の定めのある労働契約と期間の定めのない労働契約にも適用する。

(1) 労働者による予告辞職(労働契約法第37条)

労働者は30日を前もって、書面により、使用者に労働契約の解除を通知することができる。使用期間内に、労働者は3日だけ前もって使用者に通知する必要がある。

(2) 労働者による即時な辞職(労働契約法第38条)

使用者が下記のいずれかの状況に該当する場合、労働者は即時に労働契約を解除することができる。

- 労働契約の約定に基づき、労働保護または労働条件を提供しない場合;
- 適時に労働報酬を全額で支払わない場合;
- 法に従って労働者のために社会保険料を納付しない場合;
- 使用者の規則制度が法律、法規の規定を違反し、労働者の権益を損害した場合;
- 本法第26条第1項の規定した場合により労働契約が無効になった場合;
- 法律、行政法規が規定した労働者の労働契約を解除することができるその他の状況。

使用者が暴力、脅迫または非法に人身の自由を制限する手段で労働者を無理に労働させる場合、労働者は即時に労働契約を解除する権利を有する。

使用者が暴力、脅迫または非法に人身の自由を制限する手段で労働者を無理に労働させ、または使用者が強制的に危険な作業させ、労働者の人身の安全を及ぼす場合、労働者は即時に労働契約を解除する権利を有する。労働者は労働契約法第38条に基づき、労働契約を解除する場合、経済的補償金を取得する権利を有する。

(3)　使用者による予告辞退(労働契約法第40条から42条まで)

特定の場合、使用者は30日を前もって、書面により労働者に通知し、労働契約を解除し、または通知代替金として労働者に1か月間分の賃金を支払い、即時に労働契約を解除することができる。

労働者が病気または業務外の傷害を受け、規定の医療期間(業務停止賃金保留期間)満了後でも元の仕事を従事できず、使用者が別途手配した仕事をも従事できない場合、使用者は上述の規定に基づき、労働契約を解除することができる。労災または職業病の場合はこの限りではない。

また、労働者が仕事を全うことができず、研修を受け、または職位調整後でも仕事を全うことができない場合、使用者は上述の規定に基づき、労働契約を解除することができない。仕事を全うことができないとは労働者が要求に基づき、労働契約に約定された任務もしくは業種を全うできないこと、労働者の業務量が平均水準を下回ること、または労働者のその他の個人的原因(知力、能力または仕事の目標を達成するのに必要な体力)を意味する。

使用者が予告辞退できるもう一つの原因は、労働契約の締結時に依拠した客観的な状況に重大な変化が発生し、労働契約が履行できなくなり、使用者と労働者と協議したが、労働契約の変更内容について合意できない場合である。上述の客観的な状況とは、企業の移転、使用者が買収されたなどにより契約の一方または各方の当事者が客観的に義務を履行できない状況を指す。

使用者が企業倒産法に基づいて再編し、生産経営が著しく困難になり、企業の生産移転し、重大な技術の革新または経営方法の調整(労働契約変更後でも人員を削減する必要がある)またはその他の労働契約の締結時に根拠とした客観的経済状況が重大な変化が発生したことにより労働契約が履行できなくなった場合、経済的/大規模の人員削減をすることができる。「経済的/大規模の人員削減」とは20名以上または労働者総数の10%以上を占めた人員を削減することを指す。人員を削減する場合、使用者は優先的に下記の人員を留用しなければならない。

- 本使用者と長い期間の定めのある労働契約を締結した場合;
- 本使用者と期間の定めのない労働契約を締結した場合;
- 家庭ではその他の就業する人員がいなく、扶養する必要がある老人と未成年がいる場合。

使用者が6か月間以内に新たに募集する場合、削減された人員を通知し、かつ、同等条件で優先的に採用しなければならない。

使用者は上述の規定に基づき、下記の労働者(予告辞退と経済的人員削減)を辞退してはならない。

- 職業病の危険のある作業を接触する労働者が職位から離れる前に、職業健康診断を行なっておらず、または職業病の疑いのある患者が診断または医学観察期間中である場合;
- 本使用者で職業病を患い、または業務により負傷し、かつ、全部または一部の労働能力を失ったと確認された場合;
- 病気を患い、または業務外の負傷を受け、規定の医療期間内である場合;
- 女性の従業員が妊娠期間、出産期間、授乳期間である場合;
- 本使用者で継続的に勤務し、十五年満了し、かつ、法定の定年年齢まで五年不足する場合;
- 法律、行政法規が規定したその他の場合。

(4) 使用者による即時な辞退（労働契約法第39条）

労働契約法第39条によると、使用者が特定な状況の下で即時に労働者を辞退することができる（別途通知する必要がない）。

一、労働者が使用期間内に採用条件に合致しないと証明された場合、使用者は別途通知する必要がなく、即時に労働契約を解除することができる。上述の場合、使用者は労働者の試用期間内の業務状況を記録し、かつ、辞退の原因を説明しなければならない。法律の規定によると、労働者が正社員になった後、使用者が採用条件に合致しないことを事由として即時に労働契約を解除してはならない。

二、労働者が著しく使用者の規則制度を違反する場合、使用者は即時に辞退することができる。従業員マニュアルと関連規則制度の重要性は表明されている。

三、労働者が著しい職務怠慢、不正利得行為により使用者に重大な損害を与えた場合。重大な損害は累計して計算し、かつ、使用者がその損害の程度を判断することができる。通常、使用者が従業員マニュアルまたは関連規則制度において「重大な損害」を定義することができる。

四、労働者が同時にその他の使用者と労働関係を形成し、本使用者の業務任務の完成に甚だしい影響を与えたか、またはそれを使用者が指摘しても是正を拒否した場合。

五、労働者が詐欺、脅迫の手段または危機に乗じて、使用者に真実の意思に背く状況下において労働契約を締結または変更させた場合。

最後に、労働者が法に従い、刑事責任を追及された場合、使用者は上述の規定に基づき、即時に辞退することができる。法に従い、刑事責任を追及されるとは、労働者が犯罪に構成したがまだ判決されていないこと、人民法院に刑罰判決を下されたこと、処罰延期執行または有期懲役を判決されたことを指す。犯罪の疑いがあり、または刑事捜査段階で拘束されたことは即時な労働契約の解除原因にならない。しかし、双方が履行しなければならない義務（特に使用者の労働報酬の支払い義務）は中止されるかもしれない。労働者が無罪釈放される場合、使用者に対し労働関係を回復することを要求する権利を有する。

3)　時限と経済的補償金

特別な状況があり、労働者の病気休暇期間が契約の期間を超えた場合、期間の定めのある労働契約は自動的に延長され、かつ、特別な状況が終了する時まで継続される（労働者が病気を患ったことによる労働契約の延長は、医療期間の賃金保留業務停止の最長期間により制限される）。

使用者が法律の規定に基づき、労働契約を解除する場合、労働者に経済補償金を支払わなければならない。労働契約が期間満了し、使用者は労働者に経済補償金を支払わなければならない。使用者が労働契約の約定条件を維持し、または引き上げて労働契約を更新しようとするが、労働者が更新を同意しない場合はこの限りではない。

労働者が本使用者に満一年勤務した場合、使用者は賃金1か月分を基準として労働者に経済補償金を支払わなければならない。6か月以上1年に満たない場合には1年として計算する。6か月に満たない場合は、使用者は労働者に半月分の経済補償を支払う。経済補償金の計算基数は労働者が労働契約を解除する前の12か月の平均賃金を指す。労働者の月賃金が使用者の所在直轄市、区を設ける市級人民政府の公布する本地区の前年度従業員の平均賃金の3倍を上回る場合には、これに支払う経済補償の基準は労働者の月平均賃金の3倍の金額を支払い、これに支払う経済補償の年数は最高で12年を超えない。

使用者が労働契約法を違反して労働契約を解除し、または終了する場合、労働者は継続的に労働契約を履行するよう要求する権利を有し、かつ、使用者は継続的に履行しなければならない。労働者が労働契約の継続的履行を要求せず、または労働契約が継続的に履行できない場合、使用者は経済補償金の二倍を基準として労働者に賠償金を支払わなければならない。

4)　競業制限

競業制限条項は高級管理職、高級技術員とその他の機密保持義務を負う人員のみに適用する。競業制限の範囲、区域と期間については、使用者と労働者とが協議することができるが、法律法規に違反してはならない。法律の規定に基づき、競業制限は同類の製品と業務に関連しなければならず、かつ、2年を超えてはならない。また、競業制限条項は合理的に約定しなければならない。

使用者は競業制限期間内に競業制限を締結した労働者に毎月、経済補償を支払わなければならない。労働契約法は競業制限に対する経済補償金について規定していないが、地方政府が確定する（通常、労働者が労働契約を解除し、または終了する前の12か月の平均賃金の三分の一または50%で月ごとに支払う）。

労働者が競業制限を違反する場合、使用者は労働者とその労働者を雇用した新しい使用者に損失の賠償を要求することができる。

関連規定に基づき、使用者は機密保持条項、競業制限条項とサービス期間のみについて、労働者と違約金を約定することができる。

5) 勤務証明

使用者が労働者と労働関係を解除し、または終了した後、労働者は使用者に勤務証明を発行し、労働者の勤務年数、労働関係終了日および労働者の勤務期間の職位を明記することを要求する権利を有する。

四、 集団に関する労働法の内容

1. 概要

中国の集団に関する労働法の内容について、集団的交渉協議、労使委員会、労働者との協議および各種類の仕事の参加と共同的な決定権の方面はドイツの集団に関する労働法の内容に比べると、大きく違う。

唯一許可される工会（訳注：労働組合のこと）組織は中華全国総工会(ACFTU)の下級工会である。中華全国総工会憲章に基づき、工会組織は法に従い、中国共産党の指導を従わなければならない。今まで、何らかの業界またはある部門の集団的交渉協議、または類似の集団的協議がない。しかし、このような状況は直近変わる可能性がある。法律は業界方面の集団的協議をはっきりと言及した。また、2006年に初めての機械業界の業界全体的集団的協議を締結した。通常、業界協会の会長が使用者を代表して工会と集団的協議について協議を行う。

更なる集団的組織は企業における従業員を代表する団体であり、即ち、工会である。これはドイツの労使委員会に類似する。企業の従業員総数が25人を超えた場合、社内で工会を設立しなければならない。企業の従業員総数が25人を不足する場合、工会を設立するか否かについては自ら決めることができる。工会は全体的に従業員を代表し、勿論管理職の利益をも含むが、過去では、工会が設立された後、使用者の管理者が直接関連職員を任命したため、重大な利益について衝突が激しくなった。したがって、現行の法律は、従業員が200人以上である場合、不公平な労使紛争を防止するため、専任の従業員（任命/選任）に全権管理者として工会の管理業務を担当させなければならないことを規定した。工会の専任従業員の数は工会と使用者とが協議の上確定する。しかし、現在の状況と違うのは、元「工会法」の規定によると、工会の専任従業員と企業の従業員総数の比率は規定された（200名から500までの単位ごとに1名を設ける）。工会の専任従業員は企業の日常業務と生産を参加しないが、工会の保護を享受する同時に、企業のその他の従業員と同等の権益をも享受する。

また、現行の法律は民主的管理を促進するため、企業が社内で従業員代表大会を設立しなければならないことを明確にした。

2. 工会/集団的契約

工会は個別労働契約の締結について従業員に対し意見を提供し、かつ、労働者を代表して企業と集団的労働契約の締結する権利義務を有する。集団的契約は賃金報酬、業務時間、休憩時間、休暇、労働安全、社会保障とその他の社会福祉などの事項を含まなければならず、かつ、上述の内容は法律が規定した最低の要求を下回ってはならない。集団的契約を締結する前に、集団的契約の草案はすべての従業員または従業員の代表に提出して協議・審査しなければならない。集団的契約を労働監督管理部門に提出した15日以内に、労働監督管理部門による異議がなければ、発効する。集団的契約はすべての従業員に対し、一般的拘束力を有する。労働者個人の労働契約について、その内容が集団的契約の基準を下回ってはならない。

使用者と労働者はそれぞれ3名の代表を選択して協議を行わなければならない。労働者を代表する工会（ある場合）または選定された従業員の代表は上級工会組織の監督の下で関連活動を行わなければならない。双方は首席代表が一名の専門家（例えば弁護士）を委託して協議を行うことができる。同時に、上級工会組織は一名の観察員を指名して監督する権利を有する。

工会の更なる業務任務は労働紛争の調停と仲裁を参加することである。これは工会の二重機能を体現した。即ち、工会は従業員の適法な権益を代表しなければならない一方、労働紛争を解決する同時に、企業の正常な業務・生産秩序を守る。

現行のパートナー企業に関連する法律法規に基づき、工会の代表は董事会会議を参加する権利を有し、かつ、採決権のない人員として会議を参加し検討することができる。これは賃金制度と仕事の安全などの従業員の利益と密接に関連する問題の方に適用する。しかし、現在実務上、僅かの工会は決策を作り出す会議を参加する権利を行使する。

工会の経費は工会の会員が納付した会費、工会所属の企業と事業単位が納付した収入、政府による補助、工会組織を設立した企業、事業単位、機関が月ごとに、従業員全員の賃金総額の2%で工会に納める経費などである。

現行の「工会法」の規定によると、200名およびこれ以上の従業員を持つ企業は1名の専任の工会主席を設けなければならない。これは正常な業務の職責を免除されたドイルの労使委員会の委員に類似する。工会委員会の委員はある程度の従業員に対する保護を享受する。即ち、工会会員大会の許可を得ない限り、無断に移動してはならない。

上述の工会委員会委員の従業員保護原則があるが、「工会法」は、企業の許可を得ない限り、通常、企業の正常な業務生産時間以外に工会の業務活動を行わなければならないと明文に規定した。また、一部の工会委員会委員は月ごとに三日間の有給工会活動を行う権利を有する。企業は工会組織の関連活動を支持し、協力しなければならない。このような指示は適切な場所とその他の関連資源を提供することを含む。

3.　労働者の権益

1982年の憲法（現行の憲法）は労働者のストライキの権利を明文に規定していないが、1975年の憲法と1978年の憲法は従業員がストライキの権利を有することを明文に規定した。ただし、司法上の実践と関連労働法律の法理の解釈によると、現行憲法の修正は労働者がストライキの形で自身の適法な利益を守る権利を二度と享受できないことを意味しない。また、「工会法」の第27条によると、企業、事業単位で業務停止、業務怠慢事件が発生する場合、工会は従業員を代表して企業、事業単位または関連部門と協議し、従業員の意見と要求を反映し、かつ、解決の意見を提出しなければならない。従業員の合理的な要求に対しては、企業、事業単位は解決しなければならない。工会は企業、事業単位を協力し、きちんと仕事を進め、可能な限り速やかに生産・仕事の秩序を回復する。

4. 中国共産党・党の組織

現行の関連法律法規に基づき、企業は中国共産党党員が3名以上いる場合、社内で基礎的な党の組織を構築しなければならない。社内で党の組織を設立した場合、書記を選任しなければならない。現在、外資企業は中国の現行の法律に基づき、工会組織を設立しなければならない同時に、党の組織を構築する条件に合致する企業は、共産党の指導を従わなければならず、積極的に党の組織を構築しなければならない。

五、 労使紛争の処理手順

1. 概要

下記の紛争は労働争議仲裁廷が裁決する。

- 労働関係の確定に関する紛争;
- 労働契約の締結、履行、変更、解除と終了に関する紛争;
- 除名、辞退、辞職、離職に関する紛争;
- 業務時間、休憩休暇、社会保険、福利、研修および労働の保護に関する紛争;
- 労働報酬、労災医療費、経済的補償または賠償金などに関する紛争;

法律、法規が規定したその他の労働紛争。

和解協議を達成するために、労働者は使用者と協議することができる。当事者が協議を拒否し、または協議により合意できない場合、調停組織に対し、調停を申請することができる。双方は調停を拒否し、調停により合意できず、または調停協議を達成した後履行しない場合、労働紛争仲裁委員会に対し、仲裁を申請することができる。また、仲裁の裁決に対して不服とする場合、本法において別途規定がある場合は除き、人民法院に対して訴訟を提起することができる。

労働紛争が発生した労働者が10人以上で、かつ、同じ請求内容がある場合、一名の代表を推薦して調停、仲裁または訴訟の活動を参加し、使用者に賠償請求を提出することができる。

重大な労働紛争が発生する場合、労働行政部門は工会と企業の代表と一緒に、労働関係の協調に関する三方的な体制を作り、共同で解決する。

企業の労働紛争調停委員会は従業員の代表と企業の代表で構成される。従業員の代表は工会のメンバーが担当し、または従業員全員が推薦する。企業の代表は企業の担当者が指定する。企業の労働紛争調停委員会の主任は工会のメンバーまたは双方が推薦した人員が担当する。「労働紛争調停仲裁法」第11条は公平な調停を保証する為、労働紛争調停組織の調停員の就職要求を規定している。当事者は書面により、または口頭で労働紛争の調停を申請することができる。口頭で申請する場合、調停組織はその場で申請者の基本的状況、調停を申請する紛争の事項、理由と時間を記録しなければならない。調停組織は双方当事者の事実と理由に関する陳述を十分に聞き取らなければならない。調停により協議を達成する場合、調停協議書を作らなければならない。調停協議書は双方当事者が署名し、または捺印し、調停員が署名し、かつ、調停組織の印鑑を捺印した後発効する。調停申請を受理した日より15日以内に調停協議を達成できない場合、当事者は法に従い、仲裁を申請することができる。また、調停協議を達成した後、いずれかの当事者が調停協議を履行しない場合、相手方当事者は法に従い、仲裁を申請することができる。滞納の労働報酬、労災医療費用、経済的保証金または賠償金の支払い事項について調停協議を達成し、使用者が協議の上約定された期間内に履行しない場合、労働者は調停協議書をもって、法に従い、人民法院に対し支払い命令を申請することができる（仲裁廷に申請する必要がない）。

2. 費用

労働紛争に関する仲裁については、費用を徴収しない。中華人民共和国労働紛争調停仲裁法が発効する前、労働仲裁は特定の状況の下で、より高い費用を徴収する必要があり、労働者に対しより大きい経済的負担を負わせた。この変化により、労働紛争案件の数量は日々ますます増えてきた。

3. 仲裁の手続き

仲裁委員会の職責は専任または兼任の仲裁人の任命/解雇、仲裁案件の受理、重大かつ難案の検討および仲裁廷のすべての仲裁活動の監督を含む。

仲裁人の採用条件は裁判員を担当したことがあること、法律の研究・教学の業務に従事し、かつ、中級以上の職名を持つこと、法律の知識を有し、人材資源の管理または工会などの専門的業務を満五年従事すること、または弁護士として満三年勤務することである。

仲裁委員会が仲裁の申請を受理しない場合、または仲裁の申請を受けた日より5日以内に仲裁委員会が期間経過後でも決定を出さない場合、申請者は当該労働紛争につき、法院に対し訴訟を提起する権利を有する。

仲裁の申請を受理した後の5日以内に、仲裁委員会は仲裁申請書の副本を被申請人に送達しなければならない。被申請人は仲裁申請書の副本を受領した後、10日以内に仲裁委員会に答弁書を提出しなければならない。仲裁人会は答弁書を受領した後、5日以内に答弁書の副本を申請人に送達しなければならない。

労働紛争仲裁委員会は仲裁廷制度を実施して労働紛争案件を採決する。仲裁廷は3名の仲裁人で構成され、首席仲裁人を設置する。簡単な労働紛争案件は一名の仲裁人が独任で仲裁することができる。

仲裁委員会は申請を受理した日から5日以内に、仲裁廷の構成状況を書面により当事者に通知しなければならない。

仲裁人は下記のいずれかの状況に該当する場合、忌避しなければならない。当事者は口頭または書面による形で、忌避の申し立てを提出する権利を有する。

1. 本案の当事者または当事者、代理人の近親者である場合;
2. 本案と利害関係がある場合;
3. 本案当事者、代理人とその他の関係があり、公平な裁決を影響する可能性がある場合;
4. 密かに当事者、代理人に面会し、または当事者、代理人の招待・贈り物を受けた場合。

具体的な案件を担当する仲裁廷は開廷の5日前までに、開廷日、場所を書面により双方の当事者に通知しなければならない。申請者が書面による通知を受領し、正当な理由がなく出廷せず、または仲裁廷の同意を得ずに途中で退廷した場合、仲裁の申請を取り下げたとみなされる。被申請者が書面による通知を受領し、正当な理由がなく出廷せず、または仲裁廷の同意を得ずに途中で退廷した場合、欠席裁決してよい。

仲裁廷は専門的問題について、鑑定が必要であると判断した場合、当事者が約定した鑑定機構に鑑定させることができる。当事者が約定なく、または約定を合意できない場合、仲裁廷が指定した鑑定機構に鑑定させる。

当事者の請求または仲裁廷の要求に基づき、鑑定機構は鑑定士を手配して出廷しなければならない。当事者が仲裁廷の許可を得て、鑑定士または証人(ある場合)に質問することができる。尋問と弁論終了後、仲裁廷の首席仲裁員または独任仲裁人は双方当事者の最終的意見を求めなければならない。

最終的に陳述する前に、仲裁廷は案件全体の証拠に基づき、これらの証拠を十分に考慮した上裁決しなければならない。このような場合、使用者は自分にとって不利な証拠を提出する法定義務を負う。したがって、挙証責任は労働者から使用者に移転された。

双方当事者が労働紛争について、調停協議を達成できない場合、仲裁廷は仲裁を裁決しなければならない。仲裁廷は労働紛争案件について、労働紛争仲裁委員会が仲裁の申請を受理した日から45日以内に労働紛争案件を裁決して終えなければならない。案件が複雑で、延期する必要がある場合、労働紛争仲裁委員会の主任の許可を得て延期することができ、かつ、書面により当事者に通知する。ただし、延長の期間は15日を超えてはならない。期間経過後仲裁裁決が下されない場合、当事者は当該労働紛争事項について、人民法院に対し訴訟を提起することができる。

賃金報酬に関する紛争(争議の金額が当地当年度の最低賃金を超えた場合を除く)、勤務時間、休憩時間、休暇または社会保険などに関する紛争について、仲裁廷は最終的裁決を下さなければならない。当事者は法院に別途訴訟を提起することができない。ただし、これは仲裁裁決で敗訴した労働者に適用しない。その労働者は敗訴の裁決が下された後の15日以内に法院に訴訟を提起することができる。

使用者は下記のいずれかの状況に該当することを証明する証拠がある場合、30日以内に中級人民法院に仲裁裁決の取り下げを申請することができる。

- 仲裁裁決が確かに間違えた法律、法規を適用した場合;
- 仲裁廷が管轄権を有さない場合;
- 法定の手続きを違反した場合;

- 裁決が依拠した証拠が偽造された場合;
- 相手型当事者が公平な裁決を十分に影響する証拠を隠した場合;
- 仲裁人が当該案件を審理する時に、賄賂、私利を図り不正行為を行い、法を曲げて裁決した場合。

人民法院が仲裁裁決を取り消すと裁決した場合、当事者は裁定書を受領した日から15日以内に当該労働紛争事項について、人民法院に訴訟を提起することができる。

(四) 中国の税収

一、 個人所得税と企業所得税

1. 個人所得税

中国の個人所得税に関連する主な法律法規は下記の通りである

- 個人所得税法(IIT Law、個人所得税法)は2008年3月1日より初めて発効し、2018年10月1日に修正されて2019年1月1日より発効する。
- 中華人民共和国個人所得税法実施条例（Regulations, 個人所得税法実施条例), は2008年3月1日より初めて発効し、2018年12月18日に修正されて2019年1月1日より発効する。
- また、その他の特定領域に対する各種類の一時的な措置（暫定弁法）がある。

国家税務総局（SAT、国家税務総局）及び財政部(MOF,、財政部)は下記の内容を含み、税収に関連する通知を公布する。

- 国税発：特定事項を説明する目的で、国家税務総局が公布する。
- 財税字：財政部と国家税務総局が共同で公布する。
- 財税：財税字の代替文書である。
- 国税函：一般事項を説明する目的で、国家税務総局が公布した一般的文書である。

これ以外に、それぞれの管理部署も多くのその他の通知を公布する。注意しなければならないのは、中国の法律法規が社会の発展に伴い、快速に変化し、改善されるため、それぞれの税務機関がそれぞれの理解を持って執行方法がそれぞれかもしれない。

2. 企業所得税

2007年の年末まで、外資企業と国内企業が企業所得税（CIT）を納付する時に、それぞれの法律法規を適用した。そのうち、外資企業はより低い税率で税金を納付することができた。新しい企業所得税方が制定され、実施された後に上述の状況が変わった。新しく制定された企業所得税法は2008年1月1日より発効し、外資企業と国内企業の税率を統一した。これ以降、企業所得税の税率は25%で統一された。

企業所得税の徴収対象は中国国内の企業（居民企業）である。即ち、中国の法律法規に従い、中国国内で管理機構、本部を設立し、又は実際の管理機構、本部が中国国内にある企業である。このような場合、中国税務の徴収範囲は当該企業が全世界での総収入である。

企業は当期純利益（即ち、総収入−企業の実際に発生した取得収入に関連する合理的な支出と損失（過去の費用を計上することができる））について、税金を納付しなければならない。課税所得を計算する時に下記の事項を控除することができる。

- 版権費
- 貸付利子
- 科学研究費用
- 寄付(上限ある)
- ある労働者の手当て
- 現金払い費用(上限ある)
- 資産の償却

企業の登録・設立一年目が税収の優遇を享受できる又は免税の政策は廃棄された。しかし、外商の投資を招くために、省級政府(特に発展途上地域)は依然として当地の状況に基づき、税金減少・免税優遇を与える。

また、税金減少・免税優遇は通常、ハイテク企業、ソフトウエア企業を含み、特定の工業業界を与える。

企業所得税の納付方式は年次納付である。当年度終了日から5ヶ月間以内に、税務期間に年次企業所得税納税申告表を提出し、所得税の確定申告手続きを行い、課税還付税金を決済しなければならない。ただし、関連法律の規定によると、企業は月ごとに、または四半期ごとに税金を前払いしなければならない。企業所得税法第54条の規定によると、企業は月間又は四半期の終了日から15日以内に税務機関に企業所得税予定納税申告表を提出し、税金を前払いしなければならない。しかし、ほとんどの会社は四半期ごとに税金を前払いすることを選択する。企業が税務機関に年次企業所得税納税申告表を提出する締め切りは、翌年度の5月31日である。

二、　有限納税義務と無限納税義務

1.　概要

中国における個人所得税の納税義務はドイツのと類似する。納税者の住所又は居住地に関連する。[3]外国籍人員が戸籍、家庭、経済利益関係などの原因により、中国国内に習慣的に居住する場合、中国国内に住所を有すると理解することができる。また、中国で就業する外国籍人員が中国国内に住所を有さないが、一つの納税年度内に中国国内における(累計)居住日数が183日を超えた場合、居民納税者と見なされる。中国国内において累計の居住日数が満183日であるが、連続年数が六年未満である場合、その中国国内の機構又は個人が支払う中国国内所轄税務局へ届出手続きを行い、中国国内において中国国内の機構又は個人に支払われた所得に対し、個人所得税を納付しなければならない。上述の届出が通過される場合、中国に関連する収入(中国国内における勤務所得又は中国国内の支払い)のみは合理的に徴税されることができる。注意しなければならないのは、中

[3] 有限納税義務と無限納税義務。

国国内における勤務所得について、ドイツの企業に支払われる収入は最終的に中国の企業が負担するかを問わず、中国で納税しなければならない。[4]

ドイツの出向労働者が中国における居住年数が六年（毎年の累計日数が183日を超える）を超える場合、中国国外の全ての所得に対し、個人所得税を納付しなければならない。即ち、いかなる勤務所得及び収入は中国個人所得税の納税範囲に収められなければならない。上述の納税規定について、連続で30日以上出国することにより回避することができる。詳細な内容は2(3)をご参照ください。

現在、累進税率の範囲は5%-45%である。2018年10月1日まで、低収入の者の納税税率は下がっている。

労働者は年でその個人所得税を計算しなければならないが、月ごとに申告し納付しなければならない。個人所得税法第11条の規定によると、労働者の賃金は通常、使用者（源泉徴収者）が月ごとに、又は順次に税金を予め控除し、予め納付する。

2. 納税義務

中国で、納税者の納税義務は下記の要素により決められる。

- 収入出所地。即ち、当該収入が中国の国内又は国外における勤務所得であるかを問わず、中国国内で支払われた収入であれば、すべて納税しなければならない。
- 収入支払者。即ち、労働者の賃金が中国国内又は国外の企業に支払われるかを問わず、当該収入につき、全て納税しなければならない。
- 労働者の中国国内における居住期間。労働者は下記の三つの時間帯に分けて相応の納税義務を負担することができる。

1) 中国国内での居住期間が183日/年を超えない場合。

外国籍の人員は中国・ドイツ税収協定の有効な実施期間内に、「183日」に関する規定の関連条項を適用することができる。[5]外国籍の労働者の中国国内における居住期間が183日を超えず、かつ、その賃金所得の支払いと負担がいずれも中国国内（その使用者が中国国内で設立した機構を含む）でなければ、中国は納税を免除し、かつ、ドイツは税金徴収権を有する。したがって、ドイツの出向労働者の中国国内での居住期間が183日を下回り、かつ、国外の使用者（中国国内の企業ではない）がその賃金を支払い、又はその賃金が中国国外の勤務所得（例えば、中国・ドイツ税収協定第15（2）条の規定）である場合、中国は税金を徴収する権利を有さない。

---

4 当該収入の支払いが逆に中国会社へ移転しない場合、当該出向従業員は国税法[2010]75号に基づき、出向先の長期的な従業員であるとみなすことができ、中国の出向先に対し納税義務を履行する必要がある。したがって、会社間の逆移転支払いが合理であるかを監督しなければならない。

5 中国・ドイツ税収協定がない場合、90日と規定した中国当地の法律法規を適用する。

しかし、外国籍の労働者の賃金が中国国内の企業、機構に負担され、かつ、国内の勤務所得である場合、その中国国内における居住期間を問わず、全て中国で納税義務を履行しなければならない。

2)　中国国内で連続又は累計の居住期間が183日を超える場合

個人所得税法第2条の規定によると、2019年1月1日より、外国籍の労働者の中国国内における連続又は累計の居住期間が183日を超える場合、居民納税者とみなされる。そうすると、当該外国籍労働者が中国国内と国外で取得した所得については、個人所得税法に基づき、個人所得税を納付しなければならない。

3)　特別な状況：中国国内での累計居住期間が183日満了する年度が連続して6年間未満である場合。

中国国内で住所のない外国籍の労働者は、中国国内での累計居住期間が183日満了する年度が連続して6年間未満である場合、所轄の税務機関に届出手続きを行い、その中国国外からの国外の企業又は個人が支払う所得については、個人所得税を免除される。中国国内での累計居住期間が183日満了する年度内に、一回での出国期間が30日を超える場合、その中国国内での累計居住期間が183日満了する年度の連続計算年数は新たに起算される。

3.　税務計画に関する提案

1)　納税義務の概要

外国籍の労働者の中国国内での居住期間、収入出所及び勤務場所に基づき、納税義務を下記の表で説明する。

勤務所得	**中国**		**海外**	
賃金を負担する使用者 **中国国内での居住期間**	**中国**	**海外**	**中国**	**海外**
90日未満	はい	いいえ	いいえ	いいえ
183日未満(中国・ドイツ税収協定)	はい	いいえ	いいえ	いいえ
183日満了の年度が連続して6年未満	はい	はい	はい/いいえ	いいえ
6年及びこれ以上	はい	はい	はい	はい

2)　特別な状況：高級管理職

中国では、企業の高級管理職として、特定の税収優遇を享受する。

下記は中国国内企業の高級管理職となる。

- 会社の総経理
- 会社の副総経理
- 各職能の総管理者
- 部長
- その他の会社管理職に類似の職務

上述の職務を担当する外国籍の労働者は中国国内で勤務し始める初日から、その国内での勤務所得につき、その所得が中国国内又は国外の企業に支払われるかを問わず、税金を納付しなければならない。また、高級管理職を担当する外国籍の労働者は、上述の外国籍労働者が中国国内での居住期間が183日を下回り、その賃金所得の支払いと負担が中国国内（その使用者が国内で設立した機構を含む）ではない場合、中国が納税を免除する規定を適用しない。中国・ドイツ税収協定に基づき、董事はその収入につき、相応の国で税金を支払うことが可能である。相応の国で納付した税金は居住国の税金と相殺することができる。

したがって、ドイツのCEOはその収入が中国国外の勤務所得であるとしても、中国の使用者から取得した収入につき、税金を納付しなければならない。

3) 計算方法

もう一つ考慮しなければならない問題は、外国籍労働者の中国国内での居住時間の計算である。

対象になる方が中国国内にて24時間滞在した場合のみ、その方は中国で1日を過ごしたと見なされます。しかし、対象になる方の中国国内滞在が24時間未満の場合は、その方は中国で1日を過ごしたと見なされません。

三、　税収計算

課税所得額は通常、下記の内容を含む。[6]

- 給与・賃金所得、役務報酬所得、原稿報酬所得
- 特許権使用料所得
- 経営所得
- 利息、配当金所得、財産賃貸所得
- 財産譲渡所得

1.　総合的な所得

それぞれの税率はそれぞれの種類の収入に適用する。2019年個人所得税法が修正された後、税率は下げられた。外国人の賃金は通常高く、より高い税金を納付する必要がある。また、その収入は主に下記の所得である。

- 賃金所得
- 労務報酬所得
- 原稿料
- 特許権使用費による所得

現在は、「総合所得」(comprehensive income)として統一された。即ち、これらの種類の所得は全部、3%から45%までの累進税率で纏めて税金を徴収される。

関連費用の20%を所得収入から控除することができる。

- 個人の労務報酬所得
- 原稿料
- 特許権使用費による所得

原稿料について、課税所得額からさらに30%を控除することができる。

総合的な収益の新しい税率は下記の通りである(居民納税者は、年間収入を使用し、非居民納税者は月間収入を使用する)。

[6] 個人所得税法の第2条。

月間収入 (人民元)	税率 (%)	速算控除額[7] (人民元)
0 – 3000	3	0
3001 – 12000	10	201
12001 – 25000	20	1410
25001 – 35000	25	2660
35001 – 55000	30	4410
55001 – 80000	35	7160
80001及びこれ以上	45	15160

これらの税率は累計して適用する。例えば、最初の3000元は3%で納税し、その後の9000元は10%で納税する。

現在、中国は婚姻状況に対する税収減少・免除政策がない。したがって、配偶者はそれぞれ単独で見積もり、自分の収入に基づき、納税する。

例:

中国の公民であるSさんは中国に住んでいる。毎月の収入が人民元4500元となる(費用と手当を控除した後[8])

中国の公民であるSさんが納付しなければならない個人所得税は下記の公式で計算することができる。

人民元 4,500元 (課税収入) x 10% (税率) = 人民元 450元

人民元450元 – 人民元105元 (速算控除額) = 人民元 345元

毎月は345元の個人所得税を納付しなければならない。

2. その他の収入

個人所得税法第三条第二項の規定によると、経営収入を自営業者の生産、経営収入と概括することができる。累進税率で5%から35%まで徴収する。その収入は下記の通りである。

- 利息、配当金所得
- 財産賃貸所得
- 偶然所得

20%の統一税率で税金を徴収する

一つ注意しなければならないのは、当該法律の英文バージョンには、その他の収入に関する専門用語について、「ボーナス」という言葉を使用したが、当該法律では、資本収益

---

7 即s控除額 (QCD、Fast Calculation Deductionとも呼ばれる) はより簡単な納税計算に運用される。

8 中国人、及び外国人の月の非課税控除は5000中国元となっています。

収入を指し、使用者から取得したボーナスではない。税法第2章第7条のボーナスと配当金・特別配当金、利息に関する規定を参照して良い。

3.　優遇政策

使用者と労働者は収入に関する税収優遇政策を把握しなければならない。例えば、年次ボーナス、解雇手当及びその他の形式の収入。

1)　年次ボーナス

年次ボーナスとは使用者が会社の利益及び/又は労働者個人の表現に基づき、一括で支払い奨励金を指す。[9]

現在、年次ボーナスとは税収優遇で税金を計算し徴収される。年次ボーナス及び賃金の税率はそれぞれ具体的な金額に基づき、税率を適用して単独で確定される。年次ボーナスと年給の未払税金を合わせて当年度の未払税金総額とする。適用の税率が総合的利益の税率より低いため、常により低い納税義務が発生させる。

2022年1月1日まで、ボーナスの税収政策は適用しなくなる。年次ボーナスは当年度の総合的な収益に計上しなければならなくなり、当年度の総合的な収益に対する個人所得税の総額を計算する。労働者は2019年1月1日より前述の計算方法を採用しても良い。

2)　株式報酬

2021年12月31日まで、自社株購入権、株式値上がり益享受権、制限株式所得及びその他のそれぞれの株式報酬形式での所得を取得する納税者に対し、継続的に税収優遇政策を適用しなければならない。しかし、課税の株式収益を総合的収益に計上し、その個人所得税を計算する。

3)　解雇手当

2019年1月1日より、解雇手当を取得した東堂者は税収優遇政策を享受する。労働契約の解除により、一括で解雇手当を支払われた場合、個人所得税を納付する必要がない。前述の規定は支払われた解雇手当が当地の前年度平均年間賃金の三倍を下回る場合のみに適用する。超過部分について、納税しなければならないが、税率を適用する総合的な収益に計上しない。超過部分の解雇手当の税率については、別途税収優遇政策の規定を適用する。

4)　労働者に物件を販売する場合

労働者が実際に支払った物件の購入代金が当該物件の購入又は建築コスト価格を下回る場合、その価格の差額について、優遇の年次税率で納税しなければならないが、総合的な収益に計上しない。

9　国税発【2005】9号第1条。

4. 海外での納税の相殺・免除

個人所得税法第7条の規定によると、中国国内で個人所得税を納付した労働者は中国国外で賃金を取得し、かつ、国外で当該賃金に対し、税金を納付した場合、その海外で納付した税金を中国国内で当該収入に対して納付すべき税金と相殺することができる。

しかし、上述の規定の前提条件は国外で取得した賃金に対し、中国国内で納税しなければならない。ただし、相殺できる金額は海外で取得した収入に対し、納付すべき中国の個人所得税の金額に限定される。

最高金額の制限

個人所得税法実施条例第21条の規定によると、一つの国の課税総額は当該国の相殺できる金額の限界額（国家限界額）である。

納税者が一つの国で納付した個人所得税がこの限界金額を下回る場合、その差額に対し、中国で納付しなければならない。

しかし、国外で納付した個人所得税が限界金額を超えた場合、超過金額は相応年度の中国の個人所得税を相殺してはならない。超過金額の繰越年数は最高で五年間である。限界金額を超えない場合、相殺することができる。

5. 専用控除

居民納税者は個人所得税を計算する時に、社会保険、住宅積立金などの費用、条件を満足する商業医療保険、商業養老保険、企業年金などの費用を控除することができる。

全体的な税収の負担を減らすために、2019年1月より、中国国内でそれぞれの居民納税者は6つの方面から一定金額の費用を控除することができる（個人所得税専用付加控除）。

項目	控除できる金額と方法
子供教育 (義務教育と高等教育)	納税者の子供が全日制学歴教育を受けるための関連支出について、子供一人あたり月に1000元（年に12000元）の基準で定額控除とする。 両親は控除基準の100%をいずれか一方で控除するか、双方でそれぞれ控除基準の50%を控除することを選択することができるが、具体的な控除方法は一つの納税年度内に変更できない。

項目	控除できる金額と方法
継続教育又は職業資格継続教育	納税者が中国国内で学歴（学位）継続教育支出をする場合、学歴（学位）教育期間内に月に400元を定額控除できる。同じ学歴（学位）継続教育の控除期間は48か月間を超えてはならない。納税者が技能人員職業資格継続教育、専門技術員職業資格継続教育支出をする場合、関連証明書を取得した当年度に、3600元で定額控除できる。
病気医療	一つの納税年度内に、納税者の基本的医療保険に関連する医薬費用の支出について、医療保険清算後の個人負担部分（医療保険目次範囲内の自己負担部分）が累計して15000元を超えた部分について、年間確定申告時に、80000元の限定額内に如実に控除することができる。
住宅ローンの利息	納税者本人又は配偶者が単独で又は共同で商業銀行又は住宅積立金個人住宅ローンを使って本人又は配偶者のために中国国内の物件を購入する場合、初めての物件の住宅ローンの利息支出について、実際にローンの利息が発生した党年度内に、月に1000元の基準で定額控除できる。控除の期間は長くて240か月間を超えてはならない。納税者は初めての住宅ローンの利息控除を一回のみ享受できる。
住宅賃貸料（担保利息の控除と合わせない）	都市で勤務するが自己所有の物件を持っていない納税者に対し、毎年控除できる金額の範囲は人民元9600元から18000元までである（都市による）。
老人の扶養	両親が60歳以上ならば、毎月2000元を超えない（納税者が一人っ子ではない場合、兄弟と毎月2000元の控除金額を分担する。一人毎月の分担金額が1000元を超えてはならない）

2019年1月1日から2021年12月31日まで、外国籍の居民納税者は上述の新しい規定の個人専用付加控除又は継続的に外国籍労働者に対する古い免税手当を享受することができる。下記のものを含む。

- 子供の教育費
- 物件手当
- 言語研修費用
- 親戚回り費用
- 引っ越し費用
- 食事手当及び洗濯費用など

2022年1月1日より、中国及び外国籍の居民納税者は新しい個人所得税専用付加控除のみを適用することができる。

四、 納税申告

1. 税務登記

中国で納税する外国人は関連省又は市の税務機関で税務登記手続きを行わなければならない。中国企業又は中外合資企業が雇用する外国籍の労働者、又は就職ビザに関連する居住許可証を持つ外国人は入国後、登記しなければならない。

登記期間内に、個人所得税法実施条例第34条の規定に基づき、労働者は如実に使用者の名称を記入しなければならない。[10]使用者は源泉徴収義務者として賃金から税金を控除しなければならない。

生産、経営に従事する使用者の登記情報は税収徴収管理実施細則（RIACT）に基づき規範化される。

RIACT第12条によると、登記情報は営業許可証を受領した日から30日以内に完成しなければならないが、個人に適用しない。個人の登記期間は関連部署により決められ、それぞれの部署により異なるかもしれない。

税務登記を行った後、使用者は税務登記証書をもらえる。納税者が各種類の事項を行うときに、例えば、銀行口座を開設する時に、税務登記証書を提出しなければならない。

使用者が源泉徴収義務者として、源泉徴収義務の発生日から30日以内に、所在地の所轄税務機関に源泉徴収登記を申告し、関連手続きを行わなければならない。

2. 月間納税申告表

毎月の納税報告表の作成とファイリングは通常、源泉徴収義務者（使用者）が完成する。源泉徴収義務者がない場合、労働者は月間の納税報告表を作成し、当地の税務機関に提出しなければならない。

「個人所得税の個人宿泊に関する臨時的措置」（PMPLIIT）第2条によると、納税者は納税申告表のその他の状況を作成しなければならない。

個人所得税法により納税義務を負う納税者は、下記のいずれかの状況に該当する場合、本弁法の規定に基づいて納税申告を行わなければならない。

---

[10] 個人所得税源泉徴収初歩的条例の第2条。

1. 中国国内で二箇所又は2箇所以上から給与、賃金所得を得る場合。
2. 課税所得を取得したが、源泉徴収義務者がいない場合。
3. 一括の労務報酬、原稿報酬、特許権使用料所得又は財産賃貸所得などの方法で別々で取得した場合。
4. 課税所得を取得したが、源泉徴収義務者が規定に基づき、源泉徴収していない場合。
5. 税務主管部署の規定により、個人が納税申告表を提出しなければならない場合。

納税申告表は翌月の15日以内に関連部署に提出しなければならない（通常、その収入出所地の税務部署である。PMPLIIT第3条を参照）

納税者が国外又は国内の複数のところから賃金を取得する場合、その登録地又は経常居住地の税務機関に納税申告表を提出しなければならず、かつ、税金徴収地の変更を申請することができる。

納税申告表は下記の情報を含まなければならない。

- 納税者のデータ
- 入国日
- 収入構成
- 収入出所
- 課税、納付済み、又は源泉徴済みの金額
- 国外税収相殺又は債務

納税申告表は中国語で記入する必要がある。使用の貨幣は人民元でなければならない。

3.　国外の収入

いかなる状況の下で、国外から取得した収入も申告しなければならない。ドイツと同じく、これらの収入（中国で免税されるとしても）は適用税率の計算（累進規定）に使用される。

収入について、国外で納税しない場合、本年度財政決算終了日から30日以内に中国国内で納税を申告しなければならない。当該収入について、すでに国外で納税した場合、相応国家の年度財政決算日から30日以内に、かつ、税金納付日から30日以内に申告しなければならない。

賃金を受領する時に、すでに国外で税金を納付し、又は国外で免税された場合、賃金受領年度終了日から30日以内に申告しなければならない。

(五) 国際労働法と国際税収法

国際税収法は税法の特別な構成部分であり、自然人、私人と企業協会の税金徴収を影響する国境を跨いだ業務問題を処理する。ドイツで、一番緊密な規定はASTG、連邦財政部の若干の指令と行政命令、その他の法律(ESTG、KSTG等)及びドイツとその他の国と締結した税収協定に含まれる。

全ての規定は互いに繋がっている。税収協定は§2AOを基に、国内法律へ転化し、その特別原則によりその他の法律規定を優先に適用される。特別な状況は立法者(税収協定の適法状況及び税収協定修正の目的を十分に把握する)が税収協定の規定と矛盾する法律法規(「代替条約」)を明確にし、又は最終的に制定することのみに適用する。

国際税収法は具体的に二つの問題を解決する。一つは、納税義務者が複数の国家で同一の収入に対して二重徴税されることについて、税金の相殺又は税収協定により解決しなければならない。もう一つは、国際化経営の企業が関連国家のそれぞれの税率と会計準則により非法に利益を得ることを防止なければならない。特にASTG、脱税行為を一律して禁止しなければならない。

一、 中国/ドイツ新旧税収協定

2014年3月28日、中国の総理がドイツを訪問する期間内に、中国とドイツは新しい中国ドイツ税収協定を締結した。2007年より協議されてきた。新しい税収協議は1985年の中国ドイツ税収協定を代替する。中国の改革と発展に伴い、新しい協議を締結する必要がある。新しい中国ドイツ税収協定は2016年4月5日より発効し、2017年1月1日より適用する。

新しい中国ドイツ税収協定は税務機関間の情報交流と行政合作に対し、基礎を築いた。情報の開示と権利の濫用(新しい中国ドイツ税収協定第26条)を回避するために、この協定は上述の問題に関するさらなる声明を含んでいる。この協定の第27条は税収徴収の提携協議をも含む。提携方法は情報の交換から始まり、税収債権の強制的な執行まで至る可能性がある。

新旧中国ドイツ税収協定の変化点について

第5条(常設機構):新しい中国ドイツ税収協定第5条によると、「常設機構」は建築工事現場、建築、アッセンブリーもしくは取り付け工事、又はそれに関連する監督管理活動を含むが、当該工事現場、工事又は活動が連続で12ヶ月間(6ヶ月間ではない)を超えた場合のみに限定する。

いずれの締結国の企業が労働者又は雇用のその他人員を通じて、相手方で提供する労務はコンサルティング労務を含むが、当該性質の活動(同一又は関連の項目である)がいかなる12ヶ月間以内に連続、又は累計して183日(6ヶ月間ではない)を超えた場合のみに限定する

第十条(株式配当):受益所有者が会社(パートナーシップの企業を除く)で、かつ、株式配当を支払う会社の資本を直接的に少なくとも25%を有する状況の下で、新しい中国ドイ

ツ税収協定は株式配当の事前控除税率を10%から5%まで下げた。ただし、新しい中国ドイツ税収協定は、投資道具が直接的に又は間接的に不動産の収入又は収益から支払った配当に対して適用する新しい15%の税率を設けた。その他の場合、現在の10%は依然として適用する。

第十一条（利息）：第十一条（1）利息受益所有者がいずれかの締結国の居民である場合、課税税金が利息総額の10%を超えてはならない。ただし、新しく追加された第4項の規定によると、受取人が第1項における利息の受益所有者であり、かつ、利息の支払いと商業設備又は科学設備の売買に関連する場合、当該利息は受取人の居民である締結国のみで徴税することができる。

第十二条（特許権使用料）：新しい中国ドイツ税収協定は、工業、商業、科学設備の使用に対し支払われた特許権使用料について、6%の有効な税率を提供した。その他の状況の下では、10%の税率である。

第十三条（財産収益）：新しい中国ドイツ税収協定は、株権譲渡に対する資本利得税の減少免除を規定した。

いずれかの締結国の居民が相手締結国における居民会社の株式を譲渡したことによる収益については、譲渡人が居民であるその締結国で納税しなければならない。具体的にいうと、下記の通りである。

- いずれかの締結国の居民が株式を譲渡したことによる収益、当該株式の価値の50%（本数を含まない）以上が直接的に、又は間接的に相手締結国の不動産からのものである場合。
- いずれかの締結国の居民が相手締結国における居民会社の株式を譲渡したことにより取得した収益について、当該居民が譲渡する前の12ヶ月間以内に、直接的に又は間接的に当該会社の少なくとも25%の株式を所有していた場合。ただし、認められる証券取引所で実質的に、正規な取引を行った株式は除く。その前提は居民が譲渡した納税年度内に譲渡した株式の総額が上場株の3%を超えない。

上述財産以外のその他の財産を譲渡することにより取得した収益については、譲渡人が居民である締結国のみで納税しなければならない。

第十四条（独立個人労務）：関連納税年度が開始、又は終了するいかなる12ヶ月間以内に、いずれかの締結国の居民が相手締結国で連続又は累計の滞在日数が183日を達成し、又は超えた場合、相手締結国は当該締結国内で行った活動による所得のみに対し徴税することができる。

ドイツの労働者が中国へ出向する期間内に、依然としてドイツに居住する場合、二重課税の問題が発生する。なぜかというと、当該労働者の中国収入について、中国が中国の法律法規に基づいて課税することができるほか、ドイツの全世界所得税原則に基づき、ドイツが課税することもできる。したがって、中国ドイツ税収協定に基づき、どの国が課税権を有するかを明確にしなければならない。

第十五条(1)(新旧中国ドイツ税収協定は変化なし)によると、給与収入は所在国(中国)で課税される。ただし、第十五条(2)の183日規則に基づき、給与収入は居住国(ドイツ)で課税される。下記の条件を同時に満たす場合、いずれかの締結国のみで課税される。

- 取得者が関連納税年度の開始又は終了のいかなる12ヶ月間以内にいずれかの締結国で連続又は累計の滞在日数が183日を超えない。
- 当該報酬は相手締結国の居民使用者自身に支払われ、又は当該使用者を代表して支払われたものではない。
- 当該報酬は使用者が相手締結国で設立した常設機構又は固定基地に支払われたものではない。

ESTG第34C節の規定によると、労働者が中国で納税する場合、これらの税金はドイツでの税金と相殺することができる。ただし、ドイツの税務局は自ら控除しない。納税者は申請し、かつ、ESTDV第68A節の規定に基づき、当該税金が中国で実際に支払われたことを証明しなければならない。

注意しなければならないのは、新旧中国ドイツ税収協定は香港とマカオをカバーしていない。二つの地域はドイツと中国ドイツ税収協定を締結していない。ドイツは現在、香港と協議中である。中国(香港)ドイツ税収協定が最終的に確定される前に、ドイツと香港の一般的な税収規定は依然として適用する。

二、 二重納税の回避方法

新しい中国ドイツ税収協定第23(2)条(及び古い中国ドイツ税収協定第24条(2)a))の規定に基づき、中国で納税した収入は通常、ドイツで減少・免除(減少免除方法)できる。しかし、第23条(2)dの規定によると、これらの収入は依然として適用税率の計算に計上される(累進法則)。

第23(2)a)の規定に基づき、減少免除方法は株式配当の一部の収入のみに適用する。これらの収入に対し、中国の税収により継続的にドイツの納税義務が控除される(信用方法、第23(2)b))。例えば、利息、特許権使用料、販売利益、董事費用など。

新しい中国ドイツ税収協定第23条(1)a)の規定によると、中国居民がドイツから取得した所得について、本協定の規定に基づき、ドイツで納付した税金をもって当該居民に対して徴収する中国の税収を控除することができる。ただし、控除金額は当該項目に対する所得に対し、中国税法と規則制度に基づいて計算した中国の税収金額を超えてはならない。

新しい中国ドイツ税収協定第23条(1)b)の規定によると、ドイツから取得した所得はドイツの居民会社が中国の居民会社に支払う株式配当であり、かつ、当該中国居民会社が株式配当を支払う会社の株式を20%以上所有する場合、当該控除は当該株式配当を支払う会社の当該所得に対して納付したドイツ税収を考慮しなければならない。

Attachments

Table of Contents

1. Employment Contract for Work in Germany (in English and German)

Contract of Employment	Arbeitsvertrag
between	zwischen
[______________________________]	[______________________________]
– hereinafter referred to as: the Employer –	– im Folgenden: der Arbeitgeber –
and	und
[______________________________]	[______________________________]
– hereinafter referred to as: the Employee –	– im Folgenden: der Arbeitnehmer –
Clause 1 Commencement of employment relationship, exclusion of termination prior to commence ment of work, probationary period	§ 1 Beginn des Arbeitsverhältnisses, Kündigungsausschluss vor Arbeitsbeginn, Probezeit

Clause 2 Scope of work	§ 2 Tätigkeit
Clause 3 Working hours, overtime, remuneration for excess hours, business travel, written- form	§ 3 Arbeitszeit, Überstunden, Abgeltung von Mehrarbeit, Dienstreisen, Schriftform
Clause 4 Remuneration, time for payment, reimbursement and/or set-off of salary overpayments, exclusion of the unjust enrichment defence	§ 4 Vergütung, Fälligkeit, Rückerstattung bzw. Verrechnung von Lohnüberzahlungen, Ausschluss der Bereicherungseinrede
Clause 5 Inability to work, continued payment in the event of illness, notice of resumption of work, assignment of compensation claims, exemption from medical confidentiality, exclusion of Paragraph 616 BGB	§ 5 Arbeitsverhinderung, Entgeltfortzahlung im Krankheitsfalle, Anzeige der Wiederaufnahme der Arbeit, Abtretung von Schadensersatzansprüchen, Entbindung von der ärztlichen Schweigepflicht, Ausschluss des § 616 BGB
Clause 6 Vacation, reimbursement of vacation pays, vacation ban, vacation shut-down, pro rata grant of vacation	§ 6 Urlaub, Erstattung von Urlaubsentgelt, Urlaubssperre, Betriebsferien, anteilige Urlaubsgewährung
Clause 7 IT, Internet, E-Mail, damages	§ 7 EDV, Internet, E-Mail, Schadensersatz
Clause 8 Employer's property, documents, keys, responsibility for costs in the event of loss of keys	§ 8 Arbeitgebereigentum, Unterlagen, Schlüssel, Kostenübernahme bei Verlust des Schlüssels
Clause 9 Car allowance, mobile telephone	§ 9 Aufwandsentschädigung für die dienstliche Nutzung des Privatfahrzeuges, Funktelefon
Clause 10 Inventions; assignment of copyright, the rights of use and enjoyment and exploitati-	§ 10 Erfindungen, Übertragung von Urheber- Nutzungs- und Verwertungsrechten, Abgel-

on rights; remuneration for the assignment; exclusion of access rights; and rights to delivery up	tung der Übertragung, Ausschluss von Zugangs- und Herausgaberechten
Clause 11 Voluntary nature of ex gratia payments and other special payments	§ 11 Freiwilligkeit von Gratifikationen und anderen Sonderzahlungen
Clause 12 Probationary period, termination, release from work, liquidated damages, exclusion of Paragraph 625 BGB	§ 12 Probezeit, Kündigung, Freistellung, Pauschalierter Schadensersatz, Ausschluss von § 625 BGB
Clause 13 Additional work in spare time, contractual prohibition on competition, contractual penalty	§ 13 Nebenbeschäftigung, vertragliches Wettbewerbsverbot, Vertragsstrafe
Clause 14 Duty of confidentiality, contractual penalty	§ 14 Verschwiegenheitspflicht, Vertragsstrafe
Clause 15 Assignment, attachment of earnings, responsibility for costs in relation to attachment of earnings	§ 15 Abtretung, Gehaltspfändung, Kostenübernahme bzgl. Gehaltspfändung
Clause 16 Job application data, personal information, duty to provide notification of changes in personal information, consent to data processing	§ 16 Bewerbungsangaben, persönliche Daten, Mitteilungspflicht über Änderung der persönlichen Daten, Zustimmung zur Datenverarbeitung
Clause 17 Prohibition on alcohol, miscellaneous rules of conduct, limitation of liability, prohibition on accepting gifts, duty to deliver up, exclusion of rights of retention, no incorporation of collective agreement regulations	§ 17 Alkoholverbot, sonstige Verhaltensregeln, Haftungsbegrenzung, Verbot der Geschenkannahme, Herausgabepflicht, Ausschluss von Zurückbehaltungsrechten, keine Einbeziehung tarifvertraglicher Regelungen
Clause 18 Time bars	§ 18 Ausschlussfristen

Clause 19 Notes concerning social security, exemption from remuneration during search for employment and the pursuit of qualifications	§ 19 Sozialversicherungsrechtliche Hinweise, Vergütungsausschluss bei Stellensuche und Qualifizierungsmaßnahmen
Clause 20 Written-form requirement, severability clause	§ 20 Schriftform, salvatorische Klausel
Clause 21 Disputes as to interpretation	§ 21 Auslegungsstreitigkeiten
Clause 22 Delivery of the contract	§ 22 Vertragsaushändigung
Place / Date	Ort / Datum
Signatures	Unterschriften

2. Employment Contract for Work in China

a) Long version for Expat

Employment Contract	Arbeitsvertrag
By and between	zwischen
Employer (Party A) [ ]	Arbeitgeber (Partei A) [ ]
and	und
Employee (Party B): [ ]	Arbeitnehmer (Partei B) [ ]
Party A: Legal Address: Mailing Address: Chief Representative:	Partei A: Registrierte Adresse: Postanschrift: Hauptvertretungsberechtigter:
Party B: Passport No.: Mailing Address: Mobile: Email Address:	Partei B: Reisepass Nr.: Postanschrift: Mobilnummer: E-Mail-Adresse:
Party A employs Party B as its contractual em-ployee. In accordance with PRC Employment Contract Law and provisions of other relevant laws, regulations and rules, on the basis of the principle of free volition, equality and consen-sus through negotiations, the Parties hereto enter into this Employment Contract (here-after referred to as "this Contract").	Partei A beschäftigt Partei B als vertraglichen Arbeitnehmer. In Übereinstimmung mit dem Recht der Volksrepublik China bezüglich Ar-beitsverträgen und den Regelungen anderer einschlägiger Gesetze und Vorschriften, auf Grundlage der freien Entscheidung, Gleichheit und Einvernehmen durch Verhandlung, schließen die Parteien diesen Arbeitsvertrag (im Folgenden „dieser Vertrag").
Article I Term of this Contract	Artikel I Vertragsdauer

Article II	Location, Position, Job Description and Adjustment thereto	Artikel II	Einsatzort, Position, Stellenbeschreibung und deren Anpassung
Article III	Labor Remuneration	Artikel III	Vergütung
Article IV	Working Hours and Holidays	Artikel IV	Arbeitszeit und Urlaub
Article V	Labour Protection and Working Conditions	Artikel V	Arbeitsschutz und Arbeitsbedingungen
Article VI	Social Insurance and Welfare	Artikel VI	Sozialversicherung
Article VII	Individual Act and Labour Discipline	Artikel VII	Einzelakte und Disziplinierungsmaßnahmen
Article VIII	Warranties	Artikel VIII	Zusicherungen
Article IX	Cancellation and Termination of this Contract	Artikel IX	Aufhebung und Kündigung dieses Vertrages
Article X	Compensation and Damages	Artikel X	Schadensersatz
Article XI	Labour Dispute	Artikel XI	Arbeitsgerichtsverfahren
Article XII	Special Clause Stipulated by the Parties through Negotiation	Artikel XII	Besondere Vereinbarungen der Parteien
Article XIII	Miscellaneous	Artikel XIII	Sonstiges

Party A: (Seal)

Partei A: (Siegel)

Chief Representative / Authorized Representative: (Signature)

Hauptvertreter / Bevollmächtigter Vertreter: (Unterschrift)

Date:

Datum:

Party B: (Signature)

Partei B: (Unterschrift)

b) Short version for the Chinese authorities

Contract No.:	Vertrags-Nr.:
Labour Contract	Arbeitsvertrag
Party A (Employing unit): Address: Contact person: Tel.: Fax: Email:	Partei A (beschäftigende Partei): Adresse: Kontaktperson: Tel.: Fax: E-Mail:
Party B (Accepting unit): Address: Chief representative / Legal representative: Contact person: Tel.: Email:	Partei B (annehmende Partei): Adresse: Hauptvertreter / Bevollmächtigter: Kontaktperson: Tel.: E-Mail:
Name of Party C (Employee): English Name: Sex: ID (Passport) No.: Address: Tel.: Email: Emergency contact person: Tel.:	Name von Partei C (Arbeitnehmer): Englischer Name: Geschlecht: Ausweis-/Reisepass-Nr.: Adresse: Tel.: E-Mail: Kontaktperson für Notfälle: Tel.:
Pursuant to Labour Law of the People's Republic of China, Labour Contract Law of the People's Republic of China and other relevant laws and regulations, and Human Resources Service Agreement or Labour Dispatch Agreement ("collectively "Service Agree-ment"), which were signed by Party A and Party B, whereas Party C has carefully read and fully understood the Service Agreement, Party A, Party B and Party C, upon negotiation and in the principle of equality,	In Übereinstimmung mit dem Arbeitsrecht und dem Recht bezüglich Arbeitsverträgen der Volksrepublik China und den Regelungen an-derer einschlägiger Gesetze und Vorschriften, und auf Grundlage des dem Human Resources Service Agreements oder Arbeitskräfteüberlas-sungsvertrages (gemeinsam „Dienstleistungsvertrag"), die von Partei A und Partei B ge-schlossen wurden, wobei Partei C den Dienst-leistungsvertrag sorgfältig gelesen und vollständig verstan-

free will and hon-esty, hereby enter into this Labour Contract in [ ] on DD MM YYYY.	den hat, schließen Partei A, Par-tei B und Partei C, auf Grundlage der freien Entscheidung, Gleichheit und Ehrlichkeit, diesen Arbeitsvertrag in [ ] am DD MM YYYY.

Article 1	Work unit and contract period	Artikel 1	Arbeitsstelle und Vertragslaufzeit
Article 2	Post and workplace	Artikel 2	Position und Einsatzort
Article 3	Working time, rest and vacations	Artikel 3	Arbeitszeit, Ruhepausen und Urlaub
Article 4	Labour remuneration	Artikel 4	Arbeitslohn
Article 5	Social insurance, housing provident fund and welfare	Artikel 5	Sozialversicherung, Wohnungsfond und Fürsorge
Article 6	Labour protection, labour conditions and prevention of occupational hazards	Artikel 6	Arbeitsschutz, Arbeitsbedingungen und Vermeidung von Betriebsgefahren
Article 7	Labour disciplines	Artikel 7	Arbeitsvorschriften
Article 8	Confidentiality	Artikel 8	Verschwiegenheit
Article 9	Cancellation and termination	Artikel 9	Beendigung und Kündigung
Article 10	Recall	Artikel 10	Rückruf
Article 11	Non-work period	Artikel 11	Entgeltfortzahlung
Article 12	Certificate of resignation	Artikel 12	Entlassungsbescheinigung
Article 13	Notification	Artikel 13	Mitteilungen
Article 14	Notice and service	Artikel 14	Zustellung von Mitteilungen
Article 15	Settlement of disputes	Artikel 15	
Article 16	Others	Artikel 16	Sonstiges

Party A (seal):	Partei A (Siegel):
Authorized representative:	Bevollmächtigter Vertreter:
Party B (seal):	Partei B (Siegel):
Authorized representative:	Bevollmächtigter Vertreter:
Party C (signature):	Partei C (Unterschrift):

3. Secondment Agreement

Secondment Agreement	Entsendungsvertrag
This secondment agreement (hereinafter referred to as "**AGREEMENT**") has been concluded	Dieser Entsendungsvertrag (nachstehend „**VERTRAG**" genannt) wurde geschlossen
BETWEEN	ZWISCHEN
[…] a company incorporated under German law, having its registered address at: […],	[…] einer nach deutschem Recht errichteten Gesellschaft, mit Sitz in: […],
represented by […]	vertreten durch […]
(hereinafter referred to as "**COMPANY**")	(nachfolgend „**ENTSENDERIN**" genannt)
AND	UND
[…] a German citizen, passport no. […], born […], residing at […]	[…] einem deutschen Staatsangehörigen, Reisepass-Nr. […], geboren am […], wohnhaft in […]
(hereinafter referred to as "**EMPLOYEE**").	(nachfolgend „**MITARBEITER**" genannt).

§ 1	Scope and Duration of the Secondment	§ 1	Art und Dauer der Auslandstätigkeit
§ 2	Remuneration	§ 2	Vergütung
§ 3	Incentives	§ 3	Zusatzleistungen
§ 4	Taxes and Social Security Contributions	§ 4	Steuern und Sozialabgaben

§ 5	Invalidity of the AGREEMENT	§ 5	Unwirksamkeit des VERTRAGES
§ 6	Working Hours	§ 6	Arbeitszeit
§ 7	Absence from Work	§ 7	Arbeitsversäumnis
§ 8	Secondary Employment	§ 8	Nebentätigkeit
§ 9	Confidentiality	§ 9	Verschwiegenheitspflicht
§ 10	Immunizations	§ 10	Impfungen
§ 11	Provisional Clause	§ 11	Vorbehaltsklausel
§ 12	Prescription Period	§ 12	Ausschlussfrist
§ 13	Suspension of the Domestic Employment Relationship	§ 13	Ruhen des inländischen Arbeitsverhältnisses
§ 14	Choice of Law, Jurisdiction	§ 14	Rechtswahl, Gerichtsstand
§ 15	General Provisions	§ 15	Schlussbestimmungen

4. Comparison between the current and new DTA Germany-China

a) German Version

1985	2017
Artikel 1 – Persönlicher Geltungsbereich	Artikel 1 – Unter das Abkommen fallende Personen
Dieses Abkommen gilt für Personen, die in einem Vertragsstaat oder in beiden Vertragsstaaten ansässig sind.	Dieses Abkommen gilt für Personen, die in einem Vertragsstaat oder in beiden Vertragsstaaten ansässig sind.
Artikel 3 – Allgemeine Begriffsbestimmungen	Artikel 3 – Allgemeine Begriffsbestimmungen
(1) Im Sinne dieses Abkommens, wenn der Zusammenhang nichts anderes erfordert,	(1) Im Sinne dieses Abkommens, wenn der Zusammenhang nichts anderes erfordert,
a) bedeuten die Ausdrücke „ein Vertragsstaat" und „der andere Vertragsstaat" je nach dem Zusammenhang die Volksrepublik China oder die Bundesrepublik Deutschland und, wenn im geographischen Sinne verwendet, das Gebiet, in dem das Steuerrecht des betreffenden Vertragsstaats gilt, einschließlich des Küstenmeers sowie der jenseits davon gelegenen Zonen, in denen der betreffende Vertragsstaat in Übereinstimmung mit dem Völkerrecht Hoheitsrechte zur Erforschung und Ausbeutung von Naturschätzen des Meeresbodens und des Meeresuntergrunds hat;	a) bedeutet der Ausdruck „China" die Volksrepublik China und, im geografischen Sinn verwendet, das gesamte Hoheitsgebiet der Volksrepublik China einschließlich ihres Küstenmeers, soweit das chinesische Steuerrecht gilt, und alle Gebiete außerhalb ihres Küstenmeers, soweit die Volksrepublik China in Übereinstimmung mit dem Völkerrecht und ihren innerstaatlichen Rechtsvorschriften über souveräne Rechte für die Erforschung und Ausbeutung der Ressourcen des Meeresbodens und des Meeresuntergrunds sowie der darüber liegenden Gewässer verfügt;
b) bedeutet der Ausdruck „Person" natürliche Personen, Gesellschaften und alle anderen Personenvereinigungen;	b) bedeutet der Ausdruck „Deutschland" die Bundesrepublik Deutschland und, im geographischen Sinn verwendet, das Hoheitsgebiet der Bundesrepublik Deutschland sowie das an das Küstenmeer angrenzende Gebiet des Meeresbodens, des Meeresuntergrunds und der

	darüber liegenden Gewässer, soweit die Bundesrepublik Deutschland in Übereinstimmung mit dem Völkerrecht und ihren innerstaatlichen Rechtsvorschriften souveräne Rechte und Hoheitsbefugnisse zum Zweck der Erforschung, Ausbeutung, Erhaltung und Bewirtschaftung der lebenden und nicht lebenden natürlichen Ressourcen ausübt;
c) bedeutet der Ausdruck „Gesellschaft" juristische Personen oder Rechtsträger, die für die Besteuerung wie juristische Personen behandelt werden:	c) bedeuten die Ausdrücke „ein Vertragsstaat" und „der andere Vertragsstaat" je nach Zusammenhang die Bundesrepublik Deutschland oder China;
d) bedeuten die Ausdrücke „Unternehmen eines Vertragsstaats" und „Unternehmen des anderen Vertragsstaats", je nachdem, ein Unternehmen, das von einer in einem Vertragsstaat ansässigen Person betrieben wird, oder ein Unternehmen, das von einer im anderen Vertragsstaat ansässigen Person betrieben wird;	d) umfasst der Ausdruck „Person" natürliche Personen, Gesellschaften und alle anderen Personenvereinigungen;
e) bedeutet der Ausdruck „Staatsangehöriger" eine natürliche Person, die nach dem Recht eines Vertragsstaats dessen Angehöriger ist, sowie eine juristische Person, Personengesellschaft oder andere Personenvereinigung, die nach dem Recht eines Vertragsstaats errichtet worden ist;	e) bedeutet der Ausdruck „Gesellschaft" juristische Personen oder Rechtsträger, die für die Besteuerung wie juristische Personen behandelt werden;
f) bedeutet der Ausdruck „internationaler Verkehr" jede Beförderung mit einem Seeschiff oder Luftfahrzeug, das von einem Unternehmen mit allgemeiner Geschäftsleitung in einem Vertragsstaat betrieben wird, es sei denn, das Seeschiff oder Luftfahrzeug wird ausschließlich zwischen Orten im anderen Vertragsstaat betrieben;	f) bedeuten die Ausdrücke „Unternehmen eines Vertragsstaats" und „Unternehmen des anderen Vertragsstaats" ein Unternehmen, das von einer in einem Vertragsstaat ansässigen Person betrieben wird, beziehungsweise ein Unternehmen, das von einer im anderen Vertragsstaat ansässigen Person betrieben wird;

g) bedeutet der Ausdruck „zuständige Behörde“ auf Seiten der Volksrepublik China das Finanzministerium oder dessen bevollmächtigten Vertreter und auf Seiten der Bundesrepublik Deutschland das Bundesministerium der Finanzen.

g) bedeutet der Ausdruck „internationaler Verkehr“ jede Beförderung mit einem Seeschiff oder Luftfahrzeug, das von einem Unternehmen mit tatsächlicher Geschäftsleitung in einem Vertragsstaat betrieben wird, es sei denn, das Seeschiff oder Luftfahrzeug wird ausschließlich zwischen Orten im anderen Vertragsstaat betrieben;

h) bezeichnet der Ausdruck „Staatsangehöriger“

(i) in Bezug auf die Bundesrepublik Deutschland alle Deutschen im Sinne des Grundgesetzes für die Bundesrepublik Deutschland sowie alle juristischen Personen, Personengesellschaften und anderen Personenvereinigungen, die nach dem in der Bundesrepublik Deutschland geltenden Recht errichtet worden sind;

(ii) in Bezug auf China alle natürlichen Personen, die die Staatsangehörigkeit der Volksrepublik China besitzen, sowie alle juristischen Personen, Personengesellschaften und anderen Personenvereinigungen, die nach dem in der Volksrepublik China geltenden Recht errichtet worden sind;

i) bedeutet der Ausdruck „zuständige Behörde“

(i) in China die staatliche Steuerverwaltung oder ihren Bevollmächtigten;

(ii) in der Bundesrepublik Deutschland das Bundesministerium der Finanzen oder die Behörde, an die es seine Befugnisse delegiert hat.

(2) Bei der Anwendung des Abkommens durch einen Vertragsstaat hat, wenn der Zusammenhang nichts anderes erfordert, jeder im Abkommen nicht definierte Ausdruck die Bedeutung, die ihm nach dem Recht dieses Staates über die Steuern zukommt, für die das Abkommen gilt.	(2) Bei der Anwendung des Abkommens durch einen Vertragsstaat hat, wenn der Zusammenhang nichts anderes erfordert, jeder im Abkommen nicht definierte Ausdruck die Bedeutung, die ihm im Anwendungszeitraum nach dem Recht dieses Staates für die Steuern zukommt, für die das Abkommen gilt, wobei die Bedeutung nach dem in diesem Staat anzuwendenden Steuerrecht Vorrang hat vor einer Bedeutung, die der Ausdruck nach anderem Recht dieses Staates hat.
Artikel 4 – Ansässige Person	Artikel 4 – Ansässige Person
(1) Im Sinne dieses Abkommens bedeutet der Ausdruck „eine in einem Vertragsstaat ansässige Person" eine Person, die nach dem Recht dieses Staates dort auf Grund ihres Wohnsitzes, ihres ständigen Aufenthalts, des Ortes ihrer allgemeinen Geschäftsleitung oder eines anderen ähnlichen Merkmals steuerpflichtig ist.	(1) Im Sinne dieses Abkommens bedeutet der Ausdruck „eine in einem Vertragsstaat ansässige Person" eine Person, die nach dem Recht dieses Staates dort aufgrund ihres Wohnsitzes, ihres ständigen Aufenthalts, des Ortes ihrer Gründung, des Ortes ihrer tatsächlichen Geschäftsleitung oder eines anderen ähnlichen Merkmals steuerpflichtig ist, und umfasst auch diesen Staat und seine Gebietskörperschaften. Dieser Ausdruck umfasst jedoch nicht eine Person, die in diesem Staat nur mit Einkünften aus Quellen in diesem Staat oder mit in diesem Staat gelegenem Vermögen steuerpflichtig ist.
(2) Ist nach Absatz 1 eine natürliche Person in beiden Vertragsstaaten ansässig, so gilt folgendes:	(2) Ist nach Absatz 1 eine natürliche Person in beiden Vertragsstaaten ansässig, so gilt Folgendes:
a) Die Person gilt als in dem Staat ansässig, in dem sie über eine ständige Wohnstätte verfügt; verfügt sie in beiden Staaten über eine ständige Wohnstätte, so gilt sie als in dem Staat ansässig, zu dem sie die engeren persönlichen und wirtschaftlichen	a) Die Person gilt als nur in dem Staat ansässig, in dem sie über eine ständige Wohnstätte verfügt; verfügt sie in beiden Staaten über eine ständige Wohnstätte, so gilt sie als nur in dem Staat ansässig, zu dem sie die engeren persönlichen

Beziehungen hat (Mittelpunkt der Lebensinteressen);	und wirtschaftlichen Beziehungen hat (Mittelpunkt der Lebensinteressen);
b) kann nicht bestimmt werden, in welchem Staat die Person den Mittelpunkt ihrer Lebensinteressen hat, oder verfügt sie in keinem der Staaten über eine ständige Wohnstätte, so gilt sie als nur in dem Staat ansässig, in dem sie ihren gewöhnlichen Aufenthalt hat;	b) kann nicht bestimmt werden, in welchem Staat die Person den Mittelpunkt ihrer Lebensinteressen hat, oder verfügt sie in keinem der Staaten über eine ständige Wohnstätte, so gilt sie als nur in dem Staat ansässig, in dem sie ihren gewöhnlichen Aufenthalt hat;
c) hat die Person ihren gewöhnlichen Aufenthalt in beiden Staaten oder in keinem der Staaten, so gilt sie als in dem Staat ansässig, dessen Staatsangehöriger sie ist;	c) hat die Person ihren gewöhnlichen Aufenthalt in beiden Staaten oder in keinem der beiden Staaten, so gilt sie als nur in dem Staat ansässig, dessen Staatsangehöriger sie ist;
d) ist die Person Staatsangehöriger beider Staaten oder keines der Staaten, so regeln die zuständigen Behörden der Vertragsstaaten die Frage in gegenseitigem Einvernehmen.	d) ist die Person Staatsangehöriger beider Staaten oder keines der Staaten, so regeln die zuständigen Behörden der Vertragsstaaten die Frage in gegenseitigem Einvernehmen.
(3) Ist nach Absatz 1 eine andere als eine natürliche Person in beiden Vertragsstaaten ansässig, so gilt sie als in dem Staat ansässig, in dem sich der Ort ihrer allgemeinen Geschäftsleitung befindet.	(3) Ist nach Absatz 1 eine andere als eine natürliche Person in beiden Vertragsstaaten ansässig, so gilt sie als nur in dem Staat ansässig, in dem sich der Ort ihrer tatsächlichen Geschäftsleitung befindet.
Artikel 5 – Betriebsstätte	Artikel 5 – Betriebsstätte
(1) Im Sinne dieses Abkommens bedeutet der Ausdruck „Betriebsstätte“ eine feste Geschäftseinrichtung, durch die die Tätigkeit eines Unternehmens ganz oder teilweise ausgeübt wird.	(1) Im Sinne dieses Abkommens bedeutet der Ausdruck „Betriebsstätte“ eine feste Geschäftseinrichtung, durch die die Tätigkeit eines Unternehmens ganz oder teilweise ausgeübt wird.
(2) Der Ausdruck „Betriebsstätte“ umfaßt insbesondere	(2) Der Ausdruck „Betriebsstätte“ umfasst insbesondere
a) einen Ort der Leitung, b) eine Zweigniederlassung; c) eine Geschäftsstelle;	a) einen Ort der Leitung, b) eine Zweigniederlassung; c) eine Geschäftsstelle;

d) eine Fabrikationsstätte; e) eine Werkstätte und f) ein Bergwerk, ein Öl- oder Gasvorkommen, einen Steinbruch oder eine andere Stätte der Ausbeutung von Bodenschätzen.	d) eine Fabrikationsstätte; e) eine Werkstätte und f) ein Bergwerk, ein Öl- oder Gasvorkommen, einen Steinbruch oder eine andere Stätte der Gewinnung natürlicher Ressourcen.
(3) Der Ausdruck „Betriebsstätte" umfaßt ferner:	(3) Der Ausdruck „Betriebsstätte" umfasst ebenso
a) eine Bauausführung oder Montage oder eine damit zusammenhängende Aufsichtstätigkeit, wenn die Dauer der Bauausführung, Montage oder Aufsichtstätigkeit sechs Monate überschreitet;	a) eine Bauausführung, Montage oder damit verbundene Aufsichtstätigkeit, jedoch nur, wenn die Dauer dieser Bauausführung, Montage oder Tätigkeit zwölf Monate überschreitet;
b) das Erbringen von Dienstleistungen, einschließlich von Leistungen auf dem Gebiet der Beratung, durch Angestellte oder anderes Personal eines Unternehmens eines Vertragsstaats, wenn diese Tätigkeiten im anderen Vertragsstaat (für das gleiche oder ein damit zusammenhängendes Projekt) länger als insgesamt sechs Monate innerhalb eines beliebigen Zwölfmonatszeitraums dauern.	b) die Erbringung von Dienstleistungen, einschließlich Beratungsleistungen, durch ein Unternehmen mithilfe von Angestellten oder sonstigem für diesen Zweck verpflichteten Personal, jedoch nur, wenn diese Tätigkeiten (für dasselbe oder ein damit verbundenes Vorhaben) in einem Vertragsstaat innerhalb eines Zeitraums von zwölf Monaten insgesamt mehr als 183 Tage andauern.
(4) Ungeachtet der Absätze 1 bis 3 dieses Artikels gelten nicht als Betriebsstätten:	(4) Ungeachtet der vorstehenden Bestimmungen dieses Artikels gelten nicht als Betriebsstätten:
a) Einrichtungen, die ausschließlich zur Lagerung, Ausstellung oder Auslieferung von Gütern oder Waren des Unternehmens benutzt werden;	a) Einrichtungen, die ausschließlich zur Lagerung, Ausstellung oder Auslieferung von Gütern oder Waren des Unternehmens benutzt werden;
b) Bestände von Gütern oder Waren des Unternehmens, die ausschließlich zur Lagerung, Ausstellung oder Auslieferung unterhalten werden;	b) Bestände von Gütern oder Waren des Unternehmens, die ausschließlich zur Lagerung, Ausstellung oder Auslieferung unterhalten werden;

c) Bestände von Gütern oder Waren des Unternehmens, die ausschließlich zu dem Zweck unterhalten werden, durch ein anderes Unternehmen bearbeitet oder verarbeitet zu werden;

d) eine feste Geschäftseinrichtung, die ausschließlich zu dem Zweck unterhalten wird, für das Unternehmen Güter oder Waren einzukaufen oder Informationen zu beschaffen;

e) eine feste Geschäftseinrichtung, die ausschließlich zu dem Zweck unterhalten wird, für das Unternehmen andere Tätigkeiten auszuüben, die vorbereitender Art sind oder eine Hilfstätigkeit darstellen;

f) eine feste Geschäftseinrichtung, die ausschließlich zu dem Zweck unterhalten wird, mehrere der unter den Buchstaben a bis e genannten Tätigkeiten auszuüben, vorausgesetzt, daß die sich daraus ergebende Gesamttätigkeit der festen Geschäftseinrichtung vorbereitender Art ist oder eine Hilfstätigkeit darstellt.

(5) Ist eine Person – mit Ausnahme eines unabhängigen Vertreters im Sinne des Absatzes 6 – für ein Unternehmen tätig und besitzt sie in einem Vertragsstaat die Vollmacht, im Namen des Unternehmens Verträge abzuschließen, und übt sie die Vollmacht dort gewöhnlich aus, so wird das Unternehmen ungeachtet der Absätze 1 und 2 so behandelt, als habe es in diesem Staat für alle von der Person für das Unternehmen ausgeübten Tätigkeiten eine Betriebsstätte, es sei denn, diese Tätigkeiten beschränken sich auf die in Absatz 4 genannten Tätigkeiten, die, würden sie durch eine feste Geschäftseinrichtung ausgeübt, diese

c) Bestände von Gütern oder Waren des Unternehmens, die ausschließlich zu dem Zweck unterhalten werden, durch ein anderes Unternehmen bearbeitet oder verarbeitet zu werden;

d) eine feste Geschäftseinrichtung, die ausschließlich zu dem Zweck unterhalten wird, für das Unternehmen Güter oder Waren einzukaufen oder Informationen zu beschaffen;

e) eine feste Geschäftseinrichtung, die ausschließlich zu dem Zweck unterhalten wird, für das Unternehmen andere Tätigkeiten auszuüben, die vorbereitender Art sind oder eine Hilfstätigkeit darstellen;

f) eine feste Geschäftseinrichtung, die ausschließlich zu dem Zweck unterhalten wird, mehrere der unter den Buchstaben a bis e genannten Tätigkeiten auszuüben, vorausgesetzt, dass die sich daraus ergebende Gesamttätigkeit der festen Geschäftseinrichtung vorbereitender Art ist oder eine Hilfstätigkeit darstellt.

(5) Ist eine Person – mit Ausnahme eines unabhängigen Vertreters im Sinne des Absatzes 6 – in einem Vertragsstaat für ein Unternehmen des anderen Vertragsstaats tätig und besitzt sie in diesem Vertragsstaat die Vollmacht, im Namen des Unternehmens Verträge abzuschließen, und übt sie die Vollmacht dort gewöhnlich aus, so wird das Unternehmen ungeachtet der Absätze 1 und 2 so behandelt, als habe es in diesem Vertragsstaat für alle von der Person für das Unternehmen ausgeübten Tätigkeiten eine Betriebsstätte, es sei denn, diese Tätigkeiten beschränken sich auf die in Absatz 4 genannten Tätigkeiten, die, würden

Einrichtung nach dem genannten Absatz nicht zu einer Betriebsstätte machten.	sie durch eine feste Geschäftseinrichtung ausgeübt, diese Einrichtung nach dem genannten Absatz nicht zu einer Betriebsstätte machten.
(6) Ein Unternehmen wird nicht schon deshalb so behandelt, als habe es eine Betriebsstätte in einem Vertragsstaat, weil es dort seine Tätigkeit durch einen Makler, Kommissionär oder einen anderen unabhängigen Vertreter ausübt, sofern diese Personen im Rahmen ihrer ordentlichen Geschäftstätigkeit handeln.	(6) Ein Unternehmen eines Vertragsstaats wird nicht schon deshalb so behandelt, als habe es eine Betriebsstätte im anderen Vertragsstaat, weil es dort seine Tätigkeit durch einen Makler, Kommissionär oder einen anderen unabhängigen Vertreter ausübt, sofern diese Personen im Rahmen ihrer ordentlichen Geschäftstätigkeit handeln. Wenn die Tätigkeit dieses Vertreters jedoch vollständig oder fast vollständig für dieses Unternehmen erfolgt und dieses Unternehmen und der Vertreter in ihren kaufmännischen oder finanziellen Beziehungen an vereinbarte oder auferlegte Bedingungen gebunden sind, die von denen abweichen, die unabhängige Unternehmen miteinander vereinbaren würden, gilt der Vertreter nicht als unabhängiger Vertreter im Sinne dieses Absatzes.
(7) Allein dadurch, dass eine in einem Vertragsstaat ansässige Gesellschaft eine Gesellschaft beherrscht oder von einer Gesellschaft beherrscht wird, die im anderen Vertragsstaat ansässig ist oder dort (entweder durch eine Betriebstätte oder auf andere Weise) ihre Tätigkeit ausübt, wird keine der beiden Gesellschaften zur Betriebsstätte der anderen.	(7) Allein dadurch, dass eine in einem Vertragsstaat ansässige Gesellschaft eine Gesellschaft beherrscht oder von einer Gesellschaft beherrscht wird, die im anderen Vertragsstaat ansässig ist oder dort (entweder durch eine Betriebstätte oder auf andere Weise) ihre Tätigkeit ausübt, wird keine der beiden Gesellschaften zur Betriebsstätte der anderen.
Artikel 10 – Dividenden	Artikel 10 – Dividenden
(1) Dividenden, die eine in einem Vertragsstaat ansässige Gesellschaft an eine im anderen Vertragsstaat ansässige Person	(1) Dividenden, die eine in einem Vertragsstaat ansässige Gesellschaft an eine im anderen Vertragsstaat ansässige Person

zahlt, können im anderen Staat besteuert werden.

(2) Diese Dividenden können jedoch auch in dem Vertragsstaat, in dem die die Dividenden zahlende Gesellschaft ansässig ist, nach dem Recht dieses Staates besteuert werden; die Steuer darf aber, wenn der Empfänger der Dividenden der Nutzungsberechtigte ist, 10 vom Hundert des Bruttobetrags der Dividenden nicht übersteigen. Dieser Absatz berührt nicht die Besteuerung der Gesellschaft in Bezug auf die Gewinne, aus denen die Dividenden gezahlt werden.

zahlt, können im anderen Staat besteuert werden.

(2) Diese Dividenden können jedoch auch in dem Vertragsstaat, in dem die die Dividenden zahlende Gesellschaft ansässig ist, nach dem Recht dieses Staates besteuert werden; die Steuer darf aber, wenn der Nutzungsberechtigte der Dividenden eine in dem anderen Vertragsstaat ansässige Person ist, nicht übersteigen:

a) 5 Prozent des Bruttobetrages der Dividenden, wenn der Nutzungsberechtigte eine Gesellschaft (jedoch keine Personengesellschaft) ist, die unmittelbar über mindestens 25 Prozent des Kapitals der die Dividenden zahlenden Gesellschaft verfügt;

b) 15 Prozent des Bruttobetrags der Dividenden, sofern diese Dividenden aus Einkünften oder Erträgen gezahlt werden, die unmittelbar oder mittelbar aus unbeweglichem Vermögen im Sinne des Artikels 6 von einem Investmentvehikel erzielt werden, das diese Einkünfte oder Erträge größtenteils jährlich ausschüttet und dessen Einkünfte oder Erträge aus dem betreffenden unbeweglichen Vermögen von der Steuer befreit sind;

c) 10 Prozent des Bruttobetrags der Dividenden in allen anderen Fällen.
Dieser Absatz berührt nicht die Besteuerung der Gesellschaft in Bezug auf die Gewinne, aus denen die Dividenden gezahlt werden.

(3) Der in diesem Artikel verwendete Ausdruck „Dividenden“ bedeutet Einkünfte aus Aktien, Kuxen, Gründeranteilen oder anderen Rechten – ausgenommen Forderungen – mit Gewinnbeteiligung sowie aus sonstigen Gesellschaftsanteilen stammende Einkünfte, die nach dem Recht des Staates, in dem die ausschüttende Gesellschaft ansässig ist, den Einkünften aus Aktien steuerlich gleichgestellt sind.	(3) Der in diesem Artikel verwendete Ausdruck „Dividenden“ bedeutet Einkünfte aus Gesellschaftsanteilen oder anderen Rechten – ausgenommen Forderungen – mit Gewinnbeteiligung oder sonstige Einkünfte, die nach dem Recht des Staates, in dem die ausschüttende Gesellschaft ansässig ist, den Einkünften aus Gesellschaftsanteilen steuerlich gleichgestellt sind.
(4) Die Absätze 1 und 2 sind nicht anzuwenden, wenn der in einem Vertragsstaat ansässige Nutzungsberechtigte im anderen Vertragsstaat, in dem die die Dividenden zahlende Gesellschaft ansässig ist, eine gewerbliche Tätigkeit durch eine dort gelegene Betriebsstätte oder eine selbständige Arbeit durch eine dort gelegene feste Einrichtung ausübt und die Beteiligung, für die die Dividenden gezahlt werden, tatsächlich zu dieser Betriebsstätte oder festen Einrichtung gehört. In diesem Fall ist Artikel 7 beziehungsweise Artikel 14 anzuwenden.	(4) Die Absätze 1 und 2 sind nicht anzuwenden, wenn der in einem Vertragsstaat ansässige Nutzungsberechtigte im anderen Vertragsstaat, in dem die die Dividenden zahlende Gesellschaft ansässig ist, eine gewerbliche Tätigkeit durch eine dort gelegene Betriebsstätte oder eine selbständige Arbeit durch eine dort gelegene feste Einrichtung ausübt und die Beteiligung, für die die Dividenden gezahlt werden, tatsächlich zu dieser Betriebsstätte oder festen Einrichtung gehört. In diesem Fall ist Artikel 7 beziehungsweise Artikel 14 anzuwenden.
(5) Bezieht eine in einem Vertragsstaat ansässige Gesellschaft Gewinne oder Einkünfte aus dem anderen Vertragsstaat, so darf dieser andere Staat weder die von der Gesellschaft gezahlten Dividenden besteuern, es sei denn, daß diese Dividenden an eine im anderen Staat ansässige Person gezahlt werden oder daß die Beteiligung, für die die Dividenden gezahlt werden, tatsächlich zu einer im anderen Staat gelegenen Betriebsstätte oder festen Einrichtung gehört, noch Gewinne der Gesellschaft einer Steuer für nicht ausgeschüttete Gewinne unterwerfen, selbst wenn die gezahlten Dividenden oder die nicht ausgeschütteten Gewinne ganz oder	(5) Bezieht eine in einem Vertragsstaat ansässige Gesellschaft Gewinne oder Einkünfte aus dem anderen Vertragsstaat, so darf dieser andere Staat weder die von der Gesellschaft gezahlten Dividenden besteuern, es sei denn, dass diese Dividenden an eine im anderen Staat ansässige Person gezahlt werden oder dass die Beteiligung, für die die Dividenden gezahlt werden, tatsächlich zu einer im anderen Staat gelegenen Betriebsstätte oder festen Einrichtung gehört, noch Gewinne der Gesellschaft einer Steuer für nicht ausgeschüttete Gewinne unterwerfen, selbst wenn die gezahlten Dividenden oder die nicht ausgeschütteten Gewinne ganz oder

teilweise aus im anderen Staat erzielten Gewinnen oder Einkünften bestehen.

teilweise aus im anderen Staat erzielten Gewinnen oder Einkünften bestehen.

Artikel 11 – Zinsen

Artikel 11 – Zinsen

(1) Zinsen, die aus einem Vertragsstaat stammen und an eine im anderen Vertragsstaat ansässige Person gezahlt werden, können im anderen Staat besteuert werden.

(1) Zinsen, die aus einem Vertragsstaat stammen und an eine im anderen Vertragsstaat ansässige Person gezahlt werden, können im anderen Staat besteuert werden.

(2) Diese Zinsen können jedoch auch in dem Vertragsstaat, aus dem sie stammen, nach dem Recht dieses Staates besteuert werden; die Steuer darf aber, wenn der Empfänger der Zinsen der Nutzungsberechtigte ist, 10 vom Hundert des Bruttobetrags der Zinsen nicht übersteigen.

(2) Diese Zinsen können jedoch auch in dem Vertragsstaat, aus dem sie stammen, nach dem Recht dieses Staates besteuert werden; die Steuer darf aber, wenn der Nutzungsberechtigte der Zinsen im anderen Vertragsstaat ansässig ist, 10 Prozent des Bruttobetrags der Zinsen nicht übersteigen.

(3) ungeachtet des Absatzes 2 sind Zinsen, die

a) aus der Bundesrepublik Deutschland stammen, von der deutschen Steuer befreit, wenn sie gezahlt werden:

aa) an die Regierung der Volksrepublik China,
bb) an die Volksbank von China, die Landwirtschaftsbank von China, die Volksaufbaubank von China, die Investmentbank von China und die Industrie- und Handelsbank von China,
cc) auf Grund eines Darlehens, das unmittelbar durch die Bank von China oder die Chinesische Internationale Treuhand- und Investitionsgesellschaft verbürgt oder finanziert ist oder
dd) an ein staatliches Kreditinstitut der Regierung der Volksrepublik China, wenn sich

(3) Ungeachtet des Absatzes 2 gilt Folgendes:

a) Zinsen, die aus einem Vertragsstaat stammen und an die Regierung des anderen Vertragsstaats gezahlt werden, sind im erstgenannten Staat von der Steuer befreit;

die zuständigen Behörden beider Staaten darüber einigen;	
b) aus der Volksrepublik China stammen, von der chinesischen Steuer befreit, wenn sie gezahlt werden: aa) an die Regierung der Bundesrepublik Deutschland, bb) an die Deutsche Bundesbank, die Kreditanstalt für Wiederaufbau oder die Deutsche Finanzierungsgesellschaft für Beteiligungen in Entwicklungsländern, cc) für ein Darlehen, das unmittelbar von der Hermes Deckung verbürgt oder finanziert ist oder dd) an ein staatliches Kreditinstitut der Bundesregierung, wenn sich die zuständigen Behörden beider Staaten darüber einigen.	b) Zinsen, die aus einem Vertragsstaat stammen und für ein durch Gewährleistungen des anderen Vertragsstaats oder eines vollständig in seinem Besitz befindlichen Finanzinstituts gedecktes Darlehen gezahlt werden, sind im erstgenannten Staat von der Steuer befreit;
	c) Zinsen, die aus China stammen und an die Deutsche Bundesbank, die Kreditanstalt für Wiederaufbau oder die DEG-Deutsche Investitions-und Entwicklungsgesellschaft mbH oder sonstige öffentliche Kreditinstitute der Bundesrepublik Deutschland gezahlt werden, auf die sich die zuständigen Behörden beider Staaten verständigen, sind von der chinesischen Steuer befreit;
	d) Zinsen, die aus der Bundesrepublik Deutschland stammen und an (i) die Chinesische Volksbank, (ii) die Chinesische Entwicklungsbank, (iii) die Chinesische Landwirtschaftliche Entwicklungsbank, (iv) die Chinesische Bank für Ein- und Ausfuhren, (v) den Nationalen Sozialversicherungsrat, (vi) die China Investment Corporation oder

(vii) sonstige öffentliche Kreditinstitute des chinesischen Staats, auf die sich die zuständigen Behörden beider Staaten verständigen,

gezahlt werden, sind von der deutschen Steuer befreit.

(4) Der in diesem Artikel verwendete Ausdruck „Zinsen“ bedeutet Einkünfte aus Forderungen jeder Art, auch wenn die Forderungen durch Pfandrechte an Grundstücken gesichert oder mit einer Beteiligung am Gewinn des Schuldners ausgestattet sind, und insbesondere Einkünfte aus öffentlichen Anleihen und aus Obligationen einschließlich der damit verbundenen Aufgelder und der Gewinne aus Losanleihen. Zuschläge für verspätete Zahlung gelten nicht als Zinsen im Sinne dieses Artikels.

(4) Ungeachtet des Absatzes 2 können Zinsen im Sinne des Absatzes 1 nur in dem Vertragsstaat besteuert werden, in dem der Empfänger ansässig ist, wenn der Empfänger der Zinsen der Nutzungsberechtigte ist und die Zinszahlung in Zusammenhang mit dem Verkauf gewerblicher oder wissenschaftlicher Ausrüstung auf Kredit steht.

(5) Die Absätze 1 bis 3 sind nicht anzuwenden, wenn der in einem Vertragsstaat ansässige Nutzungsberechtigte im anderen Vertragsstaat, aus dem die Zinsen stammen, eine gewerbliche Tätigkeit durch eine dort gelegene Betriebsstätte oder eine selbständige Arbeit durch eine dort gelegene feste Einrichtung ausübt und die Forderung, für die die Zinsen gezahlt werden, tatsächlich zu dieser Betriebsstätte oder festen Einrichtung gehört. In diesem Fall ist Artikel 7 beziehungsweise Artikel 14 anzuwenden.

(5) Der in diesem Artikel verwendete Ausdruck „Zinsen“ bedeutet Einkünfte aus Forderungen jeder Art, auch wenn die Forderungen durch Pfandrechte an Grundstücken gesichert sind, und insbesondere Einkünfte aus öffentlichen Anleihen und aus Obligationen einschließlich der damit verbundenen Aufgelder und der Gewinne aus Losanleihen. Zuschläge für verspätete Zahlung gelten nicht als Zinsen im Sinne dieses Artikels.

(6) Zinsen gelten dann als aus einem Vertragsstaat stammend, wenn der Schuldner dieser Staat selbst, eine seiner Gebietskörperschaften oder eine in diesem Staat ansässige Person ist. Hat aber der Schuldner der Zinsen, ohne Rücksicht darauf, ob er in einem Vertragsstaat ansässig

(6) Die Absätze 1 bis 4 sind nicht anzuwenden, wenn der in einem Vertragsstaat ansässige Nutzungsberechtigte im anderen Vertragsstaat, aus dem die Zinsen stammen, eine gewerbliche Tätigkeit durch eine dort gelegene Betriebsstätte oder eine selbständige Arbeit durch eine

ist oder nicht, in einem Vertragsstaat eine Betriebsstätte oder eine feste Einrichtung und ist die Schuld, für die die Zinsen gezahlt werden, für Zwecke der Betriebsstätte oder der festen Einrichtung eingegangen worden und trägt die Betriebsstätte oder die feste Einrichtung die Zinsen, so gelten die Zinsen als aus dem Staat stammend, in dem die Betriebsstätte oder die feste Einrichtung liegt.

dort gelegene feste Einrichtung ausübt und die Forderung, für die die Zinsen gezahlt werden, tatsächlich zu dieser Betriebsstätte oder festen Einrichtung gehört. In diesem Fall ist Artikel 7 beziehungsweise Artikel 14 anzuwenden.

(7) Bestehen zwischen dem Schuldner und dem Nutzungsberechtigten oder zwischen jedem von ihnen und einem Dritten besondere Beziehungen und übersteigen deshalb die Zinsen, gemessen an der zugrundeliegenden Forderung, den Betrag, den Schuldner und Nutzungsberechtigter ohne diese Beziehungen vereinbart hätten, so wird dieser Artikel nur auf den letztgenannten Betrag angewendet. In diesem Fall kann der übersteigende Betrag nach dem Recht eines jeden Vertragsstaats und unter Berücksichtigung der anderen Bestimmungen dieses Abkommens besteuert werden.

(7) Zinsen gelten dann als aus einem Vertragsstaat stammend, wenn der Schuldner eine in diesem Staat ansässige Person ist. Hat aber der Schuldner der Zinsen, ohne Rücksicht darauf, ob er in einem Vertragsstaat ansässig ist oder nicht, in einem Vertragsstaat eine Betriebsstätte oder eine feste Einrichtung und ist die Schuld, für die die Zinsen gezahlt werden, für Zwecke der Betriebsstätte oder der festen Einrichtung eingegangen worden und trägt die Betriebsstätte oder die feste Einrichtung die Zinsen, so gelten die Zinsen als aus dem Staat stammend, in dem die Betriebsstätte oder die feste Einrichtung liegt.

(8) Bestehen zwischen dem Schuldner und dem Nutzungsberechtigten oder zwischen jedem von ihnen und einem Dritten besondere Beziehungen und übersteigt deshalb der Zinsbetrag im Verhältnis zur zugrunde liegenden Forderung den Betrag, den Schuldner und Nutzungsberechtigter ohne diese Beziehungen vereinbart hätten, so gilt dieser Artikel nur für den letztgenannten Betrag. In diesem Fall kann der übersteigende Betrag nach dem Recht eines jeden Vertragsstaats und unter Berücksichtigung der anderen Bestimmungen dieses Abkommens besteuert werden.

Artikel 12 – Lizenzgebühren

(1) Lizenzgebühren, die aus einem Vertragsstaat stammen und an eine im anderen Vertragsstaat ansässige Person gezahlt werden, können im anderen Staat besteuert werden.

(2) Diese Lizenzgebühren können jedoch auch in dem Vertragsstaat, aus dem sie stammen, nach dem Recht dieses Staates besteuert werden; die Steuer darf aber, wenn der Empfänger der Lizenzgebühren der Nutzungsberechtigte ist, 10 vom Hundert des Bruttobetrags der Lizenzgebühren nicht übersteigen.

(3) Der in diesem Artikel verwendete Ausdruck „Lizenzgebühren" bedeutet Vergütungen jeder Art, die für die Benutzung oder für das Recht auf Benutzung von Urheberrechten an literarischen, künstlerischen oder wissenschaftlichen Werken, einschließlich kinematografischer Filme und Filme oder Bandaufzeichnungen für Rundfunk und Fernsehen, von Patenten, Marken, Mustern oder Modellen, Plänen, geheimen Formeln oder Verfahren oder für die Benutzung oder das Recht auf Benutzung gewerblicher, kaufmännischer

Artikel 12 – Lizenzgebühren

(1) Lizenzgebühren, die aus einem Vertragsstaat stammen und deren Nutzungsberechtigter eine im anderen Vertragsstaat ansässige Person ist, können im anderen Staat besteuert werden.

(2) Diese Lizenzgebühren können jedoch auch in dem Vertragsstaat, aus dem sie stammen, nach dem Recht dieses Staates besteuert werden; die Steuer darf aber, wenn der Nutzungsberechtigte der Lizenzgebühren im anderen Vertragsstaat ansässig ist, nicht höher sein als

a) 10 Prozent des Bruttobetrags der Lizenzgebühren im Falle von Lizenzgebühren im Sinne des Absatzes 3 Buchstabe a und

b) 10 Prozent des angepassten Betrags im Falle von Lizenzgebühren im Sinne des Absatzes 3 Buchstabe b. Im Sinne dieses Buchstabens bedeutet „angepasster Betrag" 60 Prozent des Bruttobetrags der Lizenzgebühren.

(3) Der in diesem Artikel verwendete Ausdruck „Lizenzgebühren" bedeutet

a) Vergütungen jeder Art, die für die Benutzung oder für das Recht auf Benutzung von Urheberrechten an literarischen, künstlerischen oder wissenschaftlichen Werken, einschließlich kinematografischer Filme sowie Filme oder Bänder für Hörfunk- oder Fernsehübertragungen, von Patenten, Warenzeichen, Mustern oder Modellen, Plänen, geheimen Formeln oder Verfahren oder für Informationen über gewerbliche, kaufmännische oder wissenschaftliche

oder wissenschaftlicher Ausrüstungen oder für die Mitteilung gewerblicher, kaufmännischer oder wissenschaftlicher Erfahrungen gezahlt werden.	Erfahrungen (Know-how) gezahlt werden, und
	b) Vergütungen jeder Art, die für die Benutzung oder das auf Recht auf Benutzung industrieller, gewerblicher oder wissenschaftlicher Ausrüstung gezahlt werden.
(4) Die Absätze 1 und 2 sind nicht anzuwenden, wenn der in einem Vertragsstaat ansässige Nutzungsberechtigte im anderen Vertragsstaat, aus dem die Lizenzgebühren stammen, eine gewerbliche Tätigkeit durch eine dort gelegene Betriebsstätte oder eine selbständige Arbeit durch eine dort gelegene feste Einrichtung ausübt und die Rechte oder Vermögenswerte, für die die Lizenzgebühren gezahlt werden, tatsächlich zu dieser Betriebsstätte oder festen Einrichtung gehören. In diesem Fall ist Artikel 7 beziehungsweise Artikel 14 anzuwenden.	(4) Die Absätze 1 und 2 sind nicht anzuwenden, wenn der in einem Vertragsstaat ansässige Nutzungsberechtigte im anderen Vertragsstaat, aus dem die Lizenzgebühren stammen, eine gewerbliche Tätigkeit durch eine dort gelegene Betriebsstätte oder eine selbständige Arbeit durch eine dort gelegene feste Einrichtung ausübt und die Rechte oder Vermögenswerte, für die die Lizenzgebühren gezahlt werden, tatsächlich zu dieser Betriebsstätte oder festen Einrichtung gehören. In diesem Fall ist Artikel 7 beziehungsweise Artikel 14 anzuwenden.
(5) Lizenzgebühren gelten dann als aus einem Vertragsstaat stammend, wenn der Schuldner dieser Staat selbst, eine seiner Gebietskörperschaften oder eine in diesem Staat ansässige Person ist. Hat aber der Schuldner der Lizenzgebühren, ohne Rücksicht darauf, ob er in einem Vertragsstaat ansässig ist oder nicht, in einem Vertragsstaat eine Betriebsstätte oder eine feste Einrichtung und ist die Verpflichtung zur Zahlung der Lizenzgebühren für Zwecke der Betriebsstätte oder festen Einrichtung eingegangen worden und trägt die Betriebsstätte oder feste Einrichtung die Lizenzgebühren, so gelten die Lizenzgebühren als aus dem Staat stammend, in dem die Betriebsstätte oder feste Einrichtung liegt.	(5) Lizenzgebühren gelten dann als aus einem Vertragsstaat stammend, wenn der Schuldner eine in diesem Staat ansässige Person ist. Hat aber der Schuldner der Lizenzgebühren, ohne Rücksicht darauf, ob er in einem Vertragsstaat ansässig ist oder nicht, in einem Vertragsstaat eine Betriebsstätte oder eine feste Einrichtung und ist die Verpflichtung zur Zahlung der Lizenzgebühren für Zwecke der Betriebsstätte oder festen Einrichtung eingegangen worden und trägt die Betriebsstätte oder feste Einrichtung die Lizenzgebühren, so gelten die Lizenzgebühren als aus dem Staat stammend, in dem die Betriebsstätte oder feste Einrichtung liegt.

(6) Bestehen zwischen dem Schuldner und dem Nutzungsberechtigten oder zwischen jedem von ihnen und einem Dritten besondere Beziehungen und übersteigen deshalb die Lizenzgebühren, gemessen an der zugrundeliegenden Leistung, den Betrag, den Schuldner und Nutzungsberechtigter ohne diese Beziehungen vereinbart hätten, so wird dieser Artikel nur für den letztgenannten Betrag angewendet. In diesem Fall kann der übersteigende Betrag nach dem Recht eines jeden Vertragsstaats und unter Berücksichtigung der anderen Bestimmungen dieses Abkommens besteuert werden.

(6) Bestehen zwischen dem Schuldner und dem Nutzungsberechtigten oder zwischen jedem von ihnen und einem Dritten besondere Beziehungen und übersteigt deshalb der Betrag der Lizenzgebühren im Verhältnis zur zugrunde liegenden Leistung den Betrag, den Schuldner und Nutzungsberechtigter ohne diese Beziehungen vereinbart hätten, so gilt dieser Artikel nur für den letztgenannten Betrag. In diesem Fall kann der übersteigende Betrag nach dem Recht eines jeden Vertragsstaats und unter Berücksichtigung der anderen Bestimmungen dieses Abkommens besteuert werden.

Artikel 15 – Unselbständige Arbeit

(1) Vorbehaltlich der Artikel 16, 18, 19, 20 und 21 können Gehälter, Löhne und ähnliche Vergütungen, die eine in einem Vertragsstaat ansässige Person aus unselbständiger Arbeit bezieht, nur in diesem Staat besteuert werden, es sei denn, die Arbeit wird im anderen Vertragsstaat ausgeübt. Wird die Arbeit dort ausgeübt, so können die dafür bezogenen Vergütungen im anderen Staat besteuert werden.

(2) Ungeachtet des Absatzes 1 können Vergütungen, die eine in einem Vertragsstaat ansässige Person für eine im anderen Vertragsstaat ausgeübte unselbstständige Arbeit bezieht, nur im erstgenannten Staat besteuert werden, wenn

a) der Empfänger sich im anderen Staat insgesamt nicht länger als 183 Tage während des betreffenden Kalenderjahres aufhält und

Artikel 15 - Einkünfte aus unselbständiger Arbeit

(1) Vorbehaltlich der Artikel 16, 18 und 19 können Gehälter, Löhne und ähnliche Vergütungen, die eine in einem Vertragsstaat ansässige Person aus unselbständiger Arbeit bezieht, nur in diesem Staat besteuert werden, es sei denn, die Arbeit wird im anderen Vertragsstaat ausgeübt. Wird die Arbeit dort ausgeübt, so können die dafür bezogenen Vergütungen im anderen Staat besteuert werden.

(2) Ungeachtet des Absatzes 1 können Vergütungen, die eine in einem Vertragsstaat ansässige Person für eine im anderen Vertragsstaat ausgeübte unselbstständige Arbeit bezieht, nur im erstgenannten Staat besteuert werden, wenn

a) der Empfänger sich im anderen Staat insgesamt nicht länger als 183 Tage innerhalb eines Zeitraums von 12 Monaten, der während des betreffenden Steuerjahres beginnt oder endet, aufhält und

b) die Vergütungen von einem Arbeitgeber oder für einen Arbeitgeber gezahlt werden, der nicht im anderen Staat ansässig ist, und	b) die Vergütungen von einem Arbeitgeber oder für einen Arbeitgeber gezahlt werden, der nicht im anderen Staat ansässig ist, und
c) die Vergütungen nicht von einer Betriebsstätte oder einer festen Einrichtung getragen werden, die der Arbeitgeber im anderen Staat hat.	c) die Vergütungen nicht von einer Betriebsstätte oder einer festen Einrichtung getragen werden, die der Arbeitgeber im anderen Staat hat.
(3) Ungeachtet der vorstehenden Bestimmungen dieses Artikels können Vergütungen für unselbständige Arbeit, die an Bord eines Seeschiffs oder Luftfahrzeugs, das im internationalen Verkehr betrieben wird, ausgeübt wird, in dem Vertragsstaat besteuert werden, in dem sich der Ort der allgemeinen Geschäftsleitung des Unternehmens befindet.	(3) Ungeachtet der vorstehenden Bestimmungen dieses Artikels können Vergütungen für eine unselbständige Tätigkeit, die an Bord eines im internationalen Verkehr betriebenen Seeschiffs oder Luftfahrzeugs ausgeübt wird, in dem Vertragsstaat besteuert werden, in dem sich der Ort der tatsächlichen Geschäftsleitung des Unternehmens befindet, das das Seeschiff oder Luftfahrzeug betreibt.
Artikel 16 – Aufsichtsrats-und Verwaltungsratsvergütungen	Artikel 16 – Aufsichtsrats-und Verwaltungsratsvergütungen
Aufsichtsrats- oder Verwaltungsratsvergütungen und ähnliche Zahlungen, die eine in einem Vertragsstaat ansässige Person in ihrer Eigenschaft als Mitglied des Aufsichts- oder Verwaltungsrats einer Gesellschaft bezieht, die im anderen Vertragsstaat ansässig ist, können im anderen Staat besteuert werden.	Aufsichtsrats- oder Verwaltungsratsvergütungen und ähnliche Zahlungen, die eine in einem Vertragsstaat ansässige Person in ihrer Eigenschaft als Mitglied des Aufsichts- oder Verwaltungsrats einer Gesellschaft bezieht, die im anderen Vertragsstaat ansässig ist, können im anderen Staat besteuert werden.
Artikel 24 – Befreiung von der Doppelbesteuerung	Artikel 23 – Methoden zur Vermeidung der Doppelbesteuerung
(1) Bei einer in der Volksrepublik China ansässigen Person wird die Doppelbesteuerung wie folgt behoben:	(1) In China wird die Doppelbesteuerung in Übereinstimmung mit chinesischem Recht wie folgt vermieden:

a) Die in Übereinstimmung mit diesem Abkommen von Einkünften aus der Bundesrepublik Deutschland erhobene deutsche Steuer wird auf die von dieser Person in der Volksrepublik China zu zahlende chinesische Steuer angerechnet. Die anzurechnende deutsche Steuer darf aber nicht den Betrag an chinesischer Steuer übersteigen, der nach den steuerlichen Vorschriften der Volksrepublik China auf diese Einkünfte entfällt.

a) Bezieht eine in China ansässige Person Einkünfte aus der Bundesrepublik Deutschland, kann die nach diesem Abkommen auf diese Einkünfte in der Bundesrepublik Deutschland zu entrichtende Steuer auf die bei dieser Person erhobene chinesische Steuer angerechnet werden. Die Höhe der Anrechnung darf jedoch den nach den chinesischen Steuergesetzen und -vorschriften berechneten Betrag der chinesischen Steuer auf diese Einkünfte nicht übersteigen.

b) Sofern es sich bei diesen Einkünften um Dividenden handelt, die eine in der Bundesrepublik Deutschland ansässige Gesellschaft an eine in der Volksrepublik China ansässige Gesellschaft zahlt, der mindestens 10 vom Hundert des Kapitals der erstgenannten Gesellschaft gehört, wird auf die hiervon in der Volksrepublik China erhobene Steuer die von der erstgenannten Gesellschaft gezahlte Steuer angerechnet, soweit sie auf diese Einkünfte entfällt.

b) Handelt es sich bei den Einkünften um Dividenden, die von einer in der Bundesrepublik Deutschland ansässigen Gesellschaft an eine in China ansässige Gesellschaft gezahlt werden, die mindestens 20 Prozent der Anteile der die Dividenden ausschüttenden Gesellschaft besitzt, wird bei der Anrechnung die von der ausschüttenden Gesellschaft für ihre Einkünfte an die Bundesrepublik Deutschland entrichtete Steuer berücksichtigt.

(2) Bei einer in der Bundesrepublik Deutschland ansässigen Person wird die Doppelbesteuerung wie folgt behoben:

(2) In der Bundesrepublik Deutschland wird die Doppelbesteuerung in Übereinstimmung mit deutschem Recht wie folgt vermieden:

a) Soweit nicht Buchstabe b anzuwenden ist, werden von der Bemessungsgrundlage der deutschen Steuer die Einkünfte aus der Volksrepublik China sowie die in der Volksrepublik China gelegenen Vermögenswerte ausgenommen, die nach diesem Abkommen in der Volksrepublik China besteuert werden können. Die Bundesrepublik Deutschland kann aber die so ausgenommenen Einkünfte und Vermögenswerte bei der Festsetzung des Steuersatzes berücksichtigen.

a) Von der Bemessungsgrundlage der deutschen Steuer werden die Einkünfte aus China sowie die in China gelegenen Vermögenswerte ausgenommen, die nach diesem Abkommen in China besteuert werden können, sofern nicht eine Steueranrechnung nach Buchstabe b zulässig ist.

Auf Dividenden sind die vorstehenden Bestimmungen nur dann anzuwenden, wenn die Dividenden an eine in der Bundesrepublik Deutschland ansässige Gesellschaft (jedoch nicht an eine Personengesellschaft) von einer in der Volksrepublik China ansässigen Gesellschaft gezahlt werden, deren Kapital zu mindestens 10 vom Hundert unmittelbar der deutschen Gesellschaft gehört.	Für Einkünfte aus Dividenden gilt die vorstehende Bestimmung nur dann, wenn diese Dividenden an eine in der Bundesrepublik Deutschland ansässige Gesellschaft (jedoch nicht an eine Personengesellschaft) von einer in China ansässigen Gesellschaft gezahlt werden, deren Kapital zu mindestens 25 Prozent unmittelbar der deutschen Gesellschaft gehört, und sie bei Ermittlung der Gewinne der ausschüttenden Gesellschaft nicht abgezogen wurden.
Für die Zwecke der Steuern vom Vermögen werden von der Bemessungsgrundlage der deutschen Steuer ebenfalls Beteiligungen ausgenommen, deren Dividenden, falls solche gezahlt werden, nach dem vorhergehenden Satz von der Steuerbemessungsgrundlage auszunehmen wären.	Für die Zwecke der Steuern vom Vermögen werden von der Bemessungsgrundlage der deutschen Steuer ebenfalls Beteiligungen ausgenommen, deren Ausschüttungen, falls solche gezahlt würden, nach den vorstehenden Sätzen von der Steuerbemessungsgrundlage auszunehmen wären.
b) Auf die von den nachstehenden Einkünften aus der Volksrepublik China zu erhebende deutsche Einkommensteuer und Körperschaftsteuer wird unter Beachtung der Vorschriften des deutschen Steuerrechts über die Anrechnung ausländischer Steuern die chinesische Steuer angerechnet, die nach chinesischem Recht und in Übereinstimmung mit diesem Abkommen gezahlt worden ist für	b) Auf die deutsche Steuer vom Einkommen für die folgenden Einkünfte wird unter Beachtung der Vorschriften des deutschen Steuerrechts über die Anrechnung ausländischer Steuern die chinesische Steuer angerechnet, die nach chinesischem Recht und in Übereinstimmung mit diesem Abkommen gezahlt wurde:
aa) Dividenden, die nicht unter Buchstabe a fallen;	(i) Dividenden, die nicht unter Buchstabe a fallen,
bb) Zinsen;	(ii) Zinsen,
cc) Lizenzgebühren;	(iii) Lizenzgebühren,
dd) Einkünfte, auf die Artikel 13 Absatz 4 Anwendung findet;	(iv) Einkünfte, die nach Artikel 13 Absätze 4 und 5 in China besteuert werden können,
ee) Vergütungen, auf die Artikel 16 Anwendung findet;	(v) Aufsichtsrats- und Verwaltungsratsvergütungen,

ff) Einkünfte, auf die Artikel 17 Anwendung findet;
gg) Einkünfte, auf die Artikel 22 Absatz 3 Anwendung findet.

(vi) Einkünfte, die nach Artikel 17 besteuert werden können.

c) Bei der Anwendung von Buchstabe b gelten als anzurechnende chinesische Steuer:

aa) im Fall der unter Buchstabe b Doppelbuchstabe aa genannten Dividenden: 10 vom Hundert des Bruttobetrags der Dividenden;
bb) im Fall der unter Buchstabe b Doppelbuchstabe bb und cc genannten Zinsen und Lizenzgebühren jeweils 15 vom Hundert des Bruttobetrages dieser Zahlungen.

c) Auf Einkünfte im Sinne der Artikel 7 und 10 und auf die diesen Einkünften zugrunde liegenden Vermögenswerte ist statt Buchstabe a Buchstabe b anzuwenden, wenn die in der Bundesrepublik Deutschland ansässige Person nicht nachweist, dass die Betriebsstätte in dem Wirtschaftsjahr, in dem sie den Gewinn erzielt hat, oder die in China ansässige Gesellschaft in dem Wirtschaftsjahr, für das sie die Ausschüttung vorgenommen hat, ihre Bruttoerträge ausschließlich oder fast ausschließlich aus unter § 8 Absatz 1 Nr. 1 bis 6 des deutschen Außensteuergesetzes fallenden Tätigkeiten bezogen hat; Gleiches gilt für unbewegliches Vermögen, das einer Betriebsstätte dient, und die daraus erzielten Einkünfte (Artikel 6 Absatz 4) sowie für Gewinne aus der Veräußerung dieses unbeweglichen Vermögens (Artikel 13 Absatz 1) und des beweglichen Vermögens, das Betriebsvermögen der Betriebsstätte darstellt (Artikel 13 Absatz 2).

d) Die Bundesrepublik Deutschland behält aber das Recht, die nach diesem Abkommen von der deutschen Steuer ausgenommenen Einkünfte und Vermögenswerte bei der Festsetzung ihres Steuersatzes zu berücksichtigen.

e) Ungeachtet des Buchstabens a wird die Doppelbesteuerung durch Steueranrechnung nach Buchstabe b vermieden,

(i) wenn in den Vertragsstaaten Einkünfte oder Vermögen unterschiedlichen

Abkommensbestimmungen zugeordnet oder verschiedenen Personen zugerechnet werden (außer nach Artikel 9) und dieser Konflikt sich nicht durch ein Verfahren nach Artikel 25 Absatz 3 regeln lässt und wenn aufgrund dieser unterschiedlichen Zuordnung oder Zurechnung die betreffenden Einkünfte oder Vermögenswerte unbesteuert blieben oder niedriger als ohne diesen Konflikt besteuert würden oder

(ii) wenn die zuständige chinesische Behörde nach gehöriger Konsultation mit der zuständigen deutschen Behörde dieser schriftlich andere Einkünfte notifiziert, bei denen sie die Anrechnungsmethode nach Buchstabe b anzuwenden beabsichtigt. Die Doppelbesteuerung der notifizierten Einkünfte wird dann durch Steueranrechnung ab dem ersten Tag des Kalenderjahrs vermieden, das dem Kalenderjahr folgt, in dem die Notifikation übermittelt wurde.

Artikel 26 – Verständigungsverfahren

(1) Ist eine Person der Auffassung, dass Maßnahmen eines Vertragsstaats oder beider Vertragsstaaten für sie zu einer Besteuerung führen oder führen werden, die diesem Abkommen nicht entspricht, so kann sie unbeschadet der nach dem innerstaatlichen Recht dieser Staaten vorgesehenen Rechtsmittel ihren Fall der zuständigen Behörde des Vertragsstaats, in dem sie ansässig ist, oder, sofern ihr Fall von Artikel 25 Absatz 1 erfasst wird, der zuständigen Behörde des Vertragsstaats unterbreiten, dessen Staatsangehöriger sie ist. Der Fall muss innerhalb von drei Jahren nach der ersten Mitteilung der Maßnahme

Artikel 25 – Verständigungsverfahren

(1) Ist eine Person der Auffassung, dass Maßnahmen eines Vertragsstaats oder beider Vertragsstaaten für sie zu einer Besteuerung führen oder führen werden, die diesem Abkommen nicht entspricht, so kann sie unbeschadet der nach dem innerstaatlichen Recht dieser Staaten vorgesehenen Rechtsmittel ihren Fall der zuständigen Behörde des Vertragsstaats, in dem sie ansässig ist, oder, sofern ihr Fall von Artikel 24 Absatz 1 erfasst wird, der zuständigen Behörde des Vertragsstaats unterbreiten, dessen Staatsangehöriger sie ist. Der Fall muss innerhalb von drei Jahren nach der ersten Mitteilung der Maßnahme

unterbreitet werden, die zu einer dem Abkommen nicht entsprechenden Besteuerung führt.

unterbreitet werden, die zu einer dem Abkommen nicht entsprechenden Besteuerung führt.

(2) Hält die zuständige Behörde die Einwendung für begründet und ist sie selbst nicht in der Lage, eine befriedigende Lösung herbeizuführen, so wird sie sich bemühen, den Fall durch Verständigung mit der zuständigen Behörde des anderen Vertragsstaats so zu regeln, dass eine dem Abkommen nicht entsprechende Besteuerung vermieden wird. Die erzielte Verständigungsregelung ist ungeachtet der Fristen des innerstaatlichen Rechts der Vertragsstaaten durchzuführen.

(2) Hält die zuständige Behörde die Einwendung für begründet und ist sie selbst nicht in der Lage, eine befriedigende Lösung herbeizuführen, so wird sie sich bemühen, den Fall durch Verständigung mit der zuständigen Behörde des anderen Vertragsstaats so zu regeln, dass eine dem Abkommen nicht entsprechende Besteuerung vermieden wird. Die erzielte Einigung ist ungeachtet der Fristen des innerstaatlichen Rechts der Vertragsstaaten umzusetzen.

(3) Die zuständigen Behörden der Vertragsstaaten werden sich bemühen, Schwierigkeiten oder Zweifel, die bei der Auslegung oder Anwendung des Abkommens entstehen, in gegenseitigem Einvernehmen zu beseitigen. Sie können auch gemeinsam darüber beraten, wie eine Doppelbesteuerung in Fällen vermieden werden kann, die im Abkommen nicht behandelt sind.

(3) Die zuständigen Behörden der Vertragsstaaten werden sich bemühen, Schwierigkeiten oder Zweifel, die bei der Auslegung oder Anwendung des Abkommens entstehen, in gegenseitigem Einvernehmen zu beseitigen. Sie können auch gemeinsam darüber beraten, wie eine Doppelbesteuerung in Fällen vermieden werden kann, die im Abkommen nicht behandelt sind.

(4) Die zuständigen Behörden der Vertragsstaaten können zur Herbeiführung einer Einigung im Sinne der vorstehenden Absätze unmittelbar miteinander verkehren.

(4) Die zuständigen Behörden der Vertragsstaaten können zur Herbeiführung einer Einigung im Sinne der vorstehenden Absätze unmittelbar miteinander verkehren. Bei Bedarf können sich Vertreter der zuständigen Behörden und der zuständigen Steuerverwaltungen zu einem Meinungsaustausch treffen.

Artikel 27 – Informationsaustausch

Artikel 26 – Informationsaustausch

(1) Die zuständigen Behörden der Vertragsstaaten tauschen die Informationen

(1) Die zuständigen Behörden der Vertragsstaaten tauschen die Informationen

aus, die zur Durchführung dieses Abkommens erforderlich sind. Alle Informationen, die ein Vertragsstaat erhalten hat, sind ebenso geheimzuhalten wie die auf Grund des innerstaatlichen Rechts dieses Staates beschafften Informationen und dürfen nur den Personen oder Behörden (einschließlich der Gerichte und der Verwaltungsbehörden) zugänglich gemacht werden, die mit der Veranlagung oder Erhebung, der Vollstreckung oder Strafverfolgung oder mit der Entscheidung von Rechtsbehelfen und Rechtsmittel hinsichtlich der unter das Abkommen fallenden Steuern befasst sind. Diese Personen oder Behörden dürfen die Informationen nur für diese Zwecke verwenden. Sie dürfen die Informationen in einem öffentlichen Gerichtsverfahren oder in einer Gerichtsentscheidung offenlegen.

aus, die zur Durchführung dieses Abkommens oder zur Anwendung oder Durchsetzung des innerstaatlichen Rechts betreffend Steuern jeder Art und Bezeichnung, die für Rechnung der Vertragsstaaten oder ihrer Gebietskörperschaften erhoben werden, voraussichtlich erheblich sind, soweit die diesem Recht entsprechende Besteuerung nicht dem Abkommen widerspricht. Der Informationsaustausch ist durch die Artikel 1 und 2 nicht eingeschränkt.

(2) Alle Informationen, die ein Vertragsstaat nach Absatz 1 erhalten hat, sind ebenso geheim zu halten wie die aufgrund des innerstaatlichen Rechts dieses Staates beschafften Informationen und dürfen nur den Personen oder Behörden (einschließlich der Gerichte und der Verwaltungsbehörden) zugänglich gemacht werden, die mit der Veranlagung oder Erhebung, der Vollstreckung oder Strafverfolgung, der Entscheidung über Rechtsmittel hinsichtlich der in Absatz 1 genannten Steuern oder mit der Aufsicht darüber mit dem Ziel der ordnungsgemäßen Anwendung dieses Abkommens und des Steuerrechts befasst sind. Diese Personen oder Behörden dürfen die Informationen nur für diese Zwecke verwenden. Sie dürfen die Informationen in öffentlichen Gerichtsverfahren oder in Gerichtsentscheidungen offenlegen.

(3) Absatz 1 ist nicht so auszulegen, als verpflichte er einen Vertragsstaat,	(3) Die Absätze 1 und 2 sind nicht so auszulegen, als verpflichteten sie einen Vertragsstaat,
a) Verwaltungsmaßnahmen durchzuführen, die von den Gesetzen und der Verwaltungspraxis dieses oder des anderen Vertragsstaats abweichen;	a) Verwaltungsmaßnahmen durchzuführen, die von den Gesetzen oder der Verwaltungspraxis dieses oder des anderen Vertragsstaats abweichen;
b) Informationen zu erteilen, die nach den Gesetzen oder im üblichen Verwaltungsverfahren dieses oder des anderen Vertragsstaats nicht beschafft werden können;	b) Informationen zu erteilen, die nach den Gesetzen oder im üblichen Verwaltungsverfahren dieses oder des anderen Vertragsstaats nicht beschafft werden können;
c) Informationen zu erteilen, die ein Handels-, Industrie-, Gewerbe- oder Berufsgeheimnis oder ein Geschäftsverfahren preisgeben würden oder deren Erteilung der öffentlichen Ordnung widerspräche.	c) Informationen zu erteilen, die ein Handels-, Industrie-, Gewerbe- oder Berufsgeheimnis oder ein Geschäftsverfahren preisgeben würden oder deren Erteilung der öffentlichen Ordnung (ordre public) widerspräche.
	(4) Ersucht ein Vertragsstaat gemäß diesem Artikel um Informationen, so nutzt der andere Vertragsstaat die ihm zur Verfügung stehenden Möglichkeiten zur Beschaffung der erbetenen Informationen, selbst wenn er diese Informationen für seine eigenen steuerlichen Zwecke nicht benötigt. Die im vorstehenden Satz enthaltene Verpflichtung unterliegt den Beschränkungen gemäß Absatz 3, wobei diese Beschränkungen in keinem Fall so auszulegen sind, als könne ein Vertragsstaat die Erteilung von Informationen nur deshalb ablehnen, weil er kein innerstaatliches Interesse an diesen Informationen hat.
	(5) Absatz 3 ist nicht so auszulegen, als könne ein Vertragsstaat die Erteilung von Informationen nur deshalb ablehnen, weil sich die Informationen bei einer Bank,

einem sonstigen Finanzinstitut, einem Bevollmächtigen, Vertreter oder Treuhänder befinden oder weil sie sich auf das Eigentum an einer Person beziehen.

Artikel 27 – Amtshilfe bei der Erhebung von Steuern

(1) Die Vertragsstaaten leisten sich gegenseitige Amtshilfe bei der Erhebung von Steueransprüchen. Die zuständigen Behörden der Vertragsstaaten können in gegenseitigem Einvernehmen regeln, wie dieser Artikel durchzuführen ist.

(2) Dieser Artikel ist in keinem Fall so auszulegen, als verpflichte er einen Vertragsstaat,

a) Verwaltungsmaßnahmen durchzuführen, die vom Recht oder der Verwaltungspraxis dieses oder des anderen Vertragsstaats abweichen;

b) Maßnahmen durchzuführen, die der öffentlichen Ordnung (ordre public) widersprächen.

b) English Version

1985	2017
Article 1 – Personal Scope of Application	Article 1 – Persons Covered
This Agreement shall apply to persons who are residents of one or both of the Contracting States.	This Agreement shall apply to persons who are residents of one or both of the Contracting States.
Article 3 – General Definitions	Article 3 – General Definitions
(1) For the purposes of this Agreement, unless the context otherwise requires:	(1) For the purposes of this Agreement, unless the context otherwise requires:
a) the terms "a Contracting State" and "the other Contracting State" mean the People's Republic of China or the Federal Republic of Germany as the context requires, and when used in a geographical sense, means all the territory where the tax law of the respective Contracting State applies, including the coastal seas the zones beyond where the respective Contracting State has sovereign rights of exploration for and exploitation of resources of the sea-bed and its sub-soil and superjacent water resources in accordance with international law;	a) the term "China" means the People's Republic of China, and when used in a geographical sense, means all the territory of the People's Republic of China, including its territorial sea, in so far as the Chinese laws relating to taxation apply, and any area beyond its territorial sea, insofar as the People's Republic of China has sovereign rights of exploration for and exploitation of resources of the sea-bed and its sub-soil and superjacent water resources in accordance with international law and its internal law;
b) the term "person" includes an individual, a company and any other body of persons;	b) the term "Germany" means the Federal Republic of Germany, and when used in a geographical sense, means the territory of the Federal Republic of Germany as well as the area of the sea-bed, its sub-soil and the superjacent waters adjacent to the territorial sea, in so far as the Federal Republic of Germany may exercise sovereign rights and jurisdiction in conformity with international law and its national legislation for the purpose of exploring, exploiting,

	conserving and managing the living and non-living natural resources;
c) the term "company" means any body corporate or any entity that is treated as a body corporate for tax purposes;	c) the term "a Contracting State" and "the other Contracting State" mean the Federal Republic of Germany or China as the context requires;
d) the terms "enterprise of a Contracting State" and "enterprise of the other Contracting State" mean respectively an enterprise carried on by a resident of a Contracting State and an enterprise carried on by a resident of the other Contracting State;	d) the term "person" includes an individual, a company and any other body of persons;
e) the term "national" means a natural person who is a national of the respective Contracting State according to this Contracting State's laws, and any legal person, partnership and association deriving its status as such from the laws in force in the respective Contracting State;	e) the term "company" means any body corporate or any entity that is treated as a body corporate for tax purposes;
f) the term "international traffic" means any transport by a ship or aircraft operated by an enterprise that has its place of general management in a Contracting State, except when the ship or aircraft is operated solely between places in the other Contracting State;	f) the terms "enterprise of a Contracting State" and "enterprise of the other Contracting State" mean respectively an enterprise carried on by a resident of a Contracting State and an enterprise carried on by a resident of the other Contracting State;
g) the term "competent authority" means, in the case of China, the State Administration of Taxation or its authorized representative, and in the case of the Federal Republic of Germany, the Federal Ministry of Finance.	g) the term "international traffic" means any transport by a ship or aircraft operated by an enterprise that has its place of effective management in a Contracting State, except when the ship or aircraft is operated solely between places in the other Contracting State;

h) the term "national" means:
(i) in respect of the Federal Republic of Germany, any German within the meaning of the Basic Law for the Federal Republic of Germany and any legal person, partnership and association deriving its status as such from the laws in force in the Federal Republic of Germany;
(ii) in respect of China, any individual possessing the nationality of the People's Republic of China, and any legal person, partnership or association deriving its status as such from the laws in force in the People's Republic of China;

(i) the term "competent authority" means:
(ii) in the case of China, the State Administration of Taxation or its authorized representative;
(iii) in the case of the Federal Republic of Germany, the Federal Ministry of Finance or the agency to which it has delegated its powers.

(2) As regards the application of the Agreement at any time by a Contracting State, any term not defined therein shall, unless the context otherwise requires, have the meaning which it has at that time under the law of that State for the purposes of the taxes to which the Agreement applies.

(2) As regards the application of the Agreement at any time by a Contracting State, any term not defined therein shall, unless the context otherwise requires, have the meaning which it has at that time under the law of that State for the purposes of the taxes to which the Agreement applies, any meaning under the applicable tax laws of that State prevailing over a meaning given to the term under other laws of that State.

Article 4 - Resident

Article 4 - Resident

(1) For the purposes of this Agreement, the term "resident of a Contracting State" means any person who, under the laws of that State, is liable to tax therein by reason

(1) For the purposes of this Agreement, the term "resident of a Contracting State" means any person who, under the laws of that State, is liable to tax therein by reason of his

of his domicile, residence, place of general management or any other criterion of a similar nature.	domicile, residence, place of incorporation, place of effective management or any other criterion of a similar nature, and also includes that State or its local authorities. This term, however, does not include any person who is liable to tax in that State in respect only of income from sources in that State or capital situated therein.
(2) Where by reason of the provisions of paragraph 1 an individual is a resident of both Contracting States, then his status shall be determined as follows:	(2) Where by reason of the provisions of paragraph 1 an individual is a resident of both Contracting States, then his status shall be determined as follows:
a) he shall be deemed to be a resident only of the State in which he has a permanent home available to him; if he has a permanent home available to him in both States, he shall be deemed to be a resident only of the State with which his personal and economic relations are closer (centre of vital interests);	a) he shall be deemed to be a resident only of the State in which he has a permanent home available to him; if he has a permanent home available to him in both States, he shall be deemed to be a resident only of the State with which his personal and economic relations are closer (centre of vital interests);
b) if the State in which he has his centre of vital interests cannot be determined, or if he has not a permanent home available to him in either State, he shall be deemed to be a resident only of the State in which he has a habitual abode;	b) if the State in which he has his centre of vital interests cannot be determined, or if he has not a permanent home available to him in either State, he shall be deemed to be a resident only of the State in which he has a habitual abode;
c) if he has a habitual abode in both States or in neither of them, he shall be deemed to be a resident only of the State of which he is a national;	c) if he has a habitual abode in both States or in neither of them, he shall be deemed to be a resident only of the State of which he is a national;
d) if he is a national of both States or of neither of them, the competent authorities of the Contracting States shall settle the question by mutual agreement.	d) if he is a national of both States or of neither of them, the competent authorities of the Contracting States shall settle the question by mutual agreement.
(3) Where by reason of the provisions of paragraph 1 a person other than an individual is a resident of both Contracting	(3) Where by reason of the provisions of paragraph 1 a person other than an individual is a resident of both Contracting

States, then it shall be deemed to be a resident only of the State in which its place of general management is situated.	States, then it shall be deemed to be a resident only of the State in which its place of effective management is situated.
Article 5 - Permanent Establishment	Article 5 - Permanent Establishment
(1) For the purposes of this Agreement, the term "permanent establishment" means a fixed place of business through which the business of an enterprise is wholly or partly carried on.	(1) For the purposes of this Agreement, the term "permanent establishment" means a fixed place of business through which the business of an enterprise is wholly or partly carried on.
(2) The term "permanent establishment" includes especially:	(2) The term "permanent establishment" includes especially:
a) a place of management; b) a branch; c) an office; d) a factory; e) a workshop, and f) a mine, an oil or gas well, a quarry or any other place of extraction of natural resources.	a) a place of management; b) a branch; c) an office; d) a factory; e) a workshop, and f) a mine, an oil or gas well, a quarry or any other place of extraction of natural resources.
(3) The term "permanent establishment" likewise encompasses:	(3) The term "permanent establishment" likewise encompasses:
a) A building site, or construction, assembly or installation project or supervisory activities in connection therewith, but only if such site, project or activities last more than twelve months;	a) A building site, or construction, assembly or installation project or supervisory activities in connection therewith, but only if such site, project or activities last more than twelve months;
b) The furnishing of services, including consultancy services, by an enterprise through employees or other personnel engaged for such purpose, but only if activities of that nature continue (for the same or a connected project) within a Contracting State for a period or periods aggregating more than six months within any twelve-month period.	b) The furnishing of services, including consultancy services, by an enterprise through employees or other personnel engaged for such purpose, but only if activities of that nature continue (for the same or a connected project) within a Contracting State for a period or periods aggregating more than 183 days within any twelve-month period.

(4) Notwithstanding paragraphs 1 to 3 of this Article, the term "permanent establishment" shall be deemed not to include:	(4) Notwithstanding the preceding provisions of this Article, the term "permanent establishment" shall be deemed not to include:
a) the use of facilities solely for the purpose of storage, display or delivery of goods or merchandise belonging to the enterprise;	a) the use of facilities solely for the purpose of storage, display or delivery of goods or merchandise belonging to the enterprise;
b) the maintenance of a stock of goods or merchandise belonging to the enterprise solely for the purpose of storage, display or delivery;	b) the maintenance of a stock of goods or merchandise belonging to the enterprise solely for the purpose of storage, display or delivery;
c) the maintenance of a stock of goods or merchandise belonging to the enterprise solely for the purpose of processing by another enterprise;	c) the maintenance of a stock of goods or merchandise belonging to the enterprise solely for the purpose of processing by another enterprise;
d) the maintenance of a fixed place of business solely for the purpose of purchasing goods or merchandise or of collecting information, for the enterprise;	d) the maintenance of a fixed place of business solely for the purpose of purchasing goods or merchandise or of collecting information, for the enterprise;
e) the maintenance of a fixed place of business solely for the purpose of carrying on, for the enterprise, any other activity of a preparatory or auxiliary character;	e) the maintenance of a fixed place of business solely for the purpose of carrying on, for the enterprise, any other activity of a preparatory or auxiliary character;
f) the maintenance of a fixed place of business solely for any combination of activities mentioned in sub-paragraphs a) to e), provided that the overall activity of the fixed place of business resulting from this combination is of a preparatory or auxiliary character.	f) the maintenance of a fixed place of business solely for any combination of activities mentioned in sub-paragraphs a) to e), provided that the overall activity of the fixed place of business resulting from this combination is of a preparatory or auxiliary character.
(5) Notwithstanding the provisions of paragraphs 1 and 2, where a person – other than an agent of an independent status to whom paragraph 6 applies – is acting in a Contracting State on behalf of an enterprise of the other Contracting State and has, and habitually exercises, in that Contracting State an authority to conclude contracts in the name of the enterprise, that enterprise shall be deemed to have a permanent	(5) Notwithstanding the provisions of paragraphs 1 and 2, where a person – other than an agent of an independent status to whom paragraph 6 applies – is acting in a Contracting State on behalf of an enterprise of the other Contracting State and has, and habitually exercises, in that Contracting State an authority to conclude contracts in the name of the enterprise, that enterprise shall be deemed to have a permanent

establishment in that Contracting State in respect of any activities which that person undertakes for the enterprise, unless the activities of such person are limited to those mentioned in paragraph 4 which, if exercised through a fixed place of business, would not make this fixed place of business a permanent establishment under the provisions of that paragraph.

(6) An enterprise of a Contracting State shall not be deemed to have a permanent establishment in the other Contracting State merely because it carries on business in that other State through a broker, general commission agent or any other agent of an independent status, provided that such persons are acting in the ordinary course of their business.

(7) The fact that a company which is a resident of a Contracting State controls or is controlled by a company which is a resident of the other Contracting State, or which carries on business in that other State (whether through a permanent establishment or otherwise), shall not of itself constitute either company a permanent establishment of the other.

establishment in that Contracting State in respect of any activities which that person undertakes for the enterprise, unless the activities of such person are limited to those mentioned in paragraph 4 which, if exercised through a fixed place of business, would not make this fixed place of business a permanent establishment under the provisions of that paragraph.

(6) An enterprise of a Contracting State shall not be deemed to have a permanent establishment in the other Contracting State merely because it carries on business in that other State through a broker, general commission agent or any other agent of an independent status, provided that such persons are acting in the ordinary course of their business. However, when the activities of such an agent are devoted wholly or almost wholly on behalf of that enterprise, and conditions are made or imposed between that enterprise and the agent in their commercial and financial relations which differ from those which would have been made between independent enterprises, he will not be considered an agent of an independent status within the meaning of this paragraph.

(7) The fact that a company which is a resident of a Contracting State controls or is controlled by a company which is a resident of the other Contracting State, or which carries on business in that other State (whether through a permanent establishment or otherwise), shall not of itself constitute either company a permanent establishment of the other.

Article 10 – Dividends	Article 10 – Dividends
(1) Dividends paid by a company which is a resident of a Contracting State to a resident of the other Contracting State may be taxed in that other State.	(1) Dividends paid by a company which is a resident of a Contracting State to a resident of the other Contracting State may be taxed in that other State.
(2) However, such dividends may also be taxed in the Contracting State of which the company paying the dividends is a resident and according to the laws of that State, but if the recipient of the dividends is the beneficial owner, the tax so charged shall not exceed 10 percent of the gross amount of the dividends. This paragraph shall not affect the taxation of the company in respect of the profits out of which the dividends are paid.	(2) However, such dividends may also be taxed in the Contracting State of which the company paying the dividends is a resident and according to the laws of that State, but if the beneficial owner of the dividends is a resident of the other Contracting State, the tax so charged shall not exceed:
	a) 5 per cent of the gross amount of the dividends if the beneficial owner is a company (other than a partnership) which holds directly at least 25 per cent of the capital of the company paying the dividends; b) 15 per cent of the gross amount of the dividends where those dividends are paid out of income or gains derived directly or indirectly from immovable property within the meaning of Article 6 by an investment vehicle which distributes most of this income or gains annually and whose income or gains from such immovable property is exempted from tax; c) 10 per cent of the gross amount of the dividends in all other cases. This paragraph shall not affect the taxation of the company in respect of the profits out of which the dividends are paid.
(3) The term “dividends” as used in this Article means income from shares, mining share certificates, founder’s shares, or other rights, not being debt-claims, participating	(3) The term “dividends” as used in this Article means income from shares or other rights, not being debt-claims, participating in profits, or other income which is subjected

in profits, or other income from shares which is subjected to the same taxation treatment as income from shares by the laws of the State of which the company making the distribution is a resident.

to the same taxation treatment as income from shares by the laws of the State of which the company making the distribution is a resident.

(4) The provisions of paragraphs 1 and 2 shall not apply if the beneficial owner of the dividends, being a resident of a Contracting State, carries on business in the other Contracting State of which the company paying the dividends is a resident through a permanent establishment situated therein, or performs in that other State independent personal services from a fixed base situated therein, and the holding in respect of which the dividends are paid is effectively connected with such permanent establishment or fixed base. In such case the provisions of Article 7 or Article 14, as the case may be, shall apply.

(4) The provisions of paragraphs 1 and 2 shall not apply if the beneficial owner of the dividends, being a resident of a Contracting State, carries on business in the other Contracting State of which the company paying the dividends is a resident through a permanent establishment situated therein, or performs in that other State independent personal services from a fixed base situated therein, and the holding in respect of which the dividends are paid is effectively connected with such permanent establishment or fixed base. In such case the provisions of Article 7 or Article 14, as the case may be, shall apply.

(5) Where a company which is a resident of a Contracting State derives profits or income from the other Contracting State, that other State may not impose any tax on the dividends paid by the company, except insofar as such dividends are paid to a resident of that other State or insofar as the holding in respect of which the dividends are paid is effectively connected with a permanent establishment or a fixed base situated in that other State, nor subject the company's undistributed profits to a tax on the company's undistributed profits, even if the dividends paid or the undistributed profits consist wholly or partly of profits or income arising in such other State.

(5) Where a company which is a resident of a Contracting State derives profits or income from the other Contracting State, that other State may not impose any tax on the dividends paid by the company, except insofar as such dividends are paid to a resident of that other State or insofar as the holding in respect of which the dividends are paid is effectively connected with a permanent establishment or a fixed base situated in that other State, nor subject the company's undistributed profits to a tax on the company's undistributed profits, even if the dividends paid or the undistributed profits consist wholly or partly of profits or income arising in such other State.

Article 11 – Interest (1) Interest arising in a Contracting State and paid to a resident of the other Contracting State may be taxed in that other State.	Article 11 – Interest (1) Interest arising in a Contracting State and paid to a resident of the other Contracting State may be taxed in that other State.
(2) However, such interest may also be taxed in the Contracting State in which it arises and according to the laws of that State, but if the recipient of the interest is the beneficial owner, the tax so charged shall not exceed 10 per cent of the gross amount of the interest.	(2) However, such interest may also be taxed in the Contracting State in which it arises and according to the laws of that State, but if the beneficial owner of the interest is a resident of the other Contracting State, the tax so charged shall not exceed 10 per cent of the gross amount of the interest.
(3) Notwithstanding the provisions of paragraph 2,	(3) Notwithstanding the provisions of paragraph 2,
a) interest arising in the Federal Republic of Germany shall be exempt from the German tax if they are paid:	a) interest arising in a Contracting State and paid to the Government of the other Contracting State shall be exempt from tax in the first-mentioned State;
aa) to the Government of the People's Republic of China, bb) to the People's Bank of China; the Agricultural Bank of China; the Development Bank of China; the Investment Bank of China; and the Industry and Commerce Bank of China; cc) in consideration of a loan that is secured or financed directly by the Bank of China or the Chinese International Trust and Investment Corporation; or dd) to a state-owned credit institution of the Government of the People's Republic of China, if the competent authority of both Contracting States have agreed thereto;	
b) interest arising in the People's Republic of China shall be exempt from the Chinese tax if they are paid:	b) interest arising in a Contracting State and paid in consideration of a loan guaranteed or insured by the other Contracting State or any financial institution wholly owned

aa) to the Government of the Federal Republic of Germany;
bb) to the German Federal Bank (Deutsche Bundesbank), the Development Loan Corporation (Kreditanstalt für Wiederaufbau) or the German Credit Company for Investment in Developing Countries (Deutsche Finanzierungsgesellschaft für Beteiligungen in Entwicklungsländern),
cc) in consideration of a loan that is secured or financed directly by the Hermes Coverage; or
für ein Darlehen, das unmittelbar von der Hermes Deckung verbürgt oder finanziert ist oder
dd) to any public credit institution of the Federal Republic of Germany, if the competent authorities of both States have agreed thereto

by it shall be exempt from tax in the first-mentioned State;

c) interest arising in China and paid to the German Federal Bank (Deutsche Bundesbank), the Development Loan Corporation (Kreditanstalt für Wiederaufbau) or the German Investment and Development Company (DEG - Deutsche Investitions- und Entwicklungsgesellschaft mbH), and any public credit institution of the Federal Republic of Germany, if the competent authorities of both States have agreed thereto, shall be exempt from Chinese tax;
d) interest arising in the Federal Republic of Germany and paid to:

(i) the People's Bank of China;
(ii) the China Development Bank Corporation;
(iii) the Agricultural Development Bank of China;

	(iv) the Export-Import Bank of China; (v) the National Council for Social Security Fund; (vi) the China Investment Corporation, and (vii) any other public credit institution of the Government of China, if the competent authorities of both States have agreed thereto; shall be exempt from German tax.
(4) The term "interest" as used in this Article means income from debt-claims of every kind, whether or not secured by mortgage or a participation in the debtor's profits, and in particular, income from government securities and income from bonds or debentures, including premiums and prizes attaching to such securities, bonds or debentures. Penalty charges for late payment shall not be regarded as interest for the purpose of this Article.	(4) Notwithstanding the provisions of paragraph 2, interest as referred to in paragraph 1 may be taxed only in the Contracting State of which the recipient is a resident if the recipient is the beneficial owner of the interest and the interest is paid in connection with the sale of commercial or scientific equipment on credit.
(5) The provisions of paragraphs 1 to 3 shall not apply if the beneficial owner of the interest, being a resident of a Contracting State, carries on business in the other Contracting State in which the interest arises, through a permanent establishment situated therein, or performs in that other State independent personal services from a fixed base situated therein, and the debt-claim in respect of which the interest is paid is effectively connected with such permanent establishment or fixed base. In such case the provisions of Article 7 or Article 14, as the case may be, shall apply.	(5) The term "interest" as used in this Article means income from debt-claims of every kind, whether or not secured by mortgage, and in particular, income from government securities and income from bonds or debentures, including premiums and prizes attaching to such securities, bonds or debentures. Penalty charges for late payment shall not be regarded as interest for the purpose of this Article.
(6) Interest shall be deemed to arise in a Contracting State when the payer is either the Contracting State itself, one of its regional administrative bodies a resident of that	(6) The provisions of paragraphs 1 to 4 shall not apply if the beneficial owner of the interest, being a resident of a Contracting State, carries on business in the other

State. Where, however, the person paying the interest, whether he is a resident of a Contracting State or not, has in a Contracting State a permanent establishment or a fixed base in connection with which the indebtedness on which the interest is paid was incurred, and such interest is borne by such permanent establishment or fixed base, then such interest shall be deemed to arise in the State in which the permanent establishment or fixed base is situated.

Contracting State in which the interest arises, through a permanent establishment situated therein, or performs in that other State independent personal services from a fixed base situated therein, and the debt-claim in respect of which the interest is paid is effectively connected with such permanent establishment or fixed base. In such case the provisions of Article 7 or Article 14, as the case may be, shall apply.

(7) Where, by reason of a special relationship between the payer and the beneficial owner or between both of them and some other person, the amount of the interest, having regard to the debt-claim for which it is paid, exceeds the amount which would have been agreed upon by the payer and the beneficial owner in the absence of such relationship, the provisions of this Article shall apply only to the last-mentioned amount. In such case, the excess part of the payments shall remain taxable according to the laws of each Contracting State, due regard being had to the other provisions of this Agreement.

(7) Interest shall be deemed to arise in a Contracting State when the payer is a resident of that State. Where, however, the person paying the interest, whether he is a resident of a Contracting State or not, has in a Contracting State a permanent establishment or a fixed base in connection with which the indebtedness on which the interest is paid was incurred, and such interest is borne by such permanent establishment or fixed base, then such interest shall be deemed to arise in the State in which the permanent establishment or fixed base is situated.

(8) Where, by reason of a special relationship between the payer and the beneficial owner or between both of them and some other person, the amount of the interest, having regard to the debt-claim for which it is paid, exceeds the amount which would have been agreed upon by the payer and the beneficial owner in the absence of such relationship, the provisions of this Article shall apply only to the last-mentioned amount. In such case, the excess part of the payments shall remain taxable according to the laws of each Contracting State, due regard being had to the other provisions of this Agreement.

Article 12 – Royalties

Article 12 – Royalties

(1) Royalties arising in a Contracting State and paid to a resident of the other Contracting State may be taxed in that other State.	(1) Royalties arising in a Contracting State and beneficially owned by a resident of the other Contracting State may be taxed in that other State.
(2) However, such royalties may also be taxed in the Contracting State in which they arise and according to the laws of that State, but if the recipient of the royalties is the beneficial owner, the tax so charged shall not exceed 10 percent of the gross amount of the royalties.	(2) However, such royalties may also be taxed in the Contracting State in which they arise and according to the laws of that State, but if the beneficial owner of the royalties is a resident of the other Contracting State, the tax so charged shall not exceed:
	a) in the case of royalties referred to in sub-paragraph a) of paragraph 3, 10 per cent of the gross amount of the royalties, and
	b) in the case of royalties referred to in sub-paragraph b) of paragraph 3, 10 per cent of the adjusted amount of the royalties. For the purpose of this sub-paragraph "the adjusted amount" means 60 per cent of the gross amount of the royalties.
(3) The term "royalties" as used in this Article means payments of any kind received as a consideration for the use of, or the right to use, any copyright of literary, artistic or scientific work, including cinematograph films, and films or tapes for radio or television broadcasting, any patent, trade mark, design or model, plan, secret formula or process, or for the use or the right to use industrial, commercial or scientific equipment, or for information (know-how) concerning industrial, commercial or scientific experience.	(3) The term "royalties" as used in this Article means:
	a) payments of any kind received as a consideration for the use of, or the right to use, any copyright of literary, artistic or scientific work, including cinematograph films, and films or tapes for radio or television broadcasting, any patent, trade mark, design or model, plan, secret formula or process, or for information (know-how) concerning industrial, commercial or scientific experience, and
	b) payments of any kind received as a consideration for the use of, or the right to use, any industrial, commercial or scientific equipment.

(4) The provisions of paragraphs 1 and 2 shall not apply if the beneficial owner of the royalties, being a resident of a Contracting State, carries on business in the other Contracting State in which the royalties arise, through a permanent establishment situated therein, or performs in that other State independent personal services from a fixed base situated therein, and the right or property in respect of which the royalties are paid is effectively connected with such permanent establishment or fixed base. In such case the provisions of Article 7 or Article 14, as the case may be, shall apply.

(4) The provisions of paragraphs 1 and 2 shall not apply if the beneficial owner of the royalties, being a resident of a Contracting State, carries on business in the other Contracting State in which the royalties arise, through a permanent establishment situated therein, or performs in that other State independent personal services from a fixed base situated therein, and the right or property in respect of which the royalties are paid is effectively connected with such permanent establishment or fixed base. In such case the provisions of Article 7 or Article 14, as the case may be, shall apply.

(5) Royalties shall be deemed to arise in a Contracting State when the payer is either the Contracting State itself, one of its regional administrative bodies or a resident of that Contracting State. Where, however, the person paying the royalties, whether he is a resident of a Contracting State or not, has in a Contracting State a permanent establishment or a fixed base in connection with which the liability to pay the royalties was incurred, and such royalties are borne by such permanent establishment or fixed base, then such royalties shall be deemed to arise in the State in which the permanent establishment or fixed base is situated.

(5) Royalties shall be deemed to arise in a Contracting State when the payer is a resident of that Contracting State. Where, however, the person paying the royalties, whether he is a resident of a Contracting State or not, has in a Contracting State a permanent establishment or a fixed base in connection with which the liability to pay the royalties was incurred, and such royalties are borne by such permanent establishment or fixed base, then such royalties shall be deemed to arise in the State in which the permanent establishment or fixed base is situated.

(6) Where, by reason of a special relationship between the payer and the beneficial owner or between both of them and some other person, the amount of the royalties, having regard to the use, right or information for which they are paid, exceeds the amount which would have been agreed upon by the payer and the beneficial owner in the absence of such relationship, the provisions of this Article shall apply only to the last-mentioned amount. In such case, the excess

(6) Where, by reason of a special relationship between the payer and the beneficial owner or between both of them and some other person, the amount of the royalties, having regard to the use, right or information for which they are paid, exceeds the amount which would have been agreed upon by the payer and the beneficial owner in the absence of such relationship, the provisions of this Article shall apply only to the last-mentioned amount. In such case, the excess

part of the payments shall remain taxable according to the laws of each Contracting State, due regard being had to the other provisions of this Agreement.	part of the payments shall remain taxable according to the laws of each Contracting State, due regard being had to the other provisions of this Agreement.
Article 15 - Employment	Article 15 – Income from Employment
(1) Subject to the provisions of Articles 16, 18, 19 and 20, salaries, wages and other similar remuneration derived by a resident of a Contracting State in respect of an employment shall be taxable only in that State unless the employment is exercised in the other Contracting State. If the employment is so exercised, such remuneration as is derived therefrom may be taxed in that other State.	(1) Subject to the provisions of Articles 16, 18 and 19, salaries, wages and other similar remuneration derived by a resident of a Contracting State in respect of an employment shall be taxable only in that State unless the employment is exercised in the other Contracting State. If the employment is so exercised, such remuneration as is derived therefrom may be taxed in that other State.
(2) Notwithstanding the provisions of paragraph 1, remuneration derived by a resident of a Contracting State in respect of an employment exercised in the other Contracting State shall be taxable only in the first-mentioned State if:	(2) Notwithstanding the provisions of paragraph 1, remuneration derived by a resident of a Contracting State in respect of an employment exercised in the other Contracting State shall be taxable only in the first-mentioned State if:
a) the recipient is present in the other State for a period or periods not exceeding in the aggregate 183 days in any calendar year concerned, and	a) the recipient is present in the other State for a period or periods not exceeding in the aggregate 183 days in any twelve-month period commencing or ending in the fiscal year concerned, and
b) the remuneration is paid by, or on behalf of, an employer who is not a resident of the other State, and	b) the remuneration is paid by, or on behalf of, an employer who is not a resident of the other State, and
c) the remuneration is not borne by a permanent establishment or a fixed base which the employer has in the other State.	c) the remuneration is not borne by a permanent establishment or a fixed base which the employer has in the other State.
(3) Notwithstanding the preceding provisions of this Article, remuneration derived in respect of an employment exercised aboard	(3) Notwithstanding the preceding provisions of this Article, remuneration derived in respect of an employment exercised aboard

a ship or aircraft operated in international traffic, may be taxed in the Contracting State in which the place of general management of the enterprise which operates the ship or aircraft is situated.	a ship or aircraft operated in international traffic, may be taxed in the Contracting State in which the place of effective management of the enterprise which operates the ship or aircraft is situated.
Article 16 – Directors' Fees	Article 16 – Directors' Fees
Directors' fees and other similar payments derived by a resident of a Contracting State in his capacity as a member of the board of directors of a company which is a resident of the other Contracting State may be taxed in that other State.	Directors' fees and other similar payments derived by a resident of a Contracting State in his capacity as a member of the board of directors of a company which is a resident of the other Contracting State may be taxed in that other State.
Article 24 - Elimination of Double Taxation	Article 23 - Methods for Elimination of Double Taxation
(1) For a person being resident in the People's Republic of China, double taxation shall be eliminated as follows:	(1) In China, in accordance with the provisions of the law of China, double taxation shall be eliminated as follows:
a) The amount of tax on that income payable in the Federal Republic of Germany in accordance with the provisions of this Agreement may be credited against the Chinese tax imposed on that resident. The amount of the credit, however, shall not exceed the amount of the Chinese tax on that income computed in accordance with the taxation laws and regulations of the People's Republic of China.	a) Where a resident of China derives income from the Federal Republic of Germany, the amount of tax on that income payable in the Federal Republic of Germany in accordance with the provisions of this Agreement may be credited against the Chinese tax imposed on that resident. The amount of the credit, however, shall not exceed the amount of the Chinese tax on that income computed in accordance with the taxation laws and regulations of China.
b) Where the income derived from the Federal Republic of Germany is dividend paid by a company which is a resident of the Federal Republic of Germany to a company which is a resident of the People's Republic of China and which owns not less than 10	b) Where the income derived from the Federal Republic of Germany is dividend paid by a company which is a resident of the Federal Republic of Germany to a company which is a resident of China and which owns not less than 20 per cent of the shares

per cent of the shares of the company paying the dividend, the tax paid in the People's Republic of China shall be credited the tax paid to the Federal Republic of Germany by the company paying the dividend in respect of its income.	of the company paying the dividend, the credit shall take into account the tax paid to the Federal Republic of Germany by the company paying the dividend in respect of its income.
(2) For a person being resident in the Federal Republic of Germany, double taxation shall be eliminated as follows:	(2) In the Federal Republic of Germany, in accordance with the provisions of the law of the Federal Republic of Germany, double taxation shall be eliminated as follows:
a) Where sub-paragraph b) is not applicable, there shall be exempted from the assessment basis of the German tax any item of income arising in the People's Republic of China and any item of capital situated within the People's Republic of China which, according to this Agreement, may be taxed in the People's Republic of China. However, the Federal Republic of Germany take into account such exempted income and capital items when assessing the basis of the taxes. In the case of items of income from dividends, the preceding provision shall apply only to such dividends as are paid to a company (not including partnerships) being a resident of the Federal Republic of Germany by a company being a resident of the People's Republic of China at least 10 per cent of the capital of which is owned directly by the German company. There shall be exempted from the assessment basis of the taxes on capital any shareholding the dividends of which if paid, would be exempted, according to the foregoing sentences.	a) Unless foreign tax credit is to be allowed under sub-paragraph b), there shall be exempted from the assessment basis of the German tax any item of income arising in China and any item of capital situated within China which, according to this Agreement, may be taxed in China. In the case of items of income from dividends, the preceding provision shall apply only to such dividends as are paid to a company (not including partnerships) being a resident of the Federal Republic of Germany by a company being a resident of China at least 25 per cent of the capital of which is owned directly by the German company and which were not deducted when determining the profits of the company distributing these dividends. There shall be exempted from the assessment basis of the taxes on capital any shareholding the dividends of which if paid, would be exempted, according to the foregoing sentences.
b) Subject to the provisions of German tax law regarding credit for foreign tax, there shall be allowed as a credit against German personal and coporate income tax payable in	b) Subject to the provisions of German tax law regarding credit for foreign tax, there shall be allowed as a credit against German tax on income payable in respect of the fol-

respect of the following items of income the Chinese tax paid under the laws of China and in accordance with this Agreement:

(i) dividends not dealt with in sub-paragraph a);
(ii) interest;
(iii) royalties;
(iv) items of income that may be taxed in China according to paragraphs 4 and 5 of Article 13;
(v) directors' fees;
(vi) items of income that may be taxed according to Article 17.
(vii) items of income that may be taxed according to Article 22 paragraph 3.

c) Creditable Chinese tax under sub-paragraph b) is:

aa) in case of dividends according to sub-paragraph b), sub-sub-paragraph aa): 10 per cent of the gross dividend amount;
bb) in case of interest and royalries according to sub-paragraph b), sub-sub-paragraph bb) and cc) 15 per cent of the gross payment amount.

lowing items of income the Chinese tax paid under the laws of China and in accordance with this Agreement:

(i) dividends not dealt with in sub-paragraph a);
(ii) interest;
(iii) royalties;
(iv) items of income that may be taxed in China according to paragraphs 4 and 5 of Article 13;
(v) directors' fees;
(vi) items of income that may be taxed according to Article 17.

c) The provisions of sub-paragraph b) shall apply instead of the provisions of sub-paragraph a) to items of income as defined in Articles 7 and 10 and to the assets from which such income is derived if the resident of the Federal Republic of Germany does not prove that the gross income of the permanent establishment in the business year in which the profit has been realised or of the company resident in China in the business year for which the dividends were paid was derived exclusively or almost exclusively from activities within the meaning of nos. 1 to 6 of paragraph 1 of section 8 of the German Law on External Tax Relations (Aussensteuergesetz); the same shall apply to immovable property used by a permanent establishment and to income from this immovable property of the permanent establishment (paragraph 4 of Article 6) and to profits from the alienation of such immovable property (paragraph 1 of Article 13) and of the movable property forming part of the business property of the

Current DTA	New DTA
	permanent establishment (paragraph 2 of Article 13).
	d) The Federal Republic of Germany, however, retains the right to take into account in the determination of its rate of tax the items of income and capital, which are under the provisions of this Agreement exempted from German tax.
	e) Notwithstanding the provisions of sub-paragraph a), double taxation shall be avoided by allowing a tax credit as laid down in sub-paragraph b) i) if in the Contracting States items of income or capital are placed under differing provisions of this Agreement or attributed to different persons (except pursuant to Article 9) and this conflict cannot be settled by a procedure in accordance with paragraph 3 of Article 25 and if as a result of this difference in placement or attribution the relevant income or capital would remain untaxed or be taxed lower than without this conflict or ii) if after due consultation with the competent authority of China, the German competent authority notifies the Chinese competent authority in writing of other items of income to which it intends to apply the provisions of sub-paragraph b). Double taxation is then avoided for the notified item of income by allowing a tax credit from the first day of the calendar year next following that in which the notification was made.
Article 26 – Mutual Agreement Procedure	Article 25 – Mutual Agreement Procedure
(1) Where a person considers that the actions of one or both of the Contracting States result or will result for him in taxation	(1) Where a person considers that the actions of one or both of the Contracting States result or will result for him in taxation

not in accordance with the provisions of this Agreement, he may, irrespective of the remedies provided by the domestic law of those States, present his case to the competent authority of the Contracting State of which he is a resident or, if his case comes under paragraph 1 of Article 24, to that of the Contracting State of which he is a national. The case must be presented within three years from the first notification of the action resulting in taxation not in accordance with the provisions of the Agreement.

(2) The competent authority shall endeavor, if the objection appears to it to be justified and if it is not itself able to arrive at a satisfactory solution, to resolve the case by mutual agreement with the competent authority of the other Contracting State, with a view to the avoidance of taxation which is not in accordance with the Agreement. Any agreement reached shall be implemented notwithstanding any time limits in the domestic law of the Contracting States.

(3) The competent authorities of the Contracting States shall endeavor to resolve by mutual agreement any difficulties or doubts arising as to the interpretation or application of the Agreement. They may also consult together for the elimination of double taxation in cases not provided for in the Agreement.

(4) The competent authorities of the Contracting States may communicate with each other directly for the purpose of reaching an agreement in the sense of the preceding paragraphs.

not in accordance with the provisions of this Agreement, he may, irrespective of the remedies provided by the domestic law of those States, present his case to the competent authority of the Contracting State of which he is a resident or, if his case comes under paragraph 1 of Article 24, to that of the Contracting State of which he is a national. The case must be presented within three years from the first notification of the action resulting in taxation not in accordance with the provisions of the Agreement.

(2) The competent authority shall endeavor, if the objection appears to it to be justified and if it is not itself able to arrive at a satisfactory solution, to resolve the case by mutual agreement with the competent authority of the other Contracting State, with a view to the avoidance of taxation which is not in accordance with the Agreement. Any agreement reached shall be implemented notwithstanding any time limits in the domestic law of the Contracting States.

(3) The competent authorities of the Contracting States shall endeavor to resolve by mutual agreement any difficulties or doubts arising as to the interpretation or application of the Agreement. They may also consult together for the elimination of double taxation in cases not provided for in the Agreement.

(4) The competent authorities of the Contracting States may communicate with each other directly for the purpose of reaching an agreement in the sense of the preceding paragraphs. If necessary, representatives of the competent authorities

	and of the responsible tax administrations may meet for an exchange of opinions.
Article 27 - Exchange of Information	Article 26 - Exchange of Information
(1) The competent authorities of the Contracting States shall exchange such information as is foreseeably relevant for carrying out the provisions of this Agreement. Any information received under paragraph 1 by a Contracting State shall be treated as secret in the same manner as information obtained under the domestic laws of that State and shall be disclosed only to persons or authorities (including courts and administrative bodies) concerned with the assessment or collection of, the enforcement or prosecution in respect of, the determination of appeals in relation to the taxes referred to in paragraph 1, or the oversight of the above with a view to the proper application of this Agreement and the tax laws. Such persons or authorities shall use the information only for such purposes. They may disclose the information in public court proceedings or in judicial decisions.	(1) The competent authorities of the Contracting States shall exchange such information as is foreseeably relevant for carrying out the provisions of this Agreement or to the administration or enforcement of the domestic laws concerning taxes of every kind and description imposed on behalf of the Contracting States or their local authorities, insofar as the taxation thereunder is not contrary to the Agreement. The exchange of information is not restricted by Articles 1 and 2.
	(2) Any information received under paragraph 1 by a Contracting State shall be treated as secret in the same manner as information obtained under the domestic laws of that State and shall be disclosed only to persons or authorities (including courts and administrative bodies) concerned with the assessment or collection of, the enforcement or prosecution in respect of, the determination of appeals in relation to the taxes referred to in paragraph 1, or the oversight of the above with a view to the proper application of this Agreement and the tax laws. Such persons or authorities shall

	use the information only for such purposes. They may disclose the information in public court proceedings or in judicial decisions.
(3) In no case shall the provisions of paragraph 1 be construed so as to impose on a Contracting State the obligation:	(3) In no case shall the provisions of paragraphs 1 and 2 be construed so as to impose on a Contracting State the obligation:
a) to carry out administrative measures at variance with the laws and administrative practice of that or of the other Contracting State;	a) to carry out administrative measures at variance with the laws and administrative practice of that or of the other Contracting State;
b) to supply information which is not obtainable under the laws or in the normal course of the administration of that or of the other Contracting State;	b) to supply information which is not obtainable under the laws or in the normal course of the administration of that or of the other Contracting State;
c) to supply information which would disclose any trade, business, industrial, commercial or professional secret or trade process, or information, the disclosure of which would be contrary to public policy (ordre public).	c) to supply information which would disclose any trade, business, industrial, commercial or professional secret or trade process, or information, the disclosure of which would be contrary to public policy (ordre public).
	(4) If information is requested by a Contracting State in accordance with this Article, the other Contracting State shall use its information gathering measures to obtain the requested information, even though that other State may not need such information for its own tax purposes. The obligation contained in the preceding sentence is subject to the limitations of paragraph 3 but in no case shall such limitations be construed to permit a Contracting State to decline to supply information solely because it has no domestic interest in such information.
	(5) In no case shall the provisions of paragraph 3 be construed to permit a Contracting State to decline to supply

information solely because the information is held by a bank, other financial institution, nominee or person acting in an agency or a fiduciary capacity or because it relates to ownership interests in a person.

Article 27 – Assistance in the Collection of Taxes

(1) The Contracting States shall endeavour to lend assistance to each other in the collection of revenue claims. The competent authorities of the Contracting States may by mutual agreement settle the mode of application of this Article.
(2) In no case shall the provisions of this Article be construed so as to impose on a Contracting State the obligations:

a) to carry out administrative measures at variance with the law and administrative practice of that or of the other Contracting State;

b) to carry out measures which would be contrary to public policy (ordre public).

5. Full Text of the new DTA Germany-China

a) German Version

http://www.bundesfinanzministerium.de/Content/DE/Standardartikel/Themen/Steuern/Internationales_Steuerrecht/Staatenbezogene_Informationen/Laender_A_Z/China/2014-03-28-China-Abkommen-DBA-28-Maerz-2014-deutsche-Sprachfassung.pdf?__blob=publicationFile&v=2

b) English Version

http://www.bundesfinanzministerium.de/Content/DE/Standardartikel/Themen/Steuern/Internationales_Steuerrecht/Staatenbezogene_Informationen/Laender_A_Z/China/2014-03-28-China-Abkommen-DBA-28-Maerz-2014-englische-Sprachfassung.pdf?__blob=publicationFile&v=2

c) Chinese Version

http://www.bundesfinanzministerium.de/Content/DE/Standardartikel/Themen/Steuern/Internationales_Steuerrecht/Staatenbezogene_Informationen/Laender_A_Z/China/2014-03-28-China-Abkommen-DBA-28-Maerz-2014-chinesische-Sprachfassung.pdf?__blob=publicationFile&v=3

6. Social Security Agreement Germany/China (in English and German)

82 Bundesgesetzblatt Jahrgang 2002 Teil II Nr. 3, ausgegeben zu Bonn am 23. Januar 2002

Gesetz zu dem Abkommen vom 12. Juli 2001 zwischen der Bundesrepublik Deutschland und der Volksrepublik China über Sozialversicherung

Vom 17. Januar 2002

Der Bundestag hat mit Zustimmung des Bundesrates das folgende Gesetz beschlossen:

Artikel 1

Dem in Peking am 12. Juli 2001 unterzeichneten Abkommen zwischen der Bundesrepublik Deutschland und der Volksrepublik China über Sozialversicherung wird zugestimmt. Das Abkommen wird nachstehend veröffentlicht.

Artikel 2

Die Bundesregierung wird ermächtigt, durch Rechtsverordnung mit Zustimmung des Bundesrates Vereinbarungen zur Durchführung des Abkommens in Kraft zu setzen oder in Ermangelung solcher Vereinbarungen das Nähere zu regeln. Dabei können zur Anwendung und Durchführung des Abkommens insbesondere über folgende Gegenstände Regelungen getroffen werden:

1. Aufklärungs-, Anzeige- und Mitteilungspflichten sowie das Bereitstellen von Beweismitteln zwischen den mit der Durchführung des Abkommens befassten Stellen sowie zwischen diesen und den betroffenen Personen,
2. das Ausstellen, die Vorlage und Übermittlung von Bescheinigungen sowie die Verwendung von Vordrucken,
3. die Zuständigkeit der Versicherungsträger oder anderer im Abkommen genannter Stellen und Behörden.

Artikel 3

(1) Dieses Gesetz tritt am Tage nach seiner Verkündung in Kraft.

(2) Der Tag, an dem das Abkommen nach seinem Artikel 16 in Kraft tritt, ist im Bundesgesetzblatt bekannt zu geben.

Das vorstehende Gesetz wird hiermit ausgefertigt und wird im Bundesgesetzblatt verkündet.

Berlin, den 17. Januar 2002

Der Bundespräsident
Johannes Rau

Der Bundeskanzler
Gerhard Schröder

Der Bundesminister
für Arbeit und Sozialordnung
Walter Riester

Der Bundesminister des Auswärtigen
J. Fischer

Bundesgesetzblatt Jahrgang 2002 Teil II Nr. 3, ausgegeben zu Bonn am 23. Januar 2002 83

Abkommen zwischen der Bundesrepublik Deutschland und der Volksrepublik China über Sozialversicherung

Agreement between the Federal Republic of Germany and the People's Republic of China on Social Insurance

Die Bundesrepublik Deutschland

und

die Volksrepublik China –

in dem Wunsch, die gegenseitige Zusammenarbeit im Bereich der sozialen Sicherheit zu fördern, die Beschäftigung von Arbeitnehmern im anderen Vertragsstaat zu erleichtern und insbesondere zu vermeiden, dass Arbeitnehmer gleichzeitig nach den Rechtsvorschriften beider Vertragsstaaten versicherungspflichtig sind,

nach Verhandlungen zwischen Vertretern der Regierungen beider Vertragsstaaten –

sind wie folgt übereingekommen:

Artikel 1

Begriffsbestimmungen

(1) In diesem Abkommen bedeuten die Begriffe

a) „Rechtsvorschriften"

in Bezug auf die Volksrepublik China

die Gesetze, Rechtsbestimmungen, Verwaltungsvorschriften und sonstigen normativen Akte, die sich auf die vom Geltungsbereich dieses Abkommens (Artikel 2 Nummer 1) erfassten Systeme der sozialen Sicherheit beziehen,

in Bezug auf die Bundesrepublik Deutschland

die Gesetze, Verordnungen, Satzungen und sonstigen allgemein rechtsetzenden Akte, die sich auf die vom Geltungsbereich dieses Abkommens (Artikel 2 Nummer 2) erfassten Systeme der sozialen Sicherheit beziehen;

b) „zuständige Behörde"

in Bezug auf die Volksrepublik China

das Ministerium für Arbeit und Soziale Sicherheit,

in Bezug auf die Bundesrepublik Deutschland

das Bundesministerium für Arbeit und Sozialordnung;

c) „Träger"

in Bezug auf die Volksrepublik China

die Sozialversicherungsverwaltung des Ministeriums für Arbeit und Soziale Sicherheit oder andere von diesem Ministerium bezeichnete Stellen,

The Federal Republic of Germany

and

the People's Republic of China –

Being desirous of furthering their mutual cooperation in the field of social security, of facilitating the employment of employees in the other Contracting State and, in particular, of avoiding that employees are subject to compulsory coverage under the legislation of both Contracting States at the same time,

After negotiations between representatives of the governments of both Contracting States –

Have agreed as follows:

Article 1

Definitions

(1) For the purpose of this Agreement,

a) "legislation" means,

as regards the People's Republic of China,

the laws, legal provisions, administrative provisions and other normative acts concerning the social security systems covered by the scope of this Agreement (number 1 of Article 2);

as regards the Federal Republic of Germany,

the laws, regulations, by-laws and other general legislative acts concerning the social security systems covered by the scope of this Agreement (number 2 of Article 2);

b) "competent authority" means,

as regards the People's Republic of China,

the Ministry of Labour and Social Security;

as regards the Federal Republic of Germany,

the Federal Ministry of Labour and Social Affairs;

c) "agency" means,

as regards the People's Republic of China,

the Social Insurance Administration of the Ministry of Labour and Social Security or other bodies designated by the said Ministry;

in Bezug auf die Bundesrepublik Deutschland

der Versicherungsträger, dem die Durchführung der in Artikel 2 Nummer 2 bezeichneten Rechtsvorschriften obliegt.

(2) Andere Begriffe haben die Bedeutung, die ihnen nach den anzuwendenden Rechtsvorschriften des betreffenden Vertragsstaats zukommt.

Artikel 2

Geltungsbereich

Dieses Abkommen bezieht sich auf die folgenden Rechtsvorschriften:

1. in Bezug auf die Volksrepublik China

   die gesetzliche Rentenversicherung,
   die Arbeitslosenversicherung;

2. in Bezug auf die Bundesrepublik Deutschland

   die gesetzliche Rentenversicherung,
   die Arbeitsförderung.

Artikel 3

Versicherungspflicht von Arbeitnehmern

Sofern dieses Abkommen nichts anderes bestimmt, richtet sich die Versicherungspflicht von Arbeitnehmern nach den Rechtsvorschriften des Vertragsstaats, in dessen Hoheitsgebiet sie beschäftigt sind; dies gilt auch, wenn sich der Arbeitgeber im Hoheitsgebiet des anderen Vertragsstaats befindet.

Artikel 4

Versicherungspflicht bei Entsendung

Wird ein Arbeitnehmer, der in einem Vertragsstaat beschäftigt ist, im Rahmen dieses Beschäftigungsverhältnisses von seinem Arbeitgeber in das Hoheitsgebiet des anderen Vertragsstaats entsandt, um dort eine Arbeit für diesen Arbeitgeber auszuführen, so gelten in Bezug auf diese Beschäftigung während der ersten 48 Kalendermonate allein die Rechtsvorschriften des ersten Vertragsstaats über die Versicherungspflicht so weiter, als wäre er noch in dessen Hoheitsgebiet beschäftigt.

Artikel 5

Versicherungspflicht auf Seeschiffen

Für die an Bord eines Seeschiffs, das die Flagge eines der beiden Vertragsstaaten führt, beschäftigten Personen gelten die Rechtsvorschriften dieses Vertragsstaats über die Versicherungspflicht. Wird jedoch ein Arbeitnehmer, der sich gewöhnlich im Hoheitsgebiet eines Vertragsstaats aufhält, vorübergehend zur Arbeit auf ein Seeschiff, das die Flagge des anderen Vertragsstaats führt, entsandt, so gelten in Bezug auf die Versicherungspflicht für diesen Arbeitnehmer die Rechtsvorschriften des ersten Vertragsstaats, als wäre er in dessen Hoheitsgebiet beschäftigt.

Artikel 6

Versicherungspflicht anderer Personen

Die Bestimmungen der Artikel 3 bis 5 und des Artikels 8 über die Versicherungspflicht gelten entsprechend für andere Personen, auf die sich die vom Geltungsbereich dieses Abkommens (Artikel 2) erfassten Rechtsvorschriften beziehen.

Artikel 7

Versicherungspflicht von Beschäftigten bei Auslandsvertretungen

Dieses Abkommen berührt nicht die Personen, die unter das Wiener Übereinkommen vom 18. April 1961 über diplomatische Beziehungen oder das Wiener Übereinkommen vom 24. April 1963 über konsularische Beziehungen fallen.

as regards the Federal Republic of Germany,

the insurance institution responsible for the implementation of the legislation specified in number 2 of Article 2.

(2) Any other term has the meaning assigned to it under the applicable legislation of the respective Contracting State.

Article 2

Scope

This Agreement shall apply to the following legislation:

1. as regards the People's Republic of China,

   the Statutory Pension Insurance,
   the Unemployment Insurance;

2. as regards the Federal Republic of Germany,

   the Statutory Pension Insurance,
   the Promotion of Employment.

Article 3

Compulsory coverage of employees

Unless otherwise provided in this Agreement, compulsory coverage of employees shall be determined by the legislation of the Contracting State in whose territory they are employed; this shall also apply in cases where the employer is in the territory of the other Contracting State.

Article 4

Compulsory coverage in case of detachment

When an employee who is employed in one Contracting State is sent by his employer to the territory of the other Contracting State in the context of that employment to perform services there for that employer, only the legislation on compulsory coverage of the first Contracting State shall continue to apply with regard to that employment during the first forty-eight calendar months as though the employee were still employed in the territory of the first Contracting State.

Article 5

Compulsory coverage on board sea-going vessels

Persons employed on board a sea-going vessel flying the flag of either Contracting State shall be subject to the legislation on compulsory coverage of that Contracting State. However, where an employee who ordinarily resides in the territory of one Contracting State is temporarily sent to work on a sea-going vessel flying the flag of the other Contracting State, the legislation of the first Contracting State shall apply to this employee with regard to compulsory coverage as though the employee were employed in the territory of the first Contracting State.

Article 6

Compulsory coverage of other persons

The provisions of Articles 3 to 5 and 8 on compulsory coverage shall apply accordingly to other persons to whom the legislation covered by the scope of this Agreement (Article 2) applies.

Article 7

Compulsory coverage of persons employed with diplomatic missions

Nothing in this Agreement shall affect the persons specified in the Vienna Convention on Diplomatic Relations of April 18, 1961, or in the Vienna Convention on Consular Relations of April 24, 1963.

Artikel 8

Ausnahmen von den Bestimmungen über die Versicherungspflicht

Sind nach den Artikeln 3 bis 5 und 7 auf einen Arbeitnehmer oder nach Artikel 6 auf eine andere Person in Bezug auf die Versicherungspflicht die Rechtsvorschriften eines Vertragsstaats über die Versicherungspflicht anwendbar, so kann die zuständige Behörde dieses Vertragsstaats oder die von ihr bezeichnete Stelle diesen Arbeitnehmer oder diese andere Person auf gemeinsamen Antrag des Arbeitnehmers und des Arbeitgebers oder auf Antrag der anderen Person von diesen Rechtsvorschriften befreien, wenn für den Arbeitnehmer oder für die andere Person die Rechtsvorschriften des anderen Vertragsstaats über die Versicherungspflicht gelten. Vor der Entscheidung über die Befreiung ist der zuständigen Behörde des anderen Vertragsstaats oder der von ihr bezeichneten Stelle Gelegenheit zur Erklärung zu geben, ob für den Arbeitnehmer oder die andere Person die Rechtsvorschriften des anderen Vertragsstaats über die Versicherungspflicht gelten. Bei einer solchen Entscheidung sind die Art und die Umstände der Beschäftigung zu berücksichtigen. Sätze 1 bis 3 gelten insbesondere für einen Arbeitnehmer eines Unternehmens mit Sitz in einem Vertragsstaat, der vorübergehend von einer Beteiligungsgesellschaft dieses Unternehmens im anderen Vertragsstaat beschäftigt wird und für diesen Zeitraum zu Lasten der Beteiligungsgesellschaft Arbeitsentgelt bezieht.

Article 8

Exceptions from the provisions on compulsory coverage

As regards compulsory coverage, where, by virtue of the provisions of Articles 3 to 5 and 7, the legislation on compulsory coverage of one Contracting State is applicable to an employee or, by virtue of the provision of Article 6, to any other person, the competent authority of that Contracting State or the body designated by it may exempt that employee or that other person from that legislation at the joint request of that employee and the employer or at the request of that other person, provided that the employee or the other person will be subject to the legislation on compulsory coverage of the other Contracting State. Before the decision on the exemption is taken, the competent authority of that other Contracting State or the body designated by it shall be given the opportunity to state whether that employee or that other person will be subject to the legislation on compulsory coverage of that other Contracting State. In making such a decision, the nature and the circumstances of the employment shall be taken into account. The preceding sentences shall apply in particular to an employee of a company which has its seat in one Contracting State, who is temporarily employed by an affiliate of this company in the other Contracting State and who receives remuneration at the expense of the affiliate for this period.

Artikel 9

Ausstellung von Bescheinigungen

(1) In den Fällen der Artikel 4 bis 6 und 8 stellt der zuständige Träger des Vertragsstaats, dessen Rechtsvorschriften anzuwenden sind, in Bezug auf die in Betracht kommende Beschäftigung auf Antrag eine Bescheinigung darüber aus, dass der Arbeitnehmer diesen Rechtsvorschriften untersteht. Diese Bescheinigung muss in den Fällen der Artikel 4 und 8 mit einer Gültigkeitsdauer versehen sein.

(2) Sind die deutschen Rechtsvorschriften anzuwenden, so stellt der Träger der Krankenversicherung, der die Beiträge zur Rentenversicherung erhebt, oder, falls es einen solchen Träger nicht gibt, die Bundesversicherungsanstalt für Angestellte, Berlin, diese Bescheinigung aus.

(3) Sind die chinesischen Rechtsvorschriften anzuwenden, so stellen die Sozialversicherungsverwaltung des Ministeriums für Arbeit und Soziale Sicherheit oder andere von diesem Ministerium bezeichnete Stellen die Bescheinigung aus.

Article 9

Issue of certifications

(1) In the circumstances described in Articles 4 to 6 and 8, the competent agency of the Contracting State whose legislation is to be applied shall, upon request, issue a certification in respect of the relevant employment stating that the employee is subject to that legislation. In the circumstances described in Articles 4 and 8, the certification must include information on the period for which it is valid.

(2) Where German legislation is to be applied, the certification shall be issued by the sickness insurance agency which collects the pension insurance contributions, or if there is no such agency, by the Federal Insurance Institution for Salaried Employees (Bundesversicherungsanstalt für Angestellte), Berlin.

(3) Where Chinese legislation is to be applied, the certification shall be issued by the Social Insurance Administration of the Ministry of Labour and Social Security or by other bodies designated by the said Ministry.

Artikel 10

Amtshilfe

Die in diesem Abkommen bezeichneten Behörden und die Träger der Vertragsstaaten leisten einander bei der Durchführung dieses Abkommens gegenseitige Hilfe, als wendeten sie die für sie geltenden Rechtsvorschriften an. Die Hilfe ist kostenlos.

Article 10

Administrative assistance

The authorities of the Contracting States specified in this Agreement and the agencies of the Contracting States shall provide mutual assistance to each other in the implementation of this Agreement as if they applied the legislation applicable to them. The assistance shall be provided free of charge.

Artikel 11

Verkehrssprachen und Legalisation

(1) Die in diesem Abkommen bezeichneten Behörden und die Träger der Vertragsstaaten können bei der Durchführung dieses Abkommens unmittelbar miteinander in ihren Amtssprachen verkehren.

(2) Schriftstücke, insbesondere Anträge und Bescheinigungen, dürfen nicht deshalb zurückgewiesen werden, weil sie in der Amtssprache des anderen Vertragsstaats abgefasst sind.

(3) Schriftstücke, insbesondere Bescheinigungen, die in Anwendung dieses Abkommens vorzulegen sind, bedürfen keiner Legalisation oder einer anderen ähnlichen Förmlichkeit.

Article 11

Languages of communication and legalisation

(1) In implementing this Agreement the authorities of the Contracting States specified in this Agreement and the agencies of the Contracting States may communicate directly with each other in their official languages.

(2) Documents, especially applications and certifications, may not be rejected because they are written in the official language of the other Contracting State.

(3) Documents, especially certifications, to be submitted in application of this Agreement shall not require any legalisation or any other similar formality.

Artikel 12

Datenschutz

Soweit aufgrund dieses Abkommens personenbezogene Daten übermittelt werden, gelten die nachfolgenden Bestimmungen unter Beachtung der für jeden Vertragsstaat geltenden Rechtsvorschriften:

a) Die Daten dürfen für die Durchführung dieses Abkommens an die danach im Empfängerstaat relevanten Behörden und Träger übermittelt werden. Die Behörden und die Träger im Empfängerstaat dürfen sie für diese Zwecke verarbeiten und nutzen. Eine Weiterübermittlung im Empfängerstaat an andere Stellen oder die Nutzung im Empfängerstaat ist im Rahmen des Rechts des Empfängerstaats zulässig, wenn dies Zwecken der sozialen Sicherung dient. Im Übrigen darf die Weiterübermittlung an andere Stellen nur mit vorheriger Zustimmung der übermittelnden Behörde oder des übermittelnden Trägers erfolgen.

b) Der Empfänger unterrichtet die übermittelnde Behörde oder den übermittelnden Träger auf Ersuchen in Einzelfällen über die Verwendung der übermittelten Daten und über die dadurch erzielten Ergebnisse.

c) Die übermittelnde Behörde oder der übermittelnde Träger ist verpflichtet, auf die Richtigkeit der zu übermittelnden Daten sowie auf die Erforderlichkeit und Verhältnismäßigkeit in Bezug auf den mit der Übermittlung verfolgten Zweck zu achten. Dabei sind die nach den jeweiligen innerstaatlichen Gesetzen und Rechtsvorschriften geltenden Übermittlungsverbote zu beachten. Erweist sich, dass unrichtige Daten oder Daten, die nach den innerstaatlichen Gesetzen und Rechtsvorschriften des übermittelnden Staats nicht übermittelt werden durften, übermittelt worden sind, so ist dies dem Empfänger unverzüglich mitzuteilen. Er ist verpflichtet, die Berichtigung oder Löschung vorzunehmen.

d) Dem Betroffenen ist auf Antrag über die zu seiner Person übermittelten Informationen sowie über den vorgesehenen Verwendungszweck Auskunft zu erteilen. Im Übrigen richtet sich das Recht des Betroffenen, über die zu seiner Person vorhandenen Daten Auskunft zu erhalten, nach den innerstaatlichen Gesetzen und Rechtsvorschriften des Vertragsstaats, von dessen Behörde oder Träger die Auskunft begehrt wird.

e) Übermittelte personenbezogene Daten sind zu löschen, sobald sie zu dem Zweck, zu dem sie übermittelt worden sind, nicht mehr erforderlich sind und kein Grund zu der Annahme besteht, dass durch die Löschung schutzwürdige Interessen des Betroffenen im Bereich der sozialen Sicherung beeinträchtigt werden.

f) Die übermittelnden und die empfangenden Behörden oder Träger sind verpflichtet, die Übermittlung und den Empfang von personenbezogenen Daten festzuhalten.

g) Die übermittelnden und die empfangenden Behörden oder Träger sind verpflichtet, personenbezogene Daten, die übermittelt werden, wirksam gegen unbefugten Zugang, unbefugte Veränderung und unbefugte Bekanntgabe zu schützen.

Artikel 13

Durchführungsvereinbarungen

(1) Die Regierungen oder die zuständigen Behörden können die zur Durchführung dieses Abkommens notwendigen Vereinbarungen schließen. Die zuständigen Behörden unterrichten einander über Änderungen und Ergänzungen der für sie geltenden vom Geltungsbereich dieses Abkommens erfassten Rechtsvorschriften (Artikel 2).

(2) Zur Durchführung dieses Abkommens werden hiermit folgende Verbindungsstellen eingerichtet:

a) in der Volksrepublik China

die Abteilung für internationale Zusammenarbeit des chinesischen Ministeriums für Arbeit und Soziale Sicherheit, Peking;

Article 12

Data protection

Where, under this Agreement, personal data are transmitted, the following provisions shall apply taking into consideration the legislation applicable to each Contracting State:

a) The data may, for the purposes of implementing this Agreement, be transmitted to the relevant authorities and agencies in the receiving State. The authorities and agencies in the receiving State may process and use the data for these purposes. The passing on of this data to other bodies within the receiving State or the use of this data in the receiving State is permissible in the framework of the law of the receiving State provided this serves social security purposes. In all other cases the passing on to other bodies shall be only permissible upon prior consent of the transmitting authority or agency.

b) In individual cases the recipient of the data shall, at the request of the transmitting authority or agency, inform that authority or agency of the use of the transmitted data and the results obtained thereof.

c) The transmitting authority or agency shall be obliged to ensure that the data to be transmitted is correct and that its transmission is necessary and proportionate with regard to the purposes pursued with the transmission of the data. In this context, any prohibition to transmit data under the respective national laws and legislation has to be respected. If it becomes evident that incorrect data or data whose transmission was not permissible under the national laws and legislation of the transmitting State has been transmitted, the recipient has to be immediately notified of this fact. The recipient shall be obliged to correct or delete this data.

d) Upon request, the person concerned shall be informed of any personal data transmitted and the intended use of that data. In all other cases, the right of the person concerned to receive information about any personal data held in relation to that person shall be determined by the national laws and legislation of the Contracting State from whose authority or agency the information has been requested.

e) Transmitted personal data shall be deleted as soon as it is no longer required for the purpose for which it was transmitted, and if there is no reason to assume that social security interests of the person concerned which are worthy of protection will be affected by the deletion of the data.

f) The transmitting and the receiving authority or agency shall be obliged to record the transmission and the receipt of personal data.

g) The transmitting and the receiving authority or agency shall be obliged to protect transmitted personal data effectively against unauthorized access, unauthorized modification and unauthorized disclosure.

Article 13

Implementing arrangements

(1) The Governments or the competent authorities may conclude arrangements necessary for the implementation of this Agreement. The competent authorities shall inform each other of any amendments and additions to their legislation which is covered by the scope of this Agreement (Article 2).

(2) The liaison agencies designated for the implementation of this Agreement are:

a) in the People's Republic of China

the Department of International Cooperation, Ministry of Labour and Social Security, Beijing;

b) in der Bundesrepublik Deutschland

die Deutsche Verbindungsstelle Krankenversicherung – Ausland (DVKA), Bonn.

(3) Die Verbindungsstellen können unter Beteiligung der zuständigen Behörden im Rahmen ihrer Zuständigkeit die zur Durchführung dieses Abkommens notwendigen und zweckmäßigen Verwaltungsmaßnahmen vereinbaren. Absatz 1 bleibt jedoch unberührt.

Artikel 14

Streitbeilegung

Streitigkeiten zwischen den beiden Vertragsstaaten über die Auslegung oder die Anwendung des Abkommens und des Protokolls werden auf diplomatischem Wege und gegebenenfalls durch eine im beiderseitigen Einvernehmen gebildete gemeinsame Ad-hoc-Kommission geregelt.

Artikel 15

Protokoll

Das beiliegende Protokoll ist Bestandteil dieses Abkommens.

Artikel 16

Inkrafttreten

Dieses Abkommen tritt am dreißigsten Tag nach dem Tag in Kraft, an dem die Vertragsstaaten einander notifiziert haben, dass die innerstaatlichen Voraussetzungen für das Inkrafttreten erfüllt sind. Maßgebend ist der Tag des Eingangs der letzten Notifikation.

Artikel 17

Abkommensdauer

Das Abkommen wird auf unbestimmte Zeit geschlossen. Jeder Vertragsstaat kann es unter Einhaltung einer Frist von drei Monaten zum Ende eines Kalenderjahrs auf diplomatischem Wege schriftlich kündigen.

Geschehen zu Peking am 12. Juli 2001 in zwei Urschriften, jede in deutscher, chinesischer und englischer Sprache, wobei jeder Wortlaut verbindlich ist. Bei unterschiedlicher Auslegung des deutschen und des chinesischen Wortlauts ist der englische Wortlaut maßgebend.

b) in the Federal Republic of Germany

the German Liaison Agency Health Insurance – International (Deutsche Verbindungsstelle Krankenversicherung – Ausland), Bonn.

(3) The liaison agencies may, within their respective areas of jurisdiction and with the participation of the competent authorities, agree upon the administrative measures necessary and appropriate for the implementation of this Agreement. However, the provision of paragraph 1 shall remain unaffected.

Article 14

Settlement of disputes

Disputes between the two Contracting States regarding the interpretation or application of the Agreement and the Protocol shall be settled through diplomatic channels and, if necessary, by a joint ad hoc commission set up by mutual agreement.

Article 15

Protocol

The attached Protocol shall form an integral part of this Agreement.

Article 16

Entry into force

This Agreement shall enter into force on the thirtieth day after the day on which the Contracting States have notified each other that the national requirements for such entry into force have been fulfilled. The relevant date shall be the day on which the last notification is received.

Article 17

Duration of the Agreement

The Agreement shall be concluded for an indefinite period of time. Either Contracting State may denounce it, through diplomatic channels, at the end of a calendar year by giving three months' written notice.

Done at Beijing on July 12, 2001, in duplicate in the German, Chinese and English languages, all three texts being authentic. In case of divergent interpretations of the German and the Chinese texts, the English text shall prevail.

Für die Bundesrepublik Deutschland
For the Federal Republic of Germany
Klaus Wild
Walter Riester

Für die Volksrepublik China
For the People's Republic of China
Zhang Zuoij

Protokoll
zum Abkommen
zwischen der Bundesrepublik Deutschland
und der Volksrepublik China über Sozialversicherung

Bei der Unterzeichnung des heute zwischen der Bundesrepublik Deutschland und der Volksrepublik China geschlossenen Abkommens über Sozialversicherung erklärten die unterzeichneten Bevollmächtigten beider Vertragsstaaten, dass Einverständnis über Folgendes besteht:

1. Zu Artikel 4 des Abkommens:

   Die festgesetzte Frist beginnt für Personen, die am Tag des Inkrafttretens des Abkommens beschäftigt sind, mit diesem Tag.

2. Zu Artikel 8 des Abkommens:

   Unterliegt bei Anwendung des Artikels 8 des Abkommens die betroffene Person den Rechtsvorschriften eines Vertragsstaats, so gilt sie als an dem Ort beschäftigt oder tätig, an dem sie zuletzt vorher in diesem Vertragsstaat beschäftigt oder tätig war, wobei eine durch die vorherige Anwendung des Artikels 4 des Abkommens zustande gekommene andere Regelung weiter gilt. War sie vorher nicht im Hoheitsgebiet dieses Vertragsstaats beschäftigt oder tätig, so gilt sie als an dem Ort beschäftigt oder tätig, an dem die zuständige Behörde dieses Vertragsstaats ihren Sitz hat.

3. Zu den Artikeln 8 und 16 des Abkommens:

   Artikel 8 des Abkommens ist in Bezug auf einen Arbeitnehmer und Arbeitgeber oder eine Person nach Artikel 6 des Abkommens auch für die Zeit vor dem Inkrafttreten des Abkommens nach Maßgabe der jeweils geltenden innerstaatlichen Rechtsvorschriften anzuwenden, soweit zum Zeitpunkt der Unterzeichnung des Abkommens ein bestandskräftiger Bescheid über offene Beitragsforderungen noch nicht ergangen ist. Die zuständigen Träger können den Erlass von Bescheiden über die Beitragszahlung ab dem Zeitpunkt der Unterzeichnung des Abkommens zurückstellen, sofern das Abkommen in angemessenem Zeitraum nach der Unterzeichnung in Kraft tritt.

Protocol
to the Agreement
between the Federal Republic of Germany
and the People's Republic of China on Social Insurance

At the time of the signing of the Agreement on Social Insurance concluded this day between the Federal Republic of Germany and the People's Republic of China, the undersigned plenipotentiaries of both Contracting States stated that they were in agreement on the following points:

1. With reference to Article 4 of the Agreement:

   For persons who are employed on the day of the entry into force of the Agreement the period specified shall run from that day.

2. With reference to Article 8 of the Agreement:

   If, in applying Article 8 of the Agreement, the person concerned is subject to the legislation of a Contracting State, that person shall be deemed to be employed or work in the place where he was employed or worked last in that Contracting State; any other arrangement resulting from the previous application of Article 4 of the Agreement shall continue to apply. If the person was not employed or did not work previously in the territory of that Contracting State, he shall be deemed to be employed or work at the place where the competent authority of that Contracting State has its seat.

3. With reference to Articles 8 and 16 of the Agreement:

   Article 8 of the Agreement is to be applied with regard to an employee and employer or a person under Article 6 of the Agreement also for the period before the entry into force of the Agreement in accordance with the respectively applicable national legislation if, at the time of the signing of the Agreement, a definitive notice of an order to pay outstanding contributions has not yet been issued. As from the time of the signing of the Agreement, the competent agencies may suspend the issue of notices to pay contributions provided that the Agreement enters into force within a reasonable period of time after its signing.

7. Checklist Secondment

a) German Version

Checkliste Vertragsgestaltung bei Entsendungen nach China

1. Welche Verträge werden benötigt?
   Entsendevereinbarung und /oder lokaler Arbeitsvertrag
2. Ruhen / Aufhebung / aktive Fortführung des deutschen Arbeitsvertrages
3. Stellenbeschreibung / Unterstellung / Berichtspflichten
4. Einsatzort / Dauer der Entsendung
5. Vergütungsregelung, z.B.
   - Zusatzleistungen (z.B. Schulkosten, Heimflüge, Umzug, Unterkunft, Kfz, Sprachunterricht usw.)
   - Inflationsausgleich
   - Kaufkraftausgleich
   - Steuern (einschließlich Beratungskosten)
   - fiktive Fortführung Inlandsgehalt (Schattengehalt)
   - Währung
   - Gehaltssplitting
6. Versicherungen
   - Sozialversicherung (gem. Abkommen)
   - Freiwillige Versicherung (Zuschuss)
   - Zusatzversicherungen (insbesondere Krankenversicherung, Unfall, Haftpflicht, Rechtsschutz)
   - Betriebliche Altersversorgung
   - Kindergeld
7. Vorzeitige Beendigung
   - Fallkonstellationen und Kosten
8. Rückkehrrechte
   - Wiedereingliederung / Status
   - Verrechnung ausländischer Abfindungsansprüche
9. Rechtswahl / Gerichtsstand
10. Aufenthaltsrecht
11. Beteiligung Betriebsrat
12. Rechtsberatung chinesischer Arbeitsvertrag (beide Parteien)
13. Synchronisierung aller Verträge (z.B. hinsichtlich (vorzeitige) Beendigung, Bezüge, Kosten, Pflichten, Dauer, Arbeitszeit, Urlaub, Feiertage, Wettbewerbsverbot, Datenschutz, Ausschlussfristen)

b) English Version

Checklist for Drafting Agreements for Secondment to China

1. Which contracts are required ?
   Secondment agreement and / or local employment agreement
2. Suspension / termination / active continuation of the German employment
3. Job description / subordination / reporting Duties
4. Place of performance / duration of the secondment
5. Remuneration arrangements, e.g.
   - additional benefits (e.g. school fees, flights to Germany, reimbursements for moving costs, housing allowance, car allowance, language training etc.)
   - Inflationary adjustment
   - Cost-of-living adjustment
   - Taxes (including advisory fees)
   - Nominal continuation of the German salary (shadow salary)
   - Currency
   - Salary splitting
6. Insurances
   - Social security (according to Social Security Agreement)
   - Voluntary insurance (contribution)
   - Additional insurances (in particular health, accident, liability, and legal expenses insurance)
   - Provident fund
   - Child allowance
7. Early termination
   - Scenarios and costs
8. Return rights
   - Reintegration / status
   - Offsetting of foreign severance claims
9. Choice of Law / Jurisdiction
10. Residence permit
11. Labour council's participation
12. Legal advisory regarding the Chinese employment agreement (for both parties)
13. Synchronizing of all agreements (e.g. regarding (early) termination, remuneration, costs, duties, duration, working hours, vacation, public holidays, non-competition, data protection, limitation periods)

8. Table of Regional Minimum Wages in China 2018

Main Cities in Mainland China	Monthly Minimum Wage (RMB)	Hourly Minimum Wage (RMB)
Changsha (Downtown Districts)	1,580	15
Beijing	2,120	24
Tianjin	2,050	11.8
Shenzhen	2,200	20.2
Haikou	1,430	12.6
Sanya	1,430	12.6

Main Cities in Mainland China	Monthly Minimum Wage (RMB)	Hourly Minimum Wage (RMB)
Beijing	1,560	16.9
Changchun	1,320	11.5
Chengdu (Downtown Districts)	1,400	14.6
Chongqing (Downtown Districts)	1,250	12.5
Dalian (Downtown Districts)	1,300	13
Fuzhou (Downtown Districts)	1,170	12.4
Guangzhou	1,550	15
Hangzhou (Downtown Districts)	1,650	13.5
Harbin	1,160	11
Jinan (Downtown Districts)	1,500	15
Kunming (Downtown Districts)	1,420	12
Nanjing (Downtown Districts)	1,630	14.5
Ningbo (Downtown Districts)	1,650	13.5
Qingdao (Downtown Districts)	1,500	15
Shanghai	1,820	17
Shenyang (Downtown Districts)	1,300	13
Shenzhen	1,808	16.5
Shijiazhuang (Downtown Districts)	1,480	15
Suzhou (Downtown Districts)	1,680	14.5
Taiyuan (Downtown Districts)	1,450	16
Tianjin	1,680	16.8
Wenzhou (Downtown Districts)	1,650	13.5
Wuhan (Downtown Districts)	1,300	14
Wuxi (Downtown Districts)	1,630	14.5
Xiamen	1,320	14
Xi'an (Downtown Districts)	1,280	12.8
Zhengzhou	1,400	13.5

9. Application for Voluntary Social Security Enrollment in Germany

Versicherungsnummer

Kennzeichen (soweit bekannt)

Deutsche Rentenversicherung

Eingangsstempel

Antrag auf Beitragszahlung für eine freiwillige Versicherung **V0060**

Hinweis: Um über Ihren Antrag auf Beitragszahlung entscheiden zu können, benötigen wir aufgrund des Sechsten Buches des Sozialgesetzbuches - Gesetzliche Rentenversicherung - von Ihnen einige wichtige Informationen und Unterlagen. Wir möchten Sie deshalb bitten, die gestellten Fragen vollständig zu beantworten und uns die erbetenen Unterlagen möglichst umgehend zu überlassen. Ihre Mithilfe erleichtert uns eine rasche Erledigung Ihrer Angelegenheiten.

In welchem Umfang Ihre Mithilfe benötigt wird, ergibt sich aus § 21 Absatz 2 des Zehnten Buches des Sozialgesetzbuches - Sozialverwaltungsverfahren und Sozialdatenschutz -. Danach sind Sie verpflichtet, alle für die Beitragszahlung erheblichen Tatsachen anzugeben und uns die notwendigen Urkunden und sonstigen Beweismittel zur Verfügung zu stellen.

Wir informieren Sie zum Umgang mit Ihren personenbezogenen Daten und Ihren Rechten im Internet unter www.deutsche-rentenversicherung.de/Datenschutzinformationen. Auf Wunsch senden wir Ihnen diese Informationen auch gern zu.

1 Angaben zur Person

Name	Vorname (Rufname)
Geburtsname	frühere Namen
Geburtsdatum / Geschlecht ☐ männlich ☐ weiblich	Staatsangehörigkeit (ggf. frühere Staatsangehörigkeit bis)
Geburtsort (Kreis, Land)	
Straße, Hausnummer	telefonisch tagsüber zu erreichen (Angabe freiwillig)
Postleitzahl / Wohnort	Telefax (Angabe freiwillig)

2 Beitragszahlung zur ausländischen Rentenversicherung

Wurden für Sie bereits Beiträge zur ausländischen Rentenversicherung gezahlt?

☐ nein ☐ ja

bis (Monat, Jahr) | ausländische Versicherungszeiten in

Anschrift des ausländischen Versicherungsträgers

Versicherungsnummer | Kennzeichen (soweit bekannt)

3 Angaben zur Beschäftigung / Tätigkeit

3.1 Liegt für Sie seit Beginn der gewünschten freiwilligen Versicherung einer der folgenden Sachverhalte vor?

	Beginn (Tag, Monat, Jahr)
☐ mehr als geringfügige abhängige Beschäftigung	
☐ geringfügig entlohnte Beschäftigung mit Verzicht auf die Versicherungsfreiheit	
☐ geringfügig entlohnte Beschäftigung ohne Befreiung von der Versicherungspflicht	
☐ Bezug von Krankengeld, Arbeitslosengeld oder anderen Entgeltersatzleistungen	
☐ Erziehung eines Kindes bis zu dessen 3. Lebensjahr	
☐ nicht erwerbsmäßige Pflege eines Pflegebedürftigen	

☐ keiner der Sachverhalte liegt vor

3.2 Sind Sie seit Beginn der gewünschten freiwilligen Versicherung selbständig tätig?

☐ nein, bitte weiter bei Ziffer 4

Art der Tätigkeit (bitte Nachweise beifügen, z. B. Gewerbeanmeldung)

☐ ja

3.3 Sind Sie wegen der von Ihnen ausgeübten Tätigkeit in die Handwerksrolle eingetragen und erfüllen Sie in Ihrer Person die für die Eintragung notwendigen Voraussetzungen?

seit Handwerkskammer

☐ nein ☐ ja

bitte weiter bei Ziffer 4

3.4 Beschäftigen Sie im Zusammenhang mit Ihrer selbständigen Tätigkeit regelmäßig mindestens einen Arbeitnehmer / Auszubildenden?

☐ nein ☐ ja, bitte Nachweise über die Anzahl der beschäftigten Arbeitnehmer / Auszubildenden sowie über die Höhe des monatlichen Arbeitsentgelts beifügen und weiter bei Ziffer 4

3.5 Sind Sie nur für **einen** Auftraggeber tätig?

☐ nein ☐ ja, bitte weiter bei Ziffer 4

3.6 Erhalten Sie mindestens 5/6 Ihrer gesamten Betriebseinnahmen aus Ihren Tätigkeiten von **einem** Auftraggeber?

bitte Auftraggeber angeben

☐ nein ☐ ja

4 Beginn und Höhe der freiwilligen Beitragszahlung

4.1 Der erste freiwillige Beitrag soll gezahlt werden für Monat Jahr

4.2 Die Beiträge sollen monatlich in folgender Höhe gezahlt werden

☐ stets Höchstbeitrag ☐ stets Regelbeitrag

☐ stets Mindestbeitrag ☐ stets halber Regelbeitrag

☐ stets Beitrag von EUR

Versicherungsnummer | Kennzeichen (soweit bekannt)

5 Angaben zum Zahlungsweg

☐ Abbuchung vom Bankkonto
Der Rentenversicherungsträger benötigt dazu ein SEPA-Basis-Lastschriftmandat. Bitte fügen Sie den Vordruck V0005 bei.

☐ Überweisung
Bei jeder Überweisung bitte unbedingt angeben:
Versicherungsnummer, Vorname, Name, Art und Höhe der Beiträge, Verwendungszeitraum der Beiträge

6 Dokumentenzugang
6.1 Per De-Mail
Ich habe bei einem De-Mail-Anbieter ein **De-Mail-Postfach** eröffnet.

☐ Ich bitte ausschließlich um Übermittlung der Dokumente in elektronischer Form an mein De-Mail-Postfach. Damit entfällt eine Übersendung der Dokumente in Papierform. Meine De-Mail-Adresse lautet:

6.2 Für sehbehinderte Menschen
Menschen mit einer Behinderung (z. B. blinde oder sehbehinderte Menschen) haben Anspruch darauf, Dokumente in einer für sie wahrnehmbaren Form zu erhalten.

Aufgrund meiner Behinderung bitte ich darum, mir Dokumente zusätzlich in **einer** für mich wahrnehmbaren Form zuzusenden, und zwar

☐ als Großdruck

☐ in Braille (Kurzschrift)

☐ in Braille (Vollschrift)

☐ als CD (Schriftdatei / Textdatei im ".doc"-Format)

☐ als Hörmedium (CD-DAISY Format)

7 Erklärung
Ich versichere, dass ich sämtliche Angaben in diesem Vordruck nach bestem Wissen gemacht habe. Durch meine Unterschrift bestätige ich, dass ich von den Erläuterungen zum Antrag auf Beitragszahlung für eine freiwillige Versicherung Kenntnis genommen habe.

Ort, Datum | Unterschrift des Antragstellers

8 Anlagen

☐ Vordruck V0005 (SEPA-Basis-Lastschriftmandat)

9 Hinweis
Wird der Antrag von einem Bevollmächtigten gestellt, ist eine **Vollmacht** erforderlich.

Deutsche Rentenversicherung

Erläuterungen zum Antrag auf Beitragszahlung für die freiwillige Versicherung in der Rentenversicherung

V061

Sehr geehrte Damen und Herren,

für die Anmeldung zur freiwilligen Beitragszahlung steht der Vordruck V060 zur Verfügung. Achten Sie bitte darauf, dass der Antragsvordruck vollständig ausgefüllt und unterschrieben ist.

Wird der Antrag durch eine andere Person gestellt, ist eine Vollmacht einzusenden.

Für die Nachzahlung freiwilliger Beiträge für zurückliegende Zeiten (z. B. Ausbildungszeiten, bei anzurechnenden Kindererziehungszeiten usw.) sind gesonderte Anträge erforderlich.

Die folgenden Erläuterungen sollen Ihnen das Ausfüllen des Antragsvordrucks V060 erleichtern. Sie enthalten Hinweise auf die gesetzlichen Vorschriften. Zur besseren Übersicht ist jeder Hinweis mit der gleichen Ziffer versehen wie im Antragsvordruck. Reicht der vorhandene Platz für die Beantwortung einzelner Fragen nicht aus, bitten wir die Angaben auf einem gesonderten Blatt vorzunehmen.

Sollten Sie zu der einen oder anderen Frage noch nähere Auskünfte oder Hilfe beim Ausfüllen des Vordrucks wünschen, stehen Ihnen die Auskunfts- und Beratungsstellen der Deutschen Rentenversicherung, deren Versichertenberater / Versichertenberaterinnen bzw. Versichertenältesten und die örtlichen Versicherungsämter zur Verfügung. Die Anschriften der nächsten Versichertenberater / Versichertenberaterinnen bzw. Versichertenältesten erfahren Sie bei den Auskunfts- und Beratungsstellen, bei den Versicherungsämtern oder bei den Gewerkschaften.

Allgemeine Hinweise zur freiwilligen Beitragszahlung

Wer ist zur freiwilligen Versicherung berechtigt?

Zur freiwilligen Versicherung sind alle Personen ohne Rücksicht auf ihre Staatsangehörigkeit berechtigt, die das 16. Lebensjahr vollendet haben, sich in der Bundesrepublik Deutschland aufhalten und nicht versicherungspflichtig sind. Dies gilt auch für Deutsche, die ihren gewöhnlichen Aufenthalt im Ausland haben.

Für ausländische Staatsangehörige, die ihren gewöhnlichen Aufenthalt im Ausland haben, besteht das Recht zur freiwilligen Versicherung nur dann, wenn überstaatliches oder zwischenstaatliches Recht die Berechtigung vorsieht.

Die Berechtigung zur freiwilligen Versicherung besteht seit dem 11.8.2010 auch uneingeschränkt für versicherungsfreie und von der Versicherungspflicht befreite Personen. Sollten Sie z. B. als Beamter, Richter oder Soldat später in der gesetzlichen Rentenversicherung nachversichert werden, werden die von Ihnen im Nachversicherungszeitraum bereits gezahlten freiwilligen Beiträge erstattet.

Solange Versicherungspflicht (z. B. aufgrund von Kindererziehung, einer abhängigen Beschäftigung, einer selbständigen Tätigkeit, einer nicht erwerbsmäßigen Pflegetätigkeit, eines Entgeltersatzleistungsbezuges wie z. B. Krankengeld) besteht, können keine freiwilligen Beiträge gezahlt werden.

Können freiwillige Beiträge während einer geringfügig entlohnten Beschäftigung gezahlt werden?

In einer seit dem 1.1.2013 aufgenommenen geringfügig entlohnten Beschäftigung mit einem regelmäßigen Arbeitsentgelt von monatlich bis 450 EUR besteht - nach neuer Rechtslage - Versicherungspflicht in der gesetzlichen Rentenversicherung. Vom Arbeitgeber und Arbeitnehmer sind in dieser Beschäftigung Pflichtbeiträge zur gesetzlichen Rentenversicherung zu zahlen. Üben Sie eine versicherungspflichtige geringfügige Beschäftigung aus, ist die Zahlung von freiwilligen Beiträgen daher **nicht** zulässig.

Für ab dem 1.1.2013 aufgenommene geringfügig entlohnte Beschäftigungen besteht die Möglichkeit, sich auf Antrag von der Versicherungspflicht in der gesetzlichen Rentenversicherung befreien zu lassen. Der Arbeitgeber zahlt dann nur einen Pauschalbeitrag. Üben Sie eine geringfügige Beschäftigung aus, in der Sie von der Versicherungspflicht befreit sind, ist die Zahlung von freiwilligen Beiträgen - neben den Pauschalbeiträgen - zulässig.

Üben Sie eine geringfügig entlohnte Beschäftigung aus, die vor dem 1.1.2013 aufgenommen wurde, gelten für Sie Bestandsschutzregelungen und Übergangsregelungen.

Danach sind Sie in einer vor dem 1.1.2013 aufgenommenen geringfügig entlohnten Beschäftigung mit einem regelmäßigen Arbeitsentgelt von monatlich bis 400 EUR versicherungsfrei. Der Arbeitgeber zahlt für Sie einen Pauschalbeitrag zur gesetzlichen Rentenversicherung. Neben einer versicherungsfreien geringfügigen Beschäftigung ist die Zahlung von freiwilligen Beiträgen - neben den Pauschalbeiträgen - zulässig.

Auf die Versicherungsfreiheit kann jedoch verzichtet werden, um "echte" Pflichtbeiträge zu erwerben. In diesem Fall sind die Pauschalbeiträge vom Arbeitnehmer aufzustocken. Mit diesen Pflichtbeiträgen können die besonderen Voraussetzungen für Rehabilitationsleistungen, Renten wegen verminderter Erwerbsfähigkeit sowie bestimmter Altersrenten erfüllt werden. Neben diesen Pflichtbeiträgen ist die Zahlung von freiwilligen Beiträgen **nicht** zulässig. Der Verzicht muss gegenüber dem Arbeitgeber schriftlich erklärt werden und gilt grundsätzlich nur für die Zukunft. Der Arbeitnehmer hat dann die Pauschalbeiträge des Arbeitgebers auf den jeweils geltenden Beitragssatz der Rentenversicherung aufzustocken. Beiträge sind hierbei mindestens von 175 EUR zu berechnen. Der Aufstockungsbetrag ist vom Versicherten allein zu tragen; der Arbeitgeber behält diesen Betrag regelmäßig vom Arbeitsentgelt ein.

Wann lohnt sich eine freiwillige Versicherung?

Mit freiwilligen Beiträgen kann der Anspruch auf Altersrente erworben, unter bestimmten Voraussetzungen eine bestehende Anwartschaft auf Rente wegen verminderter Erwerbsfähigkeit erhalten und ein Rentenanspruch erhöht werden.

Die Anwartschaft auf Rente wegen verminderter Erwerbsfähigkeit können Sie durch eine freiwillige Beitragszahlung jedoch nur aufrechterhalten, wenn

- Sie bereits vor dem 1.1.1984 die allgemeine Wartezeit von 5 Jahren zurückgelegt haben und
- die Zeit seit dem 1.1.1984 bis zum Eintritt einer Erwerbsminderung ohne Unterbrechung mit Pflichtbeiträgen, freiwilligen Beiträgen oder anderen sogenannten Anwartschaftserhaltungszeiten belegt ist.

Wenn Sie wissen möchten, ob Sie diese Voraussetzungen erfüllen, empfehlen wir Ihnen, sich vorab von der Deutschen Rentenversicherung beraten zu lassen.

Freiwillige Beiträge erhöhen die Rente. Die Höhe der Rentensteigerung richtet sich nach dem gezahlten Beitrag. Auch niedrige Beiträge erhöhen Ihre Rente. Grundsätzlich gilt: je höher die Beiträge desto größer die Rentensteigerung.

Wenn Sie aufgrund der Gewährleistung von Versorgungsanwartschaften versicherungsfrei sind (z. B. als Beamter, Richter oder Soldat), möchten wir Sie darauf aufmerksam machen, dass sich in vielen Fällen ein Rentenbezug mindernd auf Versorgungsbezüge auswirken kann. Für weitergehende Informationen empfehlen wir Ihnen, sich mit Ihrem Dienstherrn oder Ihrer Versorgungsdienststelle in Verbindung zu setzen.

Für welchen Zeitraum können freiwillige Beiträge gezahlt werden?

Freiwillige Beiträge können im laufenden Kalenderjahr für die Monate gezahlt werden, in denen keine Pflichtbeiträge entrichtet werden. Eine freiwillige Beitragszahlung für Teilmonate ist nicht zulässig. Bei einer Antragstellung bis zum 31. März ist eine freiwillige Beitragszahlung auch für das Vorjahr möglich.

In welcher Höhe können freiwillige Beiträge gezahlt werden?

Die Höhe des Monatsbeitrags für die freiwillige Versicherung können Sie zwischen dem Mindestbeitrag und dem Höchstbeitrag selbst bestimmen.

Mit welchem Zahlungsweg können freiwillige Beiträge gezahlt werden?

Die Beiträge für die freiwillige Versicherung können durch Abbuchung (SEPA-Basis-Lastschriftmandat) oder Überweisung gezahlt werden. Sie sollten möglichst durch Abbuchung gezahlt werden, die monatlich erfolgt. Das Abbuchungsverfahren von einem Konto bei einem Geldinstitut empfiehlt sich als zeitgemäße, sichere und Kosten senkende Zahlungsweise. Darüber hinaus verbinden Sie hiermit folgende Vorteile:

- Die Beiträge werden rechtzeitig von Ihrem Konto abgebucht.
- Änderungen der Beitragshöhe, die z. B. durch die Änderung des Beitragssatzes eintreten können, werden von uns automatisch berücksichtigt und Ihnen rechtzeitig vor der Abbuchung mitgeteilt.
- Sie können die Beitragszahlung nicht vergessen.

Mit freundlichen Grüßen
Ihre Deutsche Rentenversicherung

1 Angaben zur Person

Die Angaben zur Person (Name, Vorname, Geburtsdatum usw.) müssen den Eintragungen in amtlichen Unterlagen (Geburtsurkunde, Personalausweis) entsprechen. Sie sind erforderlich, damit Ihr Beitragskonto einwandfrei ermittelt werden kann. Diesem Zweck dienen auch die Fragen nach dem Geburtsnamen und früheren Namen, unter denen die Versicherungsunterlagen möglicherweise verwahrt werden. Die weiteren Angaben sind notwendig, um für Sie eine Versicherungsnummer vergeben zu können, soweit dies noch nicht geschehen ist.

Wenn Sie sich im Ausland aufhalten, senden Sie bitte einen Staatsangehörigkeitsnachweis ein.

2 Beitragsleistung zur ausländischen Rentenversicherung

Wenn Sie Beiträge an einen ausländischen Rentenversicherungsträger gezahlt haben, geben Sie bitte die vollständige Anschrift des ausländischen Versicherungsträgers an.

3 Angaben zur Beschäftigung / Tätigkeit

3.1 Eine freiwillige Versicherung ist nur möglich, wenn keine Versicherungspflicht besteht. Es ist daher notwendig, dass Sie Angaben zum Vorliegen von Sachverhalten machen, die zur Versicherungspflicht in der gesetzlichen Rentenversicherung führen.

Versicherungspflicht besteht bei Ausübung einer mehr als geringfügigen abhängigen Beschäftigung. Bis zum 31.12.2014 zählt dazu auch eine vor dem 1.1.2013 aufgenommene Beschäftigung, in der ein regelmäßiges monatliches Arbeitsentgelt von über 400 EUR und bis zu 450 EUR bezogen wird.

Eine vor dem 1.1.2013 aufgenommene geringfügig entlohnte Beschäftigung mit einem regelmäßigen Arbeitsentgelt von monatlich bis 400 EUR, in der auf die Versicherungsfreiheit verzichtet wurde, führt ebenfalls zur Versicherungspflicht.

Versicherungspflicht besteht auch in einer ab dem 1.1.2013 aufgenommenen geringfügig entlohnten Beschäftigung mit einem regelmäßigen Arbeitsentgelt von monatlich bis 450 EUR, sofern Sie nicht von der Versicherungspflicht befreit wurden.

Nicht nur die Ausübung einer abhängigen Beschäftigung führt zur Versicherungspflicht und damit zum Ausschluss einer freiwilligen Versicherung. Auch Sachverhalte wie Kindererziehung, nicht erwerbsmäßige Pflege oder Entgeltersatzleistungsbezug (z. B. Krankengeld) können zur Versicherungspflicht führen.

Es ist daher notwendig, dass Sie Angaben zu Ihrer derzeitigen Beschäftigung, einem Entgeltersatzleistungsbezug, einer nicht erwerbsmäßigen Pflegetätigkeit oder der Erziehung von Kindern machen.

Allgemeiner Hinweis zu den Ziffern 3.2 - 3.6

Eine freiwillige Versicherung ist nur möglich, wenn keine Versicherungspflicht aufgrund der Ausübung einer selbständigen Tätigkeit besteht. Selbständig Tätige können kraft Gesetzes, das heißt ohne dass es eines entsprechenden Antrags bedarf, bei Vorliegen bestimmter Voraussetzungen der Versicherungspflicht unterliegen.

3.2 - 3.3 Wenn Sie eine selbständige Tätigkeit ausüben, werden neben der genauen Bezeichnung der Tätigkeit weitere Angaben über diese selbständige Tätigkeit benötigt (Art der Tätigkeit, typische Tätigkeitsmerkmale). Die Angaben zu Ihrer selbständigen Tätigkeit bitten wir in jedem Fall zu belegen. Hierfür kommen insbesondere in Betracht: Handelsregistereintrag, Gewerbeanmeldung, Gewerbeerlaubnis, staatliche Zulassungserlaubnis, Gesellschaftsvertrag, steuerliche Anmeldung des Selbständigen beim Finanzamt, Vertrag über die Tätigkeit als Handelsvertreter, Vertrag über Auftragnehmerverhältnis mit Ausschließlichkeitsklausel, Verträge über die Beschäftigung von Arbeitnehmern.

Es können aber auch andere Nachweise erbracht werden, wenn aus ihnen mit Sicherheit auf den Zeitpunkt der Aufnahme, die Ausübung und ggf. das Ende der selbständigen Tätigkeit geschlossen werden kann.

3.4 Die Beschäftigung von Arbeitnehmern im Zusammenhang mit Ihrer selbständigen Tätigkeit kann Auswirkungen auf die Versicherungspflicht haben.

Für selbständige Lehrer, Erzieher, Pflegepersonen oder Selbständige mit einem Auftraggeber tritt Versicherungspflicht kraft Gesetzes nicht ein, wenn sie im Zusammenhang mit ihrer selbständigen Tätigkeit Arbeitnehmer regelmäßig beschäftigen, deren Arbeitsentgelte in der Zeit bis 31.12.2012 zusammen regelmäßig 400 EUR im Monat bzw. ab 1.1.2013 zusammen regelmäßig 450 EUR im Monat übersteigen.

Selbständig Tätige, die am 31.12.2012 nicht versicherungspflichtig waren, weil sie im Zusammenhang mit ihrer selbständigen Tätigkeit Arbeitnehmer beschäftigt haben, deren Arbeitsentgelte zusammen regelmäßig 400 EUR überstiegen, bleiben nicht versicherungspflichtig, solange für die Arbeitnehmer regelmäßig ein Arbeitsentgelt von über 400 EUR im Monat aufgewendet wird.

Als Arbeitnehmer gelten auch Personen, die berufliche Kenntnisse, Fertigkeiten oder Erfahrungen im Rahmen der beruflichen Bildung erwerben oder die versicherungsfrei bzw. von der Versicherungspflicht befreit worden sind (z. B. Bezieher einer Vollrente wegen Alters).

Entscheidend für die Versicherungspflicht eines Selbständigen ist insoweit die Höhe des Arbeitsentgelts des im Zusammenhang mit der selbständigen Tätigkeit beschäftigten Arbeitnehmers.

Sofern Sie im Zusammenhang mit Ihrer selbständigen Tätigkeit Arbeitnehmer beschäftigen, bitten wir Nachweise (z. B. Arbeitsverträge, Anmeldungen bei der Einzugsstelle) beizufügen, aus denen die Anzahl der Beschäftigten und die Höhe des Arbeitsentgelts, sowie der Beginn und ggf. das Ende der Beschäftigung hervorgehen.

3.5 - 3.6 Bei Selbständigen mit einem Auftraggeber ist für das Eintreten der Versicherungspflicht u. a. entscheidend, inwieweit sie im Wesentlichen nur für einen Auftraggeber tätig sind.

Als Auftraggeber kommt jede natürliche und juristische Person in Betracht. Konzernunternehmen im Sinne des § 18 Aktiengesetz (AktG) und verbundene Unternehmen im Sinne der §§ 291, 319 AktG gelten als ein Auftraggeber.

Ein Selbständiger ist im Wesentlichen für einen Auftraggeber tätig, wenn er im Rahmen einer vertraglichen Ausschließlichkeitsbindung tätig ist oder wenn er mindestens 5/6 seiner gesamten Betriebseinnahmen aus den zu beurteilenden Tätigkeiten allein aus der Tätigkeit für einen Auftraggeber bezieht.

4 Beginn und Höhe der freiwilligen Beitragszahlung

4.1 Nennen Sie bitte Monat und Jahr, für den der erste Beitrag gezahlt werden soll. Falls Sie den Anschluss an eine vorangehende Beitragszahlung wünschen, ist der hierauf folgende Kalendermonat als Beginn der Beitragszahlung einzutragen. Eine Beitragszahlung ist bei einer Antragstellung bis zum 31. März auch für das Vorjahr möglich.

Wenn Sie für einen bereits abgelaufenen Zeitraum freiwillige Beiträge zahlen wollen, oder ein Ende der Beitragszahlung noch im Antragsjahr wünschen, bitten wir zusätzlich das Ende der freiwilligen Beitragszahlung hinter dem Beginndatum einzutragen.

4.2 Die Höhe des Monatsbeitrags für die freiwillige Versicherung können Sie zwischen dem Mindestbeitrag und dem Höchstbeitrag selbst bestimmen.

Bei einer Regelbeitragszahlung liegt der Beitragsberechnung die Bezugsgröße zugrunde. Die Bezugsgröße ergibt sich aus dem durchschnittlichen Arbeitsentgelt aller Versicherten im vorvergangenen Kalenderjahr. Sie wird jährlich neu festgesetzt. Der halbe Regelbeitrag ergibt sich aus 50 % der Bezugsgröße.

Der Höchstbeitrag, Mindestbeitrag, Regelbeitrag und halbe Regelbeitrag werden jährlich anhand der aktuellen Werte angepasst.

5 Zahlungsweg

Freiwillige Beiträge können bis zum 31. März des Jahres, das dem Jahr folgt, für das sie gelten sollen, gezahlt werden. Hierbei ist zu beachten, dass sich bei Beitragszahlungen in der Zeit vom 1. Januar bis zum 31. März für das Vorjahr die Beitragswerte ändern können. (Fällt der 31. März auf einen Sonntag, einen gesetzlichen Feiertag oder einen Sonnabend, endet die Frist am nächstfolgenden Werktag.)

Wenn Sie dem Rentenversicherungsträger eine Ermächtigung zur monatlichen Abbuchung (SEPA-Basis-Lastschriftmandat - Vordruck V005) erteilen, so stellen Sie damit sicher, dass Ihre Beiträge rechtzeitig und in der richtigen Höhe gezahlt werden. Versicherungsrechtliche Nachteile (z. B. Fristversäumnisse) können nicht eintreten.

Ihre Beiträge können aber auch vom Konto einer anderen Person abgebucht werden, wenn diese dem Rentenversicherungsträger das Mandat erteilt.

Das SEPA-Basis-Lastschriftmandat kann jederzeit widerrufen werden.

Wenn Sie die Beiträge überweisen wollen, so benutzen Sie bitte nur die Konten, die Ihnen der Rentenversicherungsträger in dem Bescheid über die Beitragszahlung mitteilen wird.

6 Dokumentenzugang für sehbehinderte Menschen

Wir werden Ihnen zukünftig gewünschte barrierefreie Dokumente zusammen mit Dokumenten in Schwarzschrift auf Papier senden. Ein Nachweis über die Behinderung ist nicht erforderlich.

Das Hörmedium wird mit einer synthetischen Stimme bereitgestellt. Das Format "DAISY" kann nur auf einem
- mp3-fähigen Abspielgerät ggf. mit DAISY-Software oder
- speziellen DAISY-Abspielgerät

gehört werden.

Herkömmliche CD-Abspielgeräte sind für dieses Format nicht geeignet.

Wir werden Ihnen die barrierefreien Dokumente in höchstmöglicher Qualität zur Verfügung stellen. Sollte sich ein Dokument als fehlerhaft erweisen, teilen Sie uns dies bitte mit.

7 Erklärung

Hier werden Sie über Ihre Pflichten informiert. Mit Ihrer Unterschrift bestätigen Sie, davon Kenntnis genommen zu haben.

8 Anlagen

Wenn Sie Unterlagen einsenden, bitten wir diese einzutragen.

Kolibri 360 GmbH
Ferdinand-Jühlke-Straße 7
99095 Erfurt, Deutschland
produktsicherheit@kolibri360.de